物流管理专业新形态精品系列教材
上海普通高校优秀教材

物流系统规划与设计

（第二版）

刘 刚 刘建香 李

科 学 出 版 社
北 京

内 容 简 介

物流系统规划与设计是一门理论性、实践性都很强的课程，内容涵盖管理学、系统学、交通运输学和仓储学等多门学科知识，也包括不同层次的物流系统。本书沿着系统的主线，按照理论、方法及应用的知识框架与结构，对物流系统规划与设计的内容作了全面的分析和阐释。主要内容包括：第 1、2 章为物流系统规划与设计的基本理论和方法，第 3～6 章为中观、微观、逆向物流系统规划与设计，第 7、8 章为条形码、二维码与 RFID 在物流系统规划与设计中的应用和典型物流系统规划与设计。

本书可以作为管理科学与工程、工商管理、交通运输学科下物流管理、物流工程专业的学术型研究生、专业学位研究生、本科生教材，也可以作为从事物流管理、物流工程领域的专业技术人员的参考书。

图书在版编目（CIP）数据

物流系统规划与设计/刘刚，刘建香，李淑霞编著. —2 版. —北京：科学出版社，2017.6

物流管理专业新形态精品系列教材　上海普通高校优秀教材

ISBN 978-7-03-052733-2

Ⅰ. ①物…　Ⅱ. ①刘…　②刘…　③李…　Ⅲ. ①物流-系统工程-高等学校-教材　Ⅳ. ①F252

中国版本图书馆 CIP 数据核字（2017）第 101356 号

责任编辑：兰　鹏 / 责任校对：彭珍珍
责任印制：赵　博 / 封面设计：蓝正设计

科学出版社出版
北京东黄城根北街 16 号
邮政编码：100717
http://www.sciencep.com
中煤（北京）印务有限公司印刷
科学出版社发行　各地新华书店经销
*
2011 年 8 月第　一　版　开本：787×1092　1/16
2017 年 6 月第　二　版　印张：16 3/4
2024 年 2 月第十次印刷　字数：390 000

定价：48.00 元

（如有印装质量问题，我社负责调换）

编 委 会

第二版前言

时光流逝，光阴似箭。转眼间，距本教材的第1次出版和发行（2011年8月）已经过去整整6个年头了。在此期间，《物流系统规划与设计》教材得到了高等学校师生、企业管理人员和政府部门的厚爱与广泛好评，并荣获2015年上海市普通高校本科教材优秀奖。

尽管在每次教材印刷前，我们都对教材进行了修改、补充和完善，但仍然觉得上一版教材还是有一些不足，尚不能完全适应当代物流系统规划与设计的快速发展，有必要对原教材进行再版和重新编排。相比较于第1版的教材，第2版教材的改编可以概括为："一个调整"、"一个增补"和"一个删减"。

"一个调整"。为了理顺一般物流系统理论与不同物流系统的关系，第2版教材将第1版中"第2章物流系统战略规划"分为两部分，其中第1版中的"物流系统战略规划（2.1节）"、"物流系统战略规划的制定与实施（2.2节）"与第1版"第3章物流系统规划与设计方法、模型"合并，作为第2版的第2章；第1版中"不同物流系统的战略规划（2.3节）"分别归入到第1版的第4～6章，并作为第2版的第3～5章。

"一个增补"。考虑信息（采集）技术在物流系统规划与设计中的重要性，"特别是当前条形码、二维码及RFID在物流系统中的广泛应用，第2版教材增补了第7章条形码、二维码与RFID在物流系统规划与设计中的应用"，以扩大物流系统规划与设计的应用知识。同时，由于第1版第3章物流系统规划与设计方法、模型的习题较少，第2版中增加了一些习题，以加深对方法、模型的理解。

"一个删减"。鉴于已有多部教材专门介绍物流系统建模与仿真，为了避免与这些教材内容上的重复，第2版教材将第1版教材中的"第8章物流系统规划与设计仿真"删除。

经过改编，第2版教材在内容和编排上除了继续保留第1版教材"特色鲜明、重点突出、体系全面、编排新颖"的风格以外，还强化了三个"更加"：更加贴近物流系统规划与设计的实践活动，更加突显当代物流学科专业发展的最新趋势，更加体现物流系统规划与设计的最新研究成果，为创新型、自主型和研究型学习奠定更为坚实的基础。同时，第2版教材进一步理顺了物流系统规划与设计的逻辑性和层次性、知识体系的完备性和条理性，从宏观、中观和微观三个层次对物流系统规划与设计展开论述，厘清了物流系统规划与设计理论、方法和模型与不同物流系统规划与设计实践之间的相互联系，完善了区域和城市、物流企业及企业物流系统规划与设计的知识体系整体性。

本书的出版得到了上海市教育委员会本科重点课程建设项目的支持和资助、华东理工大学“十二五”规划教材出版的资助，在此表示感谢。

限于编者的理论水平和实践经验，本书难免存在不妥之处，敬请读者批评指正。

编　者

2017 年 1 月

目　录

第1章 物流系统规划与设计概论

1.1 物流与物流系统

1.1.1 物流与物流系统概述

1. 物流

物流活动具有悠久的历史，自从人类社会有了商品的交换，物流活动就已经存在。物流是与人类的生产、生活活动紧密联系在一起的。从这个意义上讲，物流本身并不是一种新的活动或新的现象。但是物流概念的正式形成却经历了漫长的道路，从美国20世纪初最先提出物流的概念至今，对物流活动和物流管理的认识几乎经历了一个世纪。在这近一个世纪的时间里，物流概念的产生和发展经历了三个阶段。

1）第一个阶段：物流概念的孕育阶段

从20世纪初期到50年代，物流概念处于孕育与产生阶段。1901年，Crowell在美国政府的《农产品流通产业委员会报告》中，第一次论述了对农产品流通产生影响的各种因素和费用，从而揭开了人们对物流活动认识的序幕。此后，1905年美国陆军少校Beck在其所著的《军队和军需品运输》一书中提出了Logistics的概念，称Logistics是“与军备的移动和供应有关的战争科学之一”。1915年，美国市场学者Shaw在《市场流通中的若干问题》（Some Problem in Marketing Distribution）一书中，提出了Physical Distribution的概念，指出在市场分销中，存在两类活动：一类称为创造需求，也就是通过广告、促销、市场分析、销售网络等手段，让更多的人来购买企业的产品；另一类称为物资实体分配（physical distribution of goods），也就是怎样更省钱、更及时地将客户订购的产品送到客户手中。准确地说，Logistics和Physical Distribution这两个概念的实质内容是不一样的。Shaw 是从市场营销的角度来定义物流，它实际上是指如何将企业的产品分送到客户手中的活动。而Logistics是后勤的意思，主要指物资的供应保障、运输储存等。

这两种不同的概念都能存续下来，是因为它们分别在各自的专业领域中得到了一定程度的响应、应用和发展，互不冲突，而且也不需要得到社会公众的广泛认可。因此这个阶段可以说是物流概念的孕育阶段，是市场营销学和军事后勤孕育了物流学。

2）第二个阶段：分销物流学阶段

从 20 世纪 50 年代开始到 80 年代中期，可以称为分销物流学（physical distribution）阶段。这一阶段的基本特征是 Physical Distribution 概念继续在美国得到发展和完善，并从美国走向世界，形成了比较统一的物流概念。1961 年，Smykay、Bowersox 和 Mossman 撰写了《物流管理》一书。这是世界上第一本介绍物流管理的教科书，它详细论述了物流系统以及物流整体成本的概念，建立起了比较完整的物流管理内容体系。60 年代初期，美国密歇根州立大学以及俄亥俄州立大学分别在大学部和研究生院开设了物流课程。1963 年，美国物流管理协会（National Council of Physical Distribution Management，NCPDM）成立。该协会将各方面的物流人员和专家集中起来，提供教育、培训活动。这一组织成为世界上第一个物流专业人员组织。该协会此时对物流管理（physical distribution management）的定义是：物流管理是为了计划、执行和控制原材料、在制品库存及制成品从起源地到消费地的有效率流动而进行的两种或多种活动的集成。这些活动可能包括但不限于：顾客服务、需求预测、交通、库存控制、物料搬运、订货处理、零件及服务支持、工厂及仓库选址、采购、包装、退货处理、废弃物回收、运输、仓储管理。

物流概念主要通过两条途径从国外传入我国，一条是 20 世纪 80 年代初随着“市场营销理论”的引入而从欧美传入，因为欧美的所有市场营销教科书都毫无例外地要介绍 Physical Distribution，这两个单词直译为中文即为“实体分配”，后来我们逐步将它翻译为“分销物流”。另一条途径是从欧美传入日本，日本人将 Physical Distribution 翻译为“物流”，80 年代初，我国从日本直接引入“物流”这一概念。后来，基本上全世界各个国家都接受了 Physical Distribution 这样的物流概念。

在人们专注研究分销领域中的物流问题，发展各种专业理论和技术的同时，企业内部物流理论也悄悄地发展起来。1965 年，美国学者 Orlicky 提出独立需求和相关需求的概念，并指出订货点法的物资资源配置技术只适用于独立需求物资。而企业内部物流的生产过程相互之间的需求则是一种相关需求。相关需求应当用相关需求的物资资源配置技术。随着 MRP（material requirement planning）、MRP（manufacturing resources planning）Ⅱ、MRP Ⅲ、DRP（distribution requirements planning）、DRP（distribution resources planning）Ⅱ、看板制以及即时制（just in time，JIT）等先进管理方法的开发和在物流管理中的运用，使人们逐步认识到仅使用分销物流（physical distribution）的概念已经不太合适，需要从流通生产的全过程来把握物流管理，物流也已经被提高到一个战略的高度，得到企业高层管理人员的充分重视。特别是到 20 世纪 80 年代中期，随着物流活动进一步集成化、一体化、信息化、网络化的发展，改换物流概念的想法就更加强烈了。

3）第三个阶段：现代物流学阶段

从 20 世纪 80 年代中期以来，世界各国的物流概念都相应作了改变，放弃使用 Physical Distribution，转而使用 Logistics。但是这个 Logistics 不同于 1905 年美国陆军少校 Beck 提出的那个 Logistics。军事后勤学上的 Logistics 概念主要是指军队物资供应调度上的物流问题，而新时期的 Logistics 概念则是在各个专业物流全面高度发展的基础上基于企业供、产、销等全范围、全方位的物流问题，无论在广度、深度以及涵盖的领域方面都有不可比拟的差别，因此这个阶段的 Logistics 应当译为现代物流，它是一种适应新时期所有企业，包括军队、学校、事业单位的集成化、信息化、一体化的物流概念。Logistics 与 Physical Distribution 的不同，在于 Logistics 已突破了商品流通的范围，把物流活动扩大到生产领域。物流已不仅仅从产品出厂开始，而是包括从原材料采购、加工生产到产品销售、售后服务，直到废旧物品回收等整个物理性的流通过程。

在我国，2001 年 4 月，中华人民共和国国家标准《物流术语》正式颁布。在充分吸收国内外物流研究成果的基础上，将物流定义为："物品从供应地向接收地的实体流动过程。根据实际需要，将运输、储存、装卸、搬运、包装、流通加工、配送、信息处理等基本功能实施有机结合。"

从物流概念的发展来看，现代物流的内涵和外围不断延伸，它包含了产品整个生命周期的流通过程，即从采购物流开始，经过生产物流、销售物流，最后到回收物流及废弃物物流，同时它与商流、资金流、信息流结合在一起，将物流纳入到生产、流通与消费的整个经济领域。

2. 物流系统

1）系统的概念和特征

从词源上讲，"系统"一词来源于拉丁语 Systema，有"群"和"集合"的含义。一般系统论的创始人 Bertalanffy 把系统定义为：相互作用的诸要素的综合体。著名科学家钱学森给出的系统描述性定义为：系统是由相互作用和相互依赖的若干组成部分结合成的、具有特定功能的有机整体。这个定义与类似的许多定义一样，指出作为系统的三个基本特征。第一，系统是由若干要素组成的；第二，这些要素相互作用、相互依赖；第三，要素间的相互作用，使系统作为一个整体具有特定的功能。尽管各种系统的结构不同、功能不同，但是可以根据各种不同系统本质的、共同的特性，概括出一般性的、概念性的系统特性。

（1）集合性。系统的集合性是指系统是由两个或两个以上的可以相互区别的要素组成的集合体。

（2）相关性。系统的相关性是指系统内部各要素之间的某种相互作用、相互依赖的特定关系。

（3）目的性。系统的目的性是指系统具有明确的目标，任何一个系统都是以实现某种特定的功能为目的。

（4）整体性。系统的整体性是指若干要素组成的系统所具有的整体性质和功能，这种性质和功能不是系统中各组成要素性质和功能的简单叠加，而是呈现出各组成要素所没有的新的功能。

（5）层次性。系统的层次性是指系统各要素之间的地位与作用、结构与功能上表现出来的等级秩序性。

（6）环境适应性。系统的环境适应性是指系统适应外界环境变化的能力。

2）物流系统的概念和特征

物流系统是由与物流活动相关的人、物资、设施设备、信息等各种相互联系、相互制约的动态要素构成的，以实现物资的时间效益和空间效益为目的的，保障社会再生产顺利进行的有机整体。物流系统具有一般系统的特点，如层次性、整体性等，同时还具有其自身的特殊性。

（1）物流系统是一个“人机系统”。物流系统是由人和形成劳动手段的设备、工具所组成的。它表现为物流劳动者运用运输设备、装卸搬运机械、仓库、港口、车站等设施，作用于物资的一系列生产活动。

（2）物流系统是一个大跨度系统。这反映在两个方面，一是地域跨度大，二是时间跨度大。在现代经济社会中，企业间物流经常会跨越不同地域，国际物流的地域跨度更大。另外，在社会生产活动中，通常采取储存的方式解决产需之间的时间矛盾，这样时间跨度往往也很大。大跨度系统带来的主要是管理难度较大，对信息的依赖程度较高。

（3）物流系统是一个可分系统。作为物流系统无论其规模多么庞大，都可以分解成若干个相互联系的子系统。这些子系统的多少和层次的阶数，是随着人们对物流的认识和研究的深入而不断扩充的。

（4）物流系统是一个动态系统。物流系统一般总是联结着多个生产企业和用户，随着物流需求、供应、渠道和价格的变化，系统内的要素及系统的运行也经常发生变化。

（5）物流系统是一个复杂的系统。物流系统的运行对象“物”遍及全部社会物质资源，资源的大量化和多样化带来了物流的复杂化。从物资资源上看，品种成千上万，数量极大；从从事物流活动的人员上看，需要数以百万计的庞大队伍；从资金占用上看，占用着大量的流动资金；从物资供应点上看，遍及全国城乡各地。这些人力、物力、财力资源的组织和合理利用，是一个非常复杂的问题。

（6）物流系统是一个多目标系统。物流系统的多目标常常表现出“效益悖反”现象。物流系统的总目标是实现经济及社会效益。要同时实现物流时间最短、服务质量最佳、物流成本最低这几个目标的可能性是很小的。通常，对物流数量，希望最大；对物流时间，希望最短；对服务质量，希望最好；对物流成本，希望最低。显然，要满足上述所有要求是很难办到的，要使物流系统在各方面满足人们的要求，显然要建立物流系统的多目标函数，并在多目标中求得物流系统的最佳效果。

1.1.2 物流系统的目标、功能与结构

1. 物流系统的目标

物流系统是社会经济系统的重要组成部分，其目标是获得最大的宏观效益和微观效益。物流的宏观效益是指物流系统作为社会经济系统的一个子系统，对整个社会流通和国民经济产生的影响。

物流系统的微观效益是指物流系统本身在运行过程中所获得的企业效益，其直接表现形式是这一物流系统通过组织“物”的流动，为相关企业提供产品或服务，从而获得相应利润。在物流系统规划和设计时，要以宏观和微观两个效益为目的。具体来讲，物流系统要实现以下五个目标，即“5S”。

（1）服务。物流系统是联结生产和再生产、生产和消费之间的桥梁、纽带，因此要求有较强的服务性。这种服务性就是要以用户为中心，树立用户第一的观念，将商品按

照用户的要求，以最快的方式、最低的成本送到用户手中。

（2）快速及时。这是指按用户要求的时间、地点、数量、质量，把货物准时送到。快速及时并不只是简单的时间节约，而是让物品在最恰当的时间送到用户手中，是服务性的延伸，也是社会发展对物流系统提出的要求。

（3）节约。节约是经济领域的重要规律，对于物流系统而言，这种节约有两个方面的要求：一是流通时间的节约，二是流通费用的节约。对于流通时间的节约，物流系统要通过渠道设计和网络分析来提高物流运作的高效性；而流通费用的节约，是要维持适当的物流成本。

（4）规模适当。与生产领域的规模生产一样，在物流领域同样也需要规模化经营。尽管相对于生产系统而言，物流系统的稳定性较差，不易形成标准的规模化模式，较难获得规模效益，但可以通过科学的规划设计，提高物流系统的集约化程度，以体现规模化的目标。

（5）库存控制。物流系统通过库存，起到对众多生产企业和消费者的需求保证作用，从而创造一个良好的社会外部环境。库存过多则需要更多的保管场所，而且会产生库存资金积压，造成浪费。因此，必须按照生产和流通的需求变化对库存进行控制。

2. 物流系统的功能

物流系统的功能包括基本功能、组织功能、延伸功能三个方面的内容。

（1）物流系统的基本功能。满足物的位移及其服务的需要，是物流系统一切活动的基本出发点。所有物流系统都要实现物的位移及其服务的要求。

（2）物流系统的组织功能。物流系统的组织功能是一般物流系统都应具有的功能，如运输、储存、包装、装卸、搬运、流通加工和物流信息处理功能，这些也是物流系统的作业环节和组织管理环节。

（3）物流系统的延伸功能。物流系统的延伸功能是物流系统的增值服务部分，一般认为是根据客户需要，为客户提供的超出常规服务范围的部分，或者采用超出常规的服务方法提供的服务。创新、超常规、满足客户需要是增值性物流服务的本质特征。

3. 物流系统的结构

系统的结构就是构成系统的要素及其之间的相互联系、相互作用的方式或形式，是系统保持整体实现功能的内在基础。物流系统是由物流要素组成的，这些要素可以组成的结构类型很多，例如，物流系统的流动结构、功能结构、供应链物流结构、网络结构、产业结构等。

（1）物流系统的流动结构。物流系统就像是一个完整的流，它具有流的五个流动要素：流体、载体、流向、流量、流程。物流的五个流动要素是相关的，流体的自然属性决定了载体的类型和规模，流体的社会属性决定了流向、流量和流程，流体、流向、流量和流程决定采用的载体的属性，载体对流向、流量和流程有制约作用，载体的状况对流体的自然属性和社会属性均会产生影响等。由此，对于物流系统应该根据流体的自然属性和社会属性，流向、流程的远近和具体运行路线，以及流量的大小与结构来确定载体的类型与数量。在网络型的物流系统中，一定的流体从一个点向另一个点转移时经常会发生载体变换、流向变更、流量分解与合并、流程调整等情况，如果这种调整和变更是必要的，那么也应该减少变换的时间、减少环节、降低变换的成本等。

（2）物流系统的功能结构。物流系统的基本功能要素包括：运输、仓储、包装、装卸搬运、流通加工、配送和物流信息处理等。这些功能要素之间相互联系、相互作用，它们的组合方式以及时空关系的表现形式形成了物流系统的功能结构。一般而言，物流运作各个阶段都要具备的功能首先是运输，然后是储存。运输创造了“物”的空间价值，仓储创造了“物”的时间价值，装卸搬运功能伴随运输方式或运输工具的变换、物流作业功能之间的转换而产生。物流中的包装功能、流通加工功能是在流通过程中才发生的，但也不是每一个物流系统都需要进行的作业。现代物流业具有复合功能，即一般是由两个以上基本功能构成的。

（3）物流系统的供应链结构。通常，供应链由原材料供应、生产、流通、消费四个基本环节组成，在每一个环节中都有物流活动的支持。因此，整个供应链的物流系统就由原材料供应物流系统、生产物流系统、流通物流系统和消费物流系统组成。在原材料供应阶段，从原材料产地到需求地，需要进行原材料的运输、储存、装卸搬运、加工、包装、原材料物流信息处理等作业。企业采购原材料后，储存在仓库中，在生产线上原材料被加工成半成品，半成品进一步被加工成成品，半成品和成品都要储存在企业的仓库中，只有在采用“即时制”生产的企业，产成品才会在生产出来之后不经入库储存而立即被装车发运，这是生产物流系统。零售店从制造商采购商品后，由供应商从物流中心或配送中心发货到零售店的配送中心，在此配送中心要进行一些流通加工，销售时再从配送中心提货陈列在柜台上，这是销售物流系统。消费者购买商品后可能会有退货、换货等，零售店接受消费者的退货后暂存，然后再退给供应商或者处理掉，这就是消费过程中的物流系统或者是废弃或回收物流系统。

（4）物流系统的网络结构。任何物流系统都可抽象成不同类型的网络。网络由两个基本要素组成：点和线。在物流系统中供流动的商品储存、停留，以及进行后续作业的场所称为点，如工厂、商店、仓库、配送中心、车站、码头等，点是物流基础设施比较集中的地方。连接物流网络中点的边称为线。点和线结合在一起，构成了物流系统的网络结构，具体指货物从供应地到需求地的流动结构。将货物从供应地运送到需求地可采用两种基本的物流网络形式，一种是直送形式，另一种是经过物流节点的形式，其他方式都是这两种基本形式的组合。

（5）物流系统的产业结构。物流系统的产业结构可以从以下两个方面划分：一是按照物流业务环节划分，可分为运输业、仓储业、包装业、装卸业、流通加工业、邮政业、物流信息业等。二是按照物流业务组织化程度划分，可以分为第一方物流、第二方物流、第三方物流、第四方物流等。

1.2 物流系统规划与设计基础知识

1.2.1 物流系统规划与设计的目的和原则

1. 物流系统规划与设计的目的

物流系统规划与设计的核心就是用系统的思想和方法对物流的各个功能进行优

化整合，从而保证物流系统的良性、健康、有序发展。物流系统规划与设计的目的可以概括为“三大一小”四个方面：最大服务、最大利润、最大竞争优势、最小的资产配置。

（1）最大服务。物流系统规划与设计提供具有更高运行效率的配送服务，以确保用户需求。该目的虽然对服务较好，但对降低成本不利，多是用于某些特殊的商品，如价格极高而体积和面积均很小，或是为某些产品开拓市场空间时加以采用。

（2）最大利润。以追求物流系统利润的最大化为目标，在物流系统规划与设计中达到利润最大化。

（3）最大竞争优势。要把主要的注意力集中在如何保证最有利的用户，使之得到最好的服务。同时，必须考虑物流服务成本的合理性，协调物流节点能力与市场营销要求之间的关系，降低成本，以获取最大的竞争优势。

（4）最小的资产配置。物流系统规划与设计期望投入物流系统的资产最小化。如果该系统能力基本稳定，系统在为广大用户提供客户满意服务的前提下，力图使物流系统总成本最小，达到以最小化投入获得最大化产出。

2. 物流系统规划与设计的原则

物流系统规划与设计必须以物流系统整体的目标为中心。物流系统整体的目标是使人力、财力、物力和人流、物流、信息流得到最合理、最经济、最有效的配置和安排，即要确保物流系统的各方面参与主体功能，并以最小的投入获取最大的效益。为实现物流合理化目标，建立起高效率的物流系统，物流系统规划与设计要基于以下原则。

（1）系统性原则。系统性原则是指在物流系统规划设计时，必须综合考虑、系统分析所有对规划与设计有影响的因素，以获得优化方案。首先，从宏观上来看，物流系统在整个社会经济系统中不是独立存在的，而是社会经济系统中的一个子系统。物流系统与其他社会经济子系统不但存在相互融合、相互促进的关系，也存在相互制约、相互矛盾的关系。因此，在物流系统规划与设计时，必须把各种影响因素考虑进来，达成整个社会经济系统的整体最优。其次，物流系统本身又由若干子系统（如运输系统、储存系统、信息系统等）构成。这些物流子系统之间既相互促进，也相互制约，即存在大量的“悖反”现象，这要求我们在进行物流系统规划设计时对物流系统内部也要系统考虑，因此就意味着物流系统规划与设计是要实现物流系统的整体目标而不是局部利益。

（2）战略性原则。战略性原则是指在进行物流系统规划时，必须对物流系统中的各种要素进行长期的、战略性的思考和设计，主要体现在三个方面：一是在进行物流系统规划时，对规划要素的评价和取舍要有战略视角，要从长期发展的角度去进行评价并决定取舍；二是在进行物流系统规划时，对规划要素要有全局意识，而且是中长期的全局意识；三是要充分考虑各种环境因素可能发生的变化，使物流系统规划具有一定的柔性，以适应环境的变化，减少调整成本。

（3）科学性原则。科学性原则主要体现在三个方面：一是对规划要素的现状和问题要进行科学的调查；二是对规划要素的现状和问题要进行科学的分析，科学调查是科学分析的基础，只有对调查资料进行科学的处理和分析，才能得出科学的结论；三是要有科学的规划方法和程序。

（4）可行性原则。可行性原则是指在进行物流系统规划时必须使各项规划要素满足既定的资源约束条件，也就是说，在规划设计时必须要考虑现有的可支配资源情况，必须符合自身的实际情况。既要与总体的物流发展水平、社会经济的总体水平及经济规模相适应，体现前瞻性和发展性，又不能超越企业本身的整体承受能力，以保证物流系统规划与设计的实现。

（5）经济性原则。经济性原则是指在物流系统的功能和服务水平一定的前提下，追求成本最低，并以此实现系统自身利益的最大化。

（6）社会效益原则。社会效益原则是指在物流系统规划与设计时应该考虑环境污染、可持续发展、社会资源节约等因素。一个好的物流系统不仅在经济上是优秀的，在社会效益方面也应该是杰出的。物流的社会效益原则也越来越受到政府和企业的重视，中国正在倡导循环经济，绿色物流是其中的重要组成部分。另外，政府在法律、法规上将会对物流系统的社会效益问题做出引导和规定。

1.2.2 物流系统规划与设计的影响因素

物流系统的规划设计是为了更好地配置系统中的各种物流要素，形成一定的物流生产能力，使之能以最低的总成本完成既定的目标。因此，在进行物流系统规划与设计时，有必要考察分析其影响因素，从而做出合理的物流规划设计方案。影响物流系统规划与设计的主要因素有以下几点。

（1）物流服务需求。物流服务需求包括服务水平、服务地点、服务时间、产品特征等多项因素，这些因素是物流系统规划与设计的基础。由于物流市场和竞争对手都在不断地发生变化，为了适应变化的环境，满足物流服务需求，必须不断地改进物流服务条件、服务环境，以寻求最有利的物流系统，支持市场发展前景良好的物流服务项目。

（2）行业竞争力。物流系统规划与设计就是要寻求最大的竞争优势，为此必须考虑物流服务成本的合理性，协调物流节点能力与市场要求之间的关系，降低成本，以获取最大的竞争优势。为了成为有效的市场参与者，在进行物流系统规划与设计时需要对竞争对手的物流竞争力进行详细分析，掌握行业基本服务水平，寻求自己的物流市场定位，从而发展自身的核心竞争力，在此基础上构筑合理的物流系统。

（3）地区市场差异。物流系统中物流节点结构直接同客户的特征有关，如地区人口密度、交通状况、经济发展水平等，这些都在一定程度上影响着物流节点规划设计的决策。

（4）物流技术发展。信息技术、网络技术等对物流发展具有革命性的影响，及时、快速、准确的信息交换可以随时掌握物流动态，不但改进了物流系统的实时管理控制及决策，而且为实现物流作业一体化、提高物流效率奠定了基础。

（5）流通渠道结构。流通渠道结构是由买卖关系组成的企业间的商务关系，而物流活动是伴随着一定的商务关系而产生的。因此，为了更好地支持商务活动，物流系统的构筑应考虑流通渠道的结构。

（6）经济发展。经济发展水平、居民消费水平、产业结构直接影响着物流服务需求的内容、数量、质量。而集货、运输、配载、配送、中转、保管、包装、装卸、流通加工和信息服务等构成现代物流活动的主要内容。为此，物流系统的规划与设计应适应物流服务需求的变化，不断拓展其功能，以满足经济发展的需求。

（7）法规、财政、工业标准等。物流系统的各种活动必须与国家的运输法规、税收政策、行业标准等相适应，因为这些因素也在一定程度上影响着物流系统的规划与设计。

1.2.3　物流系统规划与设计的内容与层次

物流系统规划与设计是以一定区域或一定范围的物流系统布局为研究对象。由于观察与分析的对象不同，分析问题的视角不同，物流系统规划与设计的方法与内容也有所区别，因此常有不同的划分。

1. 按经济区域划分

按照规划所涉及的经济部门、经济区域，物流系统规划可分为宏观物流系统规划、中观物流系统规划和微观物流系统规划。其中，中观物流系统规划包括区域和城市物流系统规划、产业物流系统规划，微观物流系统规划则包括了企业物流系统规划、物流企业系统规划。

（1）宏观物流系统规划。宏观物流系统规划着重于以物流基础节点和物流基础网络为内容的物流基础平台规划。物流基础平台的规划包括铁路、公路、航空、水路等线路的规划，不同线路的合理布局，综合物流节点、物流中心的规划，以及相应的综合信息网络的规划。

（2）区域和城市物流系统规划。区域物流系统规划着重于地区、城市物流基地、物流中心、配送中心三个层次的物流节点以及综合物流园区的规模和布局的规划。物流基地、物流中心、配送中心三个层次的物流节点是区域和城市物流的不同规模、不同功能的物流节点，也是区域和城市物流系统规划中较大规模的投资项目。这三个层次物流节点的规划是区域、城市物流系统运行合理化的重要基础。

（3）产业物流系统规划。在物流基础平台之上，将有大量的企业和经济事业单位进行物流运作，如供应、分销、配送、供应链、连锁经营等。要使这些运作做到合理化和协调发展，需要有规划的指导。产业物流系统规划也可称为经济运行部门物流规划，是指国家的主要经济部门进行的物流规划，例如，商贸业物流规划、医药业物流规划、汽车业物流规划、烟草业物流规划等。产业物流系统规划基于本产业所制定的特定物流规划，实际上是一种供应链规划，着重于采购、生产、分销、配送等供应链环节的流程设计、物流设施布局规划和供应链管理规划。

（4）企业物流系统规划和物流企业系统规划。企业物流系统规划和物流企业系统规划是最微观层面的物流系统规划，其主体是企业。企业物流系统规划和物流企业系统规划以上述物流系统规划为基础，上述物流系统规划最终是为企业物流系统规划和物流企业系统规划服务的。企业物流系统规划包括生产企业、销售企业、服务企业等的物流系统规划，而物流企业系统规划则主要指专门从事物流服务的企业系统规划，即第三方物流系统规划。不同类型的企业物流系统规划的要求不同。因此，企业物流系统规划更要关注差异性和多样化。当前，企业物流系统规划的理念在不断发展，从“营销支持”和

"流程再造"角度进行物流系统规划，会有效提高企业的素质，增强企业的运营能力。

2. 按物流系统规划与设计的层面划分

按照物流系统规划与设计的层面，物流系统规划与设计可以分为物流系统战略层、物流系统营运层和物流系统操作层的规划设计，如表 1.1 所示。物流系统战略层面规划的主要任务是对物流系统的建设与发展做出长远的、总体的谋划，即长远规划。物流系统营运层面规划的主要任务是对物流系统营运进行规划及设计，即物流运作方案策划、物流营运系统设计，是物流系统战略规划的实施与落实；物流系统操作层面规划的具体任务是利用战略规划和系统设计所确定的物流渠道，快速、有效地仓储、包装、装卸、搬运和运送产品。

表 1.1 物流系统规划与设计的三个层面

系统层次 物流职能	战略层面	营运层面	操作层面
选址	设施的数量、规模和位置	库存水平定位	线路选择、发货、派车
运输	选择运输方式	运输服务的内容	确定补货数量和时间表
订单处理	选择和设计订单录入系统	确定处理客户订单先后顺序	发出或接受订单
客户服务	设定标准	贯彻执行	具体操作执行
仓储	物流网络布局及仓库地址选择	仓库设施布局，存储空间选择	订单履行、收发货物，货物维护与保养
采购	制订采购政策	选择、管理供应商	洽谈合同、发出订单

1.2.4 物流系统规划与设计的步骤

物流系统是由若干个子系统组成的，物流系统的规划设计需要对每一个子系统进行规划设计。同时每一个子系统的规划设计又需要与物流系统其他组成部分的规划设计相互平衡、相互协调。因此，物流系统规划与设计首先需要确定一个总体框架，在总体框架的基础上采用系统分析的方法对整个系统的各个部分进行规划设计，最后把各个独立部分结合成一个整体。

物流系统规划与设计的流程或步骤大致可分为四个阶段：确定目标和约束条件；数据收集和方案拟定；方案评价与选择；方案实施与实效评价。

1. 确定目标和约束条件

在整个物流系统规划与设计的过程中，最重要的是确定物流系统规划与设计的目标。目标的定位直接决定了物流系统的组成部分。例如，对于企业的物流系统规划和设计而言，比较常用的目标有三种，总成本最小、运营成本最低以及客户服务水平最高。总成本最小的目标旨在使物流系统中总投资最小，相应的物流系统设计方案往往是减少物流节点的配置数量，直接将货送到用户手中或选择公共仓库而不是企业自建仓库；运营成本最低的目标也往往需要利用物流节点实现整合运输；客户服务水平最高的目标，又往往需要配置较多的物流节点、较好的信息系统等。

由于物流系统庞大而复杂，各子系统之间相互影响和相互制约的情况很明显，而且系统受外部条件的限制也很多。因此，在物流系统规划与设计时需要说明各种约束，特别是那些暂时无法改变的系统制约因素，因为这些制约因素可能与既定的目标有冲突。

2. 数据收集和方案拟定

在物流系统规划与设计中，要进行大量的相关基础资料的调查和收集工作，作为系统设计的参考依据，一个物流系统规划与设计方案的有效性依赖于调查获得的基础资料的准确程度和全面程度。一般物流系统规划与设计需要调查的基础资料包括物流服务需求、物流资源状况、社会经济发展、竞争状况等。调查方法主要有访谈调查、问卷调查、查找相关统计资料、现场调查等。在完成数据收集之后，剔除异常数据，确定数据样本容量，对数据进行分类、整理、分析，结合系统目标制定物流系统初步方案。

3. 方案评价与选择

物流系统方案评价是物流系统规划工作的一个必不可少的步骤和重要的组成部分，它是对经分析和规划设计后形成的各种备选方案进行经济、技术与社会多个层面的比较与评价，即要根据物流系统的评价标准，采用有效的方法，比较这些备选方案的优劣，从而辅助决策者选择最优或最满意的方案并付诸实施。

物流系统方案评价一般应经过以下步骤：确定评价目标与评价内容，确定评价因素，建立评价指标体系，制定评价准则，选择评价方法，进行单项和综合评价。评价方法一般采用程序评价法、层次分析法、模糊评价法、目标设计法等。

4. 方案实施与实效评价

物流系统方案的实施过程是相当复杂的过程，方案设计的实际可操作性将在这里得到验证，这就要求实施者根据决策者选出的最优设计方案，严格按照方案设计的要求逐步实施。在这个过程中，可能会遇到各种实际问题，有些是设计者事先并未预料到的。因此在方案实施过程中，实施者首先要充分领会设计者的整体思路和设计理念，在遇到问题时尽可能最大限度地满足设计要求。如果确有无法满足的部分，需要对设计方案做必要的调整，但要保证不影响物流系统整体目标的实现。

方案实施后还要对实施的方案进行追踪，实效评价就是对实际方案实施效果的评价，是对实际结果的客观评判。实效评价的目的是实际检验方案设计的优劣，并作为今后物流系统规划与设计的参考和借鉴。

1.3　物流系统规划与设计的意义及发展

1.3.1　物流系统规划与设计的意义

对于物流系统项目，资源能否合理利用，设施布局是否得当，设备是否适用，能否取得良好的投资效果，规划和设计起着决定性的作用。

（1）物流系统需要有各方面共同遵循的规划。物流涉及生产领域、流通领域、消费和后消费领域，涵盖了几乎全部社会产品在社会上与企业中的运动过程，是一个非常庞大而且复杂的领域。物流涉及的部门不但有交通运输部、中国铁路总公司，还有民航总局、邮政部门、海关等，如果缺乏沟通和协调，这些部门容易从局部利益考虑，不可避免地破坏了物流大系统的有效性。因此进行物流系统规划就显得尤为重要。

（2）物流系统过程需要有规划的协调。物流系统有一个非常重要的特性，就是物流系统中各个环节之间往往存在“效益悖反”现象，如果没有共同的规划制约，各个环节将各自独立发展，不利于实现系统的整体优化。因此，必须实施高层次的、全面的、综合的物流规划。

（3）物流系统建设需要有规划的制约。物流领域进入的门槛比较低，而发展的门槛比较高，这就使物流领域容易出现在低水平层次上的重复建设现象。尤其最近几年“物流热”引发一定的“寻租”问题，加剧了物流建设的低水平重复。这种低水平重复建设问题，在配送中心、一般物流中心和小型物流节点方面有突出的表现。

（4）物流系统投资需要有规划的引导。物流系统的建设投资，尤其是基础建设的投资规模巨大，需要有规划的引导。物流系统的大规模建设项目规划尤其应当引起重视。这是因为就我国而言，这种项目的数量相当多，不少城市规划有多个规模比较大的物流园区，如果再加上港口、车站、货场等基础设施，一个城市的大型物流项目就会有十几个甚至几十个。由于投资规模巨大，如果没有有效的规划，就不能有效地利用资源，并可能造成巨大损失。

（5）物流跨越式发展需要有规划的指引。我国物流系统建设刚刚起步，与发达国家有着几十年的差距。要迅速追赶，需要跨越发达国家几十年时间的低水平发展阶段。就我国的技术水平和管理水平而言，实现这一跨越式发展是完全有可能的。但是，如果缺乏规划引导和制约，放任自流，那么必然会有相当多的地区和企业，要从头走起，重复低水平发展阶段，白白地消耗资源和时间。

（6）企业构筑新型物流系统需要规划的指导。就生产企业而言，在暴利时代结束之后，“轻资产”运行的新型企业，需要改变过去大量投资于生产能力的旧的投资方式，而将大量制造业务外包，这样就必须建立诸如“供应链”之类的物流系统，形成以联盟为新组织方式的虚拟企业。这就必须对物流系统进行新的构筑，或对企业的整个流程从物流角度进行“再造”。因此，物流系统规划与设计对于生产企业也是非常重要的。

1.3.2 物流系统规划与设计的发展

1. 设施规划设计的发展

设施规划与设计起源于早期制造业的工厂设计。自从有了工业生产，就有了工厂设计。第二次世界大战前，从 Taylor 的科学管理开始，人们就开始关心制造厂的设计工作。在早期，工厂设计的活动主要是三项，即操作法工程、工厂布置和物料搬运。其中操作法工程注重“人”的工作测定、动作研究；工厂布置是机器设备、运输通道和场地的合理配置；物料搬运是对原料、半成品、制成品的物流活动进行控制。其中在工厂布置方面主要采用定性分析方法和经验设计。当然，这种方法缺乏科学性。但是经过大量实践的数据在一定程度上也反映了客观情况，且根据经验设计的工厂在较短时间内比较符合实际情况。

第二次世界大战后，工厂设计无论在范畴上还是方法上都发生了重要变化。在设计方法上逐渐从依靠定性、经验的方法向定量的系统分析的方法转变。在工作领域上也从重点在制造业扩大到其他工业和服务业，设计对象向非工业设施扩大。由此，“工厂布置设计”发展为“设施规划设计”。20 世纪 60 年代以后由 Muther 倡导的系统化设施布置规划（systematic layout planning，SLP）方法，采用条理化的推理和系统化的规划设计方法，使设施规划设计向前迈进了一大步。但是这种方法的推理还比较粗略，系统化工作内容也比较烦琐。

随着计算机技术的飞速发展，计算机技术已渗透到设施设计的各个领域和各个阶段。20 世纪 80 年代以来，许多学者研究了各种设施布置的模型以及算法，推理更加细致合理，加上计算机辅助设计（computer aided design，CAD）技术使绘图工作也可自动完成，出现了各种商品化的设施布置软件包，从而使设施规划设计又进入了新的阶段。与此同时，研究发现布置问题属于 NP 问题（Non-Polynomial），当问题规模较大时，即使是当今最快的计算机也需要人类无法接受的时间才能找到最优布置方案。因此，人们称这类问题为难解问题。正因为如此，研究人员在继续探索数学直接解法的同时，开始从多个角度寻找最优或近优的布置方案启发式解法。随着人工智能理论的应用，人们又开发出许多设施布置专家系统，如“设施布置专家系统”、“人工智能设施布置分析规划系统”、“计算机辅助设施布置选择程序”及将最优化与知识基相结合的“机床布置专家系统”。

2. 设施选址的发展

选址问题在生产、生活、物流甚至军事中都有着非常广泛的应用，如工厂、仓库、急救中心、消防站、垃圾处理中心、物流中心、导弹仓库的选址等。选址是最重要的长期决策之一，选址的好坏直接影响到服务方式、服务质量、服务效率、服务成本等，从而影响到利润和市场竞争力，甚至决定了企业的命运。好的选址会给人们的生活带来便利，降低成本，扩大利润和市场份额，提高服务效率和竞争力，差的选址往往会带来很大的不便和损失，甚至是灾难。所以，选址问题的研究有着重大的经济、社会和军事意义。

选址问题的早期理论是由土地经济学家和区域地理学家提出的。运输成本在选址决策中的重要作用是贯穿所有这些早期研究的共同主题。最早的选址问题是由 Weber 于 1909 年提出的，他所考虑的选址问题是确定一个仓库位置，以使仓库与各处客户之间的总运输距离最短。对于这一问题，区域经济学家 Isard 于 1956 年在结合了工业选址、土地使用和相关问题的基础上进行了重新研究。另一位早期设施选址问题研究学者 Hotelling 在其 1929 年发表的论文中，考虑两个竞争供应商在一条直线上的区位选择并构建选址模型。20 世纪 50、60 年代，研究者偏重于设施选址的实际应用，包括产品销售网点的分布与设计、消防设施选址、垃圾处理厂选址、电话网络程控交换设备选址等。这一时期，选址理论的研究工作是在几个不相关的领域内展开的，因此并没有形成统一的理论。

1964 年，Hakimi 对选址问题进行了更加理论化的研究，他考虑了带有一般性的问题，就是在一个网络中选定一个或多个设施的位置，使得总距离或设施与点之间的最大距离最小。至此选址理论有了很大的发展，选址问题被引入一个更宽广的领域，并扩展到很多实际应用中，包括生产中心选址、交通枢纽选址、变电站选址等。研究方法更集中于运筹学、拓扑学，经济学方法的应用越来越少。

随着市场变化的加剧，实际生产、生活中运输时间、需求量、需求空间分布以及设施建造成本等输入变量不确定性加强，以往静态、确定性选址模型与方法已不能适应选址研究的发展。随机选址问题成为众多学者关注的焦点。从 20 世纪 90 年代以后，更多的优化方法和技术，应用到设施选址问题当中，同时智能算法在解决离散设施选址问题方面也取得了很大的成绩。

➢复习思考题

1. 物流概念的发展经历了哪些阶段？
2. 什么是物流系统？物流系统具有哪些特征？
3. 简述物流系统的目标和功能。
4. 物流系统的结构有哪些分类？
5. 简述物流系统规划与设计需要遵循的原则。
6. 物流系统规划与设计的影响因素有哪些？
7. 物流系统规划与设计的主要内容是什么？
8. 简述物流系统规划与设计的基本步骤。
9. 物流系统规划与设计具有什么重要意义？
10. 设施规划设计经历了怎样的发展历程？

第2章

物流系统规划与设计理论、方法与模型

2.1 物流系统战略规划

2.1.1 物流系统战略规划概述

1. 物流系统战略规划的含义

战略，原为军事术语，顾名思义就是作战的谋略。它依据敌对双方的军事、政治、经济、地理等因素，规定军事力量的准备与运用。随着人类社会实践的发展，战略后来被人们广泛地用于军事之外的领域，并逐渐赋予战略以新的含义。因此，将战略思想运用于物流系统之中，就产生了物流系统战略规划这一概念。

物流系统战略规划是一种管理的方式，是通过对物流系统的总体性、长远性、指导性、现实性、竞争性、风险性、创新性和稳定性的分析，将物流系统的发展方向、发展目的、发展方针、发展策略和经营活动等有机地结合起来，使物流系统形成自己特殊的属性及战略优势。

2. 物流系统战略规划的特性

（1）物流系统战略规划的总体性。形象地说，物流系统战略规划就是物流系统发展的蓝图，需要综合分析物流系统中的人、财、物、信息、设施与设备、技术以及物流系统的各环节、各环节之间的相互关系。

（2）物流系统战略规划的长远性。物流系统战略规划考虑的是物流系统未来相当长一段时间内的总体发展问题。一般可以有 1～2 年的短期发展战略规划、3～5 年的中期发展战略规划、5～10 年的长期发展战略规划等。

（3）物流系统战略规划的指导性。物流系统战略规划规定了物流系统，如产业物流系统、城市物流系统、企业物流系统、物流企业系统等，在一定时期内的基本发展方向、发展目标，以及为实现这一目标的基本途径、基本策略等，对物流系统的发展具有指导意义。

（4）物流系统战略规划的现实性。物流系统战略规划是建立在当前已有条件、主客观因素基础之上的，是从当前的现实出发，反映了当前的物流系统结构特征、要素特征和要素之间的关系特征以及物流系统的环境特征等。

（5）物流系统战略规划的竞争性。物流系统战略规划的目的同军事战略一样，是为了克敌制胜，战胜竞争对手，赢得市场竞争的胜利，寻找赢得胜利的法宝。

（6）物流系统战略规划的风险性。物流系统战略规划是对未来发展的筹划和谋略，然而由于物流系统本身及物流系统的环境总是处于不确定的变化中，任何物流系统战略规划总是要承担一定的风险。

（7）物流系统战略规划的创新性。物流系统战略规划是在全面分析物流系统内、外因素的基础上，发挥系统优势、突破系统瓶颈、利用外部机会、规避外在风险的筹谋过程。在这个过程中，必须不局限于已有的观念和思路，勇于突破和变革，超越传统和历史。任何因循守旧的战略规划是无法适应时代和市场发展的。

（8）物流系统战略规划的稳定性。物流系统战略规划一旦制定和完成，就要在较长的一段时期内执行和实施，在这一时期内，尽管不排除对战略中局部内容的调整，但必须保持物流系统战略规划总体的稳定，以有利于各方面的贯彻和执行。

（9）物流系统战略规划的柔性。物流系统战略规划的柔性是为实现“以顾客为中心”的理念而提出的。物流系统战略规划必须根据系统经营模式、经营方向和策略、物流人员和物流技术、消费者需求的变化，进行不断地调整和改变，以适应系统内部条件和外部环境的变化。

3. 物流系统战略规划的内容

按照层次划分，物流系统战略规划可以为宏观、中观和微观的物流系统战略规划三种类型。

1）宏观物流系统战略规划

宏观物流系统战略规划是指以国家经济和社会发展的规划为指导，以物流系统内部的自然资源、社会资源、文化资源和经济资源为依据，考虑宏观物流系统发展的潜力和优势，在掌握交通运输包括铁、水、航、公等基础设施要素，以及交通运输网络的基础上，研究和确定物流系统的发展方向、发展规模、发展结构，合理配置资源，统一规划和安排交通运输网络和交通基础设施的协同发展，以获得最佳的经济、社会和生态效益。

2）中观物流系统战略规划

中观物流系统战略规划是从区域、城市、产业经济发展的角度出发，针对区域、城市、产业物流系统的优势、劣势、机会和威胁，规划区域、城市、产业物流系统的发展方向、未来目标及发展路径。

（1）区域物流系统战略规划。区域物流系统战略规划是根据区域社会经济发展的总体规划，考虑区域内不同地区之间的自然资源条件差异、已有基础设施优势和经济社会发展的重心，对区域物流系统活动进行整体分析与设计的过程。区域物流系统战略规划主要在于解决区域内不同地区物流系统发展的重点、目标、领域和特色，将不同地区的物流系统发展有机地衔接起来，以提高整个区域内的物流发展水平。

（2）城市物流系统战略规划。城市物流系统战略规划是在城市经济社会发展规划的基础上，通过统筹协调和全面分析城市货物运输、道路建设、路线选择、物流设施等问题，对城市物流系统各环节进行合理设计和整体控制，包括交通基础设施、交通网络、物流园区、物流中心等的规划设计。城市物流系统战略规划的目标在于提高城市物流活动的效率，充分利用现有交通基础设施和网络，解决城市物流活动中所引致的交通阻塞、环境污染、能源浪费等一系列的弊端，实现物流活动整体最优化的过程。

（3）产业物流系统战略规划。产业物流系统战略规划是国民经济和社会发展规划的重要组成部分，是在分析产业市场前景和规模、企业运营数据、行业经营情况、市场竞争格局和策略、投资发展环境及政策、销售及生产等情况的基础上，基于客观情况作出的战略规划。产业物流系统战略规划的目的是通过对产业物流现状的客观、准确评价和判断，在考虑产业物流特征、基础条件、发展目标等的基础上，选择和确定物流发展的突破口和相应的策略，实现产业物流的跨越式发展，以提高产业的竞争力。

3）微观物流系统战略规划

微观物流系统战略规划包括企业物流系统战略规划和物流企业系统战略规划两类。

（1）企业物流系统战略规划。企业物流系统战略规划是指制造型企业、非物流型服务企业的物流系统战略规划，是企业在确定未来发展的战略目标、发展方向和发展路径的基础上，通过分析自身物流系统的内部条件、外部物流环境的变化，研究和确定的物流系统战略规划，是企业战略规划中的一个业务规划，是企业战略中的重要组成部分。企业物流系统战略规划主要包括企业生产物流系统战略规划、企业供应物流系统战略规划、企业销售物流系统战略规划、企业回收物流系统战略规划、企业废弃物物流系统战略规划、企业物流系统布局战略规划等。

企业供应物流系统战略规划。企业供应物流系统战略规划是企业对包括原材料、外协件、外购件、燃料、辅助材料等一切生产原料和物资供应的物料招标采购、进货运输、仓储保管、库存管理、用料管理、供应管理等的规划。供应物流战略规划的目的是要求企业在小成本、少损耗、低风险的条件下，有效地组织原材料、零部件、燃料、辅助材料的供应，以保证企业生产活动的节奏性、连续性和组织性。

企业生产物流系统战略规划。企业生产物流系统战略规划是对原材料、外协件、外购件、燃料、辅助材料等投入生产后，由下料、发料，运送到各加工点和存储点，并以在制品的形态，按照规定的工艺规程，从一个加工地点流入到另一个加工地点进行加工、储存等的规划。企业生产物流战略规划的目的是要求企业在生产过程中，缩短物料流动的周期，减少物料流动的环节，加快物料流动的速度，降低物料流动中的损耗，提高搬运效率。

企业销售物流系统战略规划。企业销售物流系统战略规划是对生产企业的产成品，经过产品包装、产品储存、运输与配送、装卸与搬运、流通与加工，订单及信息处理，以及多层次的分销环节、配送环节等，将产品运送到企业用户、商业用户或最终顾客手中的规划。企业销售物流战略规划的目的是要求企业在不断提高物流服务水平的前提下，尽可能地以低廉的服务成本和高的服务质量，持续地向顾客提供优质的物流服务。

企业回收物流系统战略规划。企业回收物流系统战略规划是对不合格物品的返修、退货及包装使用的容器、废弃物，从需求方返回到供应方所形成的物品流动过程的规划。如回收用于运输的托盘、集装箱，用于盛装液体的容器和器皿等。

（2）物流企业系统战略规划。物流企业系统战略规划是指专门从事物流服务的专业性物流企业的战略规划。物流企业系统战略规划与企业物流系统战略规划既有相同点，也有不同点。相同点都是对于物流系统的战略规划，不同点是物流系统战略规划是物流企业的主规划，但却是一般性企业战略规划的子规划。

2.1.2 物流系统战略规划的制定

1. 物流系统战略规划制定的原则

物流系统战略规划在制定过程中，通常会遇到许多无法估计或者估计不准确的问题。在战略规划制定中必须遵守四项基本原则。

（1）适度合理性的原则。由于受到信息、决策以及人的认识能力等因素的限制，在战略规划制定时，通常很难对未来的变化，做出准确的预测，所制定的物流系统战略规划也难以保证是最优的，因此只要在主要的战略目标上设置了预定的目标值，就应当认为这一战略规划是可行的、成功的。另外，因为新战略规划本身就是对过去战略规划以及与战略规划相关的文化、价值观念的纠正和修改，而且在战略规划实施的过程中由于企业内部条件及外部环境的变化较大，不可能完全按照原先制定的战略规划去实施，战略规划的实施过程可以对战略规划进行再调整，战略规划的某些内容或特征有可能改变，但只要不妨碍总体目标及战略规划的实现，就可以认为是合理的。

（2）开放性原则。物流系统战略规划，包括愿景和目标设计、竞争优势确定、资源要素获取等，都要从一个长远的、全社会的角度进行分析和寻求，因此，坚持开放性原则，始终使物流系统保持与社会、经济、人文、自然系统的互动性，是物流系统战略规划制定必须坚持的原则。另外，坚持开放性原则，也是物流系统战略规划面对市场和经济环境的变化，能够实现及时调整的重要保证。

（3）要素集成原则。物流系统战略规划的制定，涉及方方面面的因素。如何使这些因素能够相互适应、协同运行，是战略规划制定中的一个重要方面。物流系统要素集成就是指通过一定的制度安排，对物流系统的功能、结构、网络、资源等要素进行统一预测、设计、控制、评价，并通过对要素间的协调性和适应性分析，使所有要素能够汇聚成一个整体运行，从而实现物流系统整体优化的目的。

（4）统一领导原则。对物流系统战略规划了解最深刻的应当是组织的高层领导人员。一般来讲，他们比组织中的中下层管理人员以及一般员工掌握的信息要多，对物流系统战略规划各个方面的要求以及相互之间的关系了解得更全面，对战略规划意图体会最深，因此，物流系统战略规划的制定应当在高层领导人员的统一领导、统一指挥下进行。只有这样，系统资源的分配、机构的调整、文化的建设、信息的沟通及控制、激励制度的建立等各方面才能相互协调、平衡，才能使系统为实现战略目标而卓有成效地运行。

2. 物流系统战略规划制定的影响因素

1）物流服务需求

物流服务需求包括物流服务需求水平、物流服务需求地点、物流服务需求时间、物流产品需求特征等，是物流系统战略规划的基本依据。

（1）物流服务需求水平。物流服务需求水平可以用物流系统的缺货率、送货时间、送达速度、送货准点率、可靠性、满足订单的比例等表示。

（2）物流服务需求地点。物流服务需求地点包括现有、潜在的顾客的需求地点、需求地点的分布等，可以采用物流服务需求的区域、省份、城镇、区位、街道等表示。

（3）物流服务需求时间。物流服务需求时间包括需求时间、需求时间的季节性变化、顾客的重要性等，可以采用年份、季度、月份、旬、周、日、小时、分钟等来表示。

（4）物流产品需求特征。物流产品需求特征包括产品尺寸、产品重量、产品状态、产品品种和产品包装，以及需求规模、需求批量、需求频次和特殊需求等。

2）物流技术发展

现代物流技术大致可以分为运输方式选择、配送技术、仓储技术、装卸和搬运技术、包装和集装技术、流通加工技术、信息传递技术等。

（1）运输方式选择。运输方式的选择是根据货物特性和运输方式的运营特性来选择适当的运输方式。货物特性是指货物的尺寸、重量、状态、品种和包装形状，以及运输价格、运输批量、交货日期、到达地点等；而运输方式主要有铁路运输、公路运输、水路运输、航空运输等。一般地说，运输方式的选择方法既可以是定性的，又可以是定量的，但通常用定性与定量相结合的方法。表 2.1 是各种运输方式的对比。

表 2.1　各种运输方式特点的比较

运输方式	铁路运输	公路运输	航空运输	水路运输
运输速度	较快	较快	快	慢
运输距离	长	较长	长	长
运输量	较大	较小	小	大
灵活程度	较高	高	较低	低
自然条件影响	少	较少	较多	多
适运货物	大宗货物	少量货物	高附加值货物	大宗货物

（2）配送技术。对配送技术的要求：一是时效性，二是可靠性，三是便利性，四是经济性。时效性是流通领域内客户最重视的评价指标，也就是要确保配送中心能在指定的时间内交货。影响配送时效性的因素，除了送货司机的个人因素，还有选择的配送路线不恰当，客户卸货点不方便，客户不配合等。对于配送中心，可以控制的因素按照控制力的强弱依次为配送路线、送货司机、客户卸货点、客户。因此，配送路线的选择是配送中心工作的一个重点。可靠性是将货物按照客户的要求，保质保量、完好无损地送达目的地，是衡量配送系统的一个重要因素。根据配送系统服务对象的要求，配送中心可以通过合适的设备和严格的规章制度，以及良好的员工素质达到任何合理的可靠性要求。可靠性完整地体现了整个配送系统的设施能力和服务水平。在配送之前，快速准确地验货、配送加工、货物包装、货物装卸，任何一个环节都体现了配送系统的技术水平和管理能力。便利性是要求所提供的服务必须能够让客户轻松获得。对于送货方式、送货计划的安排，应该采取具有较大弹性的柔性系统，能够为各种客户及时地提供便利服务，满足客户紧急送货、信息传送、顺道退货、辅助资源回收等独特要求。便利性的实现体现在对配送系统的技术要求上，目前在配送系统中广泛采用先进的信息处理技术、

通信技术、定位技术等辅助手段，帮助操作人员及时响应客户的要求。经济性主要依赖于配送系统运作的成本。配送系统的运作成本，必须和配送系统的其他性能参数进行综合考评，单纯对成本评价没有实际意义，需要关注和努力的是在保证配送的其他技术参数能够满足配送系统所需能力的前提下，通过各种技术和管理手段，降低运作成本。

（3）仓储技术。仓储技术包括货架的选择、分拣系统选择等。货架的选型，应根据仓库容量、存放货物的种类、数量、出入库频率、保管要求、费用水平等参数进行合理的选择。首先，实用是货架选择的基本原则，货架首先应满足于所储存物品的品种、规格尺寸和性能的要求，能满足物资先入先出原则的要求，同时适合于配套机械的存取作业。其次，低成本高效益也是货架选择的一个原则。根据储存货物的品种、数量、载重要求等选择对应材质的货架，根据储存管理的需要选择传统型或新型货架，要考虑仓库中货架的成本及经济效益。再次，货架选择要安全可靠。货架的强度和刚度，要满足载重量的要求，并有一定的安全裕量，对于存放危险物品的货架应有特殊的规定。最后，要尽量采用先进技术的货架。采用先进技术的货架可以实现储存管理的机械化和现代化，提高货架的利用率。分拣系统选择。人工分拣系统是靠人力搬运，把所需的货物分门别类地送到指定的地点，或利用最简单的器具和手推车等，这种分拣系统劳动强度大、效率低。机械分拣是以机械为主要输送工具，辅助人工进行检选，这种分拣方式用得最多的是输送机，包括板条式输送机、传送带、辊道输送机等，也称为“输送机分拣”。它的基本方式是用设置在地面上的输送机传送货物，在各分拣位置配置的作业人员看到标签、色标、编号等分拣的标志，便进行检选（把货物取出），再放到手边的传送带或场地上。另外一种称为“箱式托盘分拣”，即在箱式托盘中装入待分拣的货物，用叉车等机械移动箱式托盘，再用人力把货物放到分拣的位置，劳动强度较轻，分拣效率较高。自动分拣是指货物从进入分拣系统，直到指定的分配位置，都是按照人们的指令靠自动装置来完成的。这种装置是由接收分拣指示信息的控制装置、计算机网络、搬运装置、分支装置等构成的。在自动分拣系统中，主要过程是货物通过输送设备，顺序地进入识别区域，经过识别后进入分拣机构。根据识别信息来控制分拣机构对物品进行分类，并把分拣后的货物送到指定位置。

（4）装卸和搬运技术。装卸和搬运技术主要是月台设计。根据高度的不同，月台可以分为高月台和低月台。高月台的高度与车辆货台高度一样，一旦车辆停靠后，车辆货台与月台处于同一平面，有利于装卸作业车辆进行水平装卸，提高装卸效率。低月台高度和仓库地面处于同一高度，以利于月台与仓库之间的搬运。低月台与车辆之间的装卸作业不如高月台方便，但可采用传送装置卸货。根据汽车对仓库地面停靠的形式不同，又可以将月台分为侧面停靠月台、锯齿型月台、正面停靠月台和港湾型月台四种类型。侧面停靠仓库月台和正面停靠仓库月台只能组织一条装卸线对车辆进行装卸；锯齿型仓库月台和港湾型月台可以实现两条或两条以上的装卸线同时进行装卸，但需要较大的月台面积。

影响月台设计的因素有很多，主要包括运输车辆的外形尺寸、货物出入的频率、装卸货物的方式和方法、货物的安全型要求及对于环境的温控要求等。月台高度一般为

1.2～1.4m，其宽度要保证两人带货能相向通行以及在库门打开时不碰到车辆，一般宽度要求为 4m。目前，由于载重汽车车厢底板高度没有国际标准，所以一般都把仓库月台沿其长度方向修成一定坡度，利用仓库月台高度沿其长度方向的变化来适应不同的车辆，或装备手动简易“过桥”等来协调仓库月台与载重货车装载平面的高度差，使装卸人员通过它将货物直接送到车上。

（5）包装和集装技术。通常，包装过程中使用的技术有充填、装箱、裹包、封口和捆扎等。充填技术，充填是将内装物按要求的数量装入包装容器的操作。它是包装过程中的中间工序，在此之前是容器准备工序，在此之后是封口、贴标、打印等工序。在充填过程中，精密地计量内装物是很重要的，方法有：固体内装物充填方法、液体内装物充填方法。装箱技术，箱常用于运输包装。装箱可以采用手工操作、半自动或全自动机械操作等方式，其方法有装入式装箱法、套入式装箱法和裹包式装箱法等。裹包技术，裹包是用一层或者多层柔性材料包裹产品或包装零部件的操作。它主要用于销售包装，有时也用于运输、仓储包装，裹包方法与裹包形式密切相关。常见的裹包方法有折叠式和扭转式两种，而裹包形式有手工式和半自动或全自动机械。封口技术，封口是指将产品装入包装容器后，封上容器开口部分的操作。封口技术有：粘合方法、用封闭物封口方法。捆扎技术，捆扎是将产品或包装件用适当的材料扎紧、固定和增强的操作。用于包装捆扎的工具与设备有：手动捆扎工具、半自动捆扎和全自动捆扎机等，还有用于托盘包装、大宗货物捆扎、压缩捆扎和水平捆扎的特殊用途捆扎机。

（6）流通加工技术。流通加工技术依产品不同而有很大差异。为解决储运问题，降低储运费用，机械产品一般采用半成品（部件）大容量包装出厂，采取在消费地拆箱组装的方式，组装一般由流通部门进行，组装之后随即进行销售，如自行车及机电设备等。

（7）信息传递技术。信息传递技术包括地理信息系统、全球定位系统。地理信息系统（geographic information system，GIS）是计算机图形学、计算机辅助设计、管理信息系统、数据库管理、数字图像处理、遥感与计量地理学等学科综合发展起来的产物。它以计算机为手段，以空间信息为主线，对具有地理特征的空间数据进行处理，将其他各种与空间位置有关的信息结合起来的一种技术。GIS 将货物收集、存储、检索、运输、配送和分析与地理空间信息紧密地联系在一起。全球定位系统（global positioning system，GPS）是一种利用由导航卫星构成的全球卫星定位系统技术，GPS 对地球上任何地方的用户都能计算出他们所处的方位，并进行测时和测距。

3）物流系统环境的变化

（1）经济社会环境的变化。首先，世界经济环境的变化。随着世界经济的不断发展，世界经济、政治、贸易、外交、文化以及重大的国际事件，都可能为物流业带来机遇和威胁，物流企业特别是大型物流企业和跨国物流企业很明显会受到这些因素的影响。特别是在经济全球化的今天，全球型企业要想取得竞争优势，获取超额利润，就必须在全球范围内分配利用资源，通过采购、生产、营销等方面的全球化，实现资源的最佳利用，发挥最大的规模效益。在这个过程中，一是必须考虑全球市场的异质性或多样化，在充分了解不同国家市场需求差异性的基础上，通过差别化的产品和服务，来满足不同群体的顾客需求；二是当物流服务面向全球市场时，物流系统会变得更昂贵、更复杂，结果导致前置时间延长和库存水平上升。因此，在实施全球化物流时必须处理好集中化与分散化物流的关系，否则，将无以确立起全球化的竞争优势。其次，区域（城市）经济环境的变化。由于不同区域在自然环境、要素禀赋、经济基础和社会发展状况上存在着明显的差别，这往往使得区域（城市）经济环境有很大的差异。具体地说，包括国内生产总值（gross domestic product，GDP）总量、人均 GDP、三次产业 GDP 值及比例，三次产从业人员、投入产出情况、居民消费价格，商品零售价格、固定资产投资、全年社会消费品零售总额、全年货物进出口总额、财税金融、财政收入总量、人均收入及增长速度等。最后，区域（城市）社会环境的变化。一是科技环境，包括软科技环境、硬科技环境。软科技包括科技人员素质、数量、结构，以及科技体制、科技法规、科技转化为生产力的速度、比例与区域全员的科技观念和科学技术素质等。硬科技包括科研设备、场所、实验与试验基地、图书与情报资料等。全面把握区域（城市）的科技水平，既要充分发挥科技基础的能力，又不能提出科技基础不可承担的任务，特别是与科技水平联系紧密的高新技术产业领域的发展，更要与科技水平相匹配。二是区域（城市）文化环境，包括人文心理、民风习俗、道德观念、价值取向。

（2）其他环境的变化。其他环境包括基础设施环境，例如，交通、通信、供电、供水设施和城乡建设布局等。一般来说，这些行业投资大，见效周期长。物流战略规划必须建立在充分了解区域的已有基础设施和正在兴建的基础设施的承受能力上。除此之外，其他环境还包括自然地理、气候环境，例如，气候、地理位置等方面的因素往往直接影响到采购、库存、配送流程、配送路径和配送方式。

3. 物流系统战略规划制定的过程

不论是宏观、中观物流系统战略规划，还是微观物流系统战略规划，物流系统战略规划的制定一般来说包括战略环境分析、战略目标确定、战略方向选择等环节。

1）物流系统战略规划的环境分析

（1）物流系统战略规划的环境分析。物流系统战略规划的环境分析是制定物流系统战略规划的基础和依据。适应环境变化，寻找发展机遇，避开或者减轻环境威胁，寻找战略思路，是物流系统战略规划环境分析的根本目的。根据宏观、中观和微观物流系统的不同，物流系统战略规划的环境分析具有不同的内容。

对于宏观物流系统战略规划的环境，则主要以国际市场和国际关系、国际经济贸易区的发展、跨国经济、金融、贸易、外交、文化以及重大的国际事件为主要对象。

对于中观物流系统战略规划的环境，主要考虑国家经济发展，包括经济发展水平、经济结构、经济形势、经济周期、物流商品结构、技术发展趋势以及区域、城市和产业对物流的服务要求，国家相关产业政策和法律，包括法规、工商、税务、质检、标准等，以及社会文化，包括人口、风俗习惯、宗教信仰、社会价值取向、语言文字、历史等方面的因素。

对于微观物流系统战略规划的环境，除了要考虑中观物流系统的环境，还要分析产业竞争力、行业竞争对手、专业化的市场需求、物流技术本身，物流设备、物流系统、物流和商务的相关标准及人们的价值观念、消费观念和消费方式，以提供适应性、特色化和本土化的服务。

（2）物流系统战略规划环境分析的方法。对物流系统战略规划环境的分析，一般通过对下列问题的分析，并通过寻找问题的解决途径来完成。例如，如何利用外部环境提供的机遇？如何减轻或避开外部带来的不利影响？如何将不利条件转化为有利条件？如何充分发挥自身优势利用有利因素、克服不利因素？如何利用自身优势来应对目前的不利状况？

2）物流系统战略规划目标的确定

（1）物流系统战略规划目标的含义。物流系统战略规划的目标是物流系统设定的、经过一段时间的努力所达到的结果，也是物流系统发展方向和行动纲领。物流系统战略规划的目标，应根据不同系统的具体情况而定。宏观物流系统应考虑交通基础设施、交通网络的发展；中观物流系统，应考虑区域和城市的交通基础设施、交通网络、物流园区、物流中心，以及产业物流特征及其发展目标；微观物流系统应根据企业在供应链中的不同环节、不同功能、不同发展阶段等确定战略目标。

（2）物流系统战略规划目标的内容。一般情况下，物流系统战略规划目标应该包括以下内容：盈利目标，如利润、投资收益率、销售利润率、每股平均收益等。市场目标，如占有率、销售额、销售量、竞争地位、市场导入或者退出等方面的期望。效率目标，如采购、仓储、配送效率，资源使用效率等。服务目标，如产品和服务目标规划、新产品和领域开发、服务体系建设等。资金目标，如资本构成、资金总量、资金流动、资金回收、资本投资、资本运作等方面的目标和期望。技术目标，如物流流程、物流能力、物流技术和物流设备。组织目标，如组织结构、组织设置、组织改革方面的目标。人员目标，如员工使用、员工引进、员工发展。社会责任目标，如减少污染物的排放、节约能源消耗、增加污染治理投资。

3）物流系统战略规划方向的选择

根据战略管理的基本理论，物流系统战略规划包括集中性战略、差异化战略、成本领先战略和多样化战略。战略规划方向的选择一般都要根据战略环境分析、战略目标设定、已有的基础和条件、过去的战略实施效果等作出决策。

（1）集中性战略。集中性战略是指将物流系统的战略重点放在一个特定的目标区域、目标市场、产业领域或者方向上，为特定的地区、特定的产业、特定的用户或者特定的用途、特定的目的，提供特殊的产品和服务的战略。

实施集中性战略具有一定优势。第一，可以有效防御，在局部重点上构建自己的坚固堡垒，显示出较强的比较实力。第二，可以有效地避开竞争，如果集中性战略是针对竞争对手的盲点或者弱点实施的，就可以有效地避开竞争，有时还会与竞争对手形成互补局面。第三，由于集中性战略集中在相对小的目标市场、目标顾客，可以充分地面向有限的服务范围，针对性强，对物流系统服务能力和服务水平的提高有利，从而可以占领目标市场。

集中性战略也具有局限性。首先，市场上用户群体的差异给集中性战略创造了条件，如果没有相关差异，就不能实施集中性战略。但是，如果目标市场小、目标顾客少或者购买力或者购买潜力弱，一旦市场变化，则可能会给物流系统带来风险。其次，如果市场上没有其他对手试图采用相同或者相近的集中性战略，则集中性战略会给系统带来良好的收益，否者则会面临着巨大的风险。

（2）差异化战略。差异化战略是指利用新颖的构思，先进的科学技术和工作流程、工作程序、操作方法，别具一格的物流活动、物流系统结构、服务形式等，在产品包装、服务及时性、服务准确性、服务稳定性等方面，设计出的一种与众不同的战略。

差异化战略既可以面向广阔范围的市场，也可以针对相对狭窄范围的市场。面向广阔范围的市场，差异化主要是物流系统、物流活动本身，提供差异化的服务。在狭窄范围市场的情形下，差异化战略则是面向一小群有特别需要或嗜好的消费者，所以又称为聚焦式的差异化战略。

（3）成本领先战略。成本领先战略是指在庞大的市场面前，组织可以借用大批量的物流活动，减少物流中间环节等方法，取得规模化的效益和专业化的工作效率，使整体物流成本下降的战略。

成本领先战略的要素是通过规模经济以减低平均支出，同时产品和服务价格得以定位于较同行业低，竞争优势由此产生。

成本领先战略，强调的是物流总成本的最低。在物流活动各环节中，经常会出现顾此失彼的现象，如采用铁路、水路运输等大量运输方式，降低了运费，但同时使货物集结时间长、交货批量大、货期长，导致了在途库存增加、平均库存增加，从而使库存费用增加。如采用缩短进货周期、降低进货批量、增加进货频次的方式，获得了仓储费的降低，然而，与此同时由于多频次、小批量送货多，引起了紧急进货增加、运输成本增加、信息成本增加、装卸成本增加。因此，成本领先战略要求采用整体优化的方法，确保物流系统总成本的降低，而不是局限于某一环节成本的减少。

（4）多样化战略。多样化战略是指物流系统面对复杂多变的市场，为了规避风险，充分利用市场上机遇和风险的并存，根据产、供、销等方面存在的内在联系，通过整合资源，挖掘资源潜力，提高经营效能，实施的多样化战略，以追求管理上、市场上、制造上、技术上的协同效应。

物流系统可以通过专业化、精细化和多样化的经营立足。多样化可以构建诸如多样化品种、可选择的服务经营领域、灵活的市场适应、品牌效应、物流资源的充分利用等优势。

多样化战略使物流系统在经营中积累的内部资源，如资本、物流人才、物流技术、物流能力等得到充分的发挥，因此，通过多样化战略可挖掘和充分利用资源。

多样化战略一般要考虑建立在共同的价值链或共同的物流环节基础之上，也就是要有物流系统的要素、结构关联性，否则容易导致失败。

2.1.3 物流系统战略规划实施

1. 物流系统战略规划实施概述

物流系统战略规划在尚未实施之前只是纸面上的或人们头脑中的东西，而物流系统战略规划的实施是战略管理过程的行动阶段，因此它比战略规划的制定更加重要，在将物流系统战略规划转化为战略实施的过程中，有三个相互联系的阶段。

1）战略规划的分析

（1）战略规划启动。在这一阶段中，物流系统的领导人要研究如何将物流系统战略规划的目标，变为大多数员工的实际行动，调动起大多数员工实现新战略规划的积极性和主动性，这就要求对物流系统管理人员和员工进行培训，向他们灌输新的思想和新的观念，提出新的口号和新的概念，消除一些不利于战略规划实施的旧观念和旧思想，以使大多数人逐步接受一种新的战略规划。

一个新战略往往要将人们引入一个全新的境界，如果员工对新战略规划没有充分的认识和理解，就不会得到大多数员工的拥护和支持。因此，战略规划实施是一个发动广大员工的过程，要向广大员工讲清楚内外环境的变化给物流系统带来的机遇和挑战，旧战略存在的各种弊病，新战略的优点以及存在的风险等，使大多数员工能够认清形势，认识到实施新战略规划的必要性和迫切性，树立信心，打消疑虑，为实现新战略规划的美好前途而努力奋斗。在发动员工的过程中，特别需要努力争取战略规划关键执行人员的理解和支持，物流系统的领导人要考虑组织机构和人员的认识问题，以扫清战略规划实施的障碍。

（2）战略计划制定。将物流系统战略规划分解为几个战略实施阶段，每个战略规划实施阶段都有分阶段的目标，相应地，也要有每个阶段的政策措施、部门策略以及相应的方针等。要定出分阶段目标的时间表，要对各分阶段目标进行统筹规划、全面安排，并注意各个阶段目标之间的衔接，对于远期阶段的目标方针可以概括一些，对于近期阶段的目标方针则应该尽量详细一些。

在战略实施的第一阶段，新战略规划与旧战略规划应该有很好的衔接，以减少阻力和摩擦，第一阶段的分目标及计划应该更加具体化和操作化，应该制定年度目标、部门策略、方针与沟通等措施，使战略规划最大限度地具体化并变成可以具体操作的业务。

（3）战略规划运作的影响因素。物流系统战略规划的运作主要与下面六个因素有关：各级领导人员的素质和价值观念、物流系统的组织机构、物流系统文化、资源结构与分配、信息沟通与控制、激励制度。通过这六个因素使战略规划真正进入到物流系统的日常生产经营活动中，成为制度化的工作内容。

（4）战略规划控制与评估。战略规划是在变化的环境中实践的，物流系统只有加强对物流系统战略规划执行过程的控制与评价，才能适应环境的变化，完成战略规划任务。这一阶段的任务主要是建立控制系统、监控绩效和评估偏差三个方面。

2）战略规划的实施

根据所考虑时间的长短不同，物流系统战略规划可以分成三个层面：战略层面、策略层面和执行层面。战略层面考虑长期的规划制定，时间在一年以上；策略层面考虑在一年内的实施规划；执行层面考虑短期的行动。

（1）战略规划的制定过程。要有成效地决定物流系统战略规划，就必须以一种强有力的组织方式去做，必须设计相应的流程以便审核各部门之间，以及它们的活动和规划之间的相互关联、相互影响和相互依存性。两种物流系统战略实施规划的制定过程如下。

层层制定过程。即先由最高层制定总的战略与目标，然后层层分解、层层保证，最后将一个总目标分解为一个个具体易达到的子目标。这种形式类似于目标管理，必须明确的一点是，一旦物流系统战略的规划最终被确定，就必须有一套具体的程序来指导日常行动作为匹配。只有这样，才会使战略规划落到实处。

职能型制定过程，即根据战略规划的内容来按项制定企业战略规划的整个过程。这个过程包括两大部分：战略规划制定过程和具体规划实施的过程。实际上这两者是一个不可分割的整体，两者互相补充、互相呼应。

（2）战略规划的内容。战略规划必须适应多变的、不可控的未来变化，规划中的事项必须要有充足的弹性，以使组织能够信心百倍地对付变幻莫测的环境。这种内在规定性决定了战略规划必须有以下几方面的内容。

对战略规划的说明，主要方面的内容组成，什么是物流总体战略，包括总体战略目标和实现总体战略的方针政策；为什么做这些选择；实现此战略将会带来什么样的重大发展机遇。

分阶段目标。一般需要对分目标进行尽可能具体与定量的阐述，它是保证总目标实现的前提和依据。分目标常常与具体的行动规划和项目捆绑在一起，都是达成系统总目标的工具。

行动规划和项目。行动规划是组织为实现其战略规划而进行的一系列重组资源的汇总。在战略规划阶段，这些行动规划常常是包括研究、开发及销售等方面的活动。各种行动规划往往通过具体的项目来实施。

资源配置。资源配置是制定规划的基本决策因素之一。战略规划需要设备、资金、人力资源及其他重要资源，因此，对各种行动规划的资源配置的优先程度应在战略规划中得到明确规定。所有必要的资源在尽可能的情况下应折合为货币价值，并以预算和财务规划的方式来表达。

组织保证和相互协调。为了实现战略目标，必须有相应的组织结构来适应战略发展的要求。由于战略需要适应动态发展的环境，组织结构必须具备相当大的动态弹性。另外，战略规划往往包括若干子系统，必须明确各个子系统间接口处的管理与控制。

应变规划。有效的战略规划要求必须具备较强的适应环境的能力。要获得这种能力，就要有相应的应变规划作为保障，要看到各种条件在一定时间内都有可能发生突如其来的变化。将应变规划作为整个战略规划的一部分，可以应付各种瞬息万变的环境，可以在错综复杂的竞争中独领风骚。

（3）战略规划的实施。战略规划的实施是一个动态过程，因为物流系统是时刻处于变化状态之中的，所以，物流系统战略规划的实施必须随着产业政策、技术、市场的变化而变化。只有这样，才能适应生产和销售的需要。外部环境发生变化时，物流系统要相应地对物流系统战略进行调整和完善。市场需求以及成长性、竞争环境、技术水平、营销环境以及宏观政策走向和经济发展趋势，都将从不同方面或不同程度对物流战略规划的制定和实施产生影响。

3）战略规划的控制

完善的战略规划必须得到切实的执行才能实现目标，战略规划的实施和控制是物流系统战略规划管理的重要环节之一。必须将战略构想转化为战略的行动，战略制定和战略实施配合得越好，战略就越容易取得成功，并且好的战略实施还可以改善和纠正战略制定中的不足。

2. 物流系统战略规划实施方法

物流系统战略规划的实施方法包括：指令型、转化型、合作型、文化型、增长型。

（1）指令型实施方法。指令型实施方法的特点是，由高层管理人员或者其委托者制定战略，由其下属实施，高层往往不参与实施。这种方法的优点是，在原有的战略或常规战略变化的条件下，战略规划实施不需要有较大的变化，实施的结果也就比较明显。缺点是不利于调动企业职工的积极性。

（2）转化型实施方法。转化型实施方法的特点是，由高层管理人员重点研究如何实施战略规划，并且要为有效地实施战略规划而设计合适的行政管理系统。因此，要进行一系列的变革和转化，以增加战略成功的机会。这种方法的优点是，从行为角度考虑战略实施问题，可以实施较为困难的战略。缺点是物流系统的变革和转换可能来不及适应环境变化，物流系统内部流程可能由于经常处于变革中而变得不稳定，甚至无所适从。

（3）合作型实施方法。合作型实施方法的特点是，战略制定者充分调动各方面的积极性，各方在战略制定中可以充分发表自己的意见和建议，战略制定者实际上是一个协调员的角色。这种方法的优点在于决策的科学性和民主性，能充分调动人员的积极性。不足之处是：讨论时间可能过长甚至争执不下以致错过战略机会，战略的稳定性和全局性容易受到职能部门倾向性及局部性的影响。

（4）文化型实施方法。文化型实施方法的特点是，战略制定者主要倡导物流系统的使命、价值观并引导员工建立正确的价值、态度取向，然后鼓励职工根据战略使命去设计自己的工作活动，甚至让个人做决策。这种方法能够集思广益，充分调动员工积极性，但其前提是要有良好的文化氛围，职工有较高的文化素质，受过较高的教育。

（5）增长型实施方法。增长型实施方法的特点是，高层管理人员鼓励中上层管理人员制定与实施战略规划。这种方法集中了来自实践第一线的管理人员的经验与智慧，而高层管理人员只是在这些战略中作出自己的判断，并不将自己的意见强加在下级身上。

3. 物流系统战略规划实施程序

战略规划的实施一般要经过以下程序。

（1）收集资料。将规划执行所需的相关资料进行收集，包括物流系统内部和外部的相关资料。

（2）确定规划执行需要的前提条件。包括对于资源的要求等，规划前提条件可以分为内部和外部前提条件、可控和不可控前提条件、关键性和一般性前提条件等。

（3）任务与目标分解。根据战略总目标和总任务，再将目标和任务分解到各个部门和岗位，分解到责任点上，保证目标一致，形成目标结构和目标体系。

（4）综合平衡包括各环节、各部门的协调和衔接、时间和空间的平衡、组织活动和组织资源的平衡等。

4. 任务说明书

在物流系统战略规划实施的过程中，物流任务说明书是一项重要的工具，主要是阐明物流系统处在什么领域、服务的顾客是谁，以强化目的感。从某种意义上讲，任务说明书反映了战略决策者的价值观以及考虑的重点。

2.2 物流系统网络规划

2.2.1 物流系统网络及网络节点

1. 物流系统网络的内涵及构成要素

物流系统网络，简称物流网络，就是把物流系统抽象为由节点和连接边构成的网络。物流的过程，如果按其运动的程度即相对位移大小来观察，是由运动过程和相对静止过程组成的。一般情况下，两种不同形式的运动过程或相同形式的两次运动过程中都有暂时的静止，而一次暂时静止也往往连接两次不同的运动。物流过程便是由这种多次的运动-静止-运动-静止所组成的。与这种运动形式相呼应，通过对物流系统进行抽象，就可以把物流系统看作由节点与连接边构成的网络。节点指的是货物在流动过程中临时经停的存放点，如零售店、仓库、工厂或供货商等；连接边指的是货物在不同存放点之间的移动。任意一对节点之间可能有多条连接边相连，代表不同的运输形式、不同的运输路线或不同的产品。这就构成了物流系统中的产品流动网络。

与产品流动网络相配合的还有信息网络，包括销售收入、产品成本、库存水平、仓库利用率、运输费率以及其他方面的信息。信息网络中的线路由两点之间的信息的传输构成，节点指的是不同的数据采集点和处理点，如进行订单处理、拣选、配货和更新库存记录等。

具体讲，物流系统网络由厂商、客户、物流节点、运输线路、信息系统和网络组织等要素构成。

（1）厂商。在物流系统网络中，厂商作为产品或原材料的生产者和供应商，是物流系统网络的起点。由于物流系统网络的核心功能就是实现原材料或产成品从生产地到消费地的空间转移，因此厂商的分布情况对整个物流系统网络起着至关重要的作用。例如，在厂商集中和分散两种情况下，所要求的物流节点的位置、数量以及运输线路等就会有所不同，因此对应的物流系统网络就会出现很大差别。

（2）客户。与作为物流系统网络起点的厂商相对应，客户作为物流系统网络的终点，也是物流系统网络的重要组成部分。只有有了网络起点和终点的存在，物流系统网络的存在才有实际意义。客户自身特征和分布的特点直接决定着物流系统网络的内部结构，即如何适应特定的客户分布和客户需求。

（3）物流节点。所有的物流活动都是在线路和节点上进行的，其中，在线路上进行的活动主要是运输，包括集货运输、干线运输、配送运输等。物流功能要素中的其他所有功能要素，如仓储、配货、包装、装卸、分货、集货、流通加工等，都是在节点上完成的。因此，从这个意义上来说，物流节点是物流系统中非常重要的组成部分。实际上，物流线路上的活动也是靠节点组织和联系的，如果离开了节点，物流线路上的运动必然陷入瘫痪。

（4）运输线路。厂商、客户和物流节点构成了物流系统网络的主要架构，而要把这些要素联系起来，还必须通过线路的连接。物流系统网络中这些节点实体之间的连接需要通过运输来实现，包括运输线路和运输方式的选择，不同的运输线路和运输方式具有不同的适用范围。同样，不同的运输方式也会产生不同的费用。

（5）信息系统。在物流系统网络各节点之间不仅存在产品实体的流动，而且有大量物流信息在节点之间的传递。在物流系统网络中，物流信息的及时传递、共享以及处理都会对整个物流系统网络的效率产生重要影响。因此，在构建物流系统网络时，既要考虑有形的硬件节点建设，也要考虑无形的信息网络体系建设。只有有了物流信息管理体系的支持，物流系统网络才能真正激活，才能真正发挥效用。

（6）网络组织。物流系统网络的运行离不开人力资源和组织管理，因此在进行物流系统网络资源配置时不仅要考虑节点配置，还要考虑人力资源的配置以及对整个物流系统网络的组织管理。只有建立一套好的物流系统网络的组织管理和运行机制，物流系统网络才有可能实现持续良性运转。

2. 物流系统网络节点的类型

物流系统网络节点，是指物流系统网络中连接物流线路的结节处，是进行仓储、装卸、包装、流通加工和信息处理等物流活动的场所，包括物流园区、物流中心、配送中心和传统的集散点（例如，仓库、车站、码头、港口、货运站等）。节点以一定的形态存在，在物流系统中发挥着不同的作用。

1）按功能分类

按照节点的功能，可以将物流节点分为转运型、储存型、流通型和综合型等几种。

（1）转运型。转运型节点是以接连不同线路和不同运输方式为主要职能的节点。

（2）储存型。由于货物储备的需要或者生产和消费的季节性等原因，一些货物需要一段时间的储存。储存型节点就是带有储备性质的、以存放货物为主要职能的节点。

（3）流通型。流通型节点是连接干线物流与末端物流，以货物配备和组织送货为主要职能的节点，在社会系统中则是以组织物资流通为主要职能的节点。

（4）综合型。综合型节点是在物流系统网络中把两种以上主要功能集中于一个节点，并且在节点中并非独立完成各自功能，而是将若干功能有机结合在一起，有完善的设施、有效的衔接和协调各个工艺流程的集约型节点。

上述物流节点的分类并不是绝对的，现实中各类节点的功能往往是交叉并存的。在各种以主要功能分类的节点中，都可以承担其他职能而不完全排除其他职能。如转运型节点中，往往设置有储存货物的货场或站库，从而具有一定的储存功能，但是，由于其所处的位置，其主要职能是转运，所以按照主要功能归入到转运型节点之中。

2）按规模分类

按规模划分，物流节点一般可以划分为物流园区、物流中心、配送中心。物流园区、物流中心、配送中心是三种不同类型的物流节点，其区别见表 2.2。

表 2.2　物流园区、物流中心、配送中心的区别

物流节点类型	物流园区	物流中心	配送中心
功能	全面	单一或全面	较单一
规模	大	一般较大	可大可小

续表

物流节点类型	物流园区	物流中心	配送中心
在供应链中的位置	在供应链中下游，物流中心、配送中心上游	一般在物流园区下游、配送中心上游	下游，最接近客户
物流的特点	多品种、大批量、多供应商	少品种、大批量、少批次、少供应商	多品种、小批量、多批次、多供应商
服务对象	比较广泛	通常提供第三方物流服务	一般比较单一
辐射的范围	广	中等	较小

3. 物流系统网络节点的功能

综观物流节点在物流系统中的作用，物流节点不仅执行一般的物流职能，而且还越来越多地执行协调管理、调度和信息等职能。

（1）物流处理功能。物流节点是物流系统的重要组成部分，是仓储保管、物流集疏、流通加工、配送、包装等物流活动的载体，是完成各种物流功能、提供物流服务的重要场所。因此物流处理功能是物流节点所具备的基本功能。

（2）衔接功能。物流节点把各个物流线路联结起来，使各个线路通过节点成为相互贯通的网络结构。这就是物流节点的衔接功能。如果没有节点，不同线路之间的连接就会相当困难。

（3）信息功能。物流系统中的每一个节点同时又是一个信息点，节点是连接线路的枢纽，各方面的信息都在节点流进流出，因此物流节点是整个物流系统信息传递、收集、处理、发送的集中地，这就是物流节点的信息功能。

（4）管理功能。物流系统的管理设施和指挥机构往往集中设置于物流节点，实际上，物流节点大都为集管理、指挥、调度、信息、衔接及货物处理为一体的物流综合设施。管理功能也是物流系统的神经枢纽，整个物流系统运转的有序化和正常化，整个物流系统效率和水平取决于物流节点管理职能实现的情况。

（5）配套功能。物流节点的配套功能包括车辆停靠及辅助服务；金融生活配套服务，提供餐饮、住宿、购物、提款、保险等服务功能；工商、税务、海关的服务功能。

（6）延伸功能。除了具备以上基本功能，现代物流节点还出现了一些附加功能：如库存处理中心，有效处理库存物资；咨询培训服务，利用丰富的管理经验，为企业或客户提供咨询，提供高附加值服务等。

2.2.2 物流系统网络结构的类型及特点

1. 物流系统网络结构的类型

物流系统网络结构是指货物从供应地到需求地的流动结构。不同的物流系统因功能目标不同，需要采用不同的物流系统网络结构。将货物从供应地运送到需求地可采用两种基本的物流系统网络形式，一种是直送形式，如图 2.1（a）所示，即一个或多个供应地直接送到一个或几个需求地；另一种是经过物流节点的形式，如图 2.1（b）所示，即多个供应地通过中转节点处理后配送到多个需求地。其他方式都是这两种基本形式的组合。

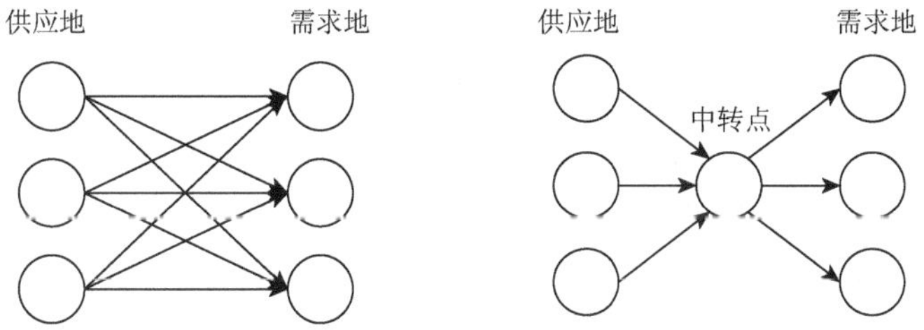

(a)　　(b)

图 2.1　物流系统网络结构的基本形式

（1）直送式网络结构模式。在直送式网络结构模式中，所有货物都直接从供应地运送到货物需求地，如图 2.1（a）所示。在货物运输过程中，每一次运输的线路是指定的，管理人员只需决定运输的数量并选择运输方式，只需要在运输费用和库存费用之间进行权衡。

（2）通过配送中心中转的网络结构模式。在这种物流网络结构模式中，供应地的货物不是直接运送到需求地，而是先运到配送中心中转后，再运到需求地，如图 2.1（b）所示。如在零售供应物流网络中，依据零售店的空间位置将零售店划分成几个区域，并在每个区域建立一个配送中心。供应商将货物送至相应的配送中心，然后，由中心进行分拣后选择合适的运输方式，再将货物送到零售店。

（3）LD-CED 网络结构模式。这种网络结构模式是由通过配送中心中转的物流网络结构模式演变而来的一种网络模式，即采用“物流中心+配送中心”的模式，也就是“Logistics center+Distribution center”（简称 LD）。

在这种物流网络结构模式中存在两类枢纽节点，即物流中心和配送中心。物流中心更多地侧重于为上游供应商提供服务与货物中转业务，而配送中心则更多地侧重于为下游客户提供服务。物流中心和配送中心不但是物流活动的核心，而且大量的物流信息也汇集到核心节点，并进行进一步的有效传递，这种网络模式如图 2.2 所示。

（4）单一中心站纯轴辐式网络结构模式。单一中心站纯轴辐式网络是由若干站点（depots）和一个转运中心站点（hub）组成的。其中若干个站点为收货、送货站点，覆盖了由相关集货和递送点所组成的区域，同时，这些站点又与一个转运中心站相连。站与站之间的物流货物通过由站点到中心站再到站点的运输方式得以实现。单一中心站纯轴辐式网络结构模式如图 2.3 所示。

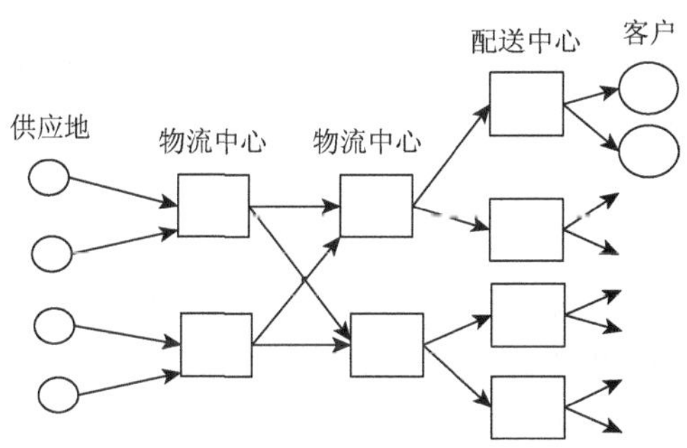

图 2.2　LD-CED 物流系统网络结构模式

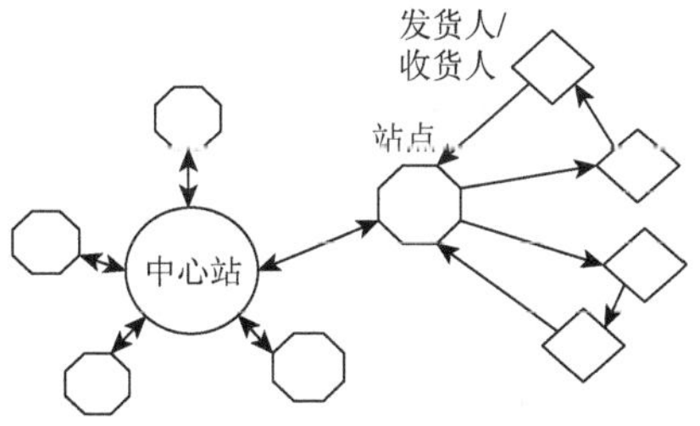

图 2.3　单一中心站纯轴辐式网络结构模式

在单一中心站纯轴辐式网络结构中，货物的运输组织通过以下方式展开：第一个阶段，收货站点收集其服务区内货主的货物（这一过程简称集货），并把货物运送到相应的站点。第二个阶段，不同的站点将收集的货物运送到中心站。第三个阶段，在中心站将来自于不同站点的货物按照去向的不同进行分类组合，选择合适的运输方式将货物运送到相应的送货站点。第四个阶段，送货站点把货物递送至收货客户，从而完成整个货物的运输过程。一般来讲，集货与送货的工作往往合二为一，收货站点和送货站点合二为一。

（5）单一中心站复合轴辐式网络结构模式。单一中心站复合轴辐式网络结构模式是单一中心站纯轴辐式网络的扩展。在这种网络结构模式中，货物的运输除了通过中心站进行转运，也可以直接由送货站点运至收货站点，而不通过转运中心站，特别是当发送到收货站点的货物是整车时。这种网络可以有效地缩短运输时间、降低运输成本。单一中心站复合轴辐式网络结构模式如图 2.4 所示。

（6）多中心站单一分派网络结构模式。在多中心站单一分派网络模式中，存在多个中心站，但收、送货站点必须与唯一一个中心站连接，所有出发和到达的货物必须在其所对应的中心站进行处理，其网络结构模式如图 2.5 所示。

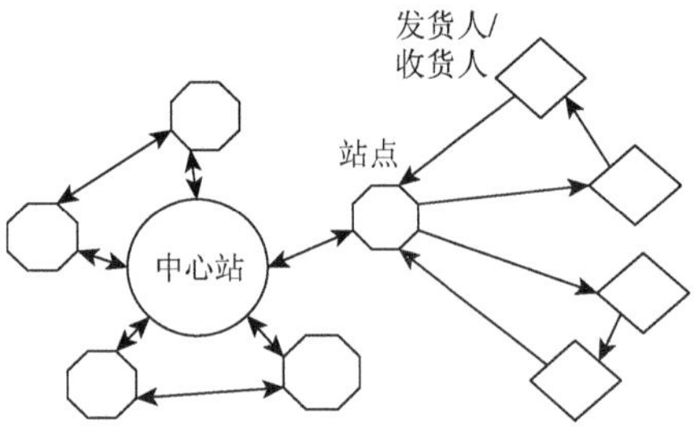

图 2.4 单一中心站复合轴辐式网络结构模式

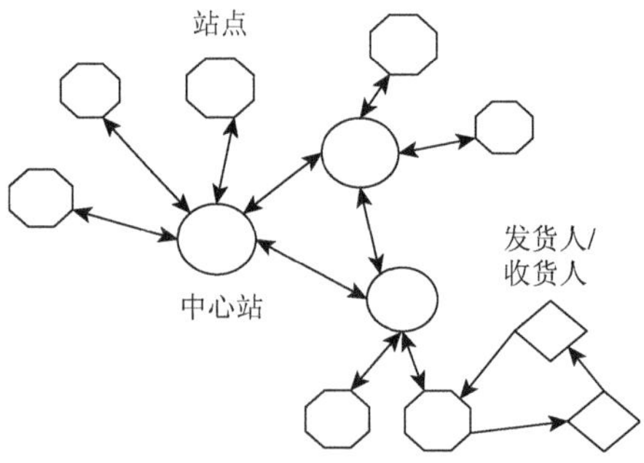

图 2.5 多中心站单一分派网络结构模式

在多中心站单一分派网络结构系统中，货物的运输组织通过以下方式展开。第一个阶段：收货站点收集其服务区内货主的货物并把货物运送到相应的站点。第二个阶段：不同的站点将收集的货物运送到相对应的中心站。第三个阶段：转运中心站将来自于不同站点（本服务区域内）和其他中心站的货物按照去向的不同进行分类组合。如果货物是其他中心站服务区域内的，则选择合适的运输方式将货物在中心站间转运。对本中心站服务区域内的货物，也选择合适的运输方式将其运送到相应的送货站点。第四个阶段：送货站点把货物递送至收货客户，从而完成整个货物的运输过程。同样地，集货与递送货物的工作往往合二为一，收货站点和送货站点合二为一。

（7）多中心站联合分派网络结构模式。多中心站联合分派网络结构模式允许收货站点或发货站点与多个中心站相连，收发货站点可以根据实际情况（如中心站拥挤、交货期要求）选择与其连接的中心站，从而提高整个网络的转运效率，缩短运输时间，减低物流成本。多中心站联合分派网络结构模式如图 2.6 所示。

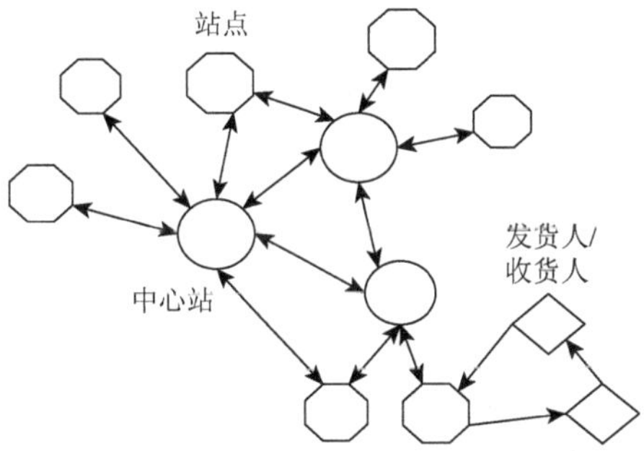

图 2.6　多中心站联合分派网络结构模式

2. 物流系统网络结构的特点

（1）层次性。从组织边界的角度看，虽然每个节点企业都是物流系统网络的成员，但是它们可以通过不同的组织边界体现出来。例如，由于部分企业集团规模非常大，与其他节点企业联系的只是其中一个部门或者一个子公司，且内部结构也非常复杂，企业集团就存在着产品供求关系，当用很多小节点来表示内部供求关系结构时，此企业集团就成为整个物流系统网络的一个物流子网络。

（2）多级性。随着企业间供应、生产、销售关系的复杂化，网络中的节点企业将越来越多。如果把物流系统网络中相邻两个节点企业间的关系看作供求关系，那么这种关系是多级的，而且每级有多个同类型的节点企业。级数越多，物流网络越长；级数越少，物流网络越短。物流系统网络结构的多级性增加了物流系统网络管理的难度。

（3）动态性。物流系统网络的成员通过物流、信息流、资金流而相互连接起来，它们之间的关系是不确定的，随着时间的推移而不断变动。一方面，某一节点企业在业务上的变动会影响上下游企业的经营状况，甚至影响到整个物流系统网络的所有节点企业；另一方面，节点企业存在被其他节点企业选择或者抛弃的可能，也将影响物流系统网络中相关节点企业的经营状况。

（4）跨地域性。随着 Internet、电子商务等信息技术的发展以及交通运输条件的改善，物流系统网络中的节点企业超越了空间的限制，通过在业务上加强合作，共同加速物流、信息流和资金流的协同运作，为各个节点企业创造更多的效益。最终世界各地的供应商、制造商和分销商将被联结成一体，形成全球物流系统网络。这种地理上的分散增加了物流系统网络管理的难度以及企业间的运输成本，也使企业更多地受到外部因素的干扰。

3. 物流系统网络结构的影响因素

影响物流系统网络结构的因素很多，其中主要的因素包括以下 6 个方面：企业总体战略、市场需求、客户服务、产品特征、物流成本和成本策略。

（1）企业总体战略。企业总体战略将直接对物流系统网络产生深刻的影响。归根到底，物流系统和财务系统、生产系统一样，是企业系统的一个组成部分，物流系统网络的规划设计要服从于企业总体战略，对其目标的实现起支持作用。不同的企业战略要求有不同的物流系统网络结构与其相对应。例如，采取扩张战略的企业与采取收缩战略的企业物流系统会有鲜明的区别。

（2）市场需求。不仅市场需求水平极大地影响着物流系统网络的结构，市场需求的地理分布也一样。通常，企业在国内某一区域的销售会比其他地区增长或下降得更快。虽然从整个系统的总需求水平来看，可能只要在当前设施的基础上进行略微扩建或压缩即可，然而，市场需求模式的巨大波动可能要求在需求增长较快的地区建造新的仓库或工厂，而在市场增长缓慢或萎缩的地区，则可能要关闭部分设施。每年几个百分点的异常增长，往往就足以说明需要对物流系统网络进行重新设计。

（3）客户服务。客户服务的内容很广，包括存货可得率、送货速度、订单履行的速度和准确性。随着客户服务水平的提高，与这些因素相关的成本会以更快的速率增长。因此，物流成本受客户服务水平的影响很大，尤其是当客户服务水平已经很高时。显然，服务水平过低或过高都不利于系统的总体效率发挥。过低的服务水平满足不了用户要求，过高的服务水平则会带来较高的物流成本。

（4）产品特征。物流成本受某些产品特征影响很大，例如，产品的重量、数量（体积）、价值和风险。在物流渠道中，类似产品特征可以因包装设计或产品储运过程中的完工状态而发生改变。例如，将货物拆散运输可以极大地影响产品的重量体积比和与其相关的运输和仓储费率。由于变化产品特征可以极大地改变物流因素组合中的某一项成本，而对其他各项成本影响很小，因此可能形成物流系统内新的成本平衡点。因此，当产品特征发生很大变化时，重新规划物流系统网络就可能是有益的。

（5）物流成本。企业实物供给、实物分拨过程中产生的成本往往决定着物流系统重新规划的频率。如果其他因素都相同，那么生产高价值产品（如机床或计算机）的企业由于物流成本只占总成本的很小比重，企业很可能并不关心物流系统战略规划是否优化。然而，对于像生产带包装的工业化产品和食品这样物流成本很高的企业，物流系统战略规划将是其关注的重点。由于物流成本很高，即使多次重构物流系统带来稍许改进，也会引起物流成本大幅度下降。

（6）成本策略。商品采购或销售定价政策发生变化，也会影响物流系统战略规划，主要是因为定价政策决定了买方/卖方是否承担某些物流活动的责任。供应商定价由出厂价格（不含运输成本）改为运到价格（含运输成本）一般意味着采购企业无需负责提供或安排内向物流。同样，定价策略也影响着产品所有权的转移和分拨渠道内运输责任的划分。

2.2.3 物流系统网络的规划与设计

1. 物流系统网络规划与设计的内容

（1）物流节点和线路的统一和协调。线路和节点相互关系、相对配置以及其结构、组成、联系方式的不同，形成了不同的物流系统网络。物流系统的水平高低、功能强弱则取决于两个基本元素的配置和两个基本元素本身。物流全部活动是在线路和节点上进行的。其中，在线路上进行的活动主要是运输，包括集货运输、干线运输、配送运输等，而包装、装卸、保管、分货、配货、流通加工等，都是在节点上完成的。实际上，物流线路上的活动也是靠节点组织和联系的。如果离开了节点，物流线路的运动必然陷入瘫痪。因此，要根据线路和节点的不同功能，进行有效的分工和协调，形成统一、一体化的运作系统，以保障物流系统输出的最大化。

（2）物流系统网络设计。物流系统网络设计就是确定产品从供货点到需求点流动的结构，包括决定使用什么样的节点、节点的数量、节点的位置、如何给各节点分派产品和客户、节点之间应使用什么样的运输服务，以及如何进行服务。对于一个产品流动网络，可以由基层仓库供给需求，也可以直接由工厂、供应商或港口供给。而基层仓库又由地区仓库供给，或直接由供货点供给，网络结构可以有多种形式，根据经过网络的产品不同，企业的物流网络可以更复杂或更简单，甚至可能存在完全不同的结构。换句话说，一个企业的产品流动可以有不止一个物流系统网络设计方案。

物流系统网络设计的问题包括空间设计和时间设计两个方面的内容。空间或地理设计问题指决定各种节点（如工厂、仓库和零售点）的平面地理位置。确定各种节点的数量、规模和位置时，则要在以地理特征表示的客户要求和物流成本之间寻求平衡。这些成本包括生产采购成本、库存持有成本、设施成本和运输成本。物流系统网络规划的时间问题是一个为满足客户服务目标而保持产品可得率的问题。通过缩短生产、采购订单的反应时间或者通过在接近客户的地方保有库存，可以保证一定水平的产品可得率。这里首先考虑的因素是客户得到产品的时间，在满足客户服务目标的同时平衡资金成本、订单处理成本和运输成本，决定产品流经物流系统网络的方式。以时间为基础的决策也会影响节点的选址。

2. 物流系统网络规划与设计的原则

为了达到物流系统网络节约社会资源、提高物流效率的目标，在进行物流系统网络构建时要遵循一些原则。

（1）按经济区域建立网络。物流系统网络构建必须既要考虑经济效益，也要考虑社会效益。考虑经济效益就是要通过建立物流系统网络降低综合物流成本。考虑社会效益是指物流系统网络要有利于资源的节约。在一个经济区域内，各个地区或企业之间经济上的关联性和互补性往往会比较大，经济活动比较频繁，物流规模总量较大，物流成本占整个经济成本的比例大，物流改善潜力巨大。因此，在经济关联性较大的经济区域，建立物流系统网络非常必要，要从整个经济区域的发展来考虑构建区域物流系统网络。

（2）以城市为中心布局网络。城市作为厂商和客户的集聚点，其基础节点建设和相关配套支持比较完备，是物流系统网络布局的重点，可有效地发挥节省投资和提高效益的作用。因此在宏观上进行物流系统网络布局时，要考虑物流系统网络覆盖经济区域的城市，把它们作为重要的物流节点；在微观上进行物流系统网络布局时，要考虑把中心城市作为依托，充分发挥中心城市现有的物流功能。

（3）以厂商集聚形成网络。集聚经济是现代经济发展的重要特征，厂商集聚不仅降低营运成本，而且将形成巨大的物流市场。物流是一种实体经济活动，显然与商流存在明显区别，物流活动对地域、基础节点等依赖性很强，因此，很多企业把其生产基地设立在物流系统网络的中心。在进行物流系统网络构建时，需要在厂商集聚地形成物流系统网络的重要节点。

（4）建设信息化的物流系统网络。物流信息系统作为物流系统网络的一个重要组成部分，发挥着非常重要的作用。物流系统网络的要素不仅是指物流中心、仓库、公路、铁路等有形的硬件，这些硬件只是保证物流活动能够实现，而不能保证高效率。物流信息系统通过搭建物流系统网络信息平台，通过物流信息的及时共享和对物流活动的实时控制，能够大大提高物流系统网络的整体效率。

3. 物流系统网络规划与设计的步骤

在确定物流系统网络最佳规划和设计方案时，需要考虑诸多因素。设计合适的物流系统网络需要与物流系统战略总体规划目标保持高度的一致。物流系统网络的设计归根结底是为了实现物流系统战略规划的目标。物流系统网络的规划设计是一个复杂的反复的过程。对于战略性和综合性的物流系统网络设计过程一般需要以下几个步骤。

（1）组建物流系统网络规划设计团队。物流系统网络规划与设计初期，最重要的就是成立负责物流系统网络规划设计过程各个方面的设计团队。这一团队可以包括企业的高层管理人员、物流经理、物流专家以及生产和销售部门的相关人员等。组建物流系统网络规划设计团队的关键就是参加人员必须了解企业总体发展战略、企业的业务需要和企业所参与的供应链。这个团队需要制定出物流系统网络设计的目标和评价参数，还要考虑使用物流外包的可能性，以充分利用外部提供的物流系统网络和物流资源。

（2）物流系统网络的数据收集。物流系统网络数据收集的主要目的是全面深入地了解当前的系统并且界定对未来系统的要求。一般来说，数据的收集包括对物流系统网络中各个节点资料的收集，例如，对于库存系统，需要获取空间利用率、仓库布局和设备、仓库管理程序等具体的数据；对于运输系统，应收集运费等级和折扣、运输操作程序、送货需求等资料；此外，还要收集客户需求情况和关键的物流环境要素的数据，并且界定出企业在相关供应链上的位置。

（3）备选方案的提出。在数据收集之后，需要利用各种定量、定性的方法建立恰当的模型，进行节点规划选址分析，提出物流系统网络规划的具体备选方案。各种用于备选方案的数据来自实地调查、未来需求、数据库分析和客户服务调查，用于选择的方法随网络设计的目的不同而不同，主要的建模方法有模拟仿真方法和启发方法等。

（4）相关方案的比较。备选物流系统网络设计方案的比较首先是各个方案实施费用的比较，如添置新的仓库设备、有关建筑物建造整改费用等都是用于进行各个备选方案优劣分析的重要因素。当然，各方案之间不能仅仅依靠经济分析来进行比较，还必须考虑各种方案对于客户服务水平的影响，不能一味地降低成本而使客户满意度下降。在得出结论后，就要制定各主要步骤的时间进度表，包括从现在的系统向未来系统转换等的执行时间表。

（5）方案的执行实施。物流系统网络规划的总体方向一旦确定，有效的执行方案就变得非常重要。这是物流系统网络规划设计的最后一个步骤，在方案的实施过程中应该不断地收集信息，发现问题，及时将具体实施过程中的问题汇总到管理层和物流规划设计团队，以期得到修正。

4. 物流系统网络规划与设计的方法

物流系统网络是指物流过程中相互联系的组织和设施的集合，因此物流系统网络规划就是要确定最佳的物流网络层次、每层的设施数目及其功能、各设施的规模大小及位置分布、各设施的供应商和客户分布范围。简单地讲，就是要确定物流系统网络中的节点数目、相对位置及路线连接关系等。物流系统网络的最优化通常是在满足客户反应时间要求的前提下，实现物流总成本的最小化。

由于实际系统和问题的多样化，物流系统网络的设计过程是非常复杂的，物流系统网络规划的方法也多种多样。按照系统建模方法的不同，常见的物流系统网络规划方法有最优化方法、仿真方法和启发式方法。

2.3　物流节点选址模型及应用

2.3.1　物流节点选址概述

1. 物流节点选址的意义

物流节点的选址就是确定整个物流系统中所需的节点数量、地理位置及服务对象的分配方案。在物流系统规划与设计中，物流节点的选址是一个重要的决策问题，它决定了整个物流系统网络的模式、结构和形状。

就单个企业而言，物流节点的选址决定了整个企业物流系统的结构，不仅影响企业物流能力而且还影响企业实际物流运营效率和成本，对企业来说是非常重要的物流战略规划问题。而就整个供应链系统而言，一个企业特别是核心企业的选址决策往往会影响整个供应链上的物流系统结构。

在一个物流系统中，物流中间节点数量的增加，可以提高服务及时率，减少缺货率，但同时往往会引起库存量的增加以及由此引起的库存成本的增加。因此在规划设计中，尽量减少物流中间节点的数量、扩大物流中间节点的规模是降低库存成本的一个重要措施。同样，在规划设计中，物流节点的数量与运输成本之间也形成制约关系，随着物流节点的数量的增加，可以减少运输距离、降低运输成本，但是物流节点数量增加到一定程度时，由于单个订单的数量过小，增加了运输频率，并且达不到运输批量，从而造成运输成本大幅上涨。因此，确定合适的物流节点数量，是选址的主要任务之一。

2. 物流节点选址的目标

1）成本最小化

成本最小化是物流节点选址决策中最常用的目标，与物流节点选址有关的成本主要有运输成本和设施成本。

（1）运输成本取决于运输数量、运输距离和运输单价。运输数量如没有达到运输批量，就不能形成规模经济，从而会影响到总的运输成本。当物流节点的位置设计合理时，总的运输距离就小，运输成本就会下降。而运输单价取决于运输方式与运输批量，与物流节点所在地的交通运输条件和顾客所在地的交通运输条件直接有关。

（2）设施成本包括固定成本、存储成本与搬运成本。固定成本是指那些不随设施的经营活动水平而改变的成本，如设施建造成本、税金、租金、监管费和折旧费等。设施建造成本与土地成本有关，取得土地使用权的费用与物流节点选择的地点直接相关，即使采用租赁经营方式，土地成本也会在租金中体现出来。存储成本是指那些随设施内货物数量变化而改变的成本。也就是说，如果某项成本随设施中保有的库存水平变化而变化，该项成本就可以归为存储成本。典型的存储成本有仓储损耗、某些公用事业费、库存占用的资金费用、库存货物的保险费等。搬运成本是指随着设施吞吐量变化的成本。典型的搬运成本有存取货物的人工成本、某些公共事业费、可变的设备搬运成本等。

2）流量最大化

物流量是反映物流节点作业能力的指标。而反映物流量的主要指标是吞吐量和周转量，从投资物流节点来看，这两个指标用来测量物流节点的利用率，物流量越大，效益越高，如港口经营中，需要不断挖掘潜力，提高港口吞吐量。但从整个物流系统来看，吞吐量与周转量无法适应现代物流的多品种、小批量、高频度的趋势，如物流节点与顾客距离越远，则周转量越大，费用也越高。例如，以吨公里最大为决策目标时，物流节点选址是与客户的距离越远越好，就显然违背设置物流节点的根本目的。因此，物流节点选址决策是在成本最小化的前提下，考虑物流量最大化。

3）服务质量最优化

在追求成本最小化的基础上，服务质量也是物流节点选址决策追求的目标，服务最优化体现了物流服务以顾客为中心的理念。与物流节点选址决策直接相关的服务指标主要是送货时间、距离、速度和准时率。一般来说，物流节点与客户的距离越近，则送货速度越快，订货周期也越短，而订货期越短，准时率也越高。

4）发展潜力最大化

由于物流节点投资大、服务时间长，因此，选址时不仅要考虑在现有条件下的成本、服务等目标，还要考虑将来发展的潜力，包括物流节点生产扩展的可行性及顾客需求增长的潜力。

5）社会效益最大化

除了经济效益，社会效益也是物流节点选址决策中需要考虑的重要因素。物流节点建设一方面是满足社会的物流需求，另一方面也要考虑城市交通、环境等社会问题。因此物流节点的选址不仅要考虑经济效益，也要从整个区域出发，使物流节点的地域分布与区域资源、区域环境相适应。

3. 物流节点选址的原则

（1）适应性和协调性原则。物流节点的选址决策应该与国家或地区的经济发展方针、政策相适应，与社会发展相适应，同时把国家或地区的物流系统作为一个大系统来考虑，使物流节点的设施设备在地域分布、物流作业生产力、技术水平等方面与整个物流系统协调发展。

（2）战略性原则。在物流节点选址时，要具有战略性眼光，要根据近期和长远的货物流通量，确定物流系统节点近期和长远的建设规模，进行统一规划。

（3）科学性原则。一般来说，根据物流系统节点在物流体系中的地位和作用，可以将其分为综合物流系统节点和专业物流系统节点。前者以现代化、多功能、社会化、大规模为主要特征，后者则以专业化、现代化为主要特征，如港口集装箱、保税、空港、钢铁基地、汽车生产基地等专业物流系统节点。专业物流系统节点选址只要符合它自身的专业要求即可。综合物流系统节点的选址主要按照以下原则来确定。

（1）位于城市中心区的边缘地区，一般在城市道路网的外环线附近。

（2）位于交通枢纽的中心地带，至少有两种以上的运输方式连接，特别是铁路和公路。

（3）位于土地开发资源较好的地区，用地充足，成本较低。

（4）现有物流资源基础较好，一般有较大的物流量产生，如工业中心、大型卖场等。

（5）有利于整个地区物流网络的优化和信息资源的利用。

4. 物流节点选址的影响因素

物流节点的选址对企业的成功起着至关重要的作用。在实际的选址决策中，不仅要考虑每个选址方案引起运输成本和库存成本的变化，而且还要考虑多方面的因素。就选址的影响因素而言，可以分为两类：外部因素和内部因素。外部因素主要包括诸如宏观政治及经济因素、基础设施及环境因素、竞争对手因素、供应商及市场因素等；内部因素主要包括企业的发展战略、产品、技术或服务的特征等。

1）选址决策的外部因素

（1）宏观政治及经济因素。宏观政治因素主要考虑候选地的国家长远发展战略，分析国家政治的稳定性、法制的健全性等。宏观政治因素都是一些定性的指标，主要依靠企业的主观评价来确定。宏观经济因素主要包括税收政策、关税、汇率等，这些与企业的选址决策直接相关，企业总是寻求最宽松的经济环境来经营。优惠的税收政策是吸引企业投资的一个重要因素。关税政策引起市场壁垒也是企业选址时考虑的一个重要因素。如果一个国家的关税较高，那么企业要么放弃这个国家的市场，要么选择在这里建厂以规避高额的关税。

（2）基础设施及环境因素。基础设施因素主要包括现有物流基础设施、交通运输情况、通信设施的可利用性等。在企业运作中，物流成本往往超过制造成本，而一个良好的基础设施对于降低物流成本具有重要作用。交通便利条件是影响物流成本和效率的重要因素之一。交通运输的不便将直接影响车辆配送的进行。同样，通信设施的质量、成本对于选址决策也是一个重要因素。因为信息流的通畅快捷对降低需求的扭曲，降低库存成本都有重要意义。

环境因素主要包括自然环境及社会环境，如城市与区域发展的总体规划情况，原材料、燃料、动力、土地、自然条件等生产因素的供应情况，劳动力的供应数量和素质，以及劳动力的成本等。

（3）竞争对手因素。在企业选址决策中，必须考虑竞争对手的布局情况，根据企业产品或服务的自身特征，来决定是靠近竞争对手还是远离竞争对手。

（4）供应商及市场因素。供应商及产品销售市场的分布也是物流节点选址应该考虑的重要因素。离供应市场越近就越能保障生产规划，其安全库存可以控制在较低的水平上，并能及时根据供应情况调整生产规划。离产品市场越近就越能提高对客户的反应速度，并能快速得到市场的反馈信息及时调整产品生产结构。

2）选址决策的内部因素

选址决策中企业的内部因素往往是最主要的。选址决策时要使选择的方案与企业发展战略相适应，与生产产品或提供服务的特征相匹配。例如，对于制造业的企业，发展实用性产品还是创新性产品，这是企业通过对内外环境和自身优势与劣势进行综合分析后得到的企业长远发展战略。如果选择发展实用性产品，由于需求稳定而量大、产品生命周期长、利润率低，低成本运营是企业发展战略，因此在选址时必然选择生产成本低的地区建立物流设施。而选择创新性产品，因为这类产品需求的不确定性，需要建立快速反应的物流系统，所以在选址时会考虑交通灵活发达的地方建立配送中心，而这些地方往往成本较高。从商业及服务业来说，选择连锁便利店还是超市的发展，会有不同的物流系统网络的设计。选择连锁便利店，则必须选择一些人口密集的地区。而选择超市，则会选择人口不是非常密集，可以有大面积提供的地方。

5. 物流节点选址问题分类

在物流节点选址决策时，需要建立选址模型进行分析，而要建立选址模型，需要首先确定以下几个问题：①选址的对象是什么？②选址的目标区是怎样的？③选址目标和成本函数是什么？④有什么样的约束？

根据以上这些不同的问题，选址模型可以分为相应的类型，根据不同的选址问题类型建立不同的数学模型，进而可以选择相应的算法进行模型求解。这样，就可以得到该选址问题的方案。

一般地，可将选址问题按下面几种方法分类。

1）按设施对象划分

不同的物流设施其功能不同，选址时所考虑的因素也不相同。在决定设施定位的因素中，通常某一个因素会比其他因素更重要。在工厂和仓库选址中，最重要的因素通常是经济因素；零售网点选址时，一般最重要的因素是零售服务顾客的消费偏爱；服务设施（如医院、银行）选址时，到达的容易程度则可能是首要的选址因素，在收入和成本难以确定时尤其如此。

2）按设施的数量划分

根据选址设施的数量，可以将选址问题分为单一设施选址问题和多设施选址问题。单一设施的选址与同时对多个设施选址是截然不同的两个问题。单一设施选址无需考虑竞争力、设施之间需求的分配、集中库存的效果，设施成本与数量之间的关系等，而运输成本是要考虑的首要因素。而在多设施选址问题中，需要同时确定两个或两个以上设施的选址，由于不能把这些设施看作相互独立的，而且可能存在相当多的布局方案，因此问题比较复杂。

3）按选址的离散程度划分

按照选址目标区域的特征，选址问题分为连续选址和离散选址两类。连续选址问题址是指在一个连续空间内所有点都是可选方案，要求从数量无限的点中选择其中一个最优的点。这种方法称为连续选址法（continuous location methods），常应用于设施的初步定位问题。离散选址问题是指目标选址区域是一个离散的候选位置的集合，候选位置的数量通常是有限的，可能事先已经过了合理分析和筛选。这种方法称为离散选址法（discrete location methods），常应用于设施的详细选址设计。

4）按目标函数划分

按照选址问题所追求的目标和要求不同，模型的目标函数可以分以下几种。

（1）中值问题（median problem）。中值选址问题是选定设施的位置，使全部或平均性能最优的问题。通常是使成本最小，如使总（平均）运输距离最小，使总（平均）需求权距离最小，使总运输时间最少，或者使总运输费用最小等，故又称为最小和问题。这里的距离指需求点与最近设施之间的距离，需求权距离指需求点的需求量和该需求点与最近设施的距离的乘积。这种目标通常在企业问题中应用，如工厂、仓库的选址等，所以又称为“经济效益性”目标。公共设施选址也可以采用这个标准衡量选址效率，如学校、图书馆、邮局的选址等，故有人也称为“集体福利性”目标。

（2）中心问题（center problem）。中心问题是指选定设施的位置，使得被选择设施位置离最远需求点的距离（或成本）最小的问题，如使最大反应时间最小、使需求点与最近设施的最大距离最小或使最大损失最小等，所以也称为极小化极大问题。中心问题的目标是使最坏的情况最优，这是一种保守的方法，通常在军队、医院、紧急情况和有服务标准承诺的服务行业（如比萨店承诺半小时内把订餐送到）中使用，它是 Min-Max 型的目标函数。有时也称为“经济平衡性”。

（3）反中心问题（anti center problem）。反中心问题是指选定设施的位置，使得被选择设施位置离最近需求点的距离（或成本）最大的问题。反中心问题的目标也是优化最坏的情况，这种目标通常在有害设施（例如，废水处理厂、垃圾回收站等）选址中使用，它是 Max-Min 型的目标函数。

（4）单纯选址问题（pure location problem）。如果新设施和已存在设施间的关系与新设施的位置无关，而且是固定的，则选址问题成为单纯选址问题，也称为有固定权重的选址问题。

（5）选址分配问题（location-allocation problem）。如果新设施和已存在设施间的关系与新设施的位置相关，那么，这些关系本身就成为变量，这种问题称为“选址分配问题”。例如，配送中心的客户分配问题，添加一个新的配送中心不仅改变了原配送中心的客户分配，同时也改变了配送中心到客户的距离。

5）按能力约束划分

根据选址问题的约束种类，可以分为有能力约束的选址问题和无能力约束的选址问题，如果新设施的能力可充分满足客户的需求，那么，选址问题就是无能力约束的设施选址问题，无能力约束设施选址问题有时也被称为“单纯设施配置问题”；反之，若新设施的能力不能充分满足客户的需求，具有满足需求的上限，就是有能力约束的选址问题。

6. 物流节点选址步骤

在物流节点的选址时，通过利用系统工程的方法，综合考虑货物流通的各种影响因素，对物流节点的位置、规模、服务范围等进行研究和分析，以达到成本最小、流量最大、服务最优等目标。

1）约束条件分析

约束条件在一定程度上限制了物流节点的选址。在物流节点选址时，面临的主要约束条件有以下几方面。

（1）资金约束。不同的区位价格差异较大。

（2）交通运输条件。由于只能选择能够到达客户的运输方式，如对某些客户而言，公路运输是唯一可选择的运输方式，则在选址时应侧重于公路交通枢纽附近或交通干线附近。

（3）能源条件。供热、供电等能源系统是物流节点赖以生产的基础。

（4）周边软环境约束。税收、关税等与物流节点选址决策直接相关。此外，一些特殊的物流节点还受到地质条件和温度、湿度、雨量等气候条件的约束。

2）收集整理资料

确定物流节点的选址方案需要对各种相关因素进行定性和定量的分析，这就需要收集整理大量的数据资料。收集整理的资料包括客户分布、客户经营状况、产品特征、物流量、交通状况、运输批量和频率、物流节点建设成本、客户对时效性的要求等。概括起来主要包括两个方面：一是业务量，包括节点之间的运输量和物流设施的存储量；二是费用，包括节点之间的运输费以及与设施、土地有关的费用和人工费等。

3）确定初步地址

在对所取得的上述资料进行充分整理和分析的基础上，考虑各种因素的影响并对需求进行预测后，就可以聘请专家和高层管理人员初步确定选址范围，即确定初始选址地点。

4）建立模型进行定量分析

随着数学和计算机的发展，数学方法广泛应用于解决节点选址问题。在具体物流节点选址时，需要根据对现有已知条件的掌握、选址要求等，针对不同情况选用一个或多个具体模型进行定量分析。如重心法、Kuehn-Hambuger 模型、Baumol-Wolfe 模型、CFLP（capacitated facility location problem）模型等。

5）结果评价

对计算结果进行评价，对其现实意义和可行性进行分析。

6）选址方案确定

以定量分析结果为基础，结合专家判断等定性分析，最终确定选址方案。

2.3.2 物流节点选址方法、模型

1. 物流节点选址方法

（1）综合因素评价法。综合因素评价法是一种全面考虑物流节点选址的各种影响因素，并根据各影响因素重要性的不同对物流节点备选方案进行评价、打分，以找出最优选址方案的方法。综合因素评价法主要包括因素评分法、模糊综合评价法与层次分析法等。

（2）解析法。解析方法通常是指重心法。这种方法通常只考虑运输成本对物流节点选址的影响，而运输成本一般是运输需求量和距离的函数，所以解析方法根据距离、需求量来求解物流节点的坐标。这种方法的优点在于计算简单，数据容易搜集，易于理解。但是缺点在于它假设运费随距离呈线性变化，而在实际生活中运费通常是梯度递减的。另外，它没有考虑现实的地理条件，例如，选出的最佳物流节点地点可能正好坐落于一个湖的中央，所以解析方法在实际应用中受到很大的限制。

（3）最优化规划方法。最优化规划方法一般是在一些特定的约束条件下，从许多可用的选择中挑选出一个最佳的方案。运用线性规划技术解决选址问题一般需具备两个条件，一是必须有两个或两个以上的活动或定位竞争同一资源对象，二是在一个问题中，所有的相关关系总是确定的。

随着 20 世纪 70 年代计算机计算能力的增强，以最优化规划方法求解物流节点选址成为可行，最优化规划方法中的线性规划技术以及整数规划技术是目前应用最为广泛，也是最主要的选址方法。其优点在于它属于精确式算法，能获得精确最优解。不足之处主要在于对一些复杂情况很难建立合适的规划模型；有时即使能够建立模型，也会由于模型太复杂，计算时间长而难以得到最优解；或者虽然能够得出最优解，但在实际中却并不可行。最优化规划方法主要有运输规划方法以及混合整数规划法等。

（4）启发式方法。启发式方法是将有利于减少求解时间的经验法则运用于物流节点选址的方法。这类有助于加快求解过程的经验可迅速从大量备选方案中找出好的解决方案。

启发式方法与最优规划方法的最大不同是它不是精确式算法，不能保证给出的解决方案是最优的，但只要处理得当，获得的可行解与最优解是非常接近的，而且启发式算法相对最优规划方法计算简单，求解速度快。所以在实际应用中，启发式方法是仅次于最优化规划技术的选址方法。启发式方法主要以 Cluster 法、CFLP 法和 Baumol-Wolfe 法为代表。

（5）仿真方法。仿真方法是试图通过模型重现某一系统的行为或活动，而不必实地去建造并运转一个系统，因为那样可能会造成巨大的浪费，或根本没有可能实地去进行运转实验。在选址中，仿真技术可以使分析者通过反复改变和组合各种参数，多次试行来评价不同选址方案。这种方法还可进行动态模拟。

仿真方法可描述多方面的影响因素，因此具有较强的实用价值，常用来求解较大型的、无法手算的问题。其不足主要在于仿真方法不能提出初始方案，只能通过对已存在的备选方案进行评价，从中找出最优方案，所以在运用这项技术时必须首先借助其他技术找出各初始方案，而且预定初始方案的好坏会对最终决策结果产生很大影响。

2. 物流节点的选址模型

1）交叉中值模型

交叉中值模型是用来解决连续点选址问题的一种十分有效的模型。它利用城市距离来进行距离计算。城市距离即折线距离。平面坐标上两点（X_i, Y_i）和（X_j, Y_j）之间的折线距离为

$$d_{ij}^R = |X_i - X_j| + |Y_i - Y_j| \tag{2.1}$$

通过交叉中值的方法，可以对单一的选址问题在一个平面上加权的城市距离进行最小化。其相应的目标函数为

$$\min Z = \sum_{i=1}^{n} w_i(|X_i - X_s| + |Y_i - Y_s|) \tag{2.2}$$

式中，w_i 为第 i 个需求点对应的权重（如货运量、客户人数或重要性）；（X_i, Y_i）为第 i 个需求点的坐标；（X_s, Y_s）为待定的服务设施点的坐标；n 为需求点的数量。

由于用城市距离来进行距离计算，因此目标函数可用互不相干的两部分表示为

$$\min Z = \sum_{i=1}^{n} w_i |X_i - X_s| + \sum_{i=1}^{n} w_i |Y_i - Y_s| = Z_x + Z_y \tag{2.3}$$

式中

$$Z_x=\sum_{i=1}^{n} w_i\,|X_i-X_s| \tag{2.4}$$

$$Z_y=\sum_{i=1}^{n} w_i\,|Y_i-Y_s| \tag{2.5}$$

也就是说，这个选址问题可以分解成 X 轴上的选址决策与 Y 轴上的选址决策。求式（2.2）的最优解等价于求式（2.4）和式（2.5）的最小值。

对于式（2.4），可做如下变换：

$$Z_x=\sum_{i=1}^{n} w_i\,|X_i-X_s|=\sum_{i\in\{i|X_i\geqslant X_s\}} w_i(X_i-X_s)+\sum_{i\in\{i|X_i<X_s\}} w_i(X_s-X_i)$$

求式（2.4）的最小值，则有

$$\frac{\mathrm{d}Z_x}{\mathrm{d}X_s}=\sum_{i\in\{i|X_i<X_s\}} w_i-\sum_{i\in\{i|X_i\geqslant X_s\}} w_i=0$$

即式（2.4）的最优值点 X_s 满足：

$$\sum_{i\in\{i|X_i<X_s\}} w_i=\sum_{i\in\{i|X_i\geqslant X_s\}} w_i$$

同理可求（2.5）的最小值，其最优值点 Y_s 满足：

$$\sum_{i\in\{i|Y_i<Y_s\}} w_i=\sum_{i\in\{i|Y_i\geqslant Y_s\}} w_i$$

由此可知，最优位置是由如下坐标组成的点：X_s 是在 X 方向的对所有的权重 w_i 的中值点；Y_s 是在 Y 方向的对所有的权重 w_i 的中值点。

由于 X_s，Y_s 可能是唯一值，也可能是某一范围的值，因此式（2.2）相应的最优解的位置可能是一个点、一条线，或是一个区域。

【例 2.1】 某连锁超市准备在某地区开设一个新的连锁门店。该门店主要的服务对象是附近五个住宅小区的居民。为了方便计算，把每个住宅小区的中心点抽象成这个小区的需求点位置，在笛卡儿坐标系中表示如图 2.7 所示。

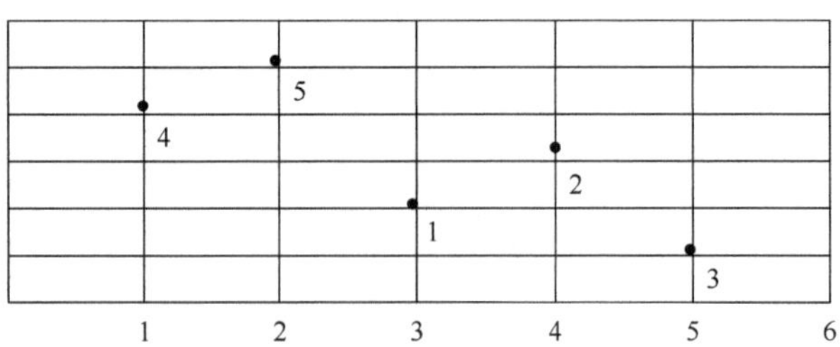

图 2.7　五个需求点的坐标位置

每个需求点对应的权重表示该需求点潜在的顾客需求总量，可以用每个小区中的总的居民数量来近似表示。每个需求点的位置及权重如表 2.3 所示。超市方面希望通过这些信息来确定一个合适的连锁门店的位置，要求顾客到这个门店的总的距离最小。

表 2.3　五个需求点的位置及权重

需求点	坐标（X_i，Y_i）	权重 ω_i
1	（3，2）	1
2	（4，3）	7
3	（5，1）	3
4	（1，4）	3
5	（2，5）	6

解：可考虑用交叉中值选址方法解决。首先确定这些需求点的中值为

$$\overline{W}=\frac{1}{2}\sum_{i}\omega_i=\frac{1}{2}(1+7+3+3+6)=10$$

在图 2.7 的坐标系中，各需求点在 X 方向上从左到右的排序为 4，5，1，2，3。为了找到 X 方向上的中值点，在 X 方向上从左到右逐一叠加各个需求点的权重 ω_i 直到中值点，然后再从右到左逐一叠加各个需求点的权重 ω_i 直到中值点。如表 2.4 所示。

表 2.4　沿 X 方向的中值计算

需求点	X 坐标	$\sum_i \omega_i$	需求点	X 坐标	$\sum_i \omega_i$
从左到右			从右到左		
4	1	3	3	5	3
5	2	3+6=9	2	4	3+7=10
1	3	9+1=10	1	3	
2	4		5	2	
3	5		4	1	

由表 2.4 可知，在 X 方向上，从左边开始在需求点 1 正好达到中值点 10，而从右边开始在需求点 2 正好达到中值点 10。因此，在 X 方向上中值点在需求点 1 和需求点 2 之间即在坐标值点 3 和 4 之间选址是一样的。

同理，由表 2.5 可知，在 Y 方向从上边开始在考虑需求点 5 和 4 时，权重为 9，没有达到中值点，再加上需求点 2 之后，权重和为 16，超过中值点，因此，在 Y 方向上，从上到下选址不应低于坐标值 3。而在 Y 方向从下边开始，在考虑需求点 3 和 1 时，权重为 4，没有达到中值点，再加上需求点 2 之后，权重和为 11，超过中值点，因此，在 Y 方向，从下到上选址不应超过坐标值 3。因此，在 Y 方向选择有效的中值点为坐标值 3。综合考虑 X 和 Y 方向的中值点，连锁门店的位置应选在 A（3，3）和 B（4，3）之间的线段上，如图 2.8 所示。

表 2.5 沿 *Y* 方向的中值计算

需求点	Y 坐标	$\sum_i \omega_i$	需求点	Y 坐标	$\sum_i \omega_i$
从上到下			从下到上		
5	5	6	3	1	3
4	4	6+3=9	1	2	3+1=4
2	3	9+7=16	2	3	4+7=11
1	2		4	4	
3	1		5	5	

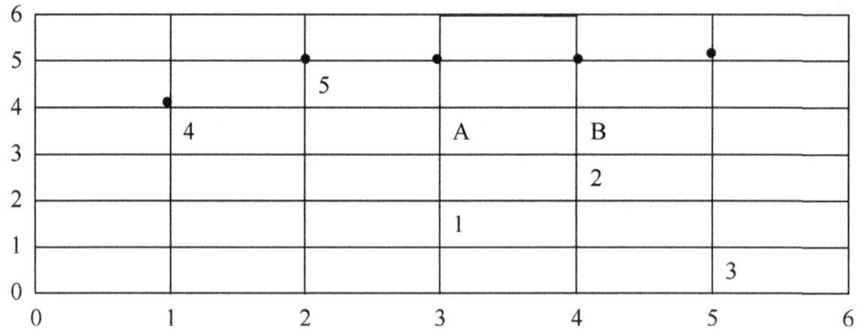

图 2.8 门店选址的坐标位置

2）重心法模型

重心法是将物流系统中的需求点和资源点看作分布在某一平面范围内的物体系统，各点的需求量和资源量分别看作物体的重量，物体系统的重心作为物流节点的最佳设置点，利用求物体系统重心的方法来确定物流节点的位置。重心法是一种布置单个设施的方法，这种模型要考虑的选址因素包括现有设施之间的距离、运输费率和该点的货运量。它经常用于中间仓库的选择。数学上，该模型被归为静态连续选址模型。

模型：

$$\min TC = \sum_i V_i R_i D_i \tag{2.6}$$

式中，TC 为总运输成本；V_i 为第 i 个地点的货运量；R_i 为第 i 个地点的运输费率；D_i 为从位置待定的物流节点到第 i 个地点的距离：

$$D_i = \sqrt{(X_i - \overline{X})^2 + (Y_i - \overline{Y})^2} \tag{2.7}$$

式中，（X_i, Y_i）为第 i 个地点的坐标；（$\overline{X}$, $\overline{Y}$）为位置待定的物流节点的坐标。

求解过程如下。

（1）确定已有设施地点的坐标值（X_i, Y_i），同时确定各点的货物运输量 V_i 和运输费率 R_i。

（2）不考虑距离因素 D_i，用重心公式估算初始选址点。

$$\overline{X} = \frac{\sum_i V_i R_i X_i}{\sum_i V_i R_i}, \quad \overline{Y} = \frac{\sum_i V_i R_i Y_i}{\sum_i V_i R_i} \tag{2.8}$$

（3）根据距离公式（2.7），用步骤（2）得到的（$\bar{X}$, $\bar{Y}$）计算 D_i。

（4）将 D_i 代入精确重心公式：

$$\bar{X}=\frac{\sum_i V_iR_iX_i/D_i}{\sum_i V_iR_i/D_i},\quad \bar{Y}=\frac{\sum_i V_iR_iY_i/D_i}{\sum_i V_iR_i/D_i} \tag{2.9}$$

解出修正的（$\bar{X}$, $\bar{Y}$）的坐标值。

（5）根据修正的（$\bar{X}$, $\bar{Y}$）的坐标值，再重新计算 D_i。

（6）重复步骤（4）和步骤（5）直到（$\bar{X}$, $\bar{Y}$）的坐标值在连续迭代过程中都不再变化，或变化很小。

（7）最后，如果需要，利用成本公式计算最优选址的总成本。

在许多实际应用中，重心法能够计算出一个合理接近最优解的选址，可以得出一个最小成本的满意解。如果问题所研究的需求点或供给点数量较多，各供需点的货物运量随机、比较均衡，运输费率与距离呈线性或近似线性关系，则潜在误差将很小。但是采用该方法，要得到一个更精确的解则只能求助于一个反复迭代的过程，计算比较复杂。而且，重心法是一种连续选址法，对地点没有限制，根据模型计算出的结果可能不实用，如选址点可能落在街道中央，这时还需要根据其他条件对最后结果进行调整。

【例 2.2】 某连锁超市在某地区有五个零售店，其坐标位置、物资需求量及运输费率如表 2.6 所示。现准备新建一个物流配送中心负责这五个零售店的商品供应，试用重心法确定运输成本最小的配送中心位置。

表 2.6　五个零售点的相关数据

零售店 i	货物运输量 V_i/吨	运输费率 R_i/（元/吨·公里）	坐标（X_i，Y_i）
1	2	0.5	（3，8）
2	3	0.5	（8，2）
3	2.5	0.75	（2，5）
4	1	0.75	（6，4）
5	1.5	0.75	（8，8）

解：（1）根据式（2.8）计算初始选址点。

$$\bar{X}=\frac{\sum_i V_iR_iX_i}{\sum_i V_iR_i}=5.106，\text{同理 }\bar{Y}=\frac{\sum_i V_iR_iY_i}{\sum_i V_iR_i}=5.180。$$

（2）初始选址点为（5.16，5.18），根据距离公式（2.7）计算 D_i。

$$D_1=\sqrt{(X_1-\bar{X})^2+(Y_1-\bar{Y})^2}=\sqrt{(3-5.16)^2+(8-5.18)^2}=3.552$$

同理得 D_2=4.264，D_3=3.165，D_4=1.448，D_5=4.002。

（3）根据式（2.9）修正（$\bar{X}$，$\bar{Y}$）的坐标值。

$$\overline{X}=\frac{\sum_i V_iR_iX_i/D_i}{\sum_i V_iR_i/D_i}=5.038,\quad \overline{Y}=\frac{\sum_i V_iR_iY_i/D_i}{\sum_i V_iR_i/D_i}=5.057$$

（4）重复步骤（2）和步骤（3），得到如下迭代过程（表 2.7）。

表 2.7　选址迭代过程

迭代次数	$\overline{X}$	$\overline{Y}$
	5.160	5.180
1	5.038	5.057
2	4.990	5.031
3	4.966	5.032
4	4.951	5.037
	⋮	⋮

当（$\overline{X}$, $\overline{Y}$）的坐标值在连续迭代过程中都不再变化，或变化很小时，迭代结束。

3）覆盖模型

覆盖模型是一类离散点选址模型，是指对于需求已知的一些需求点，如何确定一组物流设施来满足这些需求点的需求。在这个模型中，需要确定物流设施的最小数量和合适位置。该模型适用于商业物流系统，如零售点选址问题，加油站选址，公用事业系统如急救中心、消防中心等。根据解决问题的方法的不同，覆盖模型有两类主要模型：集合覆盖模型，即用最小数量的物流设施去覆盖所有的需求点；最大覆盖模型，即在给定数量的设施下，覆盖尽可能多的需求点。这两类模型的区别是，集合覆盖模型要满足所有需求点的需求，而最大覆盖模型则只覆盖有限的需求点。

（1）集合覆盖模型。集合覆盖模型的目标是用尽可能少的设施去覆盖所有的需求点，相应的目标函数为

$$\min\sum_{j\in N}x_j \tag{2.10}$$

约束条件为

$$\sum_{j\in B(i)}y_{ij}=1,\ i\in N \tag{2.11}$$

$$\sum_{i\in A(j)}d_iy_{ij}\leqslant C_jx_j,\ j\in N \tag{2.12}$$

$$x_j\in\{0,1\},\ i\in N \tag{2.13}$$

$$0\leqslant y_{ij}\leqslant 1,\ i,j\in N \tag{2.14}$$

式中，$N=\{1,2,\cdots,n\}$为系统中的n个需求点集合；d_i为第i个需求节点的需求量；C_j为设施备选节点j的容量；$A(j)$为设施备选节点j所覆盖的需求点的集合；$B(i)=\{j|i\in A(j)\}$为可以覆盖需求节点i的设施备选节点j的集合；

$$x_j=\begin{cases}1, & \text{假定设施备选节点 } j \text{ 被选中}\\ 0, & \text{假定设施备选节点 } j \text{ 没有被选中}\end{cases}$$

y_{ij} 为需求节点 i 需求中被分配给设施节点 j 的部分。

式（2.10）是目标函数，使被选为设施的节点数最小化；式（2.11）保证每个需求点的需求都要得到完全满足；式（2.12）是对每个设施的服务能力的限制；式（2.13）表明节点 j 可能被选中为设施，也有可能不被选中；式（2.14）表明允许一个设施为某个需求点提供部分需求。

在模型中 x_j 和 y_{ij} 是决策变量，表明哪些备选节点被选为设施，以及如何确定被选为设施的节点为各个需求点提供服务的分配方案。这是一个混合 0-1 整数规划问题。对于此类问题，有两类方法可以进行求解。一是分枝定界法，能够找到小规模问题的最优解，但只适用于小规模问题的求解。二是启发式方法，所得到的结果不能保证是最优解，但是可以得到较为满意的可行解，对于大问题的分析与求解，应用启发式算法可以显著减少运算量。

【例 2.3】　有一个配送企业，准备为 8 个生产企业提供即时配送服务，生产企业要求配送企业在接到订单后 4 小时内将所需物品送到其生产线，配送企业为满足生产企业配送要求，准备在每一个生产企业周围 20 公里范围内至少设置一个配送中心，配送中心的服务能力不受限制，8 个生产企业所在地均可作为配送中心候选地。生产企业的位置与相对距离（以公里计）如图 2.9 所示。试确定该配送企业至少应建设几个配送中心及相应的位置。

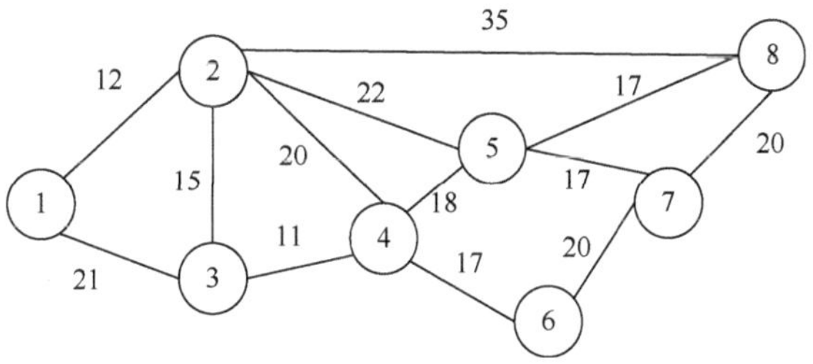

图 2.9　生产企业分布情况和相对距离

解：根据约束条件最大服务半径为 20 公里的要求，可确定每一个备选配送中心（生产企业）所服务的生产企业集合 $A(j)$ 和可以给每个生产企业提供服务的备选配送中心集合 $B(i)$，如表 2.8 所示。

根据表 2.8 可知，没有哪个生产企业能为所有的生产企业提供配送服务。在 $A(j)$ 中找出可以成为其他生产企业服务范围的子集，将其省去。如在 1 号生产企业建立配送中心，可以服务生产企业 1 和 2，而在 2 号生产企业建立配送中心，可以为生产企业 1、2、3、4 提供服务。因此，1 号生产企业的服务范围是 2 号生产企业服务范围的子集，可以忽略 1 号生产企业建立配送中心的可能性。经过简化，{2，4，5，6，7}是候选配送中心的集合。

表 2.8 备选配送中心服务范围

生产企业编号	$A(j)$	$B(i)$
1	1，2	1，2
2	1，2，3，4	1，2，3，4
3	2，3，4	2，3，4
4	2，3，4，5，6	2，3，4，5，6
5	4，5，7，8	4，5，7，8
6	4，6，7	4，6，7
7	5，6，7，8	5，6，7，8
8	5，7，8	5，7，8

简化后可知，能为 1 号生产企业提供服务的只有 2 号生产企业，首先确定在 2 号生产企业处建立配送中心，其可以为生产企业 1、2、3、4 提供配送服务。根据表 2.9 可知，7 号生产企业可以为生产企业 5、6、7、8 提供服务。因此，{2, 7}可以覆盖所有生产企业。所以，该配送企业可考虑在 2 号生产企业和 7 号生产企业建立两个配送中心，其中在 2 号生产企业建立的配送中心为生产企业 1、2、3、4 提供服务，在 7 号生产企业建立的配送中心为生产企业 5、6、7、8 提供服务。

表 2.9 简化后的备选配送中心服务范围

生产企业编号	$A(j)$	$B(i)$
1		2
2	1，2，3，4	2，4
3		2，4
4	2，3，4，5，6	2，4，5，6
5	4，5，7，8	4，5，7
6	4，6，7	4，6，7
7	5，6，7，8	5，6，7
8		5，7

（2）最大覆盖模型。最大覆盖模型的目标是用有限的服务网点为尽可能多的需求点提供服务。相应的目标函数为

$$\max \sum_{j \in N} \sum_{i \in A(j)} d_i y_{ij} \tag{2.15}$$

约束条件为

$$\sum_{j \in B(i)} y_{ij} \leqslant 1, \ i \in N \tag{2.16}$$

$$\sum_{i \in A(j)} d_i y_{ij} \leqslant C_j x_j, \ j \in N \tag{2.17}$$

$$\sum_{j\in N} x_i = p \tag{2.18}$$

$$x_j \in \{0,1\},\ j \in N \tag{2.19}$$

$$0 \leqslant y_{ij} \leqslant 1,\ i,j \in N \tag{2.20}$$

式中，$N=\{1, 2, \cdots, n\}$为系统中的n个需求点集合；d_i为第i个需求节点的需求量；C_j为设施备选节点j的容量；$A(j)$为设施备选节点j所覆盖的需求点的集合；$B(i)=\{j \mid i \in A(j)\}$为可以覆盖需求节点$i$的设施备选节点$j$的集合；$p$为允许投建的设施数目；

$$x_j = \begin{cases} 1, & \text{假定设施备选节点 } j \text{ 被选中} \\ 0, & \text{假定设施备选节点 } j \text{ 没有被选中} \end{cases}$$

y_{ij}为需求节点i需求中被分配给设施节点j的部分。

式（2.15）是目标函数，在给定数量的设施下，尽可能多地为需求点提供服务，满足它们的需求；式（2.16）表明需求点的需求有可能得不到完全满足；式（2.17）是对每个设施的服务能力的限制；式（2.18）是对所选设施数量的限制，表明设施节点只能建设有限多个；式（2.19）和式（2.20）同集合覆盖模型中的式（2.13）和式（2.14）。

同集合覆盖模型一样，x_j和y_{ij}是最大覆盖模型中的决策变量，也是一个混合 0-1 整数规划问题，可采用精确求解法和启发式方法进行求解。由 Church 和 Velle 设计的贪婪启发式算法可以对最大覆盖模型进行求解。该算法首先求出可以作为候选点的集合，并以一个空集作为原始解的集合，然后在候选点集合中选择一个具有最大满足能力的候选点进入原始解集合，作为二次解，如此反复，直到达到设施数目的限制或者全部的需求都得到满足。

【例 2.4】　在例 2.3 中的选址问题中，假设目标是只能建立 2 个配送中心，并为尽可能多的生产企业提供服务。

解：按照上述贪婪启发式算法求解。

初始解 S=空集。

根据表 2.9 可知，在 4 号生产企业建立配送中心的覆盖能力最大，能覆盖 5 个生产企业，因此将 4 号生产企业首先加入到解集合中，$S=\{4\}$。

去掉 4 号生产企业的服务范围后，能最大限度覆盖剩下的待服务生产企业的候选地为生产企业为 5、7 或 8。因此，$S=\{4，5\}$或$S=\{4，7\}$或$S=\{4，8\}$可作为新的解集合。至此，达到建 2 个配送中心的目标要求，循环结束。

$S=\{4，5\}$或$S=\{4，7\}$或$S=\{4，8\}$是用贪婪启发式算法求得的最大覆盖问题的可行解，对照例 2.3 中的结果，可知这显然不是最优解。

4）P-中值模型

P-中值模型是指在一个给定的数量和位置的需求集合和一个候选设施位置集合下，分别为p个设施找到合适的位置并指派每个需求点到一个特定的设施，使之达到需求点和设施点之间的运输费用最低。

P-中值模型可以用精确的数学语言描述。一般 P-中值模型的目标函数为

$$\min \sum_{i \in N} \sum_{j \in M} d_i c_{ij} y_{ij} \tag{2.21}$$

约束条件为

$$\sum_{j \in M} y_{ij} = 1,\ i \in N \tag{2.22}$$

$$\sum_{j \in M} x_j = p \tag{2.23}$$

$$y_{ij} \leqslant x_j,\ i \in N,\ j \in M \tag{2.24}$$

$$x_j \in \{0,1\},\ j \in M \tag{2.25}$$

$$y_{ij} \in \{0,1\},\ i \in N,\ j \in M \tag{2.26}$$

式中，$N=\{1, 2, \cdots, n\}$为系统中的n个需求点集合；d_i为第i个需求点的需求量；$M=\{1, 2, \cdots, m\}$为m个设施节点的候选点集合；c_{ij}为从需求点i到设施点j的单位运输费用；p为可以建立的设施的总数（$p \leqslant m$）；

$$x_j = \begin{cases} 1, & \text{假定设施备选节点 } j \text{ 被选中} \\ 0, & \text{假定设施备选节点 } j \text{ 没有被选中} \end{cases}$$

$$y_{ij} = \begin{cases} 1, & \text{假定需求点 } i \in N \text{ 由设施点 } j \in M \text{ 来提供服务} \\ 0, & \text{其他} \end{cases}$$

式（2.21）是目标函数，使各需求点到其服务设施的运输费用总和最低；式（2.22）保证每个需求点只有一个服务设施来提供服务；式（2.23）限制了可以投资建设的设施总数为p个；式（2.24）保证没有被选中的设施候选点不能为需求点提供服务。在模型中x_j和y_{ij}为0-1决策变量。可以看出，求解一个P-中值模型需要解决两方面的问题：一是选择合适的设施位置；二是指派需求点到相应的设施中去。与覆盖模型相似，求解一个P-中值模型的设施选址问题，主要有两大类方法：精确计算法和启发式算法。下面介绍一种求解P-中值模型的启发式算法——贪婪取走启发式算法。这种算法的基本步骤如下。

（1）令当前选中设施数k=m，即把所有m个候选位置都选中，然后将每个客户指派给距离其最近的一个候选位置。求出总运输费用Z。

（2）从k个候选位置中确定一个位置点，满足以下条件：假如将它从候选位置中取走并将它的客户指派给其他的最近设施点后，总费用增加量最小。

（3）从候选位置集合中删去该点，令k=k−1。

（4）重复步骤（2），直到k=p，结束。

【例 2.5】 某公司在某地区有 8 个零售商客户（A1～A8）。公司准备在该地区新建 2 个仓库，用最低的运输成本来满足该地区 8 个零售商客户的需求。经过一段时间的实地考察后，公司确定 4 个候选地（D1～D4）。从仓库候选地到各个零售商客户的单位运输成本及各客户的需求如表 2.10 所示。假定仓库没有能力的限制，试确定仓库的位置与客户的分派情况。

表 2.10　仓库候选地到客户的单位运输成本及各客户的需求

客户＼仓库候选地	D1	D2	D3	D4	需求量
A1	4	12	20	6	100
A2	2	10	25	10	50
A3	3	4	16	14	120
A4	6	5	9	2	80
A5	18	12	7	3	200
A6	14	2	4	9	70
A7	20	30	2	11	60
A8	24	12	6	22	100

解：（1）令 $k=4$，将每个零售商客户指派给距离其最近的候选地，指派结果为

（A1，A2，A3，A4，A5，A6，A7，A8）：（D1，D1，D1，D4，D4，D2，D3，D3），总运输费用 $Z=2480$。

（2）分别对删去候选地 D1，D2，D3，D4 进行分析，计算运输费用的增加量。

删去候选地 D1：指派结果为

（A1，A2，A3，A4，A5，A6，A7，A8）：（D4，D2，D2，D4，D4，D2，D3，D3），运输费用增加量为 720。

删去候选地 D2：指派结果为

（A1，A2，A3，A4，A5，A6，A7，A8）：（D1，D1，D1，D4，D4，D3，D3，D3），运输费用增加量为 140。

删去候选地 D3：指派结果为

（A1，A2，A3，A4，A5，A6，A7，A8）：（D1，D1，D1，D4，D4，D2，D4，D2），运输费用增加量为 1140。

删去候选地 D4：指派结果为

（A1，A2，A3，A4，A5，A6，A7，A8）：（D1，D1，D1，D2，D3，D2，D3，D3），运输费用增加量为 1040。

因此，取走 D2 所产生的运输费用的增加量是最小的，所以，把 D2 从候选点中删去。

（3）$k=3$，指派结果为

（A1，A2，A3，A4，A5，A6，A7，A8）：（D1，D1，D1，D4，D4，D3，D3，D3），运输费用增加量为 2620。

（4）分别对删去候选地 D1，D3，D4 进行分析，计算运输费用的增加量。

删去候选地 D1：指派结果为

（A1，A2，A3，A4，A5，A6，A7，A8）：（D4，D4，D4，D4，D4，D3，D3，D3），运输费用增加量为 1920。

删去候选地 D3：指派结果为

（A1，A2，A3，A4，A5，A6，A7，A8）：（D1，D1，D1，D4，D4，D4，D4，D4），运输费用增加量为 2490。

删去候选地 D4：指派结果为

（A1，A2，A3，A4，A5，A6，A7，A8）：（D1，D1，D1，D1，D3，D3，D3，D3），运输费用增加量为 1120。

因此，取走 D4 所产生的运输费用的增加量是最小的，所以，把 D4 从候选点中删去。

（5）此时，k=2，计算结束。结果为在 D1 和 D3 投建新的仓库。总运输费用为 2620+1120=3740。指派结果为

（A1，A2，A3，A4，A5，A6，A7，A8）：（D1，D1，D1，D1，D3，D3，D3，D3）。

5）CFLP 模型

CFLP 模型是带容量限制的多设施选址问题。模型中假设有 m 个供应点备选地点，每个供应点都有固定容量和固定费用，有需要由供应点提供服务的 n 个需求点。问题是在满足所有需求点需求并且不超出供应点容量限制两个条件下，找到一个由多个物流节点组成的物流系统并为其确定分配方案，使总固定费用和总运输费用最少。其目标函数为

$$\min F=\sum_{i=1}^{m}\sum_{j=1}^{n}C_{ij}X_{ij}+\sum_{i=1}^{m}F_iY_i \tag{2.27}$$

约束条件为

$$\sum_{i=1}^{m}X_{ij}=b_j,\ j=1,2,\cdots,n \tag{2.28}$$

$$\sum_{j=1}^{n}X_{ij}\leqslant W_iY_i,\ i=1,2,\cdots,m \tag{2.29}$$

$$\sum_{i=1}^{m}Y_i\leqslant k \tag{2.30}$$

$$Y_i\in\{0,1\},\ X_{ij}\geqslant 0$$

式中，i 为供应点的备选节点，$i=1,2,\cdots,m$；j 为需求点，$j=1,2,\cdots,n$；k 为拟建的物流节点数量；b_j 为需求点 j 的需求量；W_i 为供应点备选节点 i 的供应能力；C_{ij} 为供应点备选节点 i 到需求点 j 的单位商品的运输费；X_{ij} 为供应点备选节点 i 到需求点 j 的运输量；F_i 为供应点备选节点 i 的固定成本；

$$Y_i=\begin{cases}1, & \text{假定备选节点}i\text{被选中}\\ 0, & \text{假定备选节点}i\text{没有被选中}\end{cases}$$

式（2.27）是目标函数，第一项为运输费用，第二项为物流节点的固定成本；式（2.28）表示所有需求点的需求得到满足；式（2.29）表示被选中的物流节点其实际吞吐量不能超过其容量限制；式（2.30）表示拟建的物流节点的个数不能超过 k 个。

对于此类模型，很难用精确算法进行求解。同时该模型只考虑了设施建造费用和运输费用，忽视了设施选址中库存的影响。

6）混合整数规划模型

混合整数规划模型中，假设有 m 个供应点 A_i（$i=\{1,2,\cdots,m\}$），各点的资源量为 a_i；

有 n 个需求点（即用户）$B_j\,(j=\{1,2,\cdots,n\})$，各点的需求量为 b_j；在 q 个候选地点中选择几个位置作为中转节点。需求点可以从设置的中转节点中转进货，也可以从供应点直接进货。假定各备选地点设置中转节点的基建投资、仓储费用和运输费率均已知，以总成本最低为目标确定中转节点布局的最优方案。

设 F 为中转节点布局方案的总成本，根据中转节点布局的概念，应使总成本降到最低，于是有目标函数：

$$\min F=\sum_{i=1}^{m}\sum_{k=1}^{q}C_{ik}X_{ik}+\sum_{k=1}^{q}\sum_{j=1}^{n}D_{kj}Y_{kj}+\sum_{i=1}^{m}\sum_{j=1}^{n}E_{ij}Z_{ij}+\sum_{k=1}^{q}(F_kW_k+C_k\sum_{i=1}^{m}X_{ik}) \tag{2.31}$$

约束条件为

$$\sum_{k=1}^{q}X_{ik}+\sum_{j=1}^{n}Z_{ij}\leqslant a_i,\quad i=1,\ 2,\ \cdots,\ m \tag{2.32}$$

$$\sum_{k=1}^{q}Y_{kj}+\sum_{i=1}^{m}Z_{ij}\geqslant b_j,\quad j=1,\ 2,\ \cdots,\ n \tag{2.33}$$

$$\sum_{i=1}^{m}X_{ik}=\sum_{j=1}^{n}Y_{kj},\quad k=1,\ 2,\ \cdots,\ q \tag{2.34}$$

$$\sum_{i=1}^{m}X_{ik}-MW_k\leqslant 0 \tag{2.35}$$

$$W_k=\begin{cases}1, & \text{假定节点 } k \text{ 被选中}\\ 0, & \text{假定节点 } k \text{ 没有被选中}\end{cases}$$

$$X_{ik},\ Y_{kj},\ Z_{ij}\geqslant 0$$

式中，X_{ik} 为备选中转节点 k 从供应点 i 进货的数量；Y_{kj} 为需求点 j 从备选中转节点 k 中转进货的数量；Z_{ij} 为需求点 j 从供应点 i 直接进货的数量；W_k 为备选中转节点 k 是否被选中的决策变量，为 0 或 1；C_{ik} 为备选中转节点 k 从供应点 i 进货的单位商品的运输费；D_{kj} 为备选中转节点 k 向需求点 j 供货的单位商品的运输费；E_{ij} 为需求点 j 从供应点 i 直达进货的单位商品运输费；F_k 为备选中转节点选中后的基建投资；C_k 为备选中转节点 k 中中转单位商品的仓库管理费。

在模型中，W_k、X_{ik}、Y_{kj}、Z_{ij} 为决策变量。式（2.31）为目标函数，前三项为运输费用之和，第四项为中转节点的固定费用和运输周转的仓库管理费用。

在约束条件中，式（2.32）表明各个供应点调出的货物总量不大于该供应点的供应能力；式（2.33）表明各个需求点调运进来的货物总量不小于它的需求量；式（2.34）表明对于中转节点，由于它既不产生货物，也不消耗货物，因此每个节点调进的货物总量应等于调出的货物总量；中转节点的布局经过优化求解后的结果，可能有的备选节点被选中，即 $W_k=1$，而另外一些被淘汰，即 $W_k=0$，在式（2.35）中，M 是一个相当的正数，当 $W_k=0$ 时 $X_{ik}=0$，不等式成立，当 $W_k=1$ 时，X_{ik} 为一有限值，而 MW_k 足够大，不等式也成立。

7）Baumol-Wolfe 模型

在上述混合整数规模模型中，式（2.31）中 $C_k\sum_{i=1}^{m}X_{ik}$ 项是备选中转节点 k 的存储费用，如果把存储费用看作中转节点吞吐量 $\sum_{i=1}^{m}X_{ik}$ 的线性函数，即存储费用率 C_k 与中转节点的规模大小无关，那整个模型是一个混合型 0-1 整数规划的数学模型。而实际情况是存储费用率一般与设施节点的规模的大小有关。Baumol-Wolfe 模型用非线性函数来描述设施节点的存储费用函数，如图 2.10 所示。

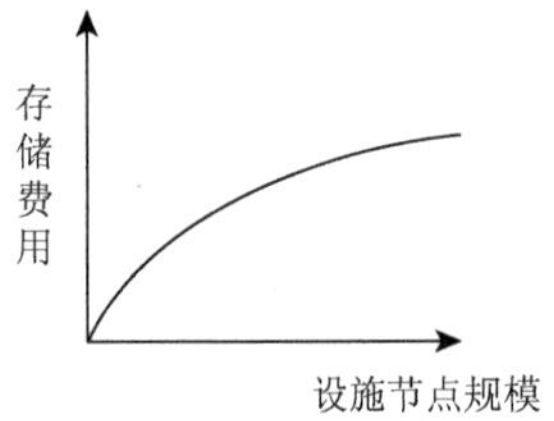

图 2.10　设施节点费用函数

从图 2.10 中的曲线可以看出，随着设施节点规模的增大，存储费用曲线变得平坦，即费率下降，这是符合实际情况的。但非线性函数的引入，使计算变得复杂。为使问题简化，Baumol-Wolfe 模型在迭代求解过程中对非线性函数采取分段线性化的办法，即在每一次迭代过程中用边际成本表示存储费率，边际成本表示在一定的节点规模下单位货物存储费用。因此可与单位运输费用直接相加。经过这样处理后，就可直接利用运输规划的方法计算求解。

Baumol-Wolfe 模型所考虑的问题是从几个货源点（如工厂）经过几个中转节点（如仓库）向需求点（如用户）输送物资。Baumol-Wolfe 模型中总费用由运输费用和仓储费用构成，货源点到中转节点的运输费用，及中转节点到需求点的运输费用都与运输量呈线性关系，仓储费用与中转节点运输量之间的关系为

$$S_K=\mu_K\sqrt{d_K} \tag{2.36}$$

式中，S_K 为中转节点的仓储费用；μ_K 为常数；d_K 为中转节点的运输量。

所以对于某一规模的中转节点 k，可以求出它的边际成本 C_K：

$$C_K=\partial S_k/\partial d_k=\mu_K\sqrt{d_K}/2d_k \tag{2.37}$$

如果已经确定了设施节点的规模，那么在此规模下的存储费率就可以按上述边际成本的计算得到。

Baumol-Wolfe 模型启发式算法的计算步骤如下。

（1）求初始方案。开始时，令各备选地址上设置中转节点的规模均为 0，即 d_K=0，则 C_K^0=0(k=1, 2, ⋯, q)，上标为迭代次数（以下同）。因此，对供货点 i (i=1, 2, ⋯, m)和需求点 j (j=1, 2, ⋯, n)，求每单位运输成本最小值，用 C_{ij}^0 表示：

$$C_{ij}^0=\min(C_{ik}+D_{kj}+C_K^0) \tag{2.38}$$

式中，C_{ik} 为备选中转节点 k 从供应点 i 进货的单位商品的运输费；D_{kj} 为备选中转节点 k 向需求点 j 供货的单位商品运输费。

假定供应点的供应量和需求点的需求量已知，解下列运输规划模型：

$$\min F=\sum_{i=1}^{m}\sum_{j=1}^{n}C_{ij}^0X_{ij}^0 \tag{2.39}$$

约束条件：

$$\sum_{j=1}^{n} X_{ij}^{0} = a_i ,\ i = 1,\ 2,\ \cdots,\ m \tag{2.40}$$

$$\sum_{i=1}^{m} X_{ij}^{0} = b_j ,\ j = 1,\ 2,\ \cdots,\ n \tag{2.41}$$

$$X_{ij}^{0} \geqslant 0 \tag{2.42}$$

式中，X_{ij}^{0} 为从供应点 i 经中转节点 k 向需求点 j 运输货物的数量；a_i 为供应点 i 的可供货量；b_j 为需求点 j 的需求量。

求出 X_{ij}^{0}。

设经过中转节点 k 的所有供货点 $i\,(i=1, 2, \cdots, m)$ 和需求点 $j\,(j=1, 2, \cdots, n)$ 的组合 $(i,\ j)$ 组成的集合为 $(G(k))$，则中转节点 k 的吞吐量为 $d_K^0 = \sum\limits_{(i,j)\in G(k)} X_{ij}^{0}$。

计算各中转节点 k 的边际成本 $C_K^1 = \mu_K \sqrt{d_K^0} / 2d_k^0$。

（2）求二次解。用 C_K^1 代替 C_K^0，重新解上一步的运输问题，求出一组新的 d_K^1。

（3）重复上述计算过程，直到 d_K^l 与 d_K^{l-1} 完全相同，即获得满意解。

Baumol-Wolfe 模型在求解过程中只需要运用一般运输规划的计算方法即可，避免了混合整数规划模型的求解困难，大大降低了计算成本，同时，Baumol-Wolfe 模型较好地解决了节点存储费用非线性的问题。模型的缺点：①由于采用的是逐次逼近法，所以不能保证必然得到最优解。此外，由于选择备选地点的方法不同，有时求出的较优解中可能出现仓库数过多的情况。也就是说，还可能有仓库数更少、总费用更小的解存在。因此，必须仔细研究所求得的解是否为最优。②仓库的固定费用在解中没有反映出来。

【例 2.6】 某公司有 2 个生产工厂（A1，A2），2 个工厂生产的产品通过分销中心运往 8 个顾客区（B1～B8）。经过一段时间的实地考察后，确定 5 个分销中心候选地（D1～D5）。工厂到候选分销中心的单位运输成本及工厂的供应量见表 2.11；候选分销中心到顾客区的单位运输成本及各顾客区的需求量见表 2.12；候选分销中心的存储费用见表 2.13，其中 d_i 表示候选分销中心的货物吞吐量。问题是如何从这 5 个候选地中选择几个作为公司的分销中心，使得总的成本最低。

表 2.11　工厂到候选分销中心的单位运输成本及工厂的供应量

工厂 \ 候选分销中心	D1	D2	D3	D4	D5	供应量
A1	7	7	8	12	11	170
A2	20	14	5	14	15	230

表 2.12　候选分销中心到顾客区的单位运输成本及各顾客区的需求量

	B1	B2	B3	B4	B5	B6	B7	B8
D1	34	12	33	10	5	53	44	23
D2	30	5	24	45	12	35	25	14

续表

	B1	B2	B3	B4	B5	B6	B7	B8
D3	20	10	8	30	34	19	32	7
D4	7	35	17	50	40	7	6	20
D5	12	39	16	45	55	9	21	30
需求量	70	35	45	60	80	30	30	50

表 2.13　候选分销中心的存储费用

候选分销中心	D1	D2	D3	D4	D5
存储费用	$200\sqrt{d_1}$	$400\sqrt{d_2}$	$500\sqrt{d_3}$	$300\sqrt{d_4}$	$400\sqrt{d_5}$

解：（1）求初始解。先不考虑存储成本。对于工厂和顾客区的所有组合，找出使工厂到分销中心及分销中心到顾客区的单位运输成本之和为最小的分销中心。结果如表 2.14 所示。

表 2.14　工厂到顾客区的最小的单位运输成本及要通过的候选分销中心

	B1	B2	B3	B4	B5	B6	B7	B8
A1	（D4） 19	（D2） 12	（D3） 16	（D1） 17	（D1） 12	（D4） 19	（D4） 18	（D3） 15
A2	（D4） 21	（D3） 15	（D3） 13	（D1） 30	（D1） 25	（D4） 21	（D4） 20	（D3） 12

注：括号内的 D*i* 表示要通过的候选分销中心。后同。

根据表 2.14 中的运输成本及工厂的供应量和顾客区的需求量，可构成供需平衡的运输规划模型，见表 2.15。

表 2.15　运输规划模型

	B1	B2	B3	B4	B5	B6	B7	B8	供应量
A1	19	12	16	17	12	19	18	15	170
A2	21	15	13	30	25	21	20	12	230
需求量	70	35	45	60	80	30	30	50	

求解该运输问题，可求得结果如表 2.16 所示。

表 2.16　初始运输方案

	B1	B2	B3	B4	B5	B6	B7	B8	供应量
A1		（D2） 30		（D1） 60	（D1） 80				170
A2	（D4） 70	（D3） 5	（D3） 45			（D4） 30	（D4） 30	（D3） 50	230
需求量	70	35	45	60	80	30	30	50	

（2）求第二次解。由表 2.16 可知每个候选分销中心的中转吞吐量，根据表 2.13，可求得相应的候选分销中心的边际成本，见表 2.17。由于 D5 没有吞吐量，为了后面计算时去掉这个候选地，给 D5 的边际成本设置一个足够大的 M。

表 2.17　候选分销中心的吞吐量、存储费用和边际成本

候选分销中心	D1	D2	D3	D4	D5
吞吐量	140	30	100	130	0
边际成本	8.45	36.51	25	13.16	M

再对工厂和顾客区的所有组合，找出使工厂到分销中心、分销中心到顾客区的单位运输成本以及分销中心的存储边际成本之和为最小的分销中心。结果如表 2.18 所示。

表 2.18　工厂到顾客区的最小的单位运输成本及要通过的候选分销中心

	B1	B2	B3	B4	B5	B6	B7	B8
A1	（D4） 32.16	（D1） 27.45	（D3） 41	（D1） 25.45	（D1） 20.45	（D4） 32.16	（D4） 31.16	（D1） 38.45
A2	（D4） 34.16	（D3） 40	（D3） 38	（D1） 38.45	（D1） 33.45	（D4） 34.16	（D4） 33.16	（D3） 37

根据表 2.18，可得到供需平衡的运输规划模型，求解该运输问题，可求得结果如表 2.19 所示。

表 2.19　第二次运输方案

	B1	B2	B3	B4	B5	B6	B7	B8	供应量
A1		（D1） 30		（D1） 60	（D1） 80				170
A2	（D4） 70	（D3） 5	（D3） 45			（D4） 30	（D4） 30	（D3） 50	230
需求量	70	35	45	60	80	30	30	50	

（3）求第三次解。由表 2.19 可知每个候选分销中心的中转吞吐量，可求得相应的候选分销中心的存储费用和边际成本，见表 2.20。由于 D2 没有吞吐量，为了后面计算时去掉这个候选地，给 D2 的边际成本设置一个足够大的 M。

表 2.20　候选分销中心的吞吐量、存储费用和边际成本

	D1	D2	D3	D4	D5
吞吐量	170	0	100	130	0
边际成本	7.67	M	25	13.16	M

再对工厂和顾客区的所有组合，找出使工厂到分销中心、分销中心到顾客区的单位运输成本以及分销中心的存储边际成本之和为最小的分销中心。结果见表 2.21。

表 2.21 工厂到顾客区的最小的单位运输成本及要通过的候选分销中心

	B1	B2	B3	B4	B5	B6	B7	B8
A1	(D4) 32.16	(D1) 26.67	(D3) 41	(D1) 24.67	(D1) 19.67	(D4) 32.16	(D4) 31.16	(D1) 37.67
A2	(D4) 34.16	(D1) 39.67	(D3) 38	(D1) 37.67	(D1) 32.67	(D4) 34.16	(D4) 33.16	(D3) 37

根据表 2.21，可得到供需平衡的运输规划模型，求解该运输问题，可求得结果如表 2.22 所示。

表 2.22 第三次运输方案

	B1	B2	B3	B4	B5	B6	B7	B8	供应量
A1		(D1) 35		(D1) 60	(D1) 75				170
A2	(D4) 70		(D3) 45		(D1) 5	(D4) 30	(D4) 30	(D3) 50	230
需求量	70	35	45	60	80	30	30	50	

（4）求第四次解。由表 2.22 可知每个候选分销中心的中转吞吐量，可求得相应的候选分销中心的存储费用和边际成本，见表 2.23。

表 2.23 候选分销中心的吞吐量、存储费用和边际成本

	D1	D2	D3	D4	D5
吞吐量	175	0	95	130	0
边际成本	7.56	M	25.65	13.16	M

再对工厂和顾客区的所有组合，找出使工厂到分销中心、分销中心到顾客区的单位运输成本以及分销中心的存储边际成本之和为最小的分销中心。结果见表 2.24。

表 2.24 工厂到顾客区的最小的单位运输成本及要通过的候选分销中心

	B1	B2	B3	B4	B5	B6	B7	B8
A1	(D4) 32.16	(D1) 26.56	(D3) 41.64	(D1) 24.56	(D1) 19.56	(D4) 32.16	(D4) 31.16	(D1) 37.56
A2	(D4) 34.16	(D1) 39.56	(D3) 38.64	(D1) 37.56	(D1) 32.56	(D4) 34.16	(D4) 33.16	(D3) 37.64

根据表 2.24，可得到供需平衡的运输规划模型，求解该运输问题，可求得结果如表 2.25 所示。

表 2.25 第四次运输方案

	B1	B2	B3	B4	B5	B6	B7	B8	供应量
A1		(D1) 35		(D1) 60	(D1) 75				170
A2	(D4) 70		(D3) 45		(D1) 5	(D4) 30	(D4) 30	(D3) 50	230
需求量	70	35	45	60	80	30	30	50	

比较第三次和第四次的解，可以看到各分销中心的吞吐量没有变化。因此在 5 个候选地中，选取 D1、D3 和 D4 为分销中心设置点。

8）Kuehn-Hamburger 模型

Kuehn-Hamburger 模型是一个多节点多品种选址模型，从表面上看，只需在单品种选址问题中增加多品种的因素，即可分解成多个单品种选址子问题。但从实际情况看，由于各个品种都要按照各自的优化方案选择物流节点中转，因此，同一客户可能会需要不同品种的货物，他们将分别从几个不同的物流节点进货，这势必出现运输某些需求量不多的货物的运输工具低效率而运输成本增大的现象。在这种情况下，无论是客户自己提货，还是货物供应部分组织配送，其效果都不是最经济的。为此，有必要将各客户所需的所有货物的供货地点相对集中，最好由一个物流节点供货。因此，多节点多品种选址问题可以描述为：有 m 个供应点（工厂）$A_i\,(i=\{1,2,\cdots,m\})$，提供（生产）$p$ 种产品 $P_h\,(h=\{1,2,\cdots,p\})$，其中这些供应点的各种产品的供应量已知；有 n 个需求点 $B_k\,(k=\{1,2,\cdots,n\})$，每个需求点对每种产品的需求量也已知。产品经由物流中转节点运往需求点，每个需求点的所有产品都由某一指定的物流节点唯一供货。给定 q 个物流中转节点的候选地 $D_j\,(j=\{1,2,\cdots,q\})$，且容量有限。在模型中考虑了运输费、仓库管理费、可变费用、延误损失费等多项费用，其目标是从候选地中选择若干个作为物流中转节点进行产品中转，以达到费用之和最小。

其目标函数：

$$\min F=\sum_{h=1}^{p}\sum_{i=1}^{m}\sum_{j=1}^{q}\sum_{k=1}^{n}f_{hijk}x_{hijk}+\sum_{j=1}^{q}F_jZ_j+\sum_{h=1}^{p}\sum_{j=1}^{q}S_{hj}\left(\sum_{i=1}^{m}\sum_{k=1}^{n}x_{hijk}\right)+\sum_{h=1}^{p}\sum_{k=1}^{n}D_{hk}T_{hk} \tag{2.43}$$

约束条件为

$$\sum_{i=1}^{m}\sum_{j=1}^{q}x_{hijk}\leqslant Q_{hk}V_{jk},\quad k=1,2,\cdots,n;\quad h=1,2,\cdots,p \tag{2.44}$$

$$\sum_{j=1}^{q}\sum_{k=1}^{n}x_{hijk}\leqslant Y_{hi},\quad i=1,2,\cdots,m;\quad h=1,2,\cdots,p \tag{2.45}$$

$$\sum_{h=1}^{p}\sum_{i=1}^{m}\sum_{k=1}^{n}x_{hijk}\leqslant W_j,\quad j=1,2,\cdots,q \tag{2.46}$$

$$\sum_{j=1}^{q}V_{jk}=1,\quad k=1,2,\cdots,n \tag{2.47}$$

$$V_{jk}\in\{0,1\},\quad x_{hijk}\geqslant 0$$

式中，c_{hij} 为从供应点 i 到物流中转节点 j 运输产品 h 每单位运量的运输费；d_{hjk} 为从物流中转节点 j 向需求点 k 运输产品 h 每单位运量的运输费；f_{hijk} 为从供应点 i 经过物流中转节点 j 向需求点 k 运输产品 h 每单位运量的运输费，则 $f_{hijk}=c_{hij}+d_{hjk}$；x_{hijk} 为从供应点 i 经过物流中转节点 j 向需求点 k 运输产品 h 的数量；Y_{hi} 为供应点 i 对产品 h 的供应能力；Q_{hk} 为需求点 k 对产品 h 的需求量；W_j 为物流中转节点 j 的吞吐能力；F_j 为物流中转节点 j 的固定费用；S_{hj} 为物流中转节点 j 为保管产品 h 而产生的单位可变费用；D_{hk} 为由于缺货导致需求点 k 对产品 h 的缺货量，则 $D_{hk}=Q_{hk}-\sum_{i=1}^{m}\sum_{j=1}^{q}x_{hijk}$ ；T_{hk} 为由于需求点 k 对产品 h 的缺货而造成的单位产品损失费；

$$Z_j=\begin{cases}1, & \text{假定物流中转节点 } j \text{ 有吞吐量}\\ 0, & \text{假定物流中转节点 } j \text{ 没有吞吐量}\end{cases}$$

$$V_{jk}=\begin{cases}1, & \text{假定物流中转节点 } j \text{ 为需求点 } j \text{ 供货}\\ 0, & \text{否则}\end{cases}$$

式（2.43）是目标函数，第一项为运输费用，第二项为被选中的物流节点的固定费用，第三项为物流节点的变动成本，第四项为由于缺货延误向客户供货产生的损失；式（2.44）是产品需求约束；式（2.45）是供应点的供应能力限制；式（2.46）是物流中转节点 j 的吞吐能力限制；式（2.47）表明同一需求地的所有产品必须由同一中转节点供货。

Kuehn-Hamburger 模型以供应点的个数及可供应量、备选物流中转节点的个数及最大容量、需求点个数及其需求量为已知参数，考虑多个结构化因素影响：供应点到物流中转节点的运输费、物流中转节点到需求点的运输费用、物流中转节点的可变费用和固定费用、各物流中转节点的容量限制，模型更加贴近实际。但其不足之处是没有考虑如建设费用等固定资产所产生的固定费用。另外当供应点、物流中转节点备选点、需求点数量较多的情况下，其计算量非常庞大，不易求解。

2.4 物流系统规划与设计评价

2.4.1 物流系统规划与设计评价概述

1. 物流系统规划与设计评价的含义和意义

判别物流系统规划与设计方案的优劣，往往需要对规划与设计方案或物流系统进行综合评价，即物流系统评价。物流系统评价是物流系统规划与设计的一个必不可少的步骤和重要组成部分，同时也是物流系统规划与设计的一种基本方法。对物流系统进行规划、分析与设计后，提出在技术上可行、经济财务上有利、社会效益上较好的多种方案，这需要对这些方案进行评价，物流系统评价就是要根据物流系统的目标、评价标准及环境对物流系统的要求，从系统整体出发，综合评判这些方案的优劣，从中选出一个较为满意的方案付诸实施。在规划设计与建设中，不仅要提出许多开发系统的可行方案，而且还要通过物流系统评价从众多的可行方案中找出所需要的最优方案。在这一过程中，如何把自然因素、技术因素、经济因素与社会因素等有机地统一起来，如何把技术的先进性与经济性、方案的合理性与现实性、社会的需求与物流系统本身的供给合理地结合起来，是物流系统规划与设计取得成功的保证，同时也是物流系统实施与运营过程中对实施方案进行评价的需要。

物流系统规划与设计的问题大都是多目标复杂问题，其评价往往需要考虑多种因素或指标，一般情况下，指标和方案越多，考虑问题越全面，评价就越复杂。另外，由于对系统的评价以及指标的选择都是由人来完成的，因此人的价值观在系统评价中具有重要的影响。由于评价主体有不同的观点、立场和标准，对同一个问题、不同的评价者可得出不同的评价结论，因此在评价过程中要充分考虑这些因素，统筹兼顾，运用综合评价的方法进行客观、准确、科学的评价。

物流系统规划与设计是一个科学、民主、动态的集体思维与决策过程，评价分析是系统规划设计过程的一个关键内容。可以说，评价贯穿于规划决策过程的每一步。从工作阶段来看，它包括现状评价、方案评价和实效评价。

评价在物流系统规划与设计过程中具有三方面的作用和目的。

（1）评价是确定每一个备选方案价值以及一个方案相对于其他方案可取性的过程，其中关键要解决两个问题：确定如何来衡量方案的价值；估计所建议的措施的费用与效益。

（2）为决策者提供政策建议的影响等主要方面的信息。不仅要明确影响的程度，而且要指出受每一备选方案积极或消极影响的主体。

（3）评价还要为规划人员提供一种对物流系统进一步研究改进的机会。因此，评价不仅是规划人员与决策人员联系的桥梁，也将物流系统规划中的每一步研究工作联系起来。

2. 物流系统规划与设计评价的原则

为了客观而公正地评价物流系统，必须遵循一些基本的评价原则，这些原则包括以下几方面。

（1）评价的客观公正性。评价的目标是为决策者提供有效的决策依据，因此评价的质量影响着决策的正确性。评价必须客观地反映实际，使评价结果真实可靠，评价的客观公正性、全面性、可靠性与正确性是评价的基本要求。为了实现上述基本要求，有必要防止评价人员的倾向性，同时谨慎考虑评价人员的组成，使人员组成具有代表性。

（2）方案的可比性。对于物流系统的各个阶段来说，所提供的选择方案之间要求具有可比性，对各个方案进行评价时，评价的前提条件、评价的内容要一致，对每一项指标都要进行比较，做到一致性与可比性。

（3）评价指标的系统性。评价指标必须反映系统的目标，要包括系统目标所涉及的各个方面，全面反映被评价问题，使评价不出现片面性。

（4）评价方法和手段的综合性。物流系统评价要对系统的各个侧面，运用多种方法和工具进行全面综合评价，充分发挥各种方法和手段的综合优势，为系统的综合评价提供全面分析的手段。

3. 物流系统规划与设计评价的程序

对于不同的物流系统，往往存在着不同的定位，因此对其的评价思路与所采用的评价方法也不同。为了保证系统评价的有效性，评价的程序一般按下列各步骤进行。

（1）明确评价的目的和内容。为了进行有效的系统评价，必须进行详细调查，了解建立这个系统的目标和为完成系统目标所考虑的各个具体的因素，熟悉其可能的方案，明确评价的目标，根据此目标，收集有关的资料和数据，对组成方案的各个因素及物流系统本身的性能特征进行全面分析，确定评价的内容。

（2）确定评价指标体系。指标是衡量物流系统总体目标的具体标志。对于所评价的物流系统，必须建立能对照和衡量各种备选方案的统一尺度和标准，即建立评价指标体系。建立评价指标体系时，必须科学、客观、尽可能全面地考虑各种因素，评价指标体系的选择要根据被评价系统的目标和特点而定，并明确指标间的相互关系，避免指标的重复使用或相互交叉。评价指标体系可以在调查、讨论与大量资料的分析研究基础上建立起来。一个评价指标体系是由若干个单项评价指标所组成的整体，应能反映出所要解决问题的各项子目标的要求。

（3）确定评价结构和评价准则。在评价过程中，如果仅仅是定性地描述系统要达到的目标，而没有定量的表述，就难以作出科学的评价，因此要对所确定的指标进行定量化处理。同时每一个具体的指标可能是几个指标的综合，这是由评价系统的特性和评价指标体系的结构所决定的，在评价时要根据指标体系和系统的特性来弄清指标间的相互关系，确定评价的结构。另外，由于各指标的评价标准与尺度不同，不同的指标就难以统一比较，没有可比性，因此，必须对指标进行规范化，并制定出统一的评价准则，根据指标所反映的因素特征，确定各指标的结构与权重。

（4）确定评价方法。物流系统在其各个阶段都涉及了多个方案的评价，由于评价对象的具体要求不同，采用的评价方法也有所不同，在确定选用何种评价方法时，需要考虑系统目标、分析结果、费用与效果测定方法、评价准则等因素。

（5）单项评价。单项评价是对物流系统的某一方面进行详细的评价，以查明各项评价指标的实现程度。单项评价只反映方案在单一方面的特征，不能解决整个方案的优劣判定问题，因此它是综合评价的基础。

（6）综合评价。综合评价就是按照评价准则、各指标的属性和权重，在单项评价的基础上，对物流系统进行全面的评价，利用相关模型与资料，从系统的整体出发，综合分析问题，采用技术经济的方法对比各种可行方案，选择满意而可实施的方案，达到评价的目标。

2.4.2 物流系统规划与设计的评价方法

1. 模糊综合评价法

模糊综合评价法是一种基于模糊数学的综合评价方法。人们在评价事物时，往往会从多种因素出发，参考有关的数据、经验与具体情况，根据他们的判断对复杂问题做出一些模糊评价，如“大、中、小”，“高、中、低”，“优、良、中、差”，“好、较好、一般、较差、差”这样的模糊描述。对于这些模糊评价的量化处理，需要运用模糊数学理论，根据模糊数学的隶属度理论，把定性评价转化为定量评价，用模糊数学对受到多种因素制约的事物或对象做出一个总体的评价。模糊评价能较好地解决模糊的、难以量化的问题，适合于各种非确定性问题的解决。

2. 层次分析法

人们在进行社会、经济以及科学管理领域问题的系统分析时，面对的常是一个由相互关联、相互制约的众多因素构成的复杂而往往缺少定量数据的系统。层次分析法（analytic hierarchy process，AHP）为这类问题的决策和排序提供了一种简洁而实用的建模方法。AHP 是美国运筹学家 Saaty 于 20 世纪 70 年代初期提出的一种多准则决策方法，特别适用于那些难以完全定量分析的问题。

层次分析法的基本思想是将一个复杂的多目标决策问题作为一个系统，按总目标、各层子目标、评价准则直至具体的备选方案的顺序，分解为不同的层次结构，然后用求解判断矩阵特征向量的办法，求得每一层次的各元素对上一层次某元素的相对权重，最后，再通过加权和的方法，递阶归并各备选方案对总目标的最终权重，此最终权重最大者即为最优方案。这里所谓“相对权重”是一种相对的量度，它表明各备选方案在某一特点的评价准则或子目标下优越程度的相对量度，以及各子目标对上一层目标而言重要程度的相对量度。

3. 数据包络分析法

数据包络分析法（data envelopment analysis，DEA）是著名的运筹学家 Charnes 和 Copper 等以相对效率概念为基础发展起来的一种效率评价方法。它把单输入单输出的效率概念推广到多输入多输出同类决策单元（decision making units，DMU）的有效性评价中去，极大地丰富了微观经济中的生产函数理论及其应用技术，同时在避免主观因素、简化算法、减少误差等方面有着不可低估的优越性。继 1978 年第一个 DEA 模型——CCR（最初由 Charnes、Cooper、Rhodes 三个运筹学家提出，CCR 是三个运筹学家名字的缩写）发表后，新的模型和其他重要理论不断出现，模型的实际应用也日益广泛。

DEA 是以相对效率概念为基础、以凸分析和线性规划为工具发展起来的一种效率评价方法。在 DEA 中通常把衡量绩效的组织或被评价的对象称为决策单元。该方法利用客观数据，可以对同一类型的各评价或决策单元的相对有效性进行评定和排序，可以确定决策单元是 DEA 有效、弱 DEA 有效还是 DEA 无效，也可以进一步分析各评价或决策单元非有效性的原因及其改进方向，能够判断决策单元的投入规模是否恰当，并给出各个决策单元调整投入规模的正确方向和程度，为决策者提供重要的管理决策信息。

4. 灰色关联分析

灰色关联分析是灰色系统理论应用的主要方面之一。相对于信息未知的黑色系统和信息完全明确的白色系统，信息不完全确知的系统称为灰色系统。我国学者邓聚龙于 1982 年提出了灰色系统理论，它的研究对象是“部分信息已知、部分信息未知”的灰色系统，它通过对部分已知信息的生成、开发实现对现实世界的认识。灰色系统理论在处理灰色系统时提出了一种新的分析方法，即系统的关联分析法。这是根据因素之间发展变化的相似或相异程度来衡量因素间关联程度的方法。从思路上看，灰色关联分析属于几何处理范畴，基本思想是根据参考数列和若干个比较数列几何形状的相似程度来判断其联系是否紧密，通过求出参考数列与各比较数列之间的灰色关联度来进行分析比较。与参考数列关联度较大的比较数列，其发展的方向和速率与参考数列越接近，与参考数列的关联越紧密。由于灰色关联分析是按发展趋势做分析，因此对样本量的多少没有要求，也不需要有典型的分布规律，计算量小。换句话说，灰色关联分析的数学方法是非统计方法，在系统数据资料较少和条件不满足统计要求的情况下，更具有实用性。

➢复习思考题

1. 物流系统战略规划的性质？

2. 物流系统战略规划的层次及内容?
3. 什么是物流系统战略规划制定的原则?
4. 物流系统战略规划制定的影响因素有哪些?
5. 如何选择区域物流系统战略规划?
6. 城市物流系统战略规划的主要内容是什么?
7. 企业物流系统战略规划的类型及内容是什么?
8. 物流企业系统战略规划的内容是什么，如何选择?
9. 物流系统网络的构成要素有哪些?
10. 物流系统网络节点的主要类型有哪些?
11. 物流系统网络节点有哪些主要功能?
12. 物流系统网络有哪些常见的结构类型?
13. 物流系统网络规划与设计的主要内容是什么?
14. 简述物流系统网络规划与设计需要遵循的原则。
15. 物流节点选址规划的目标有哪些?
16. 物流节点选址决策时应考虑哪些因素?
17. 按目标函数划分，物流节点选址规划主要有哪些选址问题?
18. 物流系统规划与设计评价的程序一般要经过哪几个步骤?

19. 某食品公司准备在某地区新建一个面包店。该面包店将主要为附近的 5 个住宅小区提供服务。为了方便计算，把每个住宅小区的中心点抽象成这个住宅小区的需求点位置。每个需求点对应的权重表示该需求点潜在的需求总量，可以用每个小区的居民总户数来表示。每个需求点的坐标位置及需求权重，如表 2.26 所示。公司方面希望通过这些信息来确定一个合适的面包店的位置，要求居民到面包店的总的距离最小。

表 2.26　五个需求点的位置及权重

需求点	坐标（X_i，Y_i）	权重 ω_i
1	（3，4）	6
2	（2，3）	4
3	（1，5）	1
4	（4，1）	5
5	（5，5）	3

20. 某配送企业准备在某地区开设一个新的配送中心，主要负责该区域附近九个住宅小区的客户。为了方便计算，把每个住宅小区的中心点抽象成这个小区的需求点位置。每个需求点的位置及权重如表 2.27 所示，配送费用为城市距离乘以需求权重。配送企业希望通过这些信息来确定一个合适的配送中心的位置，要求配送费用总和最小。

表 2.27　九个需求点的位置及权重

需求点	坐标（X_i，Y_i）	权重 ω_i
1	（4，5）	4
2	（6，5）	8
3	（6，2）	6
4	（3，1）	7
5	（1，6）	6
6	（2，4）	3
7	（3，3）	8
8	（5，3）	8
9	（1，2）	2

21. 某企业有 9 个顾客销售区，为了优化企业的物流系统，企业准备在其中的几个销售区建设仓库，使得每个顾客销售区周围 5 公里内至少有一个仓库。仓库的设施能力不受限制。9 个销售区的位置与相对距离（以公里计），如图 2.11 所示。试确定该企业至少应建设几个仓库及相应的位置。

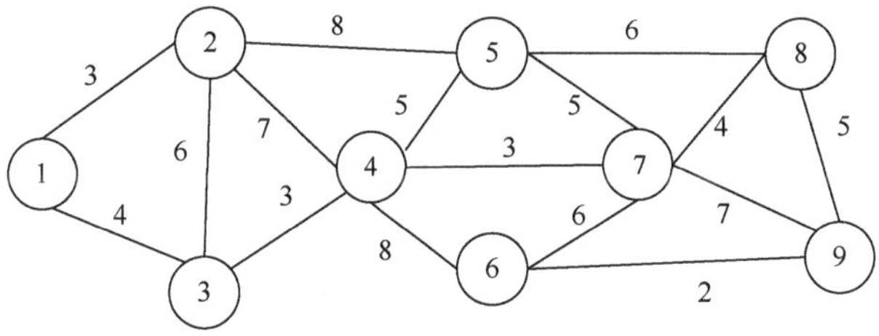

图 2.11　顾客销售区的分布情况和相对距离

22. 在习题 21 选址问题中，假设由于各方面条件限制，企业只能建立 2 个仓库，要求这 2 个仓库能为尽可能多的顾客销售区提供服务。试确定该企业这 2 个仓库的位置。

23. 某企业要求在 12 个顾客销售区中选出几个销售区作为配送中心，使得每个顾客销售区周围 4 公里内至少有一个配送中心。假设配送中心的设施能力不受限制。12 个销售区的位置与相对距离（以公里计），如图 2.12 所示。试确定该企业至少应建设几个配送中心及相应的位置。

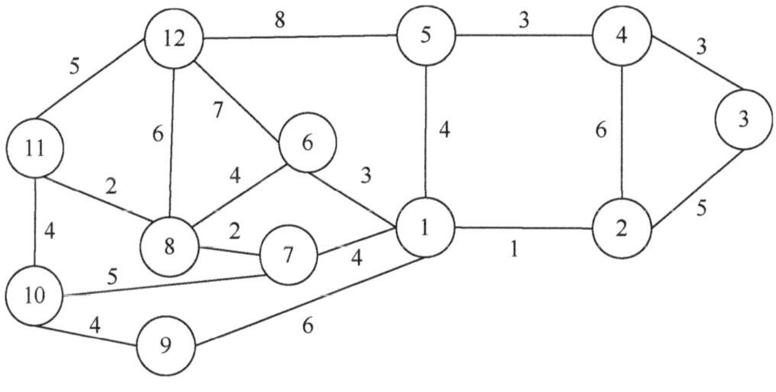

图 2.12　顾客销售区的分布情况和相对距离

24. 在习题 23 选址问题中，假设由于各方面条件限制，企业只能建立 2 个配送中心，要求这 2 个配送中心能为尽可能多的顾客销售区提供服务。试确定该企业这 2 个配送中心的位置。

25. 某公司的产品经过一段时间的广告宣传，在某区域的 9 个客户区（A1～A9）开辟了新的市场。为了供应这 9 个客户区的产品需求，公司准备新建 2 个仓库，用最低的运输成本来满足该区域这 9 个客户区的产品需求。经过一段时间的实地考察后，公司确定 5 个候选地（D1～D5）。从仓库候选地到各个客户区的单位运输成本及各客户区的需求，如表 2.28 所示。试确定仓库的位置与客户的分派情况。

表 2.28　仓库候选地到客户区的单位运输成本及各客户的需求

	D1	D2	D3	D4	D5	需求量
A1	40	45	30	20	70	100
A2	25	60	70	39	33	60
A3	28	29	33	42	28	110
A4	46	30	20	21	16	250
A5	65	15	25	35	10	150
A6	34	12	16	41	23	130
A7	76	30	45	57	12	200
A8	29	35	32	45	50	80
A9	43	22	31	20	41	100

26. 某公司准备新建 2 个仓库来供应 8 个客户区（A1～A8）的产品需求，现有 5 个仓库候选地（D1～D5）。从仓库候选地到各个客户区的单位运输成本及各客户区的需求如表 2.29 所示。为使运输成本最低，试确定仓库的位置与客户的分派情况。用最低的运输成本来满足该区域这 8 个客户区的产品需求。

表 2.29　仓库候选地到客户区的单位运输成本及各客户的需求

	D1	D2	D3	D4	D5	需求量
A1	12	50	34	58	59	200
A2	5	13	22	46	50	300
A3	13	5	10	33	37	800
A4	22	10	5	25	29	400
A5	30	17	9	16	17	600
A6	46	33	25	5	9	300
A7	41	27	19	9	18	200
A8	50	37	29	9	5	200

27. 某超市在某地区有 10 个便利店（B1～B10），考虑这 10 个便利店的分布情况，

超市方面准备建立配送中心从两个货物供应点（A1、A2）进货并为这 10 个便利店提供货物配送。目前配送中心候选地共 4 个（D1～D4）。货物供应点到候选配送中心的单位运输成本及货物供应点的供应量见表 2.30；候选配送中心到 10 个便利店的单位运输成本及各便利店的需求量见表 2.31；候选配送中心的存储费用见表 2.32，其中 d_i 表示候选配送中心的货物吞吐量。问应从这 4 个候选地中选择几个作为配送中心，使得总的物流成本最低。

表 2.30　货物供应点到配送中心候选地的单位运输成本及货物供应点的供应量

	D1	D2	D3	D4	供应量/箱
A1	14	12	8	5	500
A2	9	18	7	11	100

表 2.31　配送中心候选地到各便利店的单位配送成本及各便利店的需求量

	B1	B2	B3	B4	B5	B6	B7	B8	B9	B10
D1	13	9	3	6	6	5	10	5	11	8
D2	11	15	9	5	7	2	11	9	4	5
D3	16	10	8	9	2	5	7	2	5	11
D4	7	14	6	8	4	8	4	10	2	6
需求量/箱	55	75	65	70	40	55	60	65	60	55

表 2.32　配送中心候选地的存储费用

候选地	D1	D2	D3	D4
存储费	$400\sqrt{d_1}$	$450\sqrt{d_2}$	$300\sqrt{d_3}$	$500\sqrt{d_4}$

28. 某公司有两个工厂（A1、A2），需要通过配送中心向 8 个地区（B1～B8）供应产品，现有 5 个配送中心候选地（D1～D5），工厂到配送中心候选地的单位运输成本及工厂的供应量见表 2.33；配送中心候选地到各需求地的单位配送成本及各需求地的需求量见表 2.34；候选配送中心的存储费用见表 2.35，其中 d_i 表示候选配送中心的货物吞吐量。问应从这 5 个候选地中选择几个作为配送中心，使得总的配送费用最低。

表 2.33　工厂到配送中心候选地的单位运输成本及工厂的供应量

	D1	D2	D3	D4	D5	供应量
A1	5	10	20	40	45	100
A2	25	13	7	15	17	200

表 2.34　配送中心候选地到各需求地的单位配送成本及各需求地的需求量

	B1	B2	B3	B4	B5	B6	B7	B8
D1	12	5	13	22	30	46	41	50
D2	50	13	5	10	17	33	27	37

续表

	B1	B2	B3	B4	B5	B6	B7	B8
D3	34	22	10	5	9	25	19	29
D4	58	46	33	25	16	5	9	9
D5	59	50	37	29	17	9	18	5
需求量	20	30	80	40	60	30	20	20

表 2.35 配送中心候选地的存储费用

候选地	D1	D2	D3	D4	D5
存储费	$300\sqrt{d_1}$	$600\sqrt{d_2}$	$500\sqrt{d_3}$	$200\sqrt{d_4}$	$200\sqrt{d_5}$

第3章

区域与城市物流系统规划与设计

3.1 区域物流系统规划与设计

3.1.1 区域物流系统规划与设计概述

1. 区域物流系统的组成

区域物流系统由物流园区、物流中心、配送中心、物流通道等物流活动场所及连接这些场所的运输网络等基础设施组成。

（1）物流园区。物流园区是指由分布相对集中的多个物流组织设施和不同的专业化物流企业构成的，具有产业组织、经济运行等的物流组织功能的规模化、功能化物流组织取向，其功能除了一般的仓储、运输、加工等功能，还具有与之配套的信息、咨询、维修、综合服务等服务项目。物流园区将众多的物流企业聚集在一起，实行专业化和规模化的经营，发挥物流企业的整体优势，共享相关设施，降低运营成本，提高规模效益。物流园区的组织功能因园区的地理位置、服务地区及企业的物流组织内容与形式、区位交通运输地位及条件等存在较大差异。从功能上讲，物流园区可以分为：国际型物流园区、全国枢纽型物流园区、区域转运型物流园区、城市配送型物流园区。

（2）物流中心。物流中心是从事物流活动的具有完善的信息网络的场所或组织，应基本符合以下要求：主要面向社会提供公共物流服务；物流功能健全；辐射范围大；存储、吞吐能力强，能为转运和多式联运提供物流支持；对下游配送中心提供物流服务。

（3）配送中心。配送中心是从事配送业务的具有完善的信息网络的场所或组织，应基本符合以下要求：主要为特定的用户服务；配送功能健全；辐射范围小；多品种、小批量、多批次、短周期；主要为末端客户提供配送服务。

（4）物流通道。物流通道是由多个要素组成的、复杂的运输组织与管理系统。在硬件设施上，包括铁路、公路、航空、水路等线路及其所组成的网络，在运输组织上，包括运输组织方法和调度安排，在经营内容上，包括各类运输服务企业，在运输管理与规制上，包括政府主管部门的管理、监督和调控。物流通道一般可以划分为国道、省道和市（县）道。

国道是由国家规划和设计的、跨省的物流通道，一般用于国家范围内、跨省份的长距离货物运输和转移，连接全国枢纽型的物流园区。

省道是由各省负责规划和设计的一种物流通道，用于省内不同城市之间、较长距离的货物运输和转移，通常连接区域转运型物流园区、区域物流基地、区域物流中心。

市（县）道是市（县）规划和设计，面向城市、县镇范围内生产企业、商业企业物流配送的通道，一般连接城市配送型物流园区、城市物流配送中心。

2. 运输系统

运输系统是一个复杂的巨大系统，是由包括线路、航道、桥梁、隧道、港口、码头、车站以及航空港等的固定设备，以及机车、车辆、船舶、汽车、飞机等移动设备，通过相应的运输组织工作实现其运输功能的。运输系统具有系统的五个基本特征：目的性、协调性、层次性、关联性、环境适应性，除此之外，运输系统还具有自身的特性。

（1）运输系统生产的连续性。运输系统是一个连续性的过程。表现为运输生产过程的连续性和运输生产时间的连续性，即货物运输生产过程包括集、装、运、卸、散等环节组成，称为过程单元。过程单元按照一定的方式相互联结在一起形成网络称为过程系统。为了保证过程系统的正常运转，就要不断地解决和协调各个过程单元和单元间所形成的联系。运输系统生产的连续性表现在时间上的连续，这个系统必须全年、全月、全日地运转，而不能发生任何中断，如果发生运输中断，就破坏了运输的正常生产。

（2）运输系统生产的多功能、超区域性。运输系统具有多功能，如运输功能、生产功能、服务功能、工业功能、城市功能以及国防功能等。完成运输系统的功能就意味着要实现运输系统的多种功能。一般企业都是在一定的区域内进行生产，而运输系统则没有区域的界限，货物由发送站到到达站是根据运输具体目的要求确定的，它们没有区域的界限，更不能限制在一个城市或地区，有时甚至要打破国家的界限，如国际航线、国际铁路联运以及远洋航运等。

（3）运输系统生产的网络性。运输生产是在运输网，包括铁路网、公路网、水运网、航空网等上的运动。良好的运输系统首先要有合理的布局与结构，要建设成与内部、外部协调的交通运输网。通过科学的运输组织才能实现国家、社会、企业以及人们所提出的运输任务，加速货物和车船的周转，压缩旅客和货物的在途时间，加速国民经济的发展。运输网由主要干线网、干线线网和支线网、专用线网组成。为此，进行运输系统的建设与发展，首先要从完善、加强、扩展交通运输网着手，不断地提高交通运输网的数量与质量。

（4）运输系统生产的动态性。运输系统是一个动态系统。动态性表现在：一方面运输系统是国民经济大系统的组成部分，国民经济大系统随着时间变化而变化，从而使运输任务也随着时间变化而变化。另一方面是运输系统本身的动态性，即运输系统中的人流、物流、车流、船流以及飞机流等就经常处在一个流动的状态。

3.1.2 区域物流系统战略规划

1. 区域物流系统战略规划概述

区域物流系统战略规划是区域战略发展规划的重要组成部分，是面向区域内所有物流设施，包括物流节点、物流通道的一种战略规划。区域物流系统战略规划具有全局性、对本区域物流发展具有指导意义。正因为这样，区域物流系统战略规划一般由区域内能行使社会公共管理职能的机构完成。

区域物流系统战略规划是按照“经济区域”而不是“行政区域”制定和设计。虽然两者可能出现重合和一致，但经济区域不像行政区域划分有着明确、具体的界限，它的界限是模糊的。在经济全球化、市场国际化和经济区域一体化的背景下，建设高效率、低费用、可持续发展的区域物流系统，对保证和促进城市之间、区域之间的经济贸易发展，适应和满足全社会物资流通的需求具有重要作用。

2. 区域物流系统战略规划的定位

（1）承接国际物流。区域物流是与国际物流连接的重要门户和接口，区域通常利用港口、机场和综合物流园区，实现与国际物流的对接，以适应经济全球化环境下，跨国企业全球化经营战略对物流体系的要求。

（2）服务于区域物流。区域物流系统战略规划本质上是为区域物流系统发展服务的。因此，构建以时效运输为特征的区域物流体系，形成区域内部跨城市之间的交通运输设施和交通运输网络，包括交通基础设施、货运通道、配送道路体系等物流基础设施平台、物流共享信息平台，创造一个良好的区域政策环境和社会环境，构筑整个区域的主体企业协作群体，塑造不同城市的物流服务功能和物流服务特色，建立服务于区域经济社会发展的物流体系，是区域物流系统战略规划的一个基本定位。

（3）衔接和启动区域物流设施发展。对区域内的物流园区、物流基地、物流中心需要结合区域土地资源规划及区位条件，确定区域内的产业规划，依据产业规划对区域内企业进行划分与布局，进而确定区域内物流基地、物流园区、物流中心等大型物流设施的规划布局。

3. 区域物流系统战略规划的环境分析

（1）区域物流系统的外部环境分析。区域物流系统的外部环境，主要考虑国家经济社会发展、其他区域经济社会发展，前者主要包括国民经济发展水平、经济结构、产业结构、商品结构、技术发展、物流系统特点及发展趋势，后者主要有社会文化、生活习惯、宗教风俗、价值取向等方面的因素。

（2）区域物流系统的内部条件分析。区域物流系统战略规划的目的在于促进区域物流系统的快速发展，协调、指导区域中的资源配置，以提供最便利、最高效的物流服务，降低物流成本，改善投资环境，带动产业结构的调整，增强区域内企业的活力，促进区域经济的发展。目前，随着我国经济和商品流通的发展以及物流业的崛起。区域物流现象已逐渐显现，如长江三角洲、珠江三角洲、环渤海湾地区、京津唐地区和闽南三角洲地区等，这些区域市场可以使各地区获取、享受分工和流通的比较利益，促进产业、技术在空间的转移。因此，对区域物流系统的内部条件分析，主要包括：区域产业布局、产业发展重点，物流系统的方向、物流设施的优势、物流市场的布局、物流消费习惯和消费方式等，以及区域物流系统运输方式、运输节点的分布，区域内可利用的社会资源，包括土地资源、资本资源、人力资源等。

4. 区域物流系统战略规划的选择

（1）SWOT 分析。根据对区域物流系统的内、外部环境分析，进一步，对内、外环境进行 SWOT（strength weakness opportunity threat）归纳和梳理，为制定区域物流系统战略规划提供基本条件和保证。

区域物流系统的 SWOT 分析（表 3.1）是在对区域物流系统内部、外部因素分析的基础上，界定区域物流系统的内部优势和劣势、外部机遇和威胁。其中，内部因素是区域物流系统发展过程中发挥积极或消极作用的可控因素，外部因素是能够为区域物流系统发展带来巨大收益或造成损失的经济、社会、政策、技术等方面的发展趋势、机会和重要事件。

表 3.1 区域物流系统战略规划的 SWOT 分析

机会与威胁 优势与劣势	O（opportunity 机会）	T（threat 威胁）
S（strength 优势）	SO 战略	ST 战略
	发挥优势、利用机会	利用优势、避开威胁
W（weakness 劣势）	WO 战略	WT 战略
	避开弱势、利用机会	避开弱势、避开威胁

（2）基本战略类型。SO（strength opportunity）战略，SO 战略就是充分发挥区域物流系统自身的优势，并最大限度地利用外部环境提供的各种发展机遇的战略。ST（strength threat）战略，ST 战略就是需要凭借区域自身的资源，发挥自身的优势，并避开外部环境所带来的各种威胁的一种战略。WO（weakness opportunity）战略，WO 战略就是要清醒地认识到区域物流系统本身存在的劣势和不足，从基础工作做起，将弱势培育或转化成优势，同时抓住机遇，最大限度发挥作用的战略。WT（weakness threat）战略，WT 战略是一种以自身的劣势去应对外界威胁的战略。这种战略可以应用在区域物流系统非主营业务上，作为干扰竞争对手的一种战略。

3.1.3 区域物流系统规划与设计的方法

1. 区域物流系统规划与设计的内容

1）区域物流系统规划与设计的含义

区域物流系统规划与设计是在明确区域物流系统内、外部环境变化的基础上，通过对区域内各城市节点之间的交通便利程度、区域物流系统的基础设施，如港口、码头、铁路、公路、水运、航空站点等，以及区域中不同城市在区域经济发展中的定位、城市产业发展规划、城市物流系统的目标定位，确定区域物流系统的基础设施体系、信息平台、发展政策的规划过程。

2）区域物流系统规划与设计的作用

区域物流系统规划的目的在于协调、指导区域中的资源配置，对区域内社会资源，包括土地资源、资本资源、人力资源等围绕物流活动进行整合，使之与政府管理程序及相关规划之间实现顺利衔接，提供地区最便利、最高效的物流服务，以降低物流成本，改善投资环境，带动产业结构的调整，增强区域内企业的活力，促进区域经济的发展。

3）区域物流系统规划的城市定位

区域物流是城市物流的转化、升级。区域物流不仅包括生产领域、流通领域，而且还包括消费领域，不仅涉及区域中的城市物流，更重要的是包括城市之间的物流。因此，确立区域物流系统规划，要以城市为依托，组织区域统一的商品流通，调整供需关系，充分发挥城市对货物的集散和蓄水池作用，促进区城物流系统的合理化。

在区域物流系统规划与设计中，需要对区域中不同城市的物流功能作出定位，统筹区域物流系统的空间布局，最大限度地调动区域内部各城市的资源，实现优势互补和错位发展，避免城市间的恶性竞争和资源浪费，提高区域物流系统的服务水平。根据城市在区域经济中的作用、城市物流基础设施条件、辐射能力、交通网络结构等，采用SWOT分析方法、市场细分和定位等理论，明确城市的优势、劣势、机会和威胁，确定区域物流系统中的中心城市、次中心城市、市场服务范围、辐射圈层结构。

4）区域物流系统规划的基础设施

（1）区域物流节点。区域物流节点是连接两种及两种以上类型的区域运输通道，或一种运输通道类型的多条干、支线，主要作用是实现城市物流之间的转运，例如，公路分拨运输中心、公铁联运中心、海铁联运中心等。合理布局这些物流节点，确定它们的功能和规模，可以提高区域物流系统的发展水平。

（2）区域物流通道。合理的通道设计能够保证物流的畅通，增强区域的吸引力。应充分利用区域交通主干道、高速公路、国道等资源，根据实际资源情况，结合未来的发展规划，保证物流通道的可行性、合理性、畅通性。对物流通道的设计应该考虑以下因素：城市物流需求主体、供应主体的分布，区域对外物流节点的位置、区域内外的交通主干道、高速公路、国道、铁路干线的分布及其联系方向、主要物流方向、物流节点与各个港站的联系。

（3）区域物流系统的信息平台。信息技术以其科技优势和广阔的发展前景对物流管理决策、组织结构、业务运作方式起到重大的改革和促进作用。在设计中应该涵盖以下内容：物流信息系统采用的关键技术、物流信息系统的主要功能、物流信息平台的结构、物流信息系统的发展模式。

（4）区域物流系统的发展政策。完善的政策保障系统将有利于为整个体系框架的实施创造良好的发展环境，主要包括以下几个方面内容：鼓励现代物流业发展的产业政策规划、物流业管理协调机制规划、物流业行业管理体制规划、物流业市场规范化策略、物流人才战略规划。

2. 区域物流节点的规划与设计

1）区域物流节点的功能规划与设计

物流节点一般具备以下功能：停车、配载、仓储保管、货物配送、城际货物运输、拼箱拆箱、信息服务、生产加工、分拣包装等基本服务功能，同时。还具有货物调剂中心、物流技术开发与系统设计咨询、物流咨询培训服务等延伸服务功能，以及车辆辅助服务、金融配套服务、生活配套服务、工商税务海关等配套服务功能。上述的物流服务功能既不能均分到各个物流节点，也不能汇总到每个物流节点，应将各种物流服务功能在空间实体上进行归并。物流服务功能在空间实体上归并的原则是：一是要充分整合现有物流基础资源；二是要充分发挥公共物流节点的规模效应；三是要充分发挥各物流节点的优势；四是要有效地提供完整的物流服务；五是要减少物流环节，实现物流合理化。

2）区域物流节点空间规划与设计的影响因素

（1）物流因素。区域物流节点选址的物流因素主要包括：区域物流特点和物流方向、各类节点功能的分工、物流网络的优化、对现有设施的利用、满足区域内外物流系统的联系。

（2）空间因素。区域物流节点选址的空间因素主要包括：区域总体的空间规划与布局、区域总体的土地规划与利用、区域总体的发展战略、城市的功能定位、城市交通网络。

（3）交通因素。区域物流节点选址的交通因素主要包括：交通方式的重叠和交汇、各种运输方式和节点的分布。

（4）经济因素。区域物流节点选址的经济因素主要包括：土地开发资源、物流用地的区位优势、土地利用和建设的可行性、城市或区域产业布局和发展、地区管理和人才资源。

3. 区域物流通道的规划与设计

区域物流通道规划设计是充分利用或改造、扩展已形成的交通运输网络，在一定的运输组织方式下，分析验证现有交通运输网络、运输组织方式是否能够满足未来的物流系统需求，并根据物流发展需要，对现有网络、运输组织方式进行改造，满足物流服务需求的物流通道方案。

1）物流通道规划与设计的原则

（1）运输网络和运输组织相协调。物流通道的构成有两个基本方面：一是发达的硬件设施，包括铁路、公路、水运、航空等交通网络；二是完善的组织管理，包括先进的运输组织、管理形式。因此，物流通道规划设计问题是交通网络与运输组织方式的优化问题。

（2）与区域交通运输协调一致。综合考虑所在区域的铁路、公路、水路、航空、管道运输方式的优势与特点，根据区域货物品种、形态、尺寸、规模、流向以及运输距离、运输成本等特征，构建优势互补、协调发展的区域综合物流运输网络。

（3）满足物流节点功能实现的需要。区域中不同的物流节点承担了不同的物流功能，但不论是哪一类物流节点都具有货物运输或配送的功能，而这些功能的实现离不开物流通道。因此，应针对不同物流节点所承担的功能差异，选择不同的运输通道，以满足物流节点功能实现的需要。

（4）必要性和可能性的结合。物流通道规划与设计，既要考虑社会经济发展对货运运输的需要，建设尽可能与社会经济发展相协调的交通运输网络，又要充分考虑人力、物力、财力等建设条件的可能性，实事求是地进行通道的规划、布局及实施安排。

2）物流通道规划与设计的思路

物流通道规划与设计是在一定的交通运输组织和管理制度下，对区域物流通道的改造或扩建进行规划的过程。首先，对规划区域范围内现有物流通道的能力、组织方式进行调查分析，按照一定的运输组织方式，计算现有交通运输网络的运输能力及利用情况；其次，利用交通规划模型（如四阶段模型）预测区域范围内各种交通运输方式的 *O-D* 量（Origin 起点，Destination 终点，*O-D* 量，即起点到终点的流量），最后，将未来 *O-D* 量与现有运输网络的运输能力、利用情况进行比较，从而确定物流通道规划方案。具体过程如下。

（1）交通需求预测。预测各城市间各种运输方式的 *O-D* 量。

（2）*O-D* 量的分配。将各种运输方式的 *O-D* 量分配在现状交通网络上，计算各交通网络的交通流量或运输量。

（3）确定交通网的运输组织方案。根据物流服务要求，确定若干基本的运输组织模式。在既定的运输组织模式下，计算现有交通网的运输能力。

（4）确定交通网配置方案。将计算出的交通网络的交通流量或运输量与计算出的运输能力进行比较，如果前者大于后者，说明在规划的运输组织方案下，现有的交通网配置不能满足未来物流发展需要，作出若干交通网络配置方案。

（5）优化方案选择。对各交通运输组织方案、交通网络配置方案进行比较评价，选择优化方案作为物流通道规划设计方案。

3）物流通道规划与设计的四阶段模型

大多数货物运输需求的预测以四阶段模型为基础。四阶段模型将预测分为四个过程：货运量的生成、货运量的分布、运输方式的分担和货运量的分配。

（1）货运量的生成预测。货运量的生成预测，是在区域社会经济发展预测的基础上，预测交通网点（或各区）在规划期间的货运交通发生量和吸引量的理论和方法。货运生成量与许多因素有关，如该地区的经济发展水平、产业结构、资源分布、自然条件、人的行为因素、政策因素、用地规划、发展规划、建设规划等。

（2）货运量的分布预测。货运量的分布预测是根据各城市的货运生成量，确定各城市之间的货运流量、流向，即确定 *O-D* 矩阵。通常采用的预测方法有增长系数法、重力模型法等。

增长系数法。增长系数法假设将来的城市之间货运量分布模式与现状的分布模式基本一致，其分布量按某一系数增加或减少。如平均增长系数模型，假设将来的货运 *O-D* 量分布，按城市间增长系数的平均值增长，其分布模型为

$$Q(i,j)=\frac{q(i,j)\left[k(i)+k(j)\right]}{2}$$

式中，$Q(i,j)$ 为 i 至 j 城市的预测货运 *O-D* 量分布；$q(i,j)$ 为 i 至 j 城市的现状货运 *O-D* 量分布；$k(i)$ 为 i 城市的货运发生增长系数；$k(j)$ 为 j 城市的货运吸引增长系数。

重力模型法。重力模型法预测，考虑了两城市间的吸引强度与它们之间的吸引阻力，认为两城市间的吸引力与城市之间的发生量、吸引量成正比，与城市之间的交通阻抗成反比。如无约束重力模型为

$$Q_{ij}=k\frac{Q_{pi}^{\alpha}Q_{aj}^{\beta}}{r_{ij}^{\gamma}}$$

式中，Q_{ij} 为 i 至 j 城市的预测货运 $O\text{-}D$ 量分布；Q_{pi}^{β} 为 i 城市的货运发生量；Q_{aj}^{α} 为 j 城市的货运吸引量；r_{ii}^{γ} 为 i 至 j 城市之间的阻抗系数；k、α、β、γ 为待定系数。

（3）运输方式的分担预测。运输方式分担预测，是要确定各种运输方式在区域未来综合货运中的分担量。具体描述为：假设已知规划区域内有 M 个小区，小区（i，j）间有 N_{ij}（$N_{ij}\geqslant 2$）种运输方式，由小区 i 到小区 j 的第 h 种货物的运输量为 X_{ijh}，那么运输方式的分担预测问题，就是确定小区 i 到小区 j 的第 k 种运输方式（$k\in N_{ij}$），或者小区 i 到小区 j 的第 h 种货物选择第 k 种运输方式的概率 P_{kijh}。

运输方式选择的影响因素主要来自两个方面：一是服务属性，主要包括设施设备配置、服务水平、服务内容、服务方式、费用、运输量、运载率、运输距离、灵活性、运输频率、损失、可靠性、安全性、时效性等；二是货物本身特性，需要考虑货物各种特性，如密度、包装尺寸、时间约束、货物类型、价值、体积、重量等。

（4）货运量的分配预测。货运量的分配预测的，就是把各基年的 $O\text{-}D$ 矩阵分配到具体的规划交通网络上，通过货运量分配过程，可获得规划交通网络中各路段、交通枢纽等的货运量。货运量分配常用模型有：最短路径分配、容量限制-增量加载分配、多路径概率分配。

最短路径分配方法。最短路径分配方法是一种静态的交通分配方法。在该分配方法中，假设交通阻抗为常数，即车辆的平均行驶车速不受交通负荷的影响。每一 $O\text{-}D$ 点对的 $O\text{-}D$ 量被全部分配在连接该 $O\text{-}D$ 点对的最短线路上，其他道路上分配不到货运量。这种方法的优点是计算相当简便，其缺点是出行量分布不均匀，出行量全部集中在最短路上。这种方法是其他各种货运分配方法的基础。

容量限制-增量加载分配方法。容量限制-增量加载货运分配方法是一种动态的货运分配方法，它考虑了交通阻抗与交通负荷之间的关系。采用容量限制-增量加载分配模型分配货运量时，需先将 $O\text{-}D$ 表中的每一 $O\text{-}D$ 量分解成 k 部分，即将原 $O\text{-}D$ 表（$n\times n$ 阶，n 为发生、吸引城市个数）分解成 k 个 $O\text{-}D$ 分表，然后分 k 次用最短路分配模型分配 $O\text{-}D$ 量，每次分配一个 $O\text{-}D$ 分表，并且每分配一次，交通阻抗修正一次，直到把 k 个 $O\text{-}D$ 分表分配在网络上。

多路径概率分配方法。多路径概率分配方法，就是将各条可能的出行路线均分配到货运量。货运量取决于各出行路线的长度。

4. 运输与车队选择模型

1）运输方式选择模型

在两个节点之间，经常有多种运输方式可供选择。运输方式的选择模型主要分析：在考虑各种运输方式的运输能力、费用、距离等因素的基础上，如何选择最佳的运输方式完成特定的运输任务。在运输方式选择模型中，需要考虑下列重要因素：服务的频率、速度、中转时间、中转时间的波动性、费用、可利用性、安全、准确和顾客服务。

（1）因素分析法模型。该方法首先对所要进行选择的运输方式，按重要性因素或其他尺度进行标定，然后按各种不同标准，分别给各种运输工具打分，最后，对每种运输工具计算其总分，选择出总分最高的运输方式。用数学模型描述如下：

$$V(j)=\sum_{i=1}^{n}S(i,j)$$

式中，$V(j)$为第 j 种运输工具的总分；$S(i,j)$为因素 i 对运输工具 j 的分数；n 为因素数目。

（2）权重因素分析法模型。权重因素分析法是因素分析法的一种改进，主要改进的地方是按照不同的准则对其重要性分别给予不同的权重。基本步骤同上述模型。用数学模型描述如下：

$$V(j)=\sum_{i=1}^{n}W(i)S(i,j)$$

式中，$V(j)$为运输工具 j 的总权重分；$W(i)$为因素 i 的权重；$S(i,j)$为因素 i 对运输工具 j 的分数；n 为因素总数目。

2）路径选择模型

从一个地方到另一个地方一般有多条路径可供选择，路径的选择一般侧重于以出发地到目的地选择最短的路径进行运输，并且不同的运输方式最短路径也不同，最好将路径选择与运输方式选择联合起来考虑，因为路径选择模型依赖于运输方式选择模型。车辆路径选择可以分为以下几种类型。

（1）含有其他节点且起始点与终点不同。这类问题就是起始点与终点不同，且途中经过其他的节点。典型的应用就是将货物从一个初始出发点，经由运输网络，将货物送至终点，解决这类问题通常用最短路径算法求解。

（2）含有中间节点且起始点与终点相同。这类问题通常是起始点与终点相同，途经不同的节点。运输车辆从一个地点出发，途经其他的顾客服务点，然后返回起始点，这类问题归属于运筹学中“售货郎问题”。

（3）不含中间节点但有多个起点与终点。这类问题就是运筹学中的“运输问题”，求解算法有最小元素法和伏格尔法。

（4）含有中间节点且有多个起点与终点。这类问题包括从多个供应点到多个销售点，中间有储运点的最优分配问题。初始供应点和销售点均可当作储运点，求解这类问题的基本思路是通过加入一些新的规则，将原问题转化为一个标准的运输问题，然后用求解标准运输问题的方法去求解。

【例 3.1】　多个起点与多个终点，并且有中间节点。设某种产品有两个加工厂 A 和 B，A 的产量每天为 100，B 的产量每天为 120，该产品的销售点有 C 和 D，C、D 每天的需求是均为 60。该产品有两个中转储运点 E、F，其作用是根据实际情况调节供需平衡。试确定实现上述运输任务的最优调度方案。各点的运价表如表 3.2 所示。

求解上述问题可通过两步来实现：

第一步：将原问题转化为标准的运输问题。

步骤 1：通过虚添一个产地或销地来平衡供求关系，总产量为 220，总销量为 120，所以需要添加一个虚销地来平衡供需平衡，其需求量为 220−120=100，运费为 0。

步骤 2：构造一个包括所有产地、销地、虚销地的运输表，如表 3.3 所示。

步骤 3：通过规则表，重新构造各点的供求量。根据规则，产生新的运输供需关系，如表 3.4 所示。

表 3.2 含有中间节点的多个起点与多个终点运价表

	A	B	E	F	C	D
A	0	11	4	5	8	10
B	11	0	7	6	13	12
E	4	7	0	3	8	8
F	5	6	3	0	7	8
C	8	13	8	7	0	17
D	10	12	8	8	17	0

表 3.3 规则表

原问题中点的性质	新表中的供应量	新表中的需求量
供应点	原总产量+初始产量	原总产量和
需求点	原总产量和	原总产量和+初始销量
转运点	原总产量和	原总产量
虚拟点	0	原总产量–原总销量

表 3.4 新的供需关系表

产＼销	A	B	E	F	C	D	虚销地	供应量
A	0	11	4	5	8	10	0	320
B	11	0	7	6	13	12	0	340
E	4	7	0	3	8	8	0	220
F	5	6	3	0	7	8	0	220
C	8	13	8	7	0	17	0	220
D	10	12	8	8	17	0	0	220
需求量	220	220	220	220	280	280	100	1540

第二步：对新表按标准运输问题的有关方法去求解。

3）车队选择模型

运输车队大小问题是指以最低成本完成运输任务所需要各种车辆的数目。随着车队数目的增加，服务响应时间和频率得到了提高，但车辆的利用率下降了。下面给出两类简单的运输车辆模型：同一车种车队模型、不同车种车队模型。

（1）同一车种车队大小模型。符号说明如下。

F 为车辆每天的固定成本；V 为车辆每天的变动成本；H 为车辆每天的出租费用；r 为车辆每年的工作日数目；P 为增加车辆，额外增加的工作天数；租车费用＝PH；购置车辆费用=F_r+PV，当购置车辆的费用＜租车费用时，购置新车是合理的，即

$$F_r+PV<PH$$

也就是

$$\frac{F}{H-V}<P/r$$

（2）不同车种车队选择模型。这种模型是同一车种车队大小模型的进一步拓宽。符号说明如下。

X_{jk} 为第 k 种车辆在第 j 天的供给量；h_{jk} 为第 k 种车辆在第 j 天的租用数量；d_{jk} 为第 k 种车辆在第 j 天的装载需求量；F_k 为第 k 种车辆每天的固定成本；V_k 为第 k 种车辆每天的变动成本；H_k 为第 k 种车辆每天的租用成本。

目标函数：

$$\min E=\sum_{j}[\sum_{k}X_{jk}(F_k+V_k)+\sum_{k}H_K+h_{jk}]$$

$$\text{s.t.}\begin{cases}X_{jk}+h_{jk}\geqslant d_{jk}, & \forall j,k\\ X_{jk},h_{jk}\geqslant 0, & \text{并且为正整数}, \forall j,k\end{cases}$$

目标函数是力求公司的车辆运营费用和租车费用最少。第一个约束条件是保证完成每天的运输任务；第二个约束条件是说明约束条件是非负整数。

5. 区域物流系统信息平台的规划与设计

物流系统信息化的目的是利用网络化、信息化的优势，通过对整个物流系统资源的优化整合，为区域物流系统提供共享交互的载体，为企业提供高质量、高水平的增值服务，实现物流系统的优化运作。区域物流信息化建设主要包括企业物流信息系统、物流园区（中心）信息平台和公共物流信息平台三个层面。

1）物流信息平台规划与设计的原则

（1）先进性。应采用先进的系统规划和设计理念、计算机软硬件和网络技术进行设计开发，选用技术先进、成熟的产品，同时又有完善的售后服务，各系统平台尽量一致，以减少系统开发和维护的成本。

（2）开放性。物流信息平台与众多异构的信息系统、信息平台之间产生信息交互，因此，平台必须充分考虑兼容性，以实现不同信息源的数据组织。

（3）实用性。物流信息平台的功能设定应充分考虑服务对象的需求。

（4）扩充性。物流信息平台的规划和设计，应充分考虑今后物流业的发展方向，应具有一定的可扩充性，当今后出现新的需求时，能够以较低的费用和投资进行扩充。

（5）安全性。物流信息平台是对物流企业和社会开放的，在规划和设计时应充分考虑安全性，采用网络安全技术和严格的用户权限管理，以防止非法操作和恶意入侵造成灾难。

（6）可靠性。信息平台将提供 24 小时不间断服务，在规划和设计时，应充分考虑可靠性，应采用备份方案或其他手段提高可靠性，避免由于崩溃而造成灾难性后果。

2）企业物流信息平台

企业物流信息平台主要根据物流企业、生产企业、商业企业的内部物流信息一体化、网络化、高效化的需求，构建企业信息系统，提供高效的物流运作效率，并逐步要求在供应链上、下游企业以及合作伙伴之间实现信息共享。

生产企业、商业企业的信息系统包括三个层次：第一层次是实现核心部门的信息化，解决信息处理问题，提高物流运作效率，减少错误率，降低成本。第二层次是随着客户对物流柔性和快速反应能力需求的不断提高，对企业内部各系统进行跨职能的整合，实现内部物流系统的一体化。第三层次是随着客户的全球化以及准时制（just in time，JIT）等方法的应用，对企业内部信息与供应商、企业外部客户等信息进行整合，利用信息技术实现全球供应链管理。物流企业的信息系统是通过对内部物流活动的信息化建设，如优化配载、货物跟踪、车辆调度、路线安排、库存管理等，以及与被服务企业间的信息共享和交互，来提高物流服务效率、服务质量和服务能力。

3）物流园区（中心）信息平台

物流园区（中心）信息平台是整合物流园区（中心）内企业的信息资源，为物流园区（中心）内企业提供信息共享和增值物流服务，实现物流园区（中心）内企业间的信息共享，促进物流园区（中心）内企业的信息化建设。根据不同物流园区（中心）的功能特点，信息平台的作用主要表现在以下几方面。

（1）信息共享。实现物流园区内（中心）内物流企业间的信息共享、物流园区（中心）内物流企业与社会物流企业间的信息共享、物流企业与客户间的信息共享；在物流企业内部进行集中管理和信息共享，实现物流中心、配送中心、仓储中心、停车场、网络化运输、客户关系管理的集中化管理，以及对物流服务的全过程优化，为物流企业客户提供对物流服务全过程的动态跟踪和查询。

（2）管理信息化。对物流园区（中心）进行网络化、信息化、高效化管理，提升物流园区（中心）的水平，增强物流园区（中心）的运营效率和吸引程度。

4）公共物流信息平台

公共物流信息平台是通过整合区域物流资源和社会资源，为区域内各物流节点和企业提供信息服务，优化整个区域物流系统的信息平台。公共物流信息平台的作用主要包括以下几方面。

（1）公共基础信息共享。现代物流是一个整合的过程，涉及很多行业、部门的资源和信息的优化整合，其中交通、海关、银行等部分基础信息的获取对于现代物流的发展起到的作用越来越大，因此，需要对公共基础信息进行共享。但这些信息的获得涉及各行业、部门间的协调以及资金投入问题，企业依靠自身难以获得，需要由专门的公共物流信息平台来提供这些信息的共享服务。

（2）物流信息资源和社会物流资源的整合和共享。对社会物流系统中的各类信息资源进行整合，并在全社会范围内对这些信息资源进行共享。对物流资源信息的整合与共享，对社会物流资源进行重组，提高社会物流资源的利用率，实现对社会物流资源的整合。

（3）物流信息互通。为提升全社会物流服务水平，进行行业间信息互通、企业间信息沟通以及客户间的交流。

（4）区域公共信息。主要有公路网信息包括道路技术等级、起始城市、沿线收费点、沿线城市、里程、收费等；港口综合信息包括港口位置、码头情况、吞吐能力、联运情况等；机场综合信息包括机场位置、吞吐能力、航班情况、联运情况等；铁路网信息包括铁路等级、起始车站、沿线车站、里程、技术速度、运价率等；铁路运输信息包括编组站能力、货运站能力、编组规划、行包专列等；轮船公司综合信息包括轮船公司情况、船期、货运能力等；航空公司综合信息包括航空公司情况、航班、货运能力等。

3.2　城市物流系统规划与设计

3.2.1　城市物流系统规划与设计概述

1. 城市物流系统的特点

城市物流系统根据城市社会再生产的需要，发挥短距离交通运输技术体系功能，以物流配送活动为依托，加强城市经济区域内的产业基地、商品集散地和消费功能区之间的物流联系，由面向商业业态服务、生产企业服务、城乡交易批发市场服务、社区配套服务的配送中心体系构成的、点面结合、环保型的配送网络体系。城市物流具有以下特点。

（1）活动范围。城市物流是中观层面的物流活动，是将城市中各种局部的、分散的物流系统活动整合为一个整体。其目的是为城市经济发展和居民生活需求服务，是为了使城市功能能够正常地发挥作用，而对货物进行的运输、储存、包装、搬运、流通加工、配送及信息处理等一系列活动。

（2）基本特点。城市物流不同于单纯地追求经济效益的企业物流行为，而具有经济主体行为和社会公共行为两种重要的性质。通过对城市物流的合理规划，一方面可以实现优化城市用地结构、缓解城市交通拥堵、减少能源消耗及改善城市环境等社会效益；另一方面可以通过集约化、规模化、合理化的物流运作，降低企业和社会的物流成本，实现经济效益。

（3）主要任务。城市物流的重点是分析城市物流节点的数量和类型、合理布局、与城市交通网络的衔接，以及物流产业的发展环境等内容，使之适应城市功能特点和发展需要。因此，城市物流系统规划与设计的主要任务是对整个城市物流的规划、管理、方法、技术及设备进行宏观上的规划、协调与控制。

2. 城市物流系统规划与设计的特点

（1）全局性。城市物流系统规划与设计是将整个城市的物流活动作为一个完整的系统进行的整体考虑，而不是对局部的、分散的物流系统进行规划与设计。也就是说，城市物流系统规划与设计追求的是整个城市物流活动的优化，而不是局部的、分散的物流系统的优化。

（2）全面性。在城市物流系统的组成中，不仅包括物流节点、物流通道、物流设施等基础设施硬件资源，也包括物流组织、物理管理、物流政策等软件资源，因此，城市物流系统规划与设计，不能仅仅考虑硬件资源的规划，还应该考虑物流硬件资源与软件资源的配套规划。

（3）前瞻性。城市物流系统是为城市经济发展和居民生活需求服务的，因此，城市物流系统规划与设计不仅要能满足当前城市经济社会发展和居民生活的需求，还应着眼于未来的经济社会发展和需求的变化。

3.2.2 城市物流系统战略规划

1. 城市物流系统战略规划概述

城市物流系统战略规划是城市发展战略的重要组成部分，是为实现城市社会经济的可持续发展，通过对城市物资流动、仓储、配送各环节进行统筹协调、合理规划、整体控制，解决交通阻塞、环境污染、能源浪费，减轻城市环境负担，实现物流活动的整体最优化的过程。城市物流系统战略规划的重点是解决一个城市内的物流系统优化问题，以保障整个城市的物流活动满足生产活动、消费生活的需要，从而提高城市经济运行质量，完善城市现代化功能。

2. 城市物流系统战略规划的特性

（1）承接区域物流。城市物流是在城市发展规划的约束下，为实现城市商品流通最优化的目的而进行运营与监管的物流活动，介于区域物流与企业物流之间，与区域物流极其相似，但侧重点有所不同。由于城市总是位于某一个特定的经济区域内，城市物流受到了区域物流的限制，这决定了城市物流系统不可能涉及长距离、大范围的物流服务，而只能以城市道路系统和短途运输为主。另外，在城市中，聚集了各种类型的企业，这些企业具有不同的物流服务需求。因此，城市物流系统必须具有将区域物流系统中运输来的货物，向城市中各企业分配、运输的功能。

（2）与企业物流密切相连。城市物流与企业外部物流有着千丝万缕的联系。一方面，企业供应物流只有通过城市物流，才能实现再分配，到达各个企业。另一方面，企业的销售物流，也必须通过城市物流才能到达其他城市或区域的物流节点。城市物流系统成为连接企业与外部的纽带，是企业通向外界的通道。城市物流系统与企业物流系统是相辅相成，紧密联系的，很难理清它们之间的界限。例如，在城市中，企业的存储，既可以认为是企业的存储，又可以看作城市的存储，装卸搬运、包装、流通加工、物流信息等也存在类似的情况。

（3）服务于城市经济发展。城市新型商业业态，如货柜式商场、购物中心、超市、连锁经营、代理制、经销制等的兴起，更需要以物流配送为桥梁和支撑。城市外向型经济的发展也需要发展现代物流。物流业作为一个新兴的服务业，可以促进城市产业结构调整，增加就业，提高城市化率和城市竞争力，带动城区与下辖县市、城市与城市所处的经济圈的经济发展。

3. 城市物流系统战略规划的原则

（1）提高资源使用效率和效益。城市物流系统战略规划要充分考虑城市物流的特点，整合各种物流资源，建立完善配套、快捷方便、满足需求的现代物流体系。具体来看，需要以物流信息化建设为抓手，以物流设施、物流通道改进为重点，从城市物流系统的各个环节入手，在标准化、规范化和现代化上下工夫，全面提升城市物流系统的整体水平，实现城市物流业的跨越式发展。

（2）与城市经济及经济发展相适应。合理的物流空间结构、空间运行过程是城市物流系统发展的基础，这就要求城市物流系统能够形成自我促进、自我改善的系统，既能与现阶段城市经济发展相适应，又能促进今后城市经济的进一步发展，因此，城市性质与城市发展方向的确定、城市社会经济空间组织模式的选择、城市未来产业发展的重点等，都是城市物流系统战略规划必须考虑的原则。

（3）充分发挥城市相对优势。每个城市在发展城市物流系统时，都应充分发挥自己的竞争优势，如人才优势、物资优势、地理优势、交通优势、产业优势等，城市物流系统战略规划应充分利用城市自身的相对优势，以培育和形成有城市特色的城市物流系统。

4. 城市物流系统战略规划的主要内容

（1）绿色物流系统战略规划。可持续发展是当代经济发展的客观需要。由于物流过程中不可避免地会产生能源和资源消耗，产生环境污染，因此，为了实现长期、持续发展，就必须采取各种措施来维护我们的自然环境。绿色物流系统战略规划是指以降低对环境的污染、减少能源和资源的消耗为目标，利用先进的物流技术和系统优化技术，规划和实施的运输、储存、包装、装卸、流通加工等物流活动的战略。绿色物流系统战略规划是物流操作和物流管理的全过程绿色化，包括以下内容。

绿色储存和装运。在整个物流过程中运用最先进的保质保鲜技术，保障存货的数量和质量，在无货损的同时消除污染。周密策划运力，合理选择运输工具和运输路线，克服迂回运输和重复运输，又快又好地完成装卸运输。

绿色包装和再加工。绿色包装采用环保材料，符合少耗材、可再用、可回收和可再循环的要求。物流中的加工遵循少耗费、高环保，防止加工中的货损和二次污染。

（2）数字化物流系统战略。数字化物流系统是在仿真和虚拟技术、数据库和计算机网络技术、多媒体和信息技术等多种技术的支撑下，对物流系统所涉及的对象和活动进行描述、处理和控制，具有物流活动和管理信息化、网络化、智能化、集成化和可视化等特征的一种物流系统。数字化物流系统战略规划，是应用数字技术，通过对物流活动和物流管理中的流通加工、包装、装卸搬运、运输、仓储、配送、组织、管理、营销和控制等一系列环节的改进，来促进物流活动和管理效率的提高，提升物流系统整体服务水平的一种战略。数字化物流系统战略的本质是物流信息的数字化。

信息化物流。信息化物流系统要求从产品的生产加工开始到产品的出厂、配送、流通过程，都能在线存取信息、处理信息，实现整个过程的集成。

自动化物流。自动化物流系统是利用自动化集成技术，包括物流设备的自动化硬技术、如自动导引小车、自动化叉车、自动化悬挂单轨车、自动化仓储系统等，对物流作业过程中大量的运筹和决策，如库存水平的确定、运输（搬运）路径的选择、自动导向车的运行轨迹和作业控制、自动分拣机的运行以及物流配送中心经营管理的决策支持。

虚拟物流。虚拟物流系统是指在实际的物流过程中，采用计算机仿真与虚拟技术，对物流过程进行表述、建模和仿真，达到虚拟物流环境的高度真实化，并使人与虚拟物流环境有着全面的接触与交融。虚拟物流系统是现实物流系统在虚拟环境下的影射，具有身临其境、超越现实的虚拟性。

3.2.3 城市物流系统规划与设计的过程

1. 城市物流系统规划与设计的内容

（1）物流节点的优化布局。城市物流活动是物流节点间的物资运动，物流线路上的物流活动是靠物流节点来组织和联系的。物流节点是物流的集散点和物流作业集中点，涉及物流的始发、终到、换装、流通加工、包装和信息处理，保证物流的通畅、快速、及时、方便和低费用，体现物流网络系统的总体水平。因此，城市物流过程中物流节点的布局建设，直接关系到城市物流活动的效率，直接影响到城市生态环境的平衡。物流节点布局主要受以下因素影响：城市物流方向、各种运输方式、运输节点的分布、对现有物流设施的充分利用、城市的产业布局和物流相关市场、资源的布局、土地利用和建设的可行性。

（2）物流节点功能的设计。城市物流节点包括配送中心、运送中心和转运中心等。城市物流节点的空间布局规划是城市物流系统规划与设计最为关键的内容，主要是解决城市物流节点的分类及其功能定位、物流节点之间的关系、物流节点的选址及其规模方面的问题，它受到城市在区域经济乃至国内经济中的地位、城市周边的交通基础设施与交通网络、城市发展趋势、城市的产业布局以及城市的物流业现状等诸多因素的影响。

（3）物流信息平台的设计。城市物流系统信息平台规划的目的是通过物流系统的信息化建设，实现对城市整个物流系统资源的优化整合，为城市物流系统提供共享交互的载体，为企业提供高效、便捷的信息增值服务，从而有效提高物流资源的利用率，实现物流系统的优化运行。

（4）物流发展政策的制定。物流业的发展离不开市场经济的大环境。政府作为公共政策的制定者和市场环境的培育者，需要在现代物流业发展过程中通过产业调控和政策引导，促进城市现代物流业的发展，进而实现城市物流系统规划的要求。因此，城市物流发展政策保障规划也是城市物流系统规划不可或缺的内容。

（5）与城市交通网络的协调。城市物流通道规划设计的重点是充分利用已存在或将改造扩建的交通网络，在一定的运输组织和管理方式下，分析现有交通网络、运输组织方式能否满足物流系统的需求，并根据分析结果对现有交通网络和运输组织方式提出改进意见，形成满足物流发展需求的通道方案。

从物流角度看，城市物流是向城市范围内的众多用户提供的物流组织和物流服务，货物的运输距离比较短，属于少批量、多批次、多用户的物流服务。城市物流任务是为处在城市里的零售商、工商企业和家庭，通过科学合理地布置物流节点，达到经济高效地进行物资供应和废物清理，减轻城市的交通和环境负担的目的。

在现代城市物流中，物流通道是必须考虑的关键问题。物流通道不仅能够帮助政府规范城市功能、提高环境保护、减少交通阻塞、增加就业率、提高市民的满意度，同时也是衡量一个城市地区经济发展水平的重要标志。因此，有必要将城市物流通道发展与城市交通规划结合起来，引入城市物流的发展理念，对城市的交通系统进行规划，使城市交通朝着良性轨道发展。

（6）与区域物流系统关系的协调。城市作为区域经济活动的重要主体，其物流活动必然在一定程度上服务于区域经济的需要，其发展应与其外部的区域环境相协调。因此，城市物流系统规划必须以城市为依托，以实现城市功能和它在区域乃至整个国民经济中的战略地位为框架，以促进城市经济发展和满足居民生活需求为目标，将各个物流节点、各条物流通道联系起来作为一个整体进行综合规划和管理，以最佳的结构、最好的协作，充分发挥其系统功能，实现整体物流功能合理化。

城市物流系统的服务对象是城市里的商业企业、工业企业，如零售商、连锁店和生产企业及家庭。一般来说，城市物流系统的辐射能力都不太强，而区域配送中心的辐射能力较强，活动范围和经营规模较大，有完善的设施，可以跨省市进行物流活动。城市配送中心与其建立联系，能够保障和完善城市物流的功能。

2. 城市物流系统网络的规划与设计

城市物流节点是城市物流系统的核心，离开了物流节点，城市物流则无法完成。城市物流的过程是由货物运动和货物停顿的过程组成的。与之相对应，城市物流网络结构是由完成货物运动的线路和完成货物停顿的节点两种元素组成。线路与节点的相互关系、相对配置，构成了不同的城市物流网络。城市物流网络的水平高低、功能强弱取决于物流网络中两个元素之间的相互配置和两个元素本身。其中，在线路上进行的物流活动主要是运输，包括集货运输、干线运输、配送运输等，在物流节点完成的活动主要由货物储存、分拣、理货、配货、分放、倒装、分装，以及装卸搬运和简单加工等，而且城市物流线路上的活动也是依靠节点来组织和联系的。因此，对城市物流系统规划与设计，首先要研究城市物流网络的功能设计。从物流系统规划与设计的角度看，城市物流系统网络规划主要解决两个方面的问题，一是物流节点之间的功能关系，二是物流节点之间的空间关系。

3. 城市物流系统节点规划与设计的要求

（1）物流服务的快速响应性。在市场需求响应周期中，物流活动所占的时间比例很大。快速响应的物流服务对物流节点是至关重要的。物流服务应具备高效的管理系统、灵活的生产系统、快捷的物流体系，只有这样才能最终满足客户的要求。

（2）物流服务的可靠性。可靠性是客户对物流服务的最基本要求，是企业信用的基础。评价物流服务可靠性的三个重要指标是：缺货频率、供应比率和订货完成率。可靠的物流服务是建立在物流服务的快速响应上的，不仅对库存和配送提出了要求，而且还对生产系统、运输系统、信息系统等提出了要求，同时，还应满足客户需求的多样性。

（3）物流服务的快捷性。物流服务的快捷性包括两方面内容，一是加快物流过程，二是要优化物流流程。快捷的物流服务为物流企业提供了一种优势，是城市物流企业专业化服务的一个具体表现。

（4）物流服务的规模化、专业化、社会化。规模化能够降低城市物流企业的单位物流成本，专业化能够突出物流企业的服务特色，社会化能够提高物流企业的知名度。对城市物流企业而言，根据性质、层次、隶属关系的不同，可以有选择地对企业进行规模化、专业化、社会化的建设。

（5）物流成本。有效地降低物流企业的总成本，包括运输、库存、配送等环节的成本，是物流企业规划与设计的主要要求之一。

（6）物流时间。根据物流企业作业性质不同，缩短物流时间的方法也不同，一般包括简化作业流程、缩短生产周期、优化设施布置等。物流时间的缩短将加快产品的生产消费过程，节约占用资金，使得企业更好地掌握市场行情，满足有效需求。

（7）物流效率。根据物流活动的内容和形式不同，物流效率的分析方法也是不同，一般以物流成本占产品总成本的比率来评价物流效率。物流效率的提高直接意味着投入产出比的改善，可以对物流企业进行评价，是物流企业一项重要的管理指标。

（8）城市物流配送与电子商务。电子商务下的城市物流配送，是信息化、现代化、社会化的城市物流配送，是指城市物流配送企业采用网络化的计算机技术和现代化的硬件设备、软件系统及先进的管理手段，对社会需求，严格地、守信用地按照用户订货要求，进行一系列分类、编配、整理、分工、配货等工作，定时、定点、定量地交给各类用户，满足其对商品的需求。

与传统的物流配送相比，电子商务下的城市物流配送在配送观念、配送管理、配送时间、配送过程、配送模式等方面都有很大转变，更容易实现信息化、自动化、现代化、社会化、智能化、数字化、简单化。这种新型的物流配送既有利于减少生产企业库存，加速资金周转，提高物流效率，降低物流成本，又刺激了社会需求，有利于整个社会的宏观调控，提高整个社会的经济效益，促进市场经济的健康运行及电子商务向纵深方向发展。

4. 城市物流系统节点之间的功能关系

城市物流节点是城市物流系统的重要组成部分，是组织各种城市物流活动、完成城市物流功能、提供城市物流服务的重要场所。城市物流节点根据其服务需求、服务功能、服务范围等要素不同，可以形成不同类型、不同层次的特征。大致上有三个层次的城市物流节点，即城市物流园区、城市物流中心和城市配送中心。

从物流节点承担的功能来看，物流园区处于城市物流节点的最高层次，一般具有广泛、复杂的综合功能，是综合性、集约性、专业性、独立性与公益性的完整统一。物流园区不仅包括基本的物流功能，还包括物流的延伸功能，如展示功能、交易功能、信息功能以及服务功能等。物流园区在参与城市物流活动中扮演着重要的角色，是区域物流与城市物流衔接的主要场所。物流中心处于城市物流结点的中间层次，其功能主要是承接与处理来自区域物流系统和物流园区的业务，并将部分物流业务转移给下端的配送中心，也具有较高的专业性、独立性和中间连接性。配送中心在城市物流节点中心处于最低层次，主要承接来自物流园区或物流中心的物流业务，并直接面向客户提供配送服务，是物流活动最集中、最直接的体现。

5. 城市物流园区的功能设计

城市物流园区是多个物流中心在地理位置上的集中、所形成的具有特定业务功能的区域，城市物流园区所能提供的服务与园区内的物流企业的性质是密不可分的。

运输功能。城市物流园区聚集几家或者几十家运输企业，包括公路、铁路、空路、水路等运输方式。在城市物流园区，客户可以选择自己需要的运输方式和运输价格，并将运输的全过程交由运输企业负责完成。同时，城市物流园区应具备货物的中转功能。

储存、装卸搬运、流通加工功能。城市物流园区中的仓储企业不仅要负责客户商品的储存需要，而且还要通过仓储环节支持商品的市场分销活动，同时尽可能降低库存占压的资金，减少储存成本。因此，物流园区的仓储企业应配备高效率的分拣、传送、储存等设备。物流园区一般都配备了专业化的装卸、提升、运送、码垛等装卸搬运机械，以提高装卸搬运作业效率，减少作业对商品造成的损毁。为方便客户企业的生产和销售，物流园区应提供必要的流通加工，如裁剪切割、包装、贴标签、制作并粘贴条形码、回收物处理等。

物流信息服务功能。信息技术对物流的支持作用已经越来越明显，物流园区可以将在各个物流环节中产生的物流信息进行实时采集、传递和分析，并向客户提供各种作业的明细信息及信息咨询，如物流状态查询、物流过程跟踪、物流要素信息记录与分析、物流客户关系管理、物流决策支持等。

报关功能。对于一个为外向型经济服务的城市物流园区来说，将报关功能集中于城市物流园区中，在货物通关之前，办理海关、卫生检疫、动植物检疫检验，为生产、加工基地或销售市场的制造商、分销商提供储存、保管、运输、加工、货代等服务。

结算功能。城市物流园区的结算功能是城市物流功能的一种延伸，它不仅包括物流费用的结算，在从事代理、配送的情况下，还负责货主向收货人的货款结算等。

培训、咨询功能。园区内企业与客户进行商贸联系时，城市物流园区应充分发挥培训、咨询作用，培训物流专业的人才，客观评价园区内企业的实际情况，提供企业的备选方案。

6. 城市物流中心的功能设计

城市物流中心不同于物流园区，有较为固定的服务对象，其物流作用可以描述为：它的上一级是物流园区或区域物流中心，它的下一级是城市内各个配送中心甚至直接是最终消费者。城市物流中心具有以下功能。综合功能。城市物流中心具有综合的物流方式和物流形态，提供全面的物流服务，可以综合处理包装、装卸、储存、搬运、流通加工、运输方式转换、信息、调度等工作。集约功能。城市物流中心集约了城市物流主体设施和有关的管理、通信、商贸等设施，规模大，集约程度高，是具有规模效益的流通设施。主要表现在：将许多个货站、货场集约在一处，将多处进行分散的货物处理，集约在一处，将生产流程和大规模处理设备，集约在一起，可以利用现代化的管理方法和手段进行有效的组织和管理。转运功能。城市物流中心可以将市政道路和铁路、公路、水路、空路等有效地结合起来，实现综合运输、多式联运的有效转化。集中库存功能。城市物流中心可以通过集中库存，增加库存货物品种，降低货物库存总量，并且实现库存中不同产品的调度。调节优化功能。城市物流中心通过集中库存、合理配载、共同配送、集成物流信息，使运输组织更加合理，提高货车装载率，降低车辆空驶率，减少不合理运输，减少货运交通流量，缩短物流时间，提高物流速度，减少多次搬运、装卸、储存环节，提高了准时服务水平，减少物流损失，降低物流费用。

7. 城市配送中心的功能设计

备货储存功能。城市配送中心从供应商处接收多品种、大批量的货物，完成货物的筹集、集货，继而开展进货及有关的货物质量检查、结算、交接等活动。分拣及配货。按照发货的顺序进行整理，加工和保管，保管工作要适合客户单独订货的要求，并力求存货水平最低。在客户需要时及时分拣、包装并配货。配送与送达。根据客户的送达路径，安排装车顺序，对货物进行分类发送，并对配送过程进行跟踪、控制和调整，注意卸货地点、方式和相关手续的办理。

8. 城市物流系统节点布局

从物流节点的空间关联来看，物流园区作为城市物流资源的空间聚集，是城市土地利用按功能划分的产物，通过规划建设物流园区，实现优化城市用地结构、缓解城市交通拥堵等社会效益的目的。从这种意义上讲，物流园区应该是企业属性的物流中心和配送中心的空间聚集，物流中心依托物流园区作为社会公共物流平台资源集聚的优势，促进物流运作的集约化、规模化，降低物流成本、提高运作效率，从而实现它们作为企业属性的经济效益。配送中心则是根据市场需要，独立、广泛地布设于靠近消费终端地区。

1）城市物流系统节点布局的基本要求

（1）交通运输方便。交通条件是城市物流节点选址的优先性原则，物流业的特点决定了它对运输成本具有高度的敏感性。靠近交通枢纽或交通主干线，一方面可以保证物流节点与区域物流活动实现高效的衔接；另一方面可以保证城市物流的快速集散；此外，交通枢纽本来就是物流集散点，大多已自发地集聚了一批传统物流企业。

（2）靠近物流需求地。物流是货物生产与消费连接的中间环节，这一特性决定了城市物流节点应尽量靠近物流服务需求地。这样，一方面可以降低需求者的运输成本和交易成本，另一方面，可以快速响应需求者的需求变化。

（3）充足的用地条件。城市物流节点是物流资源的空间集聚，各类物流企业以及各种物流设施都需要一定的占地，不同物流作业的实施也需要占用一定的土地，因此，城市物流节点必须有充足的用地进行支撑。考虑物流节点的未来发展，用地还需要具有良好的可扩展性。

（4）与城市规划的衔接。城市物流节点选址，应该与城市在区域乃至在国民经济中的地位、城市总体规划、城市空间形态、交通规划以及产业布局等相适应，只有这样，才能促进城市、产业、交通与物流之间的协调发展。

2）城市物流系统节点布局的影响因素

（1）交通设施因素。城市物流节点的一个重要目的是解决货物运转问题，因此，物流节点要临近港口、机场、铁路站，周围要有高速公路网，中心内最好有两种以上运输方式相连。

（2）土地成本因素。随着城市化进程的加快，市区的空间越来越狭窄，地价随之上涨，而郊区的地价相对较为便宜。城市物流节点外迁的愿望强烈，选择地价较低的地区，将有利于城市物流节点的低成本运作。根据物流发展预测和节点的规划规模，考虑城市土地的使用情况，确定节点合理的建设位置。城市物流节点的建设是一个循序渐进的过程，具有一定的超前性，这要求在节点的选址上必须注意土地的预留以及预留土地的保存和利用问题。按照统一规划，分期实施的原则，根据节点的不同发展阶段，逐步开发预留土地，满足节点超前建设的需要。

（3）现有设施因素。城市物流节点的建设需要投入大量的人力、物力和财力，如仓储设施，一般占地多、建设投资大、回收期长而且难以搬迁。物流节点布局应充分考虑投资的效益，有效利用好现有的设施，优化投资结构，减少用地面积和规模，调整和改善资金投入。

（4）城市规划因素。必须从城市整体发展的角度来统筹考虑，结合城市布局、总体规划、土地使用规划等，确定节点的具体位置，满足城市地域分工与协作的要求，并注重环境保护。

3）城市物流系统节点的选址

城市物流节点是大型物流集散地，云集各类物流企业，其选址既需要定性分析，又需要定量分析，是定性分析和定量分析的结合。定性分析需要从完善物流节点的功能，满足城市发展需要，协调城市内部物流通道等角度进行的分析；定量分析是构造物流服务费用、服务水平、服务效率模型，依据数学模型求解的方法。在实际过程中，城市物流节点的选址与城市所处的地理位置以及社会经济发展情况有着直接的联系，也与节点的目标定位有关，需要根据城市特色综合考虑决定。

目前，选址模型一般包括解析技术、线性规划、层次分析法、图上作业法以及仿真技术等方法。

9. 货运通道的布局

货运通道的作用是连接物流节点的货运干线，包括连接端点、道路等级、可利用时段、饱和情况和通行能力、瓶颈位置等。

1）连接端点

连接端点是指运输的起始点和终止点，这两点之间就是平常所说的道路。道路又分为城市道路和公路。公路是指连接各城市、城市和乡村、乡村和厂矿地区的道路。根据交通量、公路使用任务和性质，可以将公路分为高速公路、一级公路、二级公路、三级公路和四级公路。城市道路是指在城市范围内具有一定技术条件和设施的道路。

2）道路等级

根据道路在城市道路系统中的地位、作用、交通功能以及对沿线建筑物的服务功能，城市道路分为四类：快速路、主干路、次干路及支路。

（1）快速路。快速路在特大城市或大城市中设置，是用中央分隔带将上、下行车辆分开，供汽车专用的快速干路，主要联系市区各主要地区、市区和主要的近郊区、卫星城镇、主要的对外出路，负担城市主要客、货运交通，有较高车速和较大的通行能力。

（2）主干路。主干路是城市道路网的骨架，联系城市的主要工业区、住宅区、港口、机场和车站等货运中心，承担着城市主要交通任务的干道。主干路沿线两侧不宜有过多的行人和车辆入口，否则会降低车速。

（3）次干路。次干路为市区内普通的交通干路，配合主干路组成城市干道网，承担着联系各部分和集散的作用，分担主干路的交通负荷。次干路兼有服务功能，允许两侧布置吸引人流的公共建筑群，并设置停车场。

（4）支路。支路是次干路与街坊路的连接线，为解决局部地区的交通而设置，以服务功能为主。部分主要支路可设公共交通线路或自行车专用道，支路上不宜有过境交通。

3）交通运输网络

从城市物流节点连接方向的角度看，可以将交通运输网络分成城市外部运输网络和城市内部配送网络两大部分。其中，城市外部运输网络主要由铁路、公路、航空、水路等构成，是城市物流的支撑要素；城市内部配送网络主要由不同等级的城市道路构成，是实现城市物流为城市生产、生活提供物流需求服务的硬件。

➢复习思考题

1. 区域与城市物流系统规划与设计的含义是什么？
2. 如何确定区域物流系统的运输路径和车辆选择？
3. 区域物流节点选址的影响因素？
4. 物流通道规划与设计的基本思路是什么？
5. 城市物流园区、物流中心、配送中心具有什么功能？
6. 如何进行城市物流节点布局的布局设计？
7. 城市物流道路是如何分级的？

第4章

物流企业系统规划与设计

4.1 物流企业系统规划与设计的理论

4.1.1 物流企业系统规划与设计概述

1. 物流企业系统规划与设计的内涵

设施规划与设计起源于早期的制造业工厂设计（也称为工厂布局），是工业工程学科的一个重要分支，也是物流企业系统规划与设计的基本理论与方法。它遵照企业的经营目标和生产纲领，根据生产或服务系统的经营和发展需求，通过对系统的仓储中心、物流中心、厂房等实体建筑，加工设备、搬运设备、运输工具等机器设备、原材料、半成品等物品物料，管理人员、生产人员、服务人员等工作人员四个部分进行综合分析，在已确定的空间场所内，按照从原材料的接收、零件和产品的制造到成品的包装、发运的全过程，将机器设备、物料、运输通道和场地所需要的空间，做适当的分配和有效的组合，实现系统内部布置的最优化，以便获得最大的生产经济效益。

物流企业系统是由车间、仓库、办公楼、机器设备、运输通道以及其他生产辅助设施组成的系统，系统内部的组成及其相互之间的位置关系直接决定了系统的营运效率，对系统的各组成部分进行布置是物流企业系统规划与设计的中心内容。

2. 物流企业系统规划与设计的目标

物流企业系统规划与设计的重点是合理配置物流企业系统的资源，其总目标是使整个系统的人力、物力、财力和人流、物流、信息流得到合理、经济、有效的配置和安排，实现以最小的投入获得最大的效益。具体体现在以下方面。

（1）有效地利用空间、设备、能源和人力资源。

（2）最大限度地减少物料搬运。

（3）简化作业流程。

（4）缩短作业周期。

（5）力求投资最少。

（6）为作业人员提供方便、舒适、安全和卫生的工作环境。

3. 物流企业系统规划与设计的原则

（1）系统最优原则。运用系统的概念和原理，采用系统分析和系统优化的方法，求得系统的整体最优化。例如，合理规划作业环节，减少或消除不必要的作业。在时间上缩短生产周期，空间上减少占地，物料上减少停留、搬运和库存，保证投入的资金最少，生产成本最低。

（2）动态原则。由于生产系统和服务系统的各个环节和各个要素，包括人流、物流和信息流等，都始终处于动态变化之中，因此，必须以动态的、柔性的观点作为物流企业系统规划与设计的出发点，并贯穿在规划设计的始终。

（3）反馈原则。现代物流系统规划与设计是从宏观到微观，又从微观到宏观的反复迭代、并行设计的过程。要先进行总体方案的布置设计，再进行详细设计；而详细设计方案又要反馈到总体布置方案中，对总体布置方案进行修正。

（4）人机工效原则。重视人的因素，运用人机工程学理论，进行综合设计，并要考虑空间的大小、通道配置、色彩、照明、温湿度和噪声等环境条件，对人的工作效率和身心健康的影响。

（5）可持续发展原则。从可持续发展的角度出发，在进行系统规划与设计时，要充分考虑影响系统的可持续性、可扩展性等满足系统长远发展需求的要素。

4. 物流企业系统规划与设计的过程

（1）定位确定阶段。对物流服务需求进行分析，寻求物流企业系统服务的目标市场，对目标市场的相关因素进行研究，如客户分布、产品特征及数量、服务需求，以确定物流企业系统的服务功能、作业性质；在此基础上，对物流企业的发展状况进行分析，找出规划与设计的约束条件、各部门对物流系统的要求、与其他物流企业的差异，并结合物流行业分析，确定物流企业系统的功能定位、承担的任务、发展目标等。

（2）功能分析阶段。根据物流企业系统的定位，确定为实现定位和目标所要完成的任务及任务之间的相互关系，以及为任务完成所需要的一系列对应的操作、设备、人员、物料流程及定性与定量关系，决定所有任务的空间需求及设备、物料与人员。

（3）方案制定阶段。根据任务或作业的联系、空间需求，做出物流企业系统的平面布局设计、结构设计、物料搬运系统设计方案。

（4）方案评估阶段。对每一个可行的设计方案，首先决定其所涉及的评估因素，将这些因素转换成影响变量，并基于可接受的评估标准，对方案进行评估，找出可行方案的排序，选择一个设计方案。

（5）方案执行阶段。对选定的设计方案进行实施，通过对布局的准备、实施中每一个环节的修正等过程，对方案进行执行。

4.1.2 物流企业系统战略规划

1. 物流企业系统概述

物流企业是指物流供应、需求双方之外的、专门提供专业性物流服务的企业，是为各类用户提供各种物流活动的经营者，是具有自主经营、自负盈亏、独立核算性质的经营单位。物流企业使物流活动跨出了企业供需双方的范畴，进入到了一个更大的物流管理领域。

物流企业的范畴较广，包括经营各种货运站（中转站）、集装箱码头（多式联运中转站）、车站、港口、机场，各种物流中心、配送中心、仓库、各种货物运输方式及多式联运、货运代理、配载服务、物流信息服务等的企业。这些企业虽然参与了物流活动，但他们既不是物料、物品的所有者、销售者，也不是消费者、用户企业。

以物流为主业的物流企业与其他企业，如供应企业、生产企业和销售企业等，就其所开展的物流活动而言，彼此之间所完成的作业内容并没有什么不同，其不同之处在于他们所处的生存和发展环境有所差异。不以物流为主业的企业物流活动，是企业中的一种伴生性活动，其生存和发展都受到所依存的企业的引导和约束，而物流企业则完全没有这类内在的制约因素存在。

物流企业提供物流服务的质量依赖于原材料、物品等从最初的供应者到最终用户间运动的各要素、各环节组成的网络组织结构。物流企业追求的是协同运作效益，即整个物流系统效益目标的实现，同时也有利于各成员，即各级各类参与物流系统战略规划经营的单位效益目标的实现。

物流企业的优势在于，它能在成本相当或更低廉的情况下，提供比由供方或需方自行组织的物流服务更快捷、更安全、更高水准的服务。

物流企业能够集中主业，实现资源优化配置，将有限的人力、财力集中于核心业务，努力开发出新产品参与竞争，大量采用高新技术、实施科学管理。同时因为物流企业与用户不是竞争对手，而是战略合作伙伴关系，他们为用户着想，通过全球性信息网络的使用，使供应链管理完全透明化，用户随时可以通过 Internet 了解供应链的情况。物流企业利用完备的设施和训练有素的员工对整个供应链实现完全的控制，减少物流的复杂性。他们可以通过遍布全球的网络和服务提供者（分/承包商），大大缩短货物的交货期，帮助用户改进服务，树立自己的品牌形象。物流企业通过量体裁衣式的设计，制定出以用户为导向、低成本高效率的物流方案，为企业在竞争中取胜创造有利条件。

现代电子信息技术的迅猛发展，使物流企业为市场提供优质物流服务创造了条件。物流企业通过了解用户物流的全过程及其网络组织体系，可以建立能使用户满意的、能支持物流合理化、一体化需要的网络组织结构，控制物料产品从最初的供应者到最终的消费者之间的物流网络体系，为用户提供包括订货、购买、包装、仓储、运输、配送等物流系统的全过程控制与管理，满足用户快速、准时的服务需求。

物流企业利用规模生产的专业优势和成本优势，通过提高各环节能力的利用率节省费用，使企业能从分离费用结构中获益。例如，企业解散自有车队而代之以公共运输服务，不仅可以节省购买车辆的投资，还节省了车间仓库、发货设施、包装器械以及巨大的相关开支，合理地组织运输及其他物流服务功能，减少物流过程中的不必要环节，减少物流过程中的衔接障碍及停滞时间，减少物流过程中不合理因素所造成的物流时间与空间效益损失及自身的价值损失，有利于物流系统全过程费用的节约。

2. 物流企业系统战略规划的制定

1）物流企业系统外部环境分析

物流企业的外部环境分为一般环境和竞争环境，是企业自身难以把握的不可控变化因素。对外部环境进行全面分析，可以使物流企业获得非常重要的机会和挑战，为进行物流战略规划决策提供重要信息。物流企业系统的一般环境也称为宏观环境，包括政治法律环境（P）、经济环境（E）、社会文化环境（S）、技术环境（T）等。

政治法律环境。一个稳定的政治环境，是社会经济稳定发展的基础。对于物流行业来说，目标市场的政治稳定性是其长期稳定发展的一个必要保证。法律、法规对于规范物流及物流企业行为有着直接的强制性作用。法律法规在经济上的作用主要表现为维护公平竞争、维护消费者利益、维护社会最大利益三个方面。物流企业要想发展，就必须有一个完善且稳定的法律体系作保障。

经济环境。物流企业制定战略规划应考虑总体经济环境的运作情况。如国家GDP的增长、利率的变化、通货膨胀、国际贸易和预算赤字等经济环境。物流行业经营环境的好坏最终表现为购买力的大小。经济环境的变化如果能促进购买力的提高，不但能推进现有市场购买力的扩大，而且还会促进新市场开发，以满足扩大化的社会需求。

社会文化环境。社会文化环境是对市场、产品与服务产生重大影响的实质性因素。如人口数量、年龄构成、性别构成、教育程度、家庭构成、传统习惯、审美观念等，不同国家或地区会存在差异，从而导致对物流的需求流量、需求品种、需求质量上存在着较大差别。所以，物流企业在制定战略规划时，要考虑社会文化环境的变化。

技术环境。技术进步直接影响到大多数产品和服务，同时，也影响着创造和运转这些产品或服务的生产过程。以电子信息技术、网络技术为核心的新技术革命，已经在实践中显示出极大的社会效益和经济效益，如GIS等在物流系统中的应用，对物流系统的效率、质量、成本及效益都产生了重大影响。物流企业的决策者，应时时关注新技术的发展动态，不断引进新技术，提高企业的竞争实力。

2）物流企业系统竞争环境分析

竞争环境是影响企业战略规划决策的关键因素，竞争环境的发展变化对物流企业利润和物流行业内的竞争状况和性质具有直接影响。竞争环境分析就是对行业整体的发展状况和竞争态势进行详细分析，并确定物流企业在行业中的地位。美国管理学家Porter给出的“五力模型”，是企业分析竞争环境最常使用的分析工具，如图4.1所示。

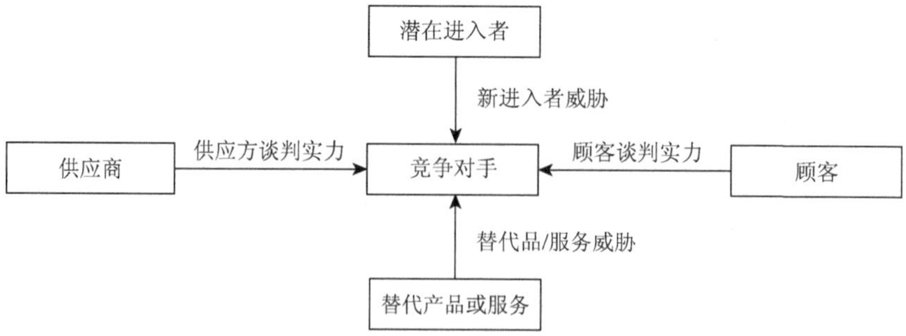

图4.1　五力竞争模型

潜在进入者的威胁。潜在进入者指准备进入某一行业市场中的企业，对行业内现有企业构成的一种竞争威胁。

供应商。物流企业涉及进、存、销等各个环节，供应商的产品、质量、价格、信用、交易成本、合作态度、发展方向、谈判的实力等，影响到物流企业的服务能力和水平。供应商对交易价格的谈判和协商能力或优势与以下因素有关：物流市场是买方市场，还是卖方市场；物流需求者转换成本的高低；物流企业之间所存在的差异性高低；物流需求者需求量的多少；物流市场集中化程度。

顾客。影响服务交易能力的因素与影响物流企业交易能力的因素相同，但影响的方向正好相反，即物流企业交易能力越强，顾客交易能力就越弱。物流企业必须了解顾客的诸多因素，例如，收入、习惯、偏好、特点、家庭、职业、年龄、动机等；对于生产商和中间商，物流企业必须了解其生产技术、发展方向、产品和服务需求。

替代产品或服务。在物流市场中，替代产品或服务是指物流行业内同类物流服务项目。一个物流企业与具有同类物流服务项目的物流企业进行竞争，采取产品或服务差异化是比较理想的战略。

竞争者之间的竞争程度。物流行业是一个新兴行业，发展和变化日新月异，从物流技术到物流标准、业务流程，再到经营方式和服务体系都在发生着深刻的变革。因此，物流行业是一个竞争极为激烈的行业。物流企业竞争的特点通常是服务项目的差异性、服务项目创新、价格竞争等。具体地说，竞争者的产品、质量、花色品种、服务、价格、渠道、信誉、营销手段、规划等都直接影响到服务项目的差异性、创新和价格竞争。

3）物流企业系统内部环境分析

物流企业的内部环境是指构成物流企业内部生产经营过程的各种要素，并且体现为物流企业总体的经营能力，如领导指挥能力、协同能力、应变能力、竞争能力、获利能力、开发创新能力等。物流企业内部环境因素是可控因素，可以经过努力、创造和提高企业能力，但也可能由于管理不善而失控和削弱。物流企业内部环境分析的目的在于掌握物流企业的内部资源现状，找出影响企业战略规划形成与成败的关键因素，辨别企业的优势和劣势，适应环境变化，创造和获得成功的机会，避免或减少可能遇到的风险。主要从两个方面来进行。

对内部各职能部门进行分析。分析的内容主要是研究目前各职能部门现状及发展趋势，以及各部门之间的协调程度，而不涉及与其他相关物流企业进行比较的问题。其目的是找出物流企业的“瓶颈”部门，并确定该部门的主要问题所在。

对物流要素进行分析。打破物流企业职能部门的界限，从物流企业整体发展的角度，分析物流企业中各要素对物流企业发展的影响，更适合于物流企业总体战略规划。

3. 物流企业系统战略规划的类型

物流企业战略规划有不同的种类。从能力上可以分为以差异化为中心的战略规划和以市场优势为中心的战略规划。从发展方向上可以划分为增长型战略规划、维持型战略规划和收缩性战略规划；按业务相关性可以划分为集中经营型战略规划和多样化经营型战略规划；按管理模式可分为纵向一体化经营型战略规划与横向一体化经营型战略规划；不同类型的战略规划进行组合还会产生不同的战略规划类型，如增长集中型经营战略规划、增长多样化经营型战略规划等。按物流服务的范围和功能整合性，可以划分为先驱型战略规划、结合型战略规划、代理型战略规划、缝隙型战略规划。

1）基于能力的战略规划类型

基于能力的战略规划包括以差异化为中心的战略规划、以市场优势为中心的战略规划。以差异化为中心的战略规划就是物流企业设法使自己的产品或服务乃至经营理念、管理方法、技术等有别于其他企业，在全行业范围内树立起别具一格的经营特色，从而在竞争中获取有利地位。这种战略规划首先是确定目标，由物流企业管理者的价值观决定企业的战略愿景、业务宗旨和战略目标，在此基础上，运用SWOT分析方法，详细分析公司的优势与劣势、环境的机会与威胁。然后，确定物流企业系统的竞争战略、执行规划、实施控制和调整规划，最后，通过经营结果反过来印证是战略规划目标的实现和管理者的期望。在这种战略确定中，物流企业应该明确自己的核心经营层面与核心竞争能力，主要可以从运作层面的物流服务、管理层面的物流服务以及规划层面的物流服务来寻找。在运作层面。运作层面的物流服务一般提供比较初级的物流管理，物流企业并不涉及企业内部的管理和控制，只是按照企业的要求单独或同企业一起制定运作规划，整合资源以完成特定的物流服务。一般来讲，物流的运作能力具体体现在：订单的完成效率高、运作成本低、运作时效性好、服务柔性能力强、意外处理能力强、适应新业务快。提供运作层面物流服务的公司要有比较规范的运作机制、快速反应的能力以及大量可供选择和调度的底层资源，如车队、空运代理、海运代理、仓库、报关公司、进出口贸易公司及代理商等。物流企业通过同时为较多的客户服务而实现资源共享，获得经营的规模效益。在管理层面。管理层面的物流服务包括销售预测、库存控制等较为专业的物流环节，主要涉及订单管理、库存管理、运输优化、信息服务和客户关系管理等。由于提供此类的服务需要直接介入企业内部管理和一些直接的经营环节，如营销、财务等，因此，市场对此类服务的接受存在很大的制约因素。在规划层面。规划层面的物流服务，由于其技术含量和专业性强，一般由咨询公司来完成。规划能力主要体现在物流网络规划能力、物流设施的设计能力和物流体系的构建能力。

以市场优势为中心的战略规划。以市场优势为中心的战略规划，首先需要确定物流企业所处的市场环境，并结合企业高层管理者的期望，确定物流系统的使命、政策、目标、方案等，并根据目标、方案，制定物流企业系统的战略实施规划，编制战略实施规划的预算，最后根据实施战略规划所取得的经营结果，对战略规划进行调整。这些过程环环相扣、相互关联。

市场的选择。区域市场选择是物流企业设定自己核心业务的覆盖范围，在区域市场内，企业能够依靠自身的物流网络完成相关的物流服务。区域市场可以是一个城市、一个地区、一个省或全国。企业在确定区域市场的时候要考虑自身的投入能力、管理水平、客户需求以及营运成本等因素。行业市场选择，因为不同的行业，其物流运作模式是不同的，对物流企业的要求也不尽相同。因此，物流企业为了建立自己的竞争优势，一般要将主营业务限定在一个或几个特定的行业中，专注于特定的行业可以形成行业优势，增强企业的核心竞争力。客户的选择，物流企业在服务过程中，需要根据合作伙伴关系的重要程度和合作的深入程度不同，区分为普通合作伙伴关系和战略合作伙伴关系。对于普通合作伙伴关系，合作是根据双方签订的合作文件进行业务往来，在合作过程中双方的职责有明确的界限，物流企业要应用先进的客户关系管理方式，提高服务质量和客户满意度，将一般性的交易关系进化为合作伙伴关系。对于战略合作伙伴关系，公司需要为其提供量体定制的全面物流规划，在某种程度上甚至可以参与客户的市场预测、库存控制决策以及生产规划的制定。

2）基于发展方向和业务相关性的战略规划类型

按照发展方向和业务相关性划分，物流企业系统战略规划可以分为：增长（维持型、收缩型）集中经营型战略规划、增长（维持型、收缩型）多样化经营型战略规划。

增长集中经营型战略规划。集中经营战略是指物流企业将全部资源集中使用在某一特定的市场、产品或技术上。物流企业在创立初期，由于融资能力弱、管理经验不足以及营销渠道少等各种原因，大多采取区域市场中的集中经营型战略规划。在此期间，物流企业为改变实力弱小、竞争地位低的局面，通常采取增加销量，扩大市场份额以及建立企业信誉、创立企业品牌的战略。集中经营型战略规划可以使物流企业有明确的发展目标，简明的组织结构。只要物流企业有技术或市场优势，就能集中力量，并随着品牌形象的形成而迅速成长。

增长集中经营型战略规划也存在一定的风险，最主要的就是物流企业完全被行业兴衰所左右。当受到大环境的影响出现衰退时，集中经营型的物流企业必然受到相当大的冲击。对于已经成熟的物流企业，集中经营型战略适合于在未完全饱和市场中占相对竞争优势的物流企业；对于中小型物流企业，由于整体实力较弱小，其集中经营型应该针对大物流企业所未涉及的市场，包括地域市场和产品市场；对于参与大市场范围竞争的物流企业，选择集中经营型战略规划应该是行业内领先的国际性公司；对于那些属于区域市场竞争型的物流企业，可针对众多不同地域的细分市场来实施集中经营型战略；对于一些资源垄断型的行业，如铁路行业，物流企业客观地形成了资源垄断，只要有市场，就可以选择集中经营型战略规划。当市场已趋饱和，占相对竞争优势的物流企业的增长速度肯定会放慢，从而影响物流企业的长期稳定发展。此时，集中经营型的物流企业应向多样化经营方向转移。

增长多样化经营型战略规划。增长多样化经营型战略规划是指物流企业不是将资源分配到一个特定的市场，而是将它们分配到有限的几个或多个市场的物流经营活动的一种战略。选择多样化经营型战略规划可能是，物流企业的主导业务所在行业的生命周期已处于成熟期或衰退期，物流企业长期稳定增长潜力有限，也可能是物流企业的主导业务已发展到规模经济，并占有较大的市场份额，市场竞争已处于均衡状态，再继续扩大业务规模反而不经济。

3）基于管理模式的战略规划类型

按管理模式划分，物流企业系统战略规划可以分为：纵向一体化经营战略规划、横向一体化经营战略规划。

纵向一体化经营战略规划。纵向一体化经营战略规划是指企业出于管理和控制上的目的，对为其提供原材料、半成品或零部件的其他企业采取投资自建，投资控股或兼并的管理模式，即某核心企业与其他企业是一种所有权关系。例如，一些大型的工商企业拥有自己的运输车队、仓储中心、汽车维修厂。推行纵向一体化经营战略的目的是为了加强核心企业对原材料供应、产品制造、分销和销售全过程的控制，使物流企业能在市场竞争中掌握主动，从而增加各个业务活动阶段的利润。

纵向一体化经营战略规划的不足。增加物流企业的投资负担。不管是投资建新的工厂，还是用于其他公司的控股，都需要物流企业自己筹集必要的资金，承担丧失市场机会的风险。对于某些新建项目，由于有一定的建设周期，市场机会可能在项目建设过程中失去。企业从事自己并不擅长的业务活动，使得许多管理人员往往将宝贵的精力、时间和资源花在辅助性职能部门的管理工作上，而无暇顾及关键性业务的管理工作。在每个业务领域都直接面临众多的竞争对手，增大企业的行业风险。如果整个行业不景气，采用纵向一体化经营战略规划的企业不仅会在最终用户市场遭受损失，而且会在各个纵向发展的市场上遭受损失。

横向一体化经营战略规划。任何一个企业都不可能在所有业务上成为世界上最杰出的企业，只有优势互补，相互合作，才能增强竞争实力，实现双赢。物流企业要摒弃过去那种所有相关业务都自己负责的方式，转而在全球范围内与供应商和销售商建立战略合作伙伴关系，与他们形成一种长期的战略联盟，结成利益共同体。例如，可从仓储、运输、配送方面，采用横向一体化的全球战略规划。

4）基于服务范围和功能整合的战略规划类型

按照服务范围和功能整合性，物流企业系统战略规划可以划分为：先驱型战略规划、结合型战略规划、代理型战略规划、缝隙型战略规划。

先驱型战略规划。先驱型战略规划是指功能整合度高、物流服务广，提供的是一种综合性的物流服务战略规划。这种物流企业的业务范围往往是全球规模，对应的货主企业是全球化的经营方式。

结合型战略规划。结合型战略规划是指功能整合度高、物流服务范围较窄的一种物流服务战略规划。这类企业集中于特定的物流服务，拥有高水准物流服务功能，因此，在特定市场上具有竞争优势。结合型战略规划的特点是以货物为核心，通过推进货物分拣、货物追踪系统，提供高效、迅速的输送服务。但是，这种以特定货物为对象构筑的系统，物流服务的范围受到限制。

代理型战略规划。代理型战略规划是利用各种运输机构，如公路、铁路、航空、船舶等运输机构，而进行货物混载代理业务的物流服务战略规划，是一种特定经营管理的物流战略规划。这种战略由于不需要物流企业在运输手段上进行投资，因而，能够灵活应对市场环境的变化，具有较高的柔性，然而运输功能的不充分往往导致对物流服务信赖性的缺乏。

缝隙型战略规划。缝隙型战略规划是指功能整合度低、物流服务范围较窄的一种物流服务战略规划。物流企业通常是以局部市场为对象、在特定市场从事特定物流活动。由于在经营资源数量和质量方面都受到限制，因此，这类企业必须发挥在特定物流服务方面的优势，在战略规划上实现物流服务的差别化和低成本化。

上述四种物流企业系统战略规划是针对各自特色鲜明的物流系统而言的。在现实生活中，物流系统是千差万别的，客户需求也相差千里。因此，上述四种战略规划可能会在同一个物流系统中并存，而且发挥不同的作用。一个物流服务提供商必须针对不同客户的物流需求，采取不同的物流系统战略规划加以应对。

4.1.3　物流企业系统规划与设计的基本方法

1. 系统布置设计方法

物流企业系统规划与设计，既受到物流企业生产环节因素的影响，也受到生产环节以外其他因素影响。随着物流企业系统规划与设计研究的深入，近年来形成了一些先进的设计方法，并广泛地应用到物流企业系统规划与设计中。

系统布置设计（systematic layout planning，SLP）方法，是 Muther 在 1961 年提出的，是最具代表性的布局方法，该方法是一种条理性很强、物流分析与作业单位关系密切程度分析相结合求得合理布置的方法。特别在工厂设计领域，该方法提出了作业单位相互关系的密级表示法，使工厂布置设计从定性阶段发展到了定量阶段，是当前布局设计的主流方法。

1）SLP 的基本要素

按照 Muther 的观点，影响布置设计最基本的要素是 P（产品或材料或服务）、Q（产量或数量）、R（生产路线或工艺流程）、S（辅助服务部门）及 T（时间或时间安排）。其中，物流对象 P、物流量 Q 是两个最基本的要素，是其他一切特征或条件的基础。在进行设施布置时，必须在充分调查研究，并取得全面、准确的各要素原始数据的基础上，通过对布局的物流分析，确定物料在设施间的物流路线和物流强度，并以物流强度作为设施优化布局的评价依据，通过编制各种表格、构建数学模型，进行科学的分析计算，最终求得设施布置的最佳方案。

（1）物流对象 P。物流对象 P，影响着生产系统的组成及其各作业单位间的相互关系、生产设备类型、物料装卸搬运方式、存储条件等，从而在一定程度上影响着物流系统的布局与设计。

（2）物流量 Q。物流量 Q，既从一定程度上影响着各种物流设施的规模、设备数量、运输量和建筑物面积大小，又直接决定着装卸、搬运、存储等物流成本。

（3）物流作业路线 R。物流作业路线 R，是指物流对象在各物流作业单元之间的流动路线，直接反映了作业流程和各物流作业单元之间的联系，影响着各物流作业单元间的关系、物料搬运路线、仓库及堆放地的位置等，它对 SLP 的实施有着决定性的作用。物流作业路线一般受到管理模式、业务手续、物流运作模式等因素的影响。

（4）辅助服务部门 S。辅助服务部门 S，是指除物流作业单元的其他作业单元，主要包括职能管理部门、辅助作业部门、生活服务部门等。这些作业单元从一定程度上影响着物流运作的效率。

（5）物流时间或时间安排 T。物流时间或时间安排 T，包括各工序的操作时间、更换批量的次数等，在其他要素确定的情况下，它决定着物流成本、作业效率、设备的数量、占地面积的大小以及操作人员的数量等。

2）SLP 的应用程序

在 SLP 中，P、Q、R、S 和 T 作为布置设计工作的基本出发点，系统布置设计程序模式按照下列步骤进行。

（1）准备原始资料。在系统布置设计开始时，要充分准备好五大基本要素——P、Q、R、S 和 T 的原始资料，明确划分作业单位，得到最佳的作业单位划分情况。

（2）物流分析与作业单位相互关系分析。针对系统内物流与非物流主次关系的特点，在进行布置设计时，需要有所侧重地进行系统物流分析与作业单位相互关系分析。物流分析的结果，可以用物流强度等级和物流相关表来表示。非物流作业单位的相互关系，可以用量化的关系密级及相互关系来表示。

（3）编制作业单位位置相关图。根据物流相关表及作业单位间相互关系表，考虑两作业单位相互关系等级的高与低，决定两作业单位相对位置的远与近，得出各作业单位之间的相对位置关系，也称拓扑关系。由于此时并未考虑各作业单位具体的占地面积，得到的仅是作业单位的相对位置，称为位置相关图。

（4）作业单位占地面积的计算。各作业单位所需的占地面积，与设备、人员、通道及辅助装置有关，计算出的面积应与可用面积相适应。

（5）编制作业单位面积相关图。把各作业单位占地面积附加到作业单位位置相关图上，就形成了作业单位面积相关图。

（6）修正。作业单位面积相关图只是一个原始布置图，还需根据各种因素，如物料搬运方式、操作方式、储存周期、成本限制、安全约束等进行调整与修正，进而得出多个可行的设施布置方案。

2. 数学模型法

数学模型法是指运用线性规划、随机规划、多目标规划、运输问题等运筹学、系统工程中的优化技术，研究最优布局方案，提高系统布置的精确性和效率。对于数学模型的求解困难，可以利用计算机的强大功能，帮助人们解决布置的复杂任务。

由于不同的物流设施布局侧重点不同，所以所构造的目标函数也可能不同。常用的运筹学方法有最短路径法、最小费用流法、模糊综合评价法、解析法等。

(1) 最短路径法。最短路径问题的数学模型如下。

设 $G=(V,E)$ 为连接图，图中各边 (v_i,v_j) 有权，l_{ij}（$l_{ij}=\infty$）表示 (v_i,v_j) 间无边，v_i、v_j 为图中任意两点，求一条通路 μ，使它是从 v_i 到 v_j 所有路中总权最小的路，即

$$\min L(\mu)=\sum_{(v_i,v_j)\in\mu} l_{ij}$$

最短路径问题可以用运筹学中的图论方法求解。

(2) 最小费用流法。最小费用流法的数学模型如下。

已知网络 $G=(V,E,C)$，每条边 (v_i,v_j) 的容量为 c_{ij}，单位流量费用 $d_{ij}\geqslant 0$，记 $G=(V,E,C,d)$。求 G 的一个可行流 $f=(f_{ij})$，使 $W(f)=v$，且总费用 $d(f)=\sum_{(v_i,v_j)\in E} d_{ij}f_{ij}$ 最小。最小费用流问题常用的解法有原始算法和对偶算法。

（3）模糊综合评价法。模糊综合评价法是综合评判方法的一种，是对受到多种因素制约的事物或对象做出的一个总体评价。通常采用二、三级模糊综合评判法，全方位地对事物进行定量和定性分析。模糊综合评判法是将众多的因素按其性质分为若干类，先按一类中的各因素进行评价，然后在各类之间进行评价，对于整个过程中的权重计算可

采用层次分析法确定。这种评价方法可以实现方案评选的综合性、科学性和可操作性。

（4）解析法。解析法有着悠久的发展历史，是通过求解数学表达式最优解的一种方法，在实际中的应用十分广泛，是比较成功的方法。虽然解析法可以求最优解，但存在着一定的局限性。首先，解析法过于拘泥于数学抽象，人们对抽象的、假想的逻辑模型很难获得真实感受，不便于对实际的系统进行分析。其次，随着现代物流系统规模的不断扩大，在运用解析法建立数学表达式时，如果单纯依据系统的实际情况，往往要列出数目众多的限制条件，这使得求最优解的过程变得非常复杂甚至根本求不出最优解。再次，在运用解析法进行物流系统分析时，其数学模型本身存在很多的假设、抽象和简化，对其求解结果也会造成很大的误差。

3. 订单品种数量分析

1）订单品种数量分析的含义

在终端顾客及下游渠道需求为主的流通环境中，订单需求是零星且多变的，以生产为导向的 P、Q 方法，已不能满足设施规划的需要，必须采用需求导向的规划方法才能符合实际需求，因此，“订单品种数量分析法”（entry of order，订单、item，品种、quantity，数量，EIQ）被用于物流系统规划与设计中，即从订单、产品品种、产品数量三方面出发，分析出货的形态变化。

“E”代表每一笔接收的订单具有同时拣货，且同时配送的特征，只要在订单截止时间内，数笔追加的订单均可合并成单一订单，在物流作业过程中视为同一笔订单；反之，在同一批量订单下，要求以不同时间配送的货品，应视为多笔订单，必须进行订单的区分。

“I”代表品种种类，只要是不同质、不同量、不同包装单位及不同包装形式等的产品，都视为不同的品种。

“Q”代表每一笔订单中的每一品种被订购的数量，它成为订单与品种的桥梁，显示的是两者间的数量分布状态。

2）订单品种数量分析的过程

EIQ 分析，是产品数据、顾客需求分析的有效工具，即从客户订单的品种、数量与订购次数等关键因素出发，进行出货特性的分析。EIQ 分析的主要步骤包括订单资料的收集、分解、统计和分析等过程。

（1）订单资料的收集。订单品种数量分析从收集订单开始，收集的订单量以能反映和代表物流企业系统的全面状态为标准。由于订单数据量庞大，在实际分析中需要对资料进行取样分类，通常先选取一个作业周期内的订单加以分析。

（2）订单资料的分解。在获得所需要的订单资料后，需要对每张订单的出货品种、各品种的出货量等，以表格的形式进行资料分解。在编制表格时，需注意数量单位的一致性和储运单位，将所有订单品种的出货数量转换成相同的计算单位，进而分解展开为订单数量（EQ）、订货品种（EN）、品种数量（IQ）、品种订购（IK）四个类别的群组以提供不同信息。EQ 分析，即单张订单出货数量分析；EN 分析，即单张订单出货品种分析；IQ 分析，即单一品种出货数量分析；IK 分析，即每单一品种出货次数分析。

（3）订单资料的统计。主要从单张订单的订货数量（EQ）、单张订单的订货品种

(EN)、单一品种的出货数量（IQ）、单一品种的出货次数（IK）四个方面，对分解的订单资料按类进行统计整合，并以直观的图表形式表现出来。

（4）订单资料的分析。根据获得的统计图表，对各个功能区域的规划等，分别提出直接建议和要求，以备实际规划参考。

EQ、EN、IQ、IK 分析的主要应用范围如下。以 EQ 分析为例，首先对各订单的出货量按大小顺序排序，作出各订单的出货量分布图，并将其出货累积量（出货单位或是百分比）以曲线形式同时表现出来；接着将出货量进行适当分组，算出各订单出货量出现于各分组内的次数，作出次数分布图；若各订单的出货量存在较明显的差异，还可进一步将特定百分比内的主要订单找出，实施重点分析和管理，即进行 ABC 分析。如表 4.1 所示。

表 4.1 EIQ 分析及其应用

类型	分析对象	主要应用范围
EQ	可以了解每张订单订购量的分布	用于决定订单处理原则、拣货系统规划，出货区规划 掌握货品配送需求及重点客户管理 决定配送中心的模式，决定拣货设备的选用和拣货策略 根据订单量分布趋势决定储存规划
EN	可以掌握客户订货品种数的分布	决定使用的拣货方式 判断物品拣货时间与拣货人力需求 影响拣货系统及出货区的规划
IQ	可以知道当期出货的主要产品	对出货商品进行 ABC 分类，重点商品重点管理 把握货品处理模式，与 EQ 分析中所得的模式类似 对存储系统进行规划 对搬运系统进行规划
IK	可以了解单一品种出货次数分布	结合 IQ 分布类型，决定仓储及拣货系统

4. EIQ-PCB 分析

1）储运单位分析

储运单位（PCB）主要包括 P（托盘）、C（箱子）和 B（单品），不同的储运单位适用不同的储存和搬运设备。由于配送中心货品品种繁多，个别品种每托盘、每箱、每件的组合都有差异，物流作业中货品的包装单位也会因不同的需求而变化，因此，订单分析中货物单位的统一需要以各环节储运单位的转换情况为基础。PCB 分析通过考察和分析包括进货、储存、拣货、出货等各个主要作业环节的基本储运单位，使储运单位易于量化及转换，从而正确计算各区实际的需求，使仓储区与拣货区得到适当的规划，并作为设备选型考虑的依据。

PCB 分析除了可以得到各种货品与各储运单位之间转换的对应数量关系，还可得到各作业流程储运单位的转换关系图，如图 4.2 所示。

图 4.2 表现的 PCB 关系为以托盘、箱为主要进货单位，然后统一以托盘进行存储，而拣货和集货则分别包括了 P、C、B 三种储运单位，最后通过包装集中以托盘和箱为单位出库运输。

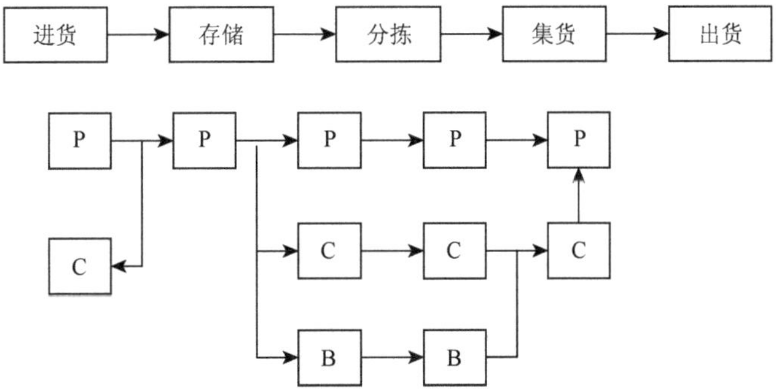

图 4.2 物流企业作业储运单位的转换关系

2）EIQ-PCB 分析的内容

EIQ-PCB 是建立在 PCB 分析结果的基础上的，其具体应用如下。

（1）出货单位的 PCB 分析。出货单位的 PCB 分布状态可作为计算拣货与出货人力需求，以及作为搬运与配送设备的选用依据，而且可以得知出货量与标准工时，计算出托盘箱和单品拣取时所需的设备数目和人力需求预估。

（2）EQ-PCB 分析。由 EQ 分析客户订单量，并依订单内容分析其 PCB 的分布，可以了解出货状态及区域销售的数量和包装特征。

（3）IQ-PCB 分析。结合 IQ，分析 PCB 分布，可以知单一品种被订购的状态和包装单位，并以此作为拣货系统、储存方式和设备布局的参考。

【例 4.1】 某食品配送中心为市内多家连锁快餐店进行配送服务，由于其选址位于城市中心区，为了改善物流作业管理，并为配送中心将来的迁址重建做好准备，需要对其订单数据进行 EIQ 分析。收集和筛选该配送中心一天的订单，将订单进行编号，依次为 E1、E2，…，E10，订单的 10 个出货品种编号为 I1、I2、I3，…，I10，每个编号对应代表一种配送商品。将以上品种数按顺序写在订单上，最后将订单资料依次填入出货 EIQ 表，各行相加可得每份订单的发货数量，而每行的非零项个数即为每份订单发货品种数，各列相加可得每品种的发货数量，而每列的非零项个数为每个品种的发货次数，如表 4.2 所示。

表 4.2 配送中心 EIQ 表

出货订单	出货品种										EQ	EN
	I1	I2	I3	I4	I5	I6	I7	I8	I9	I10		
E1	3	4		7		23		12	8		57	6
E2	5	9	7	18	14	16	22	1	25	19	136	10
E3			9				6		7	13	35	4
E4		10		4		9	20		21		64	5
E5		9			4					25	38	3
E6		7	2		15	9	16	8	28		85	7
E7	4	1									5	2
E8			7								7	1

续表

出货订单	出货品种										EQ	EN
	I1	I2	I3	I4	I5	I6	I7	I8	I9	I10		
E9	3	9	8	12		17	1	9	6	20	85	9
E10	1	4	11	3		5	17		2	6	49	8
IQ	16	53	44	44	33	79	82	30	97	83		
IK	5	8	6	5	3	6	6	4	7	5		

根据获得的 EIQ 表对 EQ、EN、IQ、IK 进行分类统计，分别作出统计图，并对统计图的内容进行解读。该配送中心的 EQ、EN、IQ、IK 的分析过程及结果如下。

EQ 分析。根据 EQ 数据（表 4.3），经过整理和分析可以作出统计图，如图 4.3 所示。其中，一条曲线为每张订单出货量，另一条为按订单累积的出货量。

表 4.3 EQ 排序表

序号	订单	EQ/件	%	累计 EQ/件	累计/%	EN/个	累积 EN/个
1	E2	136	24	136	24	10	10
2	E6	85	15	221	39	7	17
3	E9	85	16	306	55	9	26
4	E4	64	11	370	66	5	31
5	E1	57	10	427	76	6	37
6	E10	49	9	476	85	8	45
7	E5	38	7	514	92	3	48
8	E3	35	6	549	98	4	52
9	E8	7	1	556	99	1	53
10	E7	5	1	561	100	2	55
合计		561	100			55	

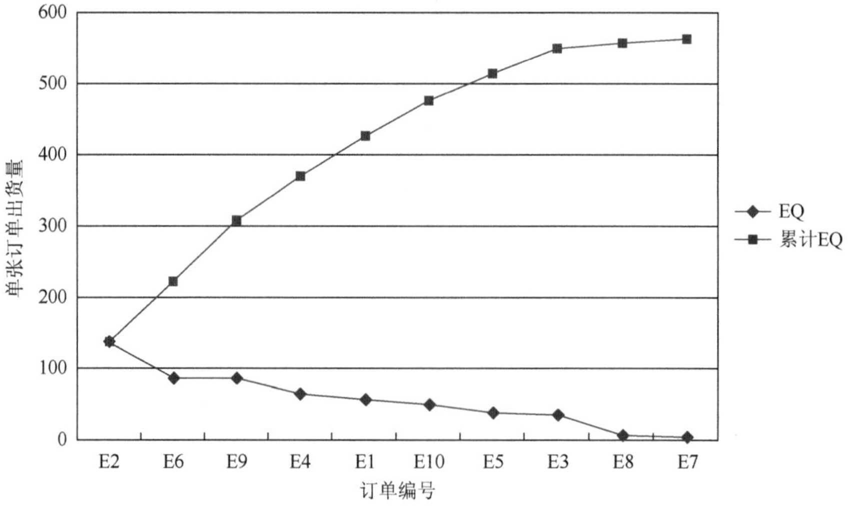

图 4.3 EQ 分布图

EN 分析。根据 EN 分布图（表 4.4），结合 EIQ 数据表，可以了解每位客户订货的品种数、从而熟练掌握拣货特征，规划拣货系数，如图 4.4 所示。

表 4.4　EN 排序表

序号	订单	EN/个	%	累计 EN/个	累计/%	EQ/件	累计 EQ/件
1	E2	10	18	10	18	136	136
2	E9	9	16	19	35	85	221
3	E10	8	15	27	49	49	270
4	E6	7	13	34	62	85	355
5	E1	6	11	40	73	57	412
6	E4	5	9	45	82	64	476
7	E3	4	7	49	89	35	511
8	E5	3	5	52	95	38	549
9	E7	2	4	54	98	5	554
10	E8	1	2	55	100	7	561
合计		55	100			561	

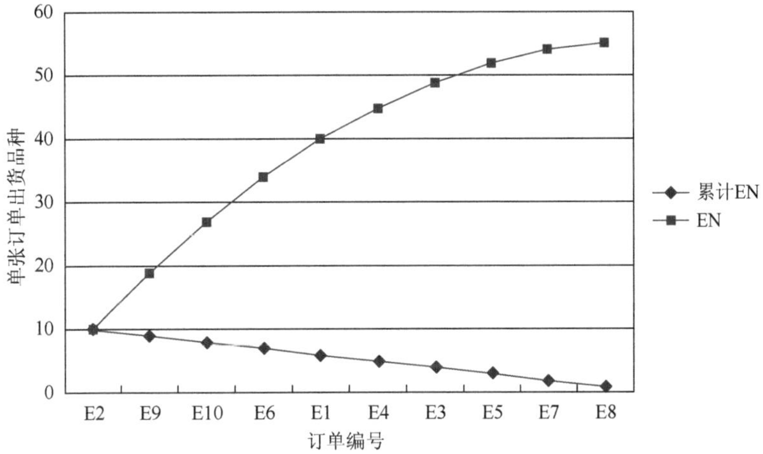

图 4.4　EN 分布图

IQ 分析。由 IQ 分析表（表 4.5）和分布图，可以了解物品总项数，看出产品种类数、各种物品的订货量分布，从而进行仓储系统规划，仓储区域空间规模确定，拣货方式和拣货区域规划，如图 4.5 所示。

表 4.5　IQ 排序表

序号	品种	IQ/件	%	累计 IQ/件	累计/%	IK/次	累计 IK/次
1	I9	97	17	97	17	7	7
2	I10	83	15	180	32	5	12
3	I7	82	15	262	47	6	18

续表

序号	品种	IQ/件	%	累计 IQ/件	累计/%	IK/次	累计 IK/次
4	I6	79	14	341	61	6	24
5	I2	53	9	394	70	8	32
6	I3	44	8	438	78	6	38
7	I4	44	8	482	86	5	43
8	I5	33	6	515	92	3	46
9	I8	30	5	545	97	4	50
10	I1	16	3	561	100	5	55
合计		561	100			55	

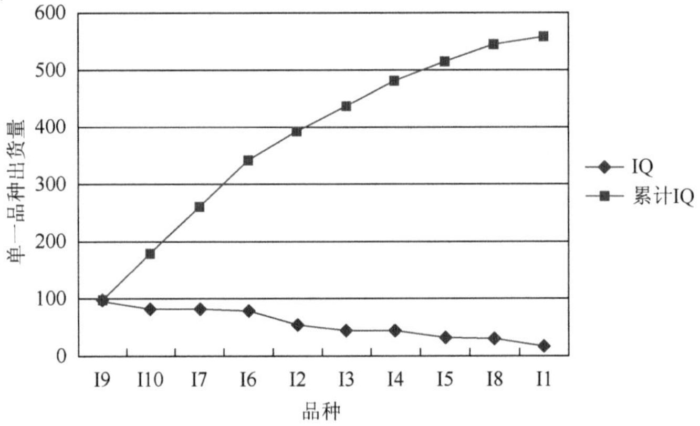

图 4.5　IQ 分布图

IK 分析。由 IK 分析表（表 4.6）和分布图，可以了解产品的出货频率，结合 IQ 分析，可以估算出作业区域的空间面积，便于 IQ 分析决定仓储和拣货系统的设计。如图 4.6 所示。

表 4.6　IK 排序表

序号	品种	IK/次	%	累计 IK/次	累计/%	IQ/件	累计 IQ/件
1	I2	8	15	8	15	53	53
2	I9	7	13	15	27	97	150
3	I7	6	11	21	38	82	232
4	I6	6	11	27	49	79	311
5	I3	6	11	33	60	44	355
6	I10	5	9	38	69	83	438
7	I4	5	9	43	78	44	482
8	I1	5	9	48	87	16	498
9	I8	4	7	52	95	30	528
10	I5	3	5	55	100	33	561
合计		55	100			561	

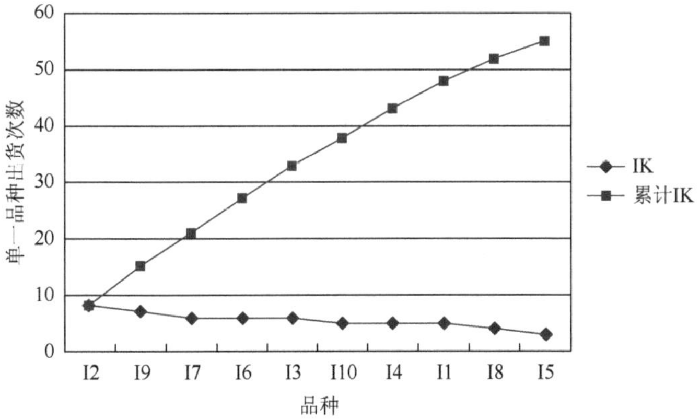

图 4.6　IK 分布图

5. 作业区域关联度分析

1）作业区域关联度分析的内容

作业区域之间的关联度分析，即分析作业区域之间的物流关系、流程关系、安全关系、作业相关程度等影响物流过程的因素，确定作业区域之间的关联度，主要包括以下内容。

（1）物流分析。物流分析包括确定物料在生产过程中每个必要的工序间移动的最有效顺序，以及这些移动的强度或数量值。当物料移动是工艺过程的主要部分时，物流分析就是布置设计的核心问题了，尤其当物料大而笨重、数量多，或当运输、搬运费用比加工、储存、检验费用高时更为重要。作用区域之间的货物搬运以及装卸是物流企业发生最多的活动时，必须进行物流分析。进行物流分析的目的主要是在考虑作业流程的同时，尽量使移动距离、往返次数、交叉运输、生产费用、物流费用最小。

（2）非物流因素分析。物流企业各区域间的布局设计除了受物流因素的影响，还要受到组织关系、环境关系等非物流因素的制约。对于布局设计，物料流程并不是决定物品移动主要路线的唯一依据。由于物流企业作业区域布置要考虑的非物流因素非常多，为了全面系统地进行分析，可以将非物流因素分为以下五类。

管理关系。管理关系有两层含义：一是组织管理，指建立在各部门之间的管理、监督关系；二是作业管理，指由于操作管理、业务联系以及交流需要存在的关系。

流程关系。流程关系是考虑物流企业在生产、作业流程上的顺序以及作业区域间的信息流关系。

作业相关程度。由于区域之间功能、作业的需要而形成的关系，如物品搬运次数、作业性质相似性、共用设备与否、是否可以共用作业空间等。

环境关系。考虑操作环境和安全需要而保持的关系，包括两类：一是人员安全，包括作业安全、工作环境改善等；二是货物安全，包括防火、防潮、防盗等因素。

其他特殊关系。针对某些特殊需要使区域靠近或远离，如某些客户的特殊要求。

2）作业区域关联度分析的等级

一般来说，可以将作业区域的关联度等级划分为五个等级，分别用绝对重要 A（absolutely important）、特别重要 E（extremely important）、重要 I（important）、普通重要 O（ordinary important)、不重要 U（unimportant)、不可接近 X 来表示。在划分作业区域等级时，应注意采用相同的计量单位来统计各作业单位之间的物流总量（包括正反两个方向的物流量），将各作业单位按物流强度大小排序，根据数据划分出物流强度等级。

6. 作业区域布局的方法

1）定性关联图法

以定性因素为基础，通过评价影响作业区域之间关联度的因素，以关联图为分析工具，分别采用 A、E、I、O、U、X 表示物流企业各个区域与其他区域之间的重要性大小，进而通过构建关联线图底稿表、关联线图，来确定物流企业作业区域布局的方法。其基本步骤如下。

（1）根据已知资料制作定性关联图。首先，在收集资料的基础上，筛选影响作业区域关联度的因素，其次，评价各作业区域之间关联度的等级，作出定性关联图。

（2）制作关联线图底稿表。关联线图底稿表的第一行为作业区域的名称，第一列为关联程度等级 A、E、I、O、U、X。基于定性关联图，制作关联线图底稿表。

（3）制作关联线图。选择第一个进入布局的作业区（与其他作业区联系最密切的作业区）；选择第二个进入布局的作业区（既与第一个作业区联系最为密切，同时又与其他作业区联系最密切）。依次选择剩余作业区进入布局。

（4）对作业区域进行布局。在关联线图的基础上，发展关联线图，完成作业区域布局。

【例 4.2】 已知某物流中心有 6 个作业区，物流中心的作业区域关联图如图 4.7 所示，试用关联图法，做出该物流中心的区域布局规划。

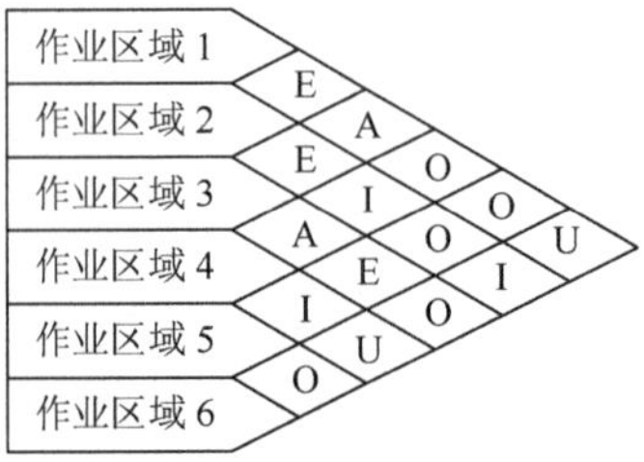

图 4.7 物流中心作业区域关联图

第一步：根据作业区域关联图，做出关联线图底稿表。

作业区域 关联等级	1	2	3	4	5	6
A	3		1，4	3		
E	2	1，3	2，5		3	
I		4，6		2，5	4	2
O	4，5	5	6	1	1，2，6	3，5
U	6			6		1，4
X						

第二步：根据关联线图底稿表，构建关联线图。

选择 3 进入关联线图，选择 1 和 4 进入关联线图。

选择 2 进入关联线图，选择 5 和 6 进入关联线图。

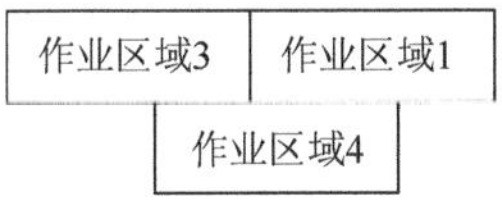

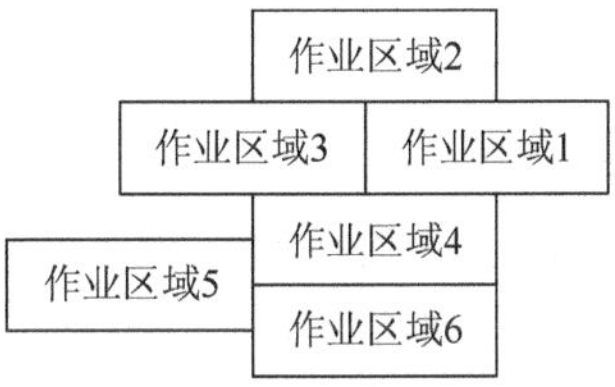

第三步：根据关联线图，完成作业区域布局，如图 4.8 所示。

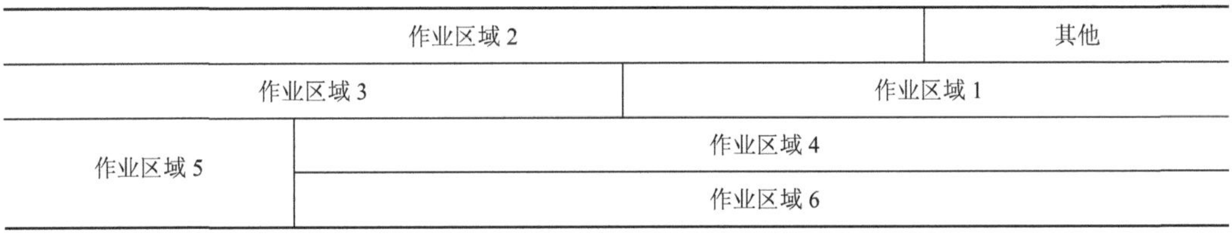

图 4.8　物流中心最终布局图

2）定量关联图法

（1）从至表法。从至表法是一种非常简单直观的物流分析方法，它是为了表示不同部门之间物料流动的大小而提出来的，可以认为是一种定量化的物流分析工具。从形式上看，从至表是正方形矩阵，其行（列）数等于区域数，行（列）中的部门按照统一的顺序排列。该矩阵中的元素代表从行中的部门 i 到列中的部门 j 之间的物料流动总量，如表 4.7 所示。

表 4.7　物流分析的从至表

至 从	1	2	…	n
1	a_{11}	a_{12}	…	a_{1n}
2	…	…	…	…
…	…	…	…	…
n	a_{n1}	a_{n2}	…	a_{nn}

首先依据物流作业流程，将所有物流活动发生的功能区域分别作为起始区域和到达区域，并按同一顺序列表。为了正确地表示各个区域物流量之间的关系。确保进入从至表中的物流量具有可比性，需要统一各区域间的物流单位，以便能够计算物流量的总和。在编制从至表时，为了保证矩阵中的物流量有可比性，一般采用当量物流量的概念。如果被移动货物非常昂贵并在搬运过程中容易损坏，物流量也可以考虑物品的价值因素。

在分析从至表时，上三角矩阵中的物流量是正向物流产生的，下三角矩阵中的物流量由逆向物流产生，两个区域之间的物流总量为正向物流量与逆向物流量的总和，以物流矩阵计算。由于逆向物流是我们要尽量改善的，在计算的时候可以将逆向物流加倍后再计入总量。在布局的时候我们应使物流总量大的区域尽量靠近，选择物流量大的区域作为布置的最优先区域。

（2）从至表的应用。

第一步：根据已知资料构建定量从至表。

第二步：根据定量从至表，选定具有最大流量的成对作业区进入布局图。

第三步：选择与已进入的作业区间流量和最大的作业区进入布局图，构成三角形。

第四步：仿照步骤三，将未选的作业区，以节点方式插入三角形内部，形成四个三角形，布局于三角形内部。

第五步：仿照步骤四，分别计算剩余作业区与已构成的若干三角形的三个节点（作业区）的流量和，选择最大的进入对应三角形内部。

第六步：重复步骤五，直至最后一个节点插入完毕。

第七步：构建完成一个邻接图之后，依照邻接图，根据各作业区的实际尺寸，进行作业区布局。

【例 4.3】 某物流中心有 5 个作业区域，作业区域间的流量如表 4.8 所示，试用从至表法，做出该物流中心的布局方案设计。

表 4.8 某物流中心物流分析的从至表

作业区域		到达区域				
		1	2	3	4	5
起始出发区域	1		5	10	2	3
	2			8	9	7
	3				12	17
	4					6
	5					

第一步：选定具有最大流量的成对作业区 3 和 5，进入布局图。

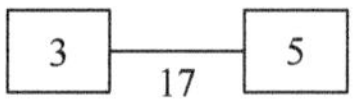

第二步：分别计算未进入布局图的作业区域（1，2，4）与已进入布局图的作业区域（3，5）间的流量和，选择与已进入的作业区 3 和 5 间流量和最大的作业区 2，进入布局图，构成三角形。

	3	5	合计
1	10	3	13
2	8	7	15
4	0	6	6

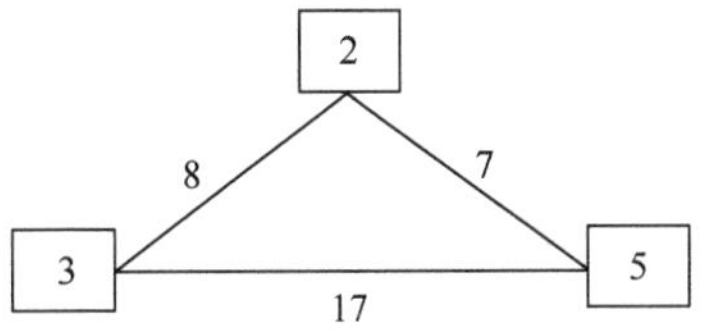

第三步：分别计算未进入布局图的作业区域（1，4）与已进入布局图的作业区域（2，3，5）间的流量和，选择与已进入的作业区 2，3，5 间流量和最大的作业区 1，进入布局图，插入三角形内部，形成四个三角形。

	2	3	5	合计
1	5	10	3	18
4	0	0	6	6

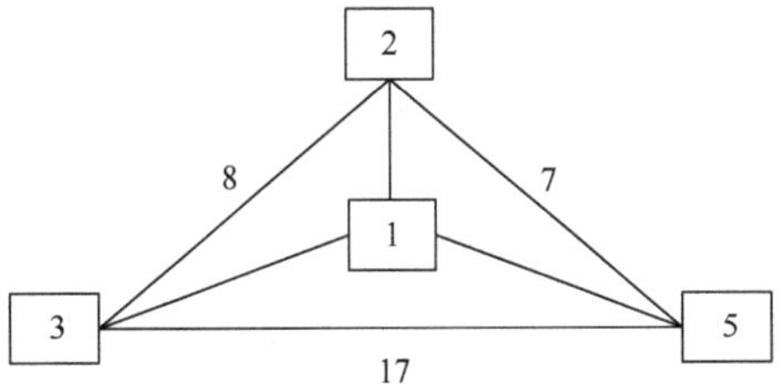

第四步：仿照第三步，分别计算剩余作业区与已构成的若干三角形的三个节点的流量和，选择最大的进入对应的三角形（1，2，5）、（1，3，5）或（2，3，5）的内部；

	1，2，3	1，2，5	1，3，5	2，3，5	合计
4	0	6	6	6	6

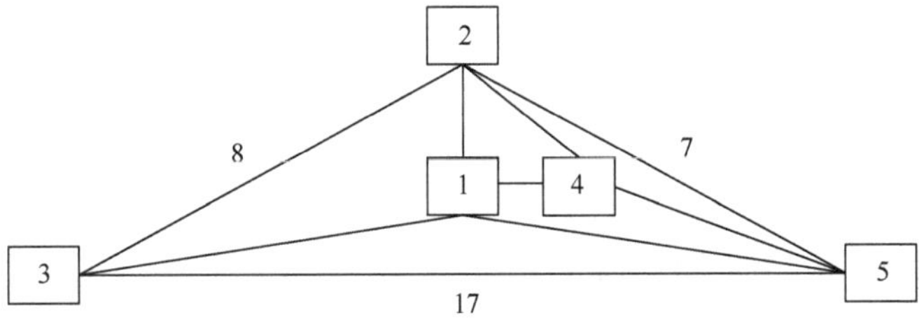

第五步：依次邻接图，根据各作业区的实际尺寸，构建作业区布局图。如图 4.9 所示。

<table>
<tr><td></td><td colspan="2">2</td></tr>
<tr><td rowspan="2">3</td><td>1</td><td>4</td></tr>
<tr><td>5</td><td>其他</td></tr>
</table>

图 4.9　物流中心作业区布局图

3）作业流程计划表法

（1）作业流程基本计划表，是表示不同类型产品在物流企业中的作业顺序的一种表格。在计划表中，第一列表示作业类别，第一行用来表示产品类型，表格中其他空格则按照产品实际的作业顺序进行标注。

（2）作业流程计划表法。

第一步：根据已知资料编制物流企业作业流程的基本计划。

对商品的类别，按照商品出、入库的顺序进行整理，同时还按照类似的货物加以分组；然后确定不同种类商品的作业量，以作业量的大小为顺序，从左到右，填写不同种类产品的物流流程，制作作业流程计划表。

第二步：作业区域间邻接性分析。根据作业流程计划表，计算物流流程的比率，比率越大，作业区间的邻接性越强。

第三步：根据作业区域间的邻接性，制作作业区域的邻接图。

第四步：根据邻接图，构建作业区域布局图。

【例 4.4】 某物流企业有 A、B、C、D 四种产品，作业量分别为 50%、30%、10%、10%，该物流企业的作业流程有入库、验收、分类、流通加工、保管、特殊作业、配送。

第一步：根据已知资料，编制的物流企业作业流程的基本计划，如表 4.9 所示。

表 4.9 物流企业作业流程的基本计划

产品类别 / 作业类别	A	B	C	D	…
入库	①	①	①	①	
验收	②	②	②	②	
分类	③	④	④		
流通加工			③		
保管		③			
特殊作业				③	
配送	④	⑤	⑤	④	
作业量（比率）	50%	30%	10%	10%	

注：①②③④⑤表示流程的顺序。

第二步：作业区域间邻接性分析。

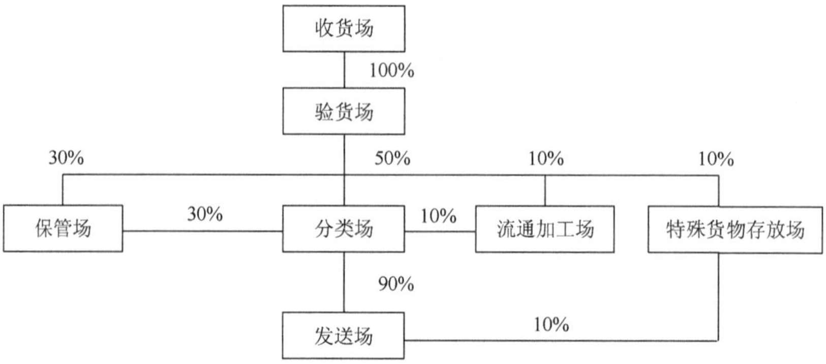

第三步：根据作业区域间的邻接性，制作作业区域的邻接图。

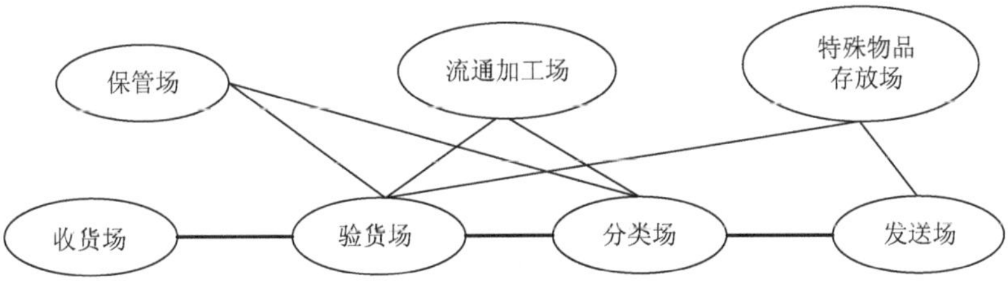

第四步：根据邻接图，构建作业区域布局图。如图 4.10 所示。

管理中心	保管场	流通加工场	特殊物品存放场	
收货场	理货场			发送场

图 4.10　物流企业布局图

4.2　物流园区规划与设计

4.2.1　物流园区规划与设计概述

1. 物流园区的概念、分类

1）物流园区的概念

物流园区是从城市整体利益出发，缓解城市交通拥挤状况，减轻产业对环境压力，保持产业凝聚力，通过在郊区或城乡边缘带主要交通干道附近，开辟出专业用地，来吸引大型物流中心、配送中心在此地聚集，并提供一定的优惠政策，实现物流产业发展的规模效益，降低物流成本。《中华人民共和国国家标准物流术语》（GB/T 18354-2006）中称，物流园区是为了实现物流设施集约化和物流运作共同化，或者出于城市物流设施空间布局合理化的目的，在城市周边等区域，集中建设的物流设施群与众多物流业者在地域上的空间集结地。

2）物流园区的分类

物流园区类型一般可以分为货运服务型、生产服务型、商贸服务型和综合服务型四种类型。

（1）货运服务型。货运服务型物流园区是依托空运、海运或陆运枢纽，含有两种以上不同的运输方式，可以提供大批量货物转换的配套设施，能够实现不同运输方式的有效转换，主要服务于国际性、区域性物流运输及转换，包括空港物流园区、海港物流园区、陆港物流园区。

空港物流园区依托机场，以空运为主，连接航空与公路转运。海港物流园区依托港口，衔接海运与内河、铁路、公路；陆港物流园区依托公路或铁路枢纽，以公路干线运输为主，衔接公铁转运。

（2）生产服务型。生产服务型物流园区依托经济开发区、高新技术园区等制造产业园区，可以提供制造型企业一体化物流服务。主要服务于生产制造业物料供应与产品销售。此类物流园区功能定位明确，一般是行业聚集型物流园区，为行业提供专业化的物流服务，如汽车物流园区、塑料物流园区等。

（3）商贸服务型。商贸服务型物流园区依托各类大型商品贸易现货市场、专业市场，为商贸市场服务，可以提供商品的集散、运输、配送、仓储、信息处理、流通加工等物流服务。主要服务于商贸流通业商品集散，在功能上主要为所在区域或特定商品的贸易活动提供集中交易、区域运输和城市配送服务。

（4）综合服务型。综合服务型物流园区依托城市配送、生产制造业、商贸流通业等多类对象，位于城市交通运输主要节点，提供综合物流功能。主要服务于城市配送、区域运输，兼具区域物流组织、商贸流通、运输枢纽和为工业生产企业进行配套等多种功能。

3）物流园区的功能

物流园区一般都具有广泛、复杂的综合功能，是综合集约性、独立专业性和公共公益性的完整统一。物流园区所应具备的功能是由物流园区的战略定位和市场需求决定的，不同的战略定位和市场需求对其功能要求不尽相同。一般而言，物流园区承担着物流功能、交易功能、信息功能、展示功能和服务功能等五大功能。

（1）物流功能。物流功能主要指对货物进行集散、仓储、流通加工等活动，提供运输、仓储、配送、货运代理等服务项目，为客户提供原料加工、配套装配、条形码生成、标签印刷、贴标签、改包装等加工服务。

（2）交易功能。交易功能主要指进行商品交易活动，为客户提供税务登记、银行投融资、财务咨询和管理、订单管理、结算管理、各种先进物流技术装备的使用或租赁等服务，如 GPS 控制技术，实现货物全程在线跟踪等。

（3）信息功能。信息功能主要是进行信息的收集与发布活动，提供国内外物流行业权威信息和运输、仓储、市场等信息，并通过物流园区的信息平台为客户进行信息传递、收集、分析、处理、发送、统计等信息服务。

（4）展示功能。展示功能主要指为各类商品进行展示提供条件，为供需双方提供交易平台、展示平台和市场供求信息，衔接供需双方的要求，促成市场交易。

（5）服务功能。服务功能指为入驻园区的企业提供工商注册登记、优惠政策咨询、法律咨询，履行对园区的行政事务管理、物业管理、投资管理，并提供物流人才培训等服务，为园区工作人员及客户提供商务办公楼、配套餐饮、通信、邮政、住宿。

2. 物流园区的功能定位

1）概述

物流园区系统的整体效率依赖系统各组成部分的有机配合与协调，因此，对于各组成部分的功能定位，应从物流园区整体系统出发，强调各组成部分之间的功能协调，使各组成部分既能合理分工，又相互联系，形成一个有序的整体，以实现园区的总体效率最大化。

2）物流园区功能定位的原则

（1）集成一体化。集成一体化是物流系统的核心，要求系统各元素间的协调、配合，注重整体效应。一方面，应考虑各部分的个体效应，每一部分只完成物流过程中某一环节的特定功能，这种特定功能并不是独立的；但另一方面，应考虑整个园区的整体效应，在整个园区中，各部分并不是完全独立地完成活动，而是与其他部分相互协作、共同完成一些功能。因此，各部分之间必须协调，实现物流功能的一体化、集成化，才能有利于物流系统功能的协调发挥，保证物流系统各环节的无缝链接。

（2）资源有效利用与优化配置。在对功能定位时，既要考虑现有资源的充分利用，构筑各部分的系统功能，发挥现有资源的优势，又要结合城市发展规划、物流发展趋势、物流园区布局理论，通过系统整合，逐步调整园区的空间布局和功能配置，形成空间布局合理、资源和功能配置优化、各部分协调的物流园区。

（3）可调整性。物流园区始终处于动态发展，物流系统的功能随着物流系统自身的发展、物流需求的变化而不断变化、延伸、提升。在功能定位时，不能仅仅局限于当前物流活动的需要，要立足于物流发展的当前需要，使物流功能具有良好的可调整性，促进物流功能的不断发展、完善和提升。

4.2.2　物流园区规划与设计的理论

1. 物流园区规划与设计的特征

1）物流园区规划与设计的原则

（1）科学性。物流园区的规划与设计不仅受到客观物流的限制，同时还受到交通运输、物流成本、服务水平等因素的影响。因此物流园区规划与设计要坚持科学性原则，即在物流园区选址和确定规模时，必须以物流现状分析和预测为基础，按照社会经济发展的要求和现代物流发展的规律，以及区域、城市经济功能、布局和发展趋势，依据物流需求的不同特点、服务范围的大小，考虑影响物流企业布局的各种因素，统一规划，合理布局，科学地选择最佳地点及确定最佳规模。

（2）市场化原则。物流园区规划要坚持市场化运作，以企业为主体，总体设计要满足经济实用的要求，方便收发货和保管、养护工作，保证商品迅速进出。既要保证建筑物之间必要的防火间距，又要节省用地，减少建设投资，还要有利于各种设施、设备效能的充分发挥，保证各种设施、设备的有效利用，提高劳动效率和经济效益，真正成为物流企业公平、公开和公正竞争的舞台。

（3）系统优化原则。物流园区规划与设计要重视作业流程的优化，要在满足工艺、生产和管理要求的基础上，尽量使彼此之间物流量大的设施与设备布置得近一些，而物流量小的布置得远一些，避免货运的迂回、倒流和回退现象，达到各物流环节的机械化、省力化、标准化，以及物流园区整体化、合理化和系统化要求，既要控制成本，又要使客户满意，提高服务水平，增强竞争力，从而实现物流园区整体运作的最优化。

（4）环境合理性原则。环境合理性原则主要体现在物流园区的选址上，一般来说，选址取决于物流园区的功能。例如，考虑市内交通拥挤、化解城市压力，物流园区可以建在城乡连接处，考虑经济效益，物流园区则建立在交通枢纽地区或产品生产与销售的集散地区。

（5）可持续发展原则。可持续发展是指经济、社会、生态三者的协调持续发展，基于这一原则，物流园区应以绿色物流的发展模式进行规划，发展回收物流和废弃物物流。同时，为了适应社会经济的发展和市场的变化，物流园区规划设计必须考虑柔性化，应该留有发展的空间和适应变化的能力，也就是说对进出能力、加工能力、储存能力和转运能力等要做出一定的柔性化考虑，以适应不同时期储存不同品种、数量的货物。

2）物流园区规划与设计的内容

物流园区规划是指在城市、区域物流定位的基础上，对物流园区的空间结构、设施布局、设备配置，以及对物流园区的经营方针和管理模式等进行策划的过程。主要包括选址规划、平面布局规划、功能划分、功能区规模、信息平台规划、道路交通规划、运作模式规划等。

（1）选址规划。物流园区的选址规划是解决物流园区应该建在什么地方的问题。物流园区是区域、城市物流系统中层次最高的物流节点。

（2）平面布局规划。平面布局规划是物流园区规划中最重要的内容之一。物流园区的平面布局规划模式可以归纳为四种：功能区式布局模式、地块式布局模式、概念园式布局模式以及混合式布局模式。主要解决三个方面的问题：一是物流园区应该由哪些功能区组成？二是这些功能区要占多大规模？三是这些功能区之间相对位置关系怎样？

功能区式布局模式是将物流园区按照物流功能或物流经营主体的行业性质，划分不同功能的子区，如有的物流园区划分为仓储配送区、流通加工区、保税物流区等。

地块式布局模式是利用自然条件或人为地把物流园区内部的用地，分解成若干大小不一的地块，由符合用地经营要求的企业根据需要租赁相应的地块，并进行自用设施设备的安排。

概念园式布局模式，也称为弹性功能区模式，是将大的园区分成几个子区，对各子区并不进行严格的经营限制，而通过分析各子区的区位条件给出概念定位，企业根据自己业务的需要选择进驻相应的子区。

混合式布局模式是指一个物流园区内以上几种布局模式同时存在。将一个物流园区分割成若于大型地块，某些地块直接出售给大型物流企业进行自建自营，而地块内进行详细功能分区布置，进行基础物流设施建设，然后出租给一些中小型物流企业，或者对某些地块进行概念园式设计。

（3）功能划分。物流园区的功能分区一般包括公路货运区、仓储配送区、流通加工区、展示交易区、保税物流区、综合服务区等。

公路货运区。公路货物运输是现代物流的核心环节之一。物流园区具有合理化的运输组织，承担着综合运输的使命。因此，公路货运区是许多物流园区中重要的组成部分。

仓储配送区。仓储、配送是物流的核心作业环节，也是物流园区的核心功能。考虑仓储与配送作业两者之间的紧密联系，物流园区一般将两者整合划分为仓储配送区，作为货物仓储、配送的作业场所。

流通加工区。流通加工是现代物流作业环节之一，是实现物流增值服务的重要途径。对于流通加工服务需求较大的物流园区一般划分为流通加工区，作为原料加工、配套装配、条形码生成、标签印刷、贴标签、改包装等活动的作业场所。

展示交易区。依托现代物流的优势，划分展示交易区为商品提供展示平台、为供需双方提供交易平台，实现以物流带动市场开发、以市场促进物流发展。

保税物流区。保税物流区是为适应现代物流运作与加工贸易的发展，满足跨国企业全球运作和经济全球化的要求。

综合服务区。综合服务区一般是物流园区行政管理机构所在分区，也是为物流园区提供生活、培训、结算、采购等配套服务的场所，是归并和整合了相近的功能服务而形成的。

（4）功能区规模。物流园区有些功能区的占地规模是可以定量计算的，而有些很难定量计算，通常占地规模可以定量计算的功能区占物流园区总的比例较大，是决定物流园区总体规模的主要因素。在物流园区总体规模和可以定量计算的功能区规模确定的基础上，对规模难以定量计算的功能区可以通过定性地分析加以确定。

仓储配送区规模。仓储配送区一般在物流园区中占地面积最大，其规模包括三个部分：一是仓库规模，二是装卸货台规模，三是装卸场占地面积。对于仓库占地面积，可以采用下面公式计算：

$$S_c = Q \times M \times N \times \alpha^{-1}$$

式中，S_c 是仓库需求面积（m^2），Q 是日货物处理量（t），M 是货物平均存储天数，N 是单位货物平均占地面积（m^2/t），α 是仓库的利用系数。由于仓库需求面积是仓库内部的使用面积，还应该根据建筑工程方案进行相应的转换，得到仓库的占地面积 $S_c^{/}$。

对于装卸货台的面积，因其与建筑方案关系密切，可以在仓库具体建筑方案确定后根据下式计算得出

$$S_z = K \times H$$

式中，S_z 是每个仓库装卸货台面积（m^2），K 是仓库建造装卸货台的长度（m），H 是装卸货台的深度（m）。

对于装卸场的占地面积，主要包括车辆的停放、调车所需面积以及通道面积，计算时可以参照停车场面积的计算方法，即

$$S_t = k \times S_D \times P$$

式中，S_t 是装卸场占地面积（m^2），k 是单位车辆系数，S_D 是单位车辆的投影面积（m^2），可以选取主要车型的投影面积进行确定，P 是装卸车数量，根据仓库的货物进出量确定。

流通加工区规模。流通加工区的主要作业就是接货、流通加工和发货。在作业量一定的情况下，作业效率越高，单位时间内需要的作业面积越小，接货、流通加工和发货的作业面积可以采用下面的公式进行计算：

$$S_L = \left(\frac{Q \times T}{H}\right) \times S_0$$

式中，Q 是日均作业量，T 是完成每次作业的时间，H 是每日的实际作业时间，S_0 是单位货物的平均占地面积。

（5）信息平台规划。信息技术是实现信息平台构建及其功能实现的技术手段。基于

物流系统运行的基本要求，在物流园区的规划中，应将物流系统信息平台作为园区建设的重点。包括对物流信息的收集、加工、传递、存储、处理、发布、优化等一系列作业过程的规划与设计以及相应物流信息技术手段和方法设计等。物流园区信息平台建设的目标是实现物流园区的计算机管理，为物流园区的物流企业提供物流基础信息和交易信息；实现物流信息的共享和交换达到物流交易的信息化，以最小的费用实现物流资源的最佳配置，完善物流系统的运行。

物流园区物流信息平台规划的关键是确定信息平台的体系框架，确定各系统之间的衔接要求，明确信息组织方案等。物流信息平台由共用信息平台、物流基础信息平台和作业信息平台组成。

共用信息平台由各基础功能子系统组成，通过基础功能子系统实现与交通、运输等相关行业管理部门的信息分系统，与港口、铁路、机场及其他物流园区等的信息系统，与银行、保险等服务机构的信息系统建立信息沟通渠道，构成共用信息平台系统。

物流基础信息平台是对园区内物流企业进行行业管理和信息服务的平台。通过物流企业的接入，实现园区内物流企业的统一管理和服务。物流园区搜集、处理、储存后的信息通过基础信息平台向园区内物流企业提供信息服务，从而达到信息共享的目的。

物流作业信息平台主要是向园区内的物流企业提供一个完整的生产作业平台，满足物流企业完成生产过程的各项功能需求。设置物流作业信息平台的目的是为了满足物流企业的需求，以减少重复建设，提高中心信息网络系统资源的利用率，降低物流成本。

（6）道路交通规划。物流园区内部道路一方面把物流园区的各组成部分连接成为一个整体，另一方面它还实现了物流园区与外部交通的有效衔接；同时，它也是园区消防通道和园区景观构成的重要因素。园区内部的路网不仅对功能分区的布局产生重要影响，还对车辆、人员的进出以及车辆回转等动线产生影响。物流园区道路交通规划主要包括路网布局、出入口规划设计、交通组织等方面的内容。

物流园区内部路网的形态就是园区内部路网的布局形式，它与功能分区的布局相互影响、相互联系，并在一定程度上决定了物流园区的总体布局形态。物流园区的内部路网布局主要有以下三种形式。

带状。规模较小且功能较为单一的物流园区，往往以一条主干道为主轴，各功能分区排列在主干道的两侧；园区的主出入口在主干道的一端或相对的两端。这种路网形态结构简单，货物运输容易组织。

网格状。物流园区的路网由多条横向、纵向的主干道或次干道组成，将物流园区分割成若干网格，功能分区分布于网格之中，是一种比较常见的物流园区路网形态。这种路网布局形式的特点是道路整齐、有利于建筑物的布置、有利于分散交通及交通组织灵活方便。

放射状。放射状布局形式往往有一个布置核心或顶点，功能分区围绕着布置核心或顶点向外扩展，与核心区的关系程度由内向外逐渐减弱，路网呈现由核心区向外放射的形态。

物流园区的出入口不仅具有交通功能，通常还具有展示园区形象的功能，因此，出入口的规划与设计既要满足车辆的进出需求，还要有利于园区形象的展示。一般而言，物流园区出入口的设置有沿道路直接开口、辅助道路开口、专用道路开口和高架道路开口四种形式。

沿道路直接开口形式，直接将物流园区的出入口与周边的道路相连，这种形式最为简单；但进出物流园区的车辆对连接道路的交通产生较大影响，容易造成交通堵塞，并产生交通冲突，导致交通安全隐患。因此，这种形式只适用于物流园区规模较小或连接的道路等级较低的情况。

辅助道路开口形式。辅助道路开口形式就是在连接道路的红线与园区建筑物的红线之间设置平行于连接道路的辅助性道路，用于园区的进出。这种形式一定程度上分离了物流园区的进出交通与连接道路的交通，减少了与连接道路的交通冲突。

专用道路开口形式。专用道路开口形式是指通过园区内部开辟专用通道，将园区出入口与连接道路衔接起来的一种形式。这种开口形式的特点是出入口的通行能力很大，交通流构成简单，缺点是专用道路的利用率不高，还造成了园区用地的分割。

高架道路开口形式是在连接道路上修建高架桥，使进出物流园区的车辆与连接道路上的交通分流的一种出入口形式。它的优点是可以使进出物流园区的车辆快速集散，缺点是建设成本较高。

（7）运作模式规划。物流园区的运作模式规划主要是解决物流园区建成以后如何运营问题。具体而言，物流园区的运作模式规划主要包括管理模式、赢利模式、发展模式等方面的内容。

2. 物流园区规划与设计的步骤

物流园区规划与设计是一个动态的规划过程，在充分考虑各类因素的基础上，利用定性与定量分析相结合的方法，制定出切实可行的规划方案，并经过不断的反馈和修正，选出最优方案的过程。具体步骤如下。

1）计划开始阶段

这一阶段的主要任务是项目筹备，即成立或委托专门的组织机构进行规划，并明确任务、确定规划进度以及就物流园区规划的一系列问题达成共识。

2）需求分析阶段

（1）基础资料收集。一般而言，基础资料主要包括城市的社会经济与城市规划、城市物流市场现状、政府的物流政策、园区选址周边路网及交通状况等方面。

（2）城市物流现状。城市物流市场现状主要包括物流市场需求与物流市场供给两个方面。物流市场需求资料主要通过对生产制造企业、商贸企业以及开发区、大型市场群、商贸经济中心等重点需求资源的调查获取。物流市场供给资料主要通过对大型综合性物流企业、以仓储或运输为主的小型物流企业以及枢纽站场或船代、货代为主业的企业等调查获取。政府的物流政策主要包括政府的物流产业发展规划、物流业发展支持政策等方面的资料；周边网络及交通状况主要包括物流园区周边的路网结构、布局、现状交通量等资料。

（3）规划条件设定。规划条件设定是指要了解业主单位或委托单位对规划建设物流园区的意图、想法与要求，并作为物流园区规划的指导思想或限定条件。

（4）基础资料分析。基础资料分析主要是将收集到的基础资料进行分类汇总，利用一定的数据分析或处理方法，得出物流园区规划所需的数据或信息，并借助时间序列平滑、线性回归、神经网络等预测方法，预测规划目标年的物流量，作为物流园区规划的重要参考依据。

（5）战略定位。战略定位在基础资料分析的基础上，初步确定将要规划建设的物流园区在区域物流网络中的层次与地位、物流园区的类型及其应该具备的功能、未来发展方向等。

3）概念规划阶段

物流园区概念规划包括选址规划、平面布局规划、道路交通规划、信息平台规划及运作模式规划等。

4）方案评估阶段

物流园区的概念规划方案往往不是一个而是几个可行方案，可以采用层次分析、模糊综合评判、数据包络分析等方法对可行方案进行优选，选出最优方案。

4.3 物流配送中心规划与设计

4.3.1 物流配送中心规划与设计概述

1. 物流配送中心的分类

1）按照专业化程度划分

物流配送中心是以组织或供应、执行实物配送为主要职能的流通型节点，它既有集货中心的职能，又有分货中心的职能。为了优质高效地完成配送，它通常具有较强的流通加工能力。物流配送中心按照专业化程度可以分成两类。

（1）专业型物流配送中心。专业型物流配送中心的含义有两个：一是物流加工、仓储与物流技术及配送对象属于某一专业范畴，在某一专业范畴有一定的综合性，综合这一专业、领域的多种物资进行配送，二是以物流配送为专业化职能，基本不从事其他经营。

（2）柔性型物流配送中心。柔性型物流配送中心不具有固定化、专业化的特点，而是随时变化，对用户要求有很强的适应性，没有固定的供需关系、固定的用户。

2）按照中心职能划分

物流配送中心按照中心职能可以分成五类。

（1）供应型物流配送中心。专门为某个或某些用户组织的供应物流配送中心。例如，为大型连锁超市、替代零件加工厂的零件配送中心。

（2）销售型物流配送中心。销售型配送中心大体有三种类型：生产企业将本身产品直接销售给消费者的配送中心；流通企业建立配送中心以扩大销售；流通企业和生产企业联合的协作性配送中心。

（3）储存型物流配送中心。储存型物流配送中心是具有很强的储存、配送功能的中心，用于企业成品销售、原材料，零部件供应等。

（4）流通型物流配送中心。流通型物流配送中心基本上没有长期储存功能，仅以暂存或随进随出方式进行进货、配货和送货。这种物流配送中心通常是大批量进货，按一定批量零出。

（5）加工型物流配送中心。加工型物流配送中心是指物流配送中心具有加工的职能。

2. 物流配送中心的功能

（1）集发货功能。物流配送中心具有将分散的、小批量的货物集中起来，集中处理的功能。

（2）储存功能。为了满足市场需求的及时性和不确定性，不论何类物流配送中心，均需具备储存功能。

（3）分拣功能。根据客户对多种货物和运输配载需求，将所需货物从储存货物中挑选出来，以便集中配货。

（4）加工包装功能。根据客户需要，将材料进行简单加工，方便客户的运输和精加工。这种加工在金属材料的剪切、弯折等项目上较为普遍。

（5）包装功能。将散货改为有包装货物，以经济大改小、小并大等项工作。

（6）配送功能。按照客户需求，将货物按时按量送至用户。可以为同一用户配送多种多规格的货物，也可以是一台车次为不同用户配送一种或多种货物。

4.3.2　物流配送中心规划与设计的理论

1. 物流配送中心规划与设计的内容与原则

1）物流配送中心规划与设计的内容

物流配送中心的规划是一项系统工程．包括选址规划、平面布局规划、设备选择规划、信息系统规划、运营系统规划等内容。

（1）选址规划。物流配送中心位置的选择显著地影响实际营运的效率与成本以及仓储规模、运输批量。物流配送中心拥有众多固定机械设备，一旦建成很难搬迁。如果选址不当将付出长远代价。

（2）平面布局规划。平面布局规划首先需要对物流配送中心的运输、配送、保管、包装、装卸搬运、流通加工、物流信息等功能要素进行分析，然后结合物流需求的形式、发展战略，规划与设计功能和功能区。

（3）设备选择规划。设备是保证物流配送中心正常运作的必要条件。设备规划涉及建筑形式、空间布局、设备选择与安装等问题，需要运用系统分析的方法求得整体优化，最大限度地减少物料搬运、简化作业流程，创造良好、舒适的工作环境。

（4）信息系统规划。信息化、网络化、自动化是物流配送中心的发展趋势。信息系统规划包括网络平台架构及内部的管理信息系统分析与设计，在规划设计中，既要考虑满足内部作业的要求，有助于提高物流作业的效率，又要考虑与外部信息系统的连接，方便及时获取和处理各种信息。

（5）运营系统规划。运营系统规划包括作业程序与标准、管理方法和各项规章制度，以及对各种票据的处理和各种作业指示图、设备维修制度和系统异常事故的对策设计等。

2）物流配送中心规划与设计的原则

（1）系统最优原则。将物流配送中心作为一个整体，运用系统的概念、系统分析和系统优化的方法，求得物流配送中心的整体优化。

（2）动态柔性原则。由于物流配送中心的各个环节和要素之间都始终处于动态变化之中，要充分考虑物流配送中心系统发展的需要和变化的可能，以动态的观点和变化的观点作为规划的出发点，并贯穿在规划设计的整个过程，使设计的物流配送中心具有柔性化的生产和服务能力。

（3）作业环节优化原则。合理规划作业环节，减少或消除不必要的作业，提高物流生产和服务的效率，降低人力和资源消耗。例如，在时间上缩短生产周期，在空间上减少占地，在物料上减少停留、搬运和库存等。

（4）人机工效原则。在规划与设计中，重视人的因素，运用人机工程学理论进行综合设计，并考虑包括空间大小、通道配置、色彩选择、照明、温湿度和噪声等环境因素，对人的工作效率和身心健康的影响。

2. 物流配送中心规划与设计的基本思路

功能区是物流配送中心内部布局的基本空间单元，是各项功能实现的保障和支撑。在功能区设置之前，需要对功能进一步细化，以获得相应功能实现所需要的基本活动，并以此作为各项功能落实的场所，完成物流配送中心功能区的设置。

（1）物流作业区。物流作业区域布局以物流作业为主，仅考虑物流相关作业的配置形式，由于物流配送中心内的基本作业大部分为流程式作业，不同订单具有相同的作业程序，因此适合以生产线式的布置方法进行布置。若是订单种类、物品特性或拣取方法有很大的差别，则可以考虑将物流作业区域区分为数个不同形态的作业线，以分区处理订单，再经由集货作业予以合并，这样可以有效率地处理不同性质的物流作业，类似于制造企业中的成组布置。

（2）辅助作业区。作业区域的布置除了物流作业，物流配送中心中仍包含其他管理辅助作业区域，各区域与物流作业区之间无直接流程性关系，适合以关系型的布置模式作为作业区域布置的规划方法。此时的布局模式有两种参考的程序。

一是将物流作业区为一个整体性的活动区域，并与其他各活动区进行相关配置规划的程序，分析各区域间的活动关系，以决定各区域之间相邻与否的程度。

二是将物流作业区内各单一作业区域分别独立出来，转化其物料流程为活动关系的形式，并与各作业区域综合分析其活动相关，来决定各区域的配置。

（3）其他区域。厂房建筑内的相关区域布置完成后，需要就厂区范围内的相关区域进行规划，如厂区通道、停车场、对外出入大门及对外联系道路形式等。此外，厂区布置时尤需注意未来可能的扩充方向及经营规模变动等因素，以保留适当的变动弹性。

3. 物流配送中心的功能区规划与设计

1）物流配送中心的流程分析

一般来说，物流配送中心的主要活动，包括订货、进货、仓储、拣货、包装、贴标签和配送作业，此外，还负责退货作业，并对客户退货进行分类，将废品和滞销品退回供货厂商，以及退回货物的重新入库保管等活动。

以作业流程图描述物流配送中心的作业流程：对于新建物流配送中心的规划，应根据规划目标设定的功能，结合同类型物流配送中心的作业流程进行考虑；而对已有物流配送中心的改造规划，则要对现有作业流程进行描述。

对各项作业流程进行分类，分类标准以货物储运单位的转换及作业特性为主，货物储运单位包括托盘、箱、单品等；作业特性可以分为装货、卸货、拣货、补货、搬运、检验、暂存、储存等。

对作业流程进一步分析优化，剔除其中不合理或不必要的作业，尽量简化和减少装卸、堆码、搬运等作业，同时在保证作业质量的前提下，统一货物的储运形式，减少内部作业过程中的储运单位转换。

2）物流配送中心的功能区布局

（1）功能区布局。功能区的布局对物流配送中心的规划来说具有重要意义，确定了功能区布局也就大体确定了物流配送中心的内部总体结构。功能区布局的基本思想是根据功能区之间的联系程度和作业流程，获得能以最短时间、最小搬运量和最合理路线，即最高的作业效率完成主要物流活动的布局方案。各功能区的相关性，特别是物流作业流程所引起的物流相关性是功能区布局的出发点和决定性因素。

针对物流配送中心在作业流程上的空间需要，可以将功能区分为物流作业区和外围辅助活动区两类进行规划。其中，物流作业区是业务开展的核心部分，主要进行出入库、订单拣选、装卸货物等基础物流活动，各项活动之间具有较强的前后关联；外围辅助活动区主要进行对外业务办理及作为会议、维修、休息等公共场所使用。

（2）功能区布局的方法。功能区布局的方法包括定性关联图法、定量关联图法，后者又包括从至表法、作业流程基本计划表法两种。

3）物流配送中心的通道空间规划与设计

（1）通道设计。通道不属于任一功能区，但通道的合理设置与宽度设计是影响物流效率的关键。一般物流配送中心的布局规划必须先划定通道位置，通道位置应方便货物存取、装卸设备进出及必要的服务区间。

通道可以分为：主通道及辅助通道。主通道通常连接中心的进出口至各功能区，道路宽；辅助通道为连接主通道至各作业区域内的通道，通常垂直或平行于主通道。

（2）通道宽度设计。通道宽度的设计，需视不同的作业区域、人员或车辆行走速率、单位时间通行人数、搬运物品体积等因素而异。以人员行走通道为例，通过人员通过速率 v、单位时间通过人数 n 来推算，估计两人行走所需最短距离 d，人身宽度为 w，则每一人员在通道上行走瞬间需要的空间为 $d\times w$，那么，通道宽度 W 为

$$W = d \times w \times \frac{n}{v}$$

若两人行走时所需要的最短前后间距离应 1.5m 以上，而人身宽为 0.76m，一般人员行走速率约为 3.2km/h，若每分钟需通过 105 人，则通道宽度即为 2.2m 以上。

4）物流配送中心的功能区规模规划与设计

（1）仓储区空间规模设计。仓储区的主体结构是储运场所及设施，其内部作业区域可以分为以下几个部分。

接货验收作业区。接货区与验收区可以相邻配置，在这个区域里主要完成货物的卸货、清点、检验、分类、入库等工作，通常设置在储存场所外围，通过卸货站台与公路或铁路专用线、专用码头等直接相连；内侧还规划设计有暂存、分类验收区域以及相应的设施设备。

储存保管作业区。储存保管作业区是专门用于存放货物的相对静态的区域，在这个区域主要完成货物的储存保管和养护作业，货物在这个区域存放的时间相对较长。储存保管区所占面积与物流园区的基本功能和运作模式相关：流通性的储存保管区所占面积相对较少，储存性的储存保管区一般储存区域较大，可以占到物流配送中心总面积的50%以上。

进行仓储保管作业区的空间规模规划时，应考虑货品尺寸及数量、堆码方式、托盘尺寸、货架货位空间等因素，然后进行仓储保管作业区的空间规划。仓储保管作业区规模规划与具体的储存策略有关，下面介绍不同储存策略下的仓储保管作业区空间规模计算方法。

托盘平置堆放。若物流配送中心货物以托盘为单位置于地面上平置堆放方式储存，则计算存货空间所要考虑的因素有存货数量、托盘尺寸、通道等。假设托盘尺寸为 $P \times P\text{m}^2$，由货品及托盘尺寸算出每托盘平均可码放 N 箱货品，若平均存货量为 Q，则存货空间需求 D 为

$$D = \frac{Q}{N}(P \times P)$$

实际仓储保管作业区空间规模，还要考虑叉车存取作业所需空间，故实际仓储保管作业区空间规模为

$$A = D \times 1.5$$

托盘叠加堆放。若货品以托盘堆放于地面上，则计算存货空间要考虑货品尺寸及数量、托盘尺寸、可堆叠高度等因素。假设托盘尺寸为 $P \times P\text{m}^2$，由货品及托盘尺寸算出每托盘平均可码放 N 箱货品，托盘在仓库内可堆叠 L 层，若平均存货量约为 Q，则存货空间需求 D 为

$$D = \frac{Q}{N \times L}(P \times P)$$

实际仓储保管作业区空间规模为

$$A = D \times 1.67$$

理货作业区。在这个区域里，主要对分拣出来的货物进行配货与配装作业，并将配好的货物暂时存放，以备送货。该区域所占面积也与物流配送中心的基本功能和运作模式有关，通常，流通型、转运型物流配送中心或多品种、多用户、少批量、多批次的物流配送中心，其分货、配货频繁，作业量大，所占面积也相对较大。

（2）拣货区空间规模设计。一种拣货布局设计是利用现有的存储区域，存储货位设计既要满足存储要求，又要满足拣货需要，这种布局货物周转率高。另一种区域布局是指定仓库的某些区域为拣货区，围绕着拣货需要和尽量减少订单履行中的移动时间来设计；同时，指定另一些区域为货物存储区，围绕着存货需要和充分利用仓容量来设计。

储存区和拣货区共用托盘货架。如果货品体积、发货批量较大时，经常采用储存区和拣货区共用托盘货架。一般第一层为拣货区、第二三等层为储存区。需要考虑的因素主要有：货品品种总数。实际需求空间取决于货品品种总数、库存量所需要的托盘数。假设托盘货架堆叠层数为 L，平均每一托盘堆放货品箱数为 N，存货所需的托盘规模为 D，拣货品项数为 I，平均存货量为 Q，则

$$D = 1.3\frac{Q}{N(L-I)}(P \times P)$$

拣货区规模=分拣设备面积+操作活动空间面积

（3）加工区空间规模设计。设立专门的流通加工区供货物在配送之前，可以对其进行流通加工处理。流通加工作业包括货物的分类分装、过磅、拆箱、重新包装、产品组装、贴标签及货物的组合、包装等。

加工区规模=加工设备面积+操作活动空间面积

5）进出货站台设计

根据货物在仓库内的堆放方式、存放时间、货物的最终去向不同，为避免装、卸货物时的互相干扰，提高工作效率，货物的装、卸作业场地可以分开设置。如果能合理分配作业时间和区域，装卸场地也可以合并在一起。

由于物流配送中心常用运输车辆的宽度为 2.4～2.6m，车辆垂直停靠在站台前所需要的停车位最小宽度为 3.5m，如考虑车厢门向两侧开的货车停靠在站台后才开门时，则停车位最小宽度约为 4m，否则，相邻货位的车厢门会互相触碰或不能完全打开。为了防止装卸区域内交通阻塞、使车辆快速地靠泊和驶离站台，同时考虑配送货物装卸作业一般以叉车为主，因此站台应有足够的宽度满足叉车回转需要，应尽可能保证这一宽度不小于 4.5m。

另外，平台外部空间需根据常停靠车辆的回转半径预留回转作业空间，以保证货车进出及停靠码头所需的活动空间。此空间大小与货车的长度及回转半径有关系。

进出货空间的设计除考虑效率及空间外，安全也是必要的考虑因素，尤其是车辆与站台之间的连接设计，以防止大风吹进仓库内部、雨水进入集装箱或仓库及避免库内空调冷暖气外泄等灾害损失及能源浪费。

➢复习思考题

1. 物流园区、物流中心、配送中心规划与设计的内容包括哪些？
2. 物流企业系统规划与设计目标？
3. 物流企业系统规划与设计的方法？
4. 订单品种数量分析的含义是什么？
5. 为什么要进行 EIQ-PCB 分析？
6. 作业区域关联度分析的内容包括哪些？
7. 定性关联图法的含义及如何应用？
8. 定量关联图法怎样应用于物流系统规划设计？

9. 物流园区有些功能区的占地规模如何确定？

10. 物流配送中心布局的基本思路是什么？

11. 物流配送中心通道空间及区域面积如何确定？

12. 某地区一家配送中心，为了改善物流作业管理，将为配送中心迁址重建做好准备，因此需要对其订单数据进行 EIQ 分析。收集和筛选该配送中心一年的订单，将订单进行编号，依次为 El、E2，…，E10，订单的 10 个出货品种编号为 I1、I2、I3，…，I10，数据如表 4.10 所示。试做出该配送中心的 EIQ 分析。

表 4.10　配送中心 EIQ 表

出货订单	出货品种									
	I1	I2	I3	I4	I5	I6	I7	I8	I9	I10
E1	2	4		7		8		12	8	
E2	3	9	6	18	14	16	10	1	25	12
E3			9				6		5	12
E4		15		4		9	18		21	
E5		9			4					16
E6		7	4		15	9	10	8	21	
E7	1	1								
E8			7							
E9	3	9	6	12		20	1	9	2	6
E10	1	10	11	3		5	19		2	16

13. 已知某物流中心有 6 个作业区，物流中心的作业区域关联图，如图 4.11 所示，试用关联图法，做出该物流中心的区域布局规划。

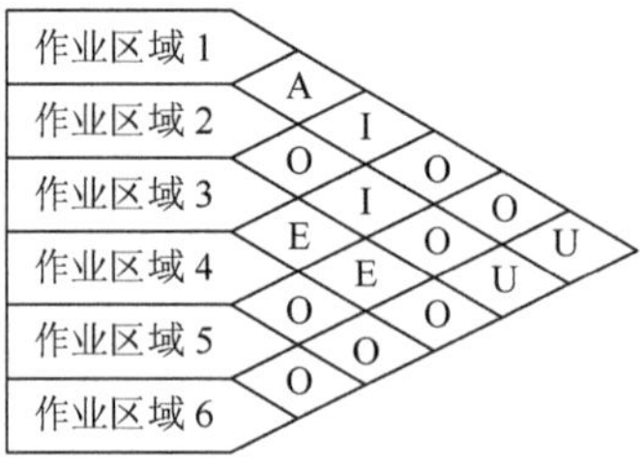

图 4.11　物流中心作业区域关联

14. 某物流企业有 A、B、C、D 四种产品，作业量分别为 60%、20%、15%、5%，该物流企业的作业流程有入库、验收、分类、流通加工、保管、特殊作业、配送。

第一步：根据已知资料，编制的物流企业作业流程的基本计划，如表 4.11 所示。

表 4.11　物流企业作业流程的基本计划

作业类别＼产品类型	A	B	C	D	…
入库	①	①	①	①	
验收	②	②	②	②	
分类		③		③	
流通加工	③		③	④	
保管			④		
特殊作业					
配送	④	④	⑤	⑤	
作业量（比率）/%	60	20	15	5	

注：①②③④⑤表示流程的顺序。

第5章 企业物流系统规划与设计

5.1 企业物流系统的功能及分类

5.1.1 企业物流系统的功能

企业是一种从事商务活动，即为满足顾客需要而提供产品或服务，以营利为目的的经济组织。企业系统活动的基本机制是“投入-转换-产出”，对于生产性的企业来讲，是原材料、燃料、人力资本等的投入，经过制造或加工使之转换为产品，对于服务性企业来讲，是设备、人力管理和运营转换为对用户的服务。例如，一个制造企业，要首先购进原材料，然后经过若干工序的加工，最后形成产品销售出去；一个运输企业要按照客户的要求将货物运送到指定地点。

国家标准（GB/T 18354-2001）中将企业物流（internal logistics）定义为企业内部的物品实体流动。新国家标准（GB/T 18354-2006）将企业物流（enterprise logistics）定义修订为“生产和流通企业围绕其经营活动所发生的物流活动”。美国物流管理协会认为，企业物流是“研究对原材料、半成品、产成品、服务以及相关信息，从供应始点到消费终点的流动与存储而进行的有效计划、实施和控制”。

20世纪60年代，制造和服务企业都不具有物流部门。客户服务由销售部门负责，库存根据具体的制造或销售地点来进行管理，供应商负责企业的原材料运入，销售部门则根据用户的订货信息组织产品的运出。在全球竞争的压力下，运输和存储活动比例明显增加，企业也越来越重视物流的职能。从集成的视角看，企业物流系统应十分关注下列问题：订单处理、采购、运入物流、生产计划和调度、库存管理、配送和交付运输、仓储管理，包括客户响应管理、物料需求计划、配送需求计划等在内的信息系统。从业务流程的角度看，企业的物流系统概括起来应包括销售和配送物流、研发物流、采购和生产物流以及回收和废弃物流。企业类型不同，物流在企业中的地位也存在着明显差异。

5.1.2 企业物流系统的分类

（1）销售和配送物流。它始于并结束于顾客或消费者，包括以下几部分：实际销售物流，即执行提供和处理销售订单相关的任务、配送物流，包括从产成品到交付最终用户的任务、服务和维修物流，包括产品投资后的整个产品生命周期中的相关活动。

（2）研发物流。研发物流包括整个“研究-设计-产品和工艺开发-生产设施构思和采购-原型开发”研发链上的任务。由于面向顾客订单的产品和过程设计的地位越来越重要，它往往占了顾客订单交付提前期的一半、甚至更多的时间，研发物流的重要性也不断上升。为了获得短的产品提前期，必须从一开始就把产品和过程设计融入到物流设计之中。例如，笔记本电脑的电源线电压现在都已经设计成全球适用的 100～240V，其用意不是省钱，而是为了快速回应全球市场，不会因为某种电压的电源线缺货，而延迟交单，损失更大。另外，研发物流通常需要以面向项目的方式来实现。

（3）采购和生产物流。一般而言，采购和生产物流包括了移动（如运输、货物处理、拣取等）和储存产品的所有任务和过程，但不包括导致产品物理上发生变化的那些任务和过程，这是狭义上的一种定义。当然，使产品发生物理或化学变化的生产过程对物流系统的选择和效率有重要的影响。随着更短提前期的要求，生产过程必须成为物流规划的一部分。

（4）废弃物流。由于资源的几近耗竭，废弃物处理站的过多负荷，废弃物物流的重要性越来越得到人们的关注。当然，企业重视废弃物流的原因不尽一样，有些是迫于法律法规的需要，有些则是把处理废弃物流当作取得成功的一种战略。不过，目前废弃物流大多是从务实的角度来展开的，而不是从系统的角度来处理的。

企业的这些子物流及其关系可以如图 5.1 所示。

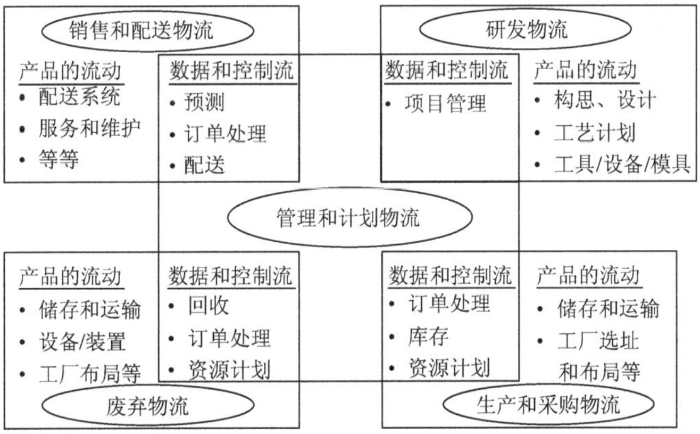

图 5.1　企业物流的分类及其关系

5.2　企业物流系统战略规划

5.2.1　企业物流系统战略规划概述

企业物流系统战略规划是属于企业职能战略，与企业生产战略规划、营销战略规划、财务战略规划、人力资源战略规划等一样，是企业战略规划的组成部分。企业物流系统战略规划主要是针对企业采购、生产、销售和售后服务等不同环节的物流做出的整体部署和安排。

作为企业战略规划的组成部分，企业物流系统战略必须与各职能部门战略规划相互适应、相互协调、相互支撑，因为只有当生产、营销、财务、人力资源和物流部门制定的战略规划相互配合，并且满足企业战略规划的需要时，企业战略规划才会实现。

1. 企业物流系统战略规划的类型

1）及时化物流战略

及时管理于 20 世纪 50 年代由日本丰田汽车公司创立。1972 年以后，JIT 管理被广泛应用于日本的汽车和电子工业，为日本企业生产高质量、低成本的产品提供了重要保证，并使日本产品质量居于世界领先地位。80 年代以来，及时管理得到了广泛的应用。JIT 制造、JIT 库存和 JIT 采购广泛地应用于企业中，并产生出巨大的效益。美国麻省理工学院的学者称赞，及时生产是一次生产方式、组织方式的革命。

在传统的制造业中，包括供应、加工、装配、包装、运输、交货等所有环节几乎都有过量的库存，95%的生产活动或时间实际上用于对原材料及加工件的搬运、计量、检测、记录、查找、返工等工作，这些工作一般只增加最终产品的费用，而不能提升产品的价值。从企业系统运行的角度看，企业的物料供应、产品生产和销售应该是连续的同步运动过程。即根据市场的实际需求，及时有效地组织生产，把所需的原材料及时运送至加工场所，并立即加工成零件，零件立即被装配成组件，进而装配成产成品，随即进行销售。整个企业的物料供应、生产和销售，既无延迟也无积压。显然企业一旦形成这样连续同步的运动过程，就可以从多方面收益。第一，可以消除积压浪费，加速资金周转，有效降低成本。第二，可以促进供应、生产和销售信息快速传递和反馈，及时发现生产过程中的质量问题并迅速查找原因。第三，缩短生产周期，提高交货能力和可靠性，大大增强对市场需求波动的应变能力。因而，实施 JIT 管理，无疑使企业获得十分有利的竞争地位。

及时物流战略产生的基础是 JIT 管理。JIT 基本思想是“在恰当的时间、恰当的地点，对恰当数量的产品从事物流管理”，不存在生产、经营过程中产生浪费和造成成本上升的库存，即能够实现所谓的零库存。及时制管理要求企业在产品制造、零部件库存和产品销售物流等各个方面都能及时地应对环境的变化和生产线随时调整的需要。及时物流与一般物流有相当大的差异，及时物流侧重的不是物资商品流动的规模经济性，而是立足于范围经济的时间性。及时物流战略的核心是在需要的时间，将需要数量的产品或零部件及时运抵目标场所，从而达到加速产品流转速度、最大限度地压缩库存、及时进行产品补货，以最终提高企业的物流服务水平。

2）一体化物流战略

一体化物流战略是对企业内、外物流进行整合，将物流活动作为一个遍布企业各个部门而又相对独立的活动，通过对多个部门或功能阶段的物流工作，进行有效的跨部门、跨阶段的协调和安排，从而实现物流活动在不同阶段之间的顺利衔接，提高物流活动整体效率和效益，减少重复和浪费，降低企业物流活动的总成本的战略。一体化物流战略的过程包括以下几方面。

初始阶段。这一时期的工作是将发生在企业不同部门或环节的两个或多个功能相同或相近的物流内容在运作中进行归类组合。这一阶段可以发生在企业的生产制造领域，也可以发生在产品营销中从分销到用户的过程中，或者发生在企业所需原料、零部件、外协件、外购件的采购过程中，通常被作为生产经营活动过程的辅助环节来完成。

第二个阶段。在这一阶段，包括采购和分销等发生在企业外部的物流过程被整合进来，物流能力在企业中已上升为一种具有重大影响的能力。它对提高企业的服务水平，降低企业的产品成本具有非常重要的意义。由于供应物流、生产物流和配送物流作为企业物流系统的子系统而存在。采购和分销物流的改进，完善了对物流活动的协调与控制能力。

第三个阶段。将物流功能纳入到一个综合的管理系统之中，实现物流功能的一体化，即每一个领域内的采购、制造支持和物资配送分别被组合成一个运作单元，作为统一物流系统的一个子系统。运作单元经过集成形成一体化的物流系统，其管理对象不再是产品而是运作单元。这有利于从总体的角度实现对物流系统资源的优化配置，更好地实现企业内外关系的协调与合作，提高物流系统的运作效率和整体的竞争优势。

第四个阶段。运作过程的一体化。此时，物流系统一体化整合的核心和重点已非功能整合，而是过程整合。运作过程的组织已从功能管理上升为过程管理。这将使企业有可能将努力的重点延伸到产品开发、市场开拓等领域。这种一体化的整合过程，只有具备比较完备的信息网络才有可能实现。所以，网络化是物流一体化战略的重点。

在以企业为考察重点，着力研究企业内、外部物流一体化的过程中，形成了供应链这种管理模式。这里指的企业不仅包括生产企业，也包括供应商、批发商、销售商在内。他们是物流网络体系中最基本的单位，他们自身内部物流功能及过程的一体化，是整个物流系统一体化的基础。

3）协同化物流战略

协同化物流战略打破单个企业的界线，通过企业之间的相互协调和统一，创造出最适宜的物流系统运行结构。协同化物流战略是在竞争中实现的，体现了竞争的活力，可以达到资源的优化组合，提高全社会的经济效益。

作为企业物流系统战略发展的新方向，协同化或一体化物流战略通过企业之间的合作以及对商品物流活动的统一管理和统一行动，彻底消除库存，降低成本，并对客户的需求做出快速响应的物流战略，目的在于弥合流通渠道中企业间的对立或企业规模与实际供需的矛盾。

4）全球化物流战略

随着经济全球化的不断加深，企业经营规模的不断扩大和国际化经营的不断延伸，出现了一大批立足于全球生产、全球经营和全球销售的跨国公司。这些企业的出现不仅使世界上许多公司都可以经营、使用、消费相同品牌的产品，而且产品的核心部件和主体部分也趋向于标准化。在这种状况下，全球型企业要想取得竞争优势，获取超额利润，就必须在全球范围内分配利用资源，通过采购、生产、营销等方面的全球化，实现资源的最佳利用和最大的规模效益。

但是，在实施全球化物流战略的过程中，有两点是必须值得关注的：一是全球市场的异质性或多样化，这决定了企业需要采取“从外到内”的思维方式，就是在充分了解不同国家市场需求差异性的基础上，通过差别化的产品和服务，来满足不同群体的顾客需求，而成本的控制也必须建立在市场需求差异前提下，或者说企业不仅要考虑通过实现规模经济来降低成本，而且更需要考虑积极发挥范围经济的效应，既满足多样化的要求，又能够有效地降低费用；二是当一个企业服务全球市场时，物流系统会变得更昂贵、更复杂，结果导致前置时间延长和库存水平上升。因此，企业在实施全球化物流战略时，必须处理好集中化与分散化物流的关系，否则，将无法确立起全球化的物流竞争优势。当今全球化物流战略出现了三种发展趋势。

物流供应与销售网络的本土化。作为全球化的生产作业，在世界范围内寻找原材料、零部件来源，并选择一个适应全球分销的物流中心以及关键物资供应的集散仓库，在获得原材料以及分配新产品时使用当地现有的物流网络，并推广其先进的物流技术与方法。

物流企业与企业物流的同步化。随着生产企业全球化进程的加快，将以前所形成的完善的第三方物流网络也带入到全球市场，形成生产企业与专业第三方物流企业的同步全球化。

运输企业的联盟化。为了充分应对全球化的经营，国际运输企业之间开始形成一种覆盖多条航线、公路、铁路和水路，相互之间以资源经营、运输方式、运输线路的互补为纽带，面向长远利益的企业战略联盟，这样不仅使全球物流运输更加便捷，而且使全球范围内的物流设施得到了极大的利用，有效地降低了运输成本。

5）互联网物流战略

现代信息技术的发展，特别是互联网向企业管理、物流系统的快速渗透，促使企业的商务方式发生根本性改变。利用传统的电子数据交换（electronic data interchange，EDI）系统的物流管理方法，存在着建立和维持 EDI 系统的费用大、用户数目有限的局限性。相反，互联网具有公开标准、使用方便、相当低的成本和标准图形用户界面等特点，使得利用互联网的物流管理具有成本低、实时动态性和顾客推动的特征。互联网物流战略主要表现在以下几方面。

简化和减少了物流程序和环节。通过互联网这种现代信息工具，进行网上采购和配销，简化了传统物流烦琐的环节和手续，使企业对消费者需要的把握更加准确和全面，从而推动产品生产计划的安排和基于顾客订单的生产方式最终实现，减少了流通渠道各个环节的库存，避免出现产品过时或无效的现象。

降低了物流成本。利用互联网可以大幅度降低交流沟通成本和顾客支持成本，并进一步开发市场的新渠道。但是，互联网物流的兴起并不是彻底否定了此前的物流体系和物流网络。相反，它们是相互依存的，这是因为虚拟化企业之间的合作，必然在实际中产生大量的实体商品配送和处理，而这些管理活动必须以发达的物流网络为基础才能够实现，或者说互联网物流是建立在发达的实体物流网络基础之上的，实现了两者优势的有机结合。

6）绿色物流战略

从可持续发展的角度看，伴随着大量生产、大量消费而产生的大量废弃物对经济社会发展产生了严重的消极影响，这不仅是因为废弃物处理的困难，而且还表现在容易引发社会资源的衰退和自然环境的枯竭。所以，如何保证可持续发展是所有企业在经营管理中必须考虑的重大问题，对于企业物流管理而言也是如此。具体地讲，要实现上述目标，从物流管理的角度看，不仅在系统设计上或物流网络的组织上，需要充分考虑企业的经济利益和经营战略的需要，同时也需要考虑商品消费后的循环物流。除此之外，还应当考虑如何使企业现有的物流系统减少对环境所产生的负面影响。显然，要解决上述问题，需要企业在物流安排上有一个完善、全面的规划，诸如配送规划、物流标准化、运输方式等，特别是在制定企业物流管理体系时，不能仅仅考虑自身的物流效率，还必须与其他企业协同起来，从综合管理的角度，合理地管理调运、生产和配送活动。

2. 企业物流系统战略规划的形成方法

企业类型与规模不同以及管理人员层次不同，会导致企业物流系统战略规划的形式不同。小规模的物流系统，所有者兼任管理人员，其战略规划一般都是非正式的，主要存在于管理者的头脑之中，或者存在于与下级人员达成的口头协议之中。在大规模公司，战略规划通过各层管理人员广泛的参与，经过详细复杂的讨论和研究，有秩序、有规律地形成。根据不同层次管理人员介入战略规划分析和战略规划选择工作的程序，可以将战略规划形成的方法分为四种形式。

（1）自上而下的方法。这种方法是先由总部的高层管理人员制定物流系统的总体战略规划，然后由下属各部门根据自身的实际情况将物流系统的总体战略规划具体化，形成系统的战略规划方案。这种方法最显著的优点是物流系统的高层管理人员能够牢牢把握整个系统的经营方向，并能对下属各部门的各项行动实施有效的控制。缺点是要求物流系统的高层管理人员在制定战略规划时必须深思熟虑，战略规划方案务必完善，并且还要给下属各部门提供详尽的指导。同时，这种方法也约束了各部门的手脚，难以发挥中下层管理人员的积极性和创造性。

（2）自下而上的方法。这是一种先民主后集中的方法。在制定战略规划时，物流系统最高管理层对下属部门不做硬性规定，而是要求各部门积极提交战略方案，物流系统最高管理层在各部门提交战略规划方案的基础上，加以协调和平衡，对各部门的战略规划方案进行必要的修改后加以确认。这种方法的优点是，能够充分发挥各个部门和各层管理人员的积极性和创造性。同时，由于制定的战略规划方案有广泛的群众基础，在战略规划实施过程中也容易得到贯彻和落实。不足之处是各部门的战略规划方案难以协调，影响了整个战略规划实施的系统性和完整性。

（3）上下结合的方法。这种方法是在战略规划制定的过程中，物流系统最高管理层和下属各部门的管理人员共同参与，通过上下各层管理人员的沟通和协商，制定出适宜的战略规划。这种方法的主要优点是，可以产生较好的协调效果，制定出的战略规划更加具有可操作性。

（4）战略小组的方法。这种方法是指物流系统的负责人与其他的高层管理者组成一个战略制定小组，共同处理企业所面临的问题。在战略规划制定小组中，一般都由总经理任组长，而其他人员的构成则具有很大的灵活性，由小组的工作内容而定，通常吸收与所要解决的问题关系最密切的人员参加。

5.2.2 企业物流系统战略规划制定与执行

1. 企业物流系统战略规划的制定

企业物流系统战略规划的制定，主要由 5 项相互关联的环节组成：根据企业物流系统环境的变化，明确企业物流系统的发展方向，提出物流系统战略规划展望和业务宗旨；将企业物流系统战略规划展望转化为明确的绩效目标；制定物流系统战略规划；贯彻和执行物流系统战略规划；评估绩效。

1）企业物流系统战略规划的环境分析

主要包括政治经济环境、科技教育环境、行业竞争环境、区位市场环境等。①政治经济环境。政治稳定是社会安定的基础，政治的发展现状、社会法制化水平的高低，对企业经营活动有着十分重要的影响。同样，国民经济增长的总体表现，社会与个人购买力水平对物流发展也有很大影响。②科技教育环境。科学技术和教育为企业物流系统提供了宝贵的技术和人才支撑，科技教育水平对企业物流系统的发展有着重要的影响。③行业竞争环境。行业中物流系统的服务水平、竞争对手的物流系统服务水平，都成为企业物流系统战略外部因素的重要内容。④区位市场环境。区位市场环境包括企业及产品覆盖市场的区域经济、产业动向；企业产品在目标市场上被接纳程度、产品的市场竞争力及市场占有率情况；市场拓展的可能性及拓展区位、地点的选择分析等。

2）内部条件分析

内部条件分析主要分析物流系统战略规划及功能单元的选择对物流渠道系统构成、流动能力及物流服务等的影响。包括：企业物流系统的现实发展水平以及满足社会需求的情况；企业生产布局及生产加工能力，企业产品品种与数量结构、产品生产所需资源的构成及分布情况、企业生产开工利用率对企业物流系统能力的影响；企业内部职能部门的划分对物流活动的影响；企业物流活动的整合情况及发展趋势；企业经营及企业物流活动发展环境预测研究。

3）明确企业物流系统战略规划的展望和宗旨

企业物流系统战略规划展望是企业管理者对企业物流系统战略发展前景和发展方向高度概括的描述。企业的物流业务是什么；应该朝什么方向发展；这个方向能为企业提供什么样的商业意义。在这个方向上的业务领域中，企业要占领什么样的市场位置，根本性目标是什么。物流系统战略规划的业务宗旨，指明了企业未来物流业务前进的目标，制定了企业需要遵循的物流系统战略规划发展途径，塑造了企业物流系统发展方向的特性，如产品、供应链、市场、客户服务、运输技术应该集中于哪个方向发展和改进。

战略展望的核心是企业物流系统能力的长远性，而业务宗旨则主要集中于企业现阶段物流系统战略规划，是对企业经营范围、市场目标和物流领域等的概括性描述。相比而言，业务宗旨更具体地表明了企业物流系统服务水平的方向。

4）设置企业物流系统战略规划目标

设置物流系统战略规划目标，其主要作用是将企业物流系统战略展望和业务宗旨转换为明确具体的绩效目标，即企业管理者想要达到的效果和成果，从而使企业有一个可参照的对象和测量标准，跟踪企业的发展和绩效。制定企业物流系统战略规划目标要有创造性，并具有一定的挑战性。以促使企业和员工更加努力地为实现目标而奋斗。物流系统战略规划目标包括以下具体内容。

目标主要分为两种类型：财务目标和战略目标。其中财务目标是企业得以生存发展的基础。但是企业仅仅实现财务业绩是远远不够的，更重要的是要实现战略目标，即保持企业物流系统的竞争优势和企业市场地位。

战略规划目标的设定包括：短期目标和长期目标。长期目标的实现期限通常超出一个现行的年度，通常为 3～5 年，甚至更长的时间；短期目标是执行目标，是为实现长期战略规划目标而设计的，它的时限通常在一个年度内。如果短期目标和长期目标发生冲突，应当优先考虑长期目标。

战略规划目标的制定过程是通过企业的组织机构层次由上至下层层进行的，由企业整体直至个人，其具体内容包括：企业最高管理层的物流战略规划展望和业务宗旨，确定达到物流系统战略规划展望和业务宗旨的长期目标，分解长期战略规划目标，建立整个企业的短期执行性战术目标，企业相关业务部门及员工建立自己的目标。

在满足用户需求的过程中，通过实现企业物流资源的优化配置，尽量降低企业物流的成本，减轻物流所造成的环境负担，使企业在物流活动中，获得源自于时间、空间和加工的附加值；在企业获得较好的经济效益的同时，又能确保一定的社会效益。企业物流系统战略规划目标的内容可以归类为：用户服务。对用户需求进行分析、识别和归类，并力促发展成为市场需求，为拓展物流服务领域创造条件；寻求有别于竞争对手，能体现企业特色的服务，完善竞争策略和服务措施，改进服务，以提高物流服务水平。降低成本。在实现战略规划目标的过程中，应通过对仓库的选址与布局的抉择，对运输方式的选择，努力并且协同地降低运输、存储等功能环节的作业成本，以实现最小总成本。减少投入。应通过对物流过程的合理组织，实现物流系统各类投入最小化。

5）制定企业物流系统战略规划

制定企业物流系统战略规划，需要企业管理层对以下关键问题进行回答：服务什么样的客户、选择什么样的业务模式、如何获取竞争优势、怎样适应环境变化等。如从客户的角度考虑，企业的管理层需要决定为哪些客户群体服务，顾客需求变化和期望会发生什么样的变化，为了向顾客提供高水平的物流服务，是开展单一业务还是多元化业务，如何优化配置资源，提高企业竞争力；从市场的角度考虑，市场趋势及竞争对手的下一步行为是什么，企业进军广泛的市场还是聚焦于某一细分市场；从财务角度考虑，企业在未来要获得什么样的收益，是否把竞争优势建立在低成本上；从内部供应链的角度考虑，在决定企业的竞争领域及收益目标后，应采用何种供应链和衡量方法；从适应环境考虑，企业的经营环境无时无刻不在发生着变化，管理者需要时刻注意环境中意外事件的发生和潜在的变化，及时回应并做出物流系统战略规划上的调整，带领企业朝着市场环境所指示的新方向前进，并对企业的物流系统战略规划进行反复的思考和讨论，进行相应的修正，并达成共识。

物流系统战略规划的主要内容包括用户服务、设施与设备的选择、库存决策以及运输模式的选择。服务水平是对物流系统战略规划影响最大的因素，客户群体的大小是维系系统生存的关键，客户服务水平的高低将直接影响到物流系统对客户的吸引力，同时也反映出企业核心竞争力的高低。设施与设备的选择对物流渠道系统的资源投入，对于运作过程费用开支的大小会产生直接影响。库存决策既要解决如何形成合理的库存管理模式，又要解决仓储设施的层级、个数、地点的选择决策问题。运输模式主要解决运输方式、运输批量、运输时间和运输路线问题，以及与仓储设施布局与选择。

物流系统战略规划的主要影响因素主要有经济因素、科技因素、社会因素和管理因素。经济因素：不同经济发展水平是影响物流系统发展水平的关键。贸易的拓展、市场规模、供求关系、交易方式及商品的品种、结构、性质、生产批量等，都会对物流系统的发展产生影响。科技因素：物流发展所需要的物流技术、物流设备与设施的现代化，均离不开科技的不断创新与发展。社会因素：社会对物流活动的认识水平，对促进物流活动的开展、对增加用于对物流活动的投入将产生直接的影响。管理因素：管理思想、管理体制、管理方法的改进，将对物流系统的发展产生深远的影响。

2. 企业物流系统战略规划的选择

1）选择的基本方法

要对物流战略规划导向、物流战略规划优势和物流战略规划态势进行分析、评价和决策。

战略规划导向的确定。战略规划导向指的是物流系统生存、成长与发展的主导方向。物流系统战略规划活动领域很宽阔。服务、市场、技术、规模、资源、组织、文化等方面都可能成为企业物流系统生存、成长与发展的主导方向。战略导向的确立，既明确了前进方向，又可避免竞争与发展中的盲目性。

战略规划态势分析。主要指物流系统的服务能力、营销能力、市场现有规模与发展前景、企业物力、人力资源在竞争中的表现。以 SWOT（strength 优势、weakness 劣势、opportunity 机会、threat 威胁）分析方法为基础，判断和分析已选择的战略是否发挥了企业的优势，并发展成为企业的核心竞争力，同时所选择的战略是否充分把握了各种机会，并将威胁削弱到最低程度。

战略规划优势确认。研究物流系统战略规划的优势，主要是研究使物流系统成功的关键因素，与竞争对手之间的相对优势，并使之发展壮大而成为系统的核心竞争力。对于某些虽未被开发但确实具备发展潜力的方面，也可以作为未来赢得竞争优势的潜在因素加以开发。主要包括以下几个方面。

第一，产业优势：服务于符合企业自身成长条件且属新型的朝阳产业。

第二，资源优势：拥有雄厚的资金、技术、设备和优秀人才等。

第三，地理优势：占据便利的物流通道，有丰富的原料产地，具有经济发展重点区域的有利条件。

第四，技术优势：拥有支持物流系统运行的专有技术。

第五，组织优势：具有良好的支持物流系统运作的网络组织结构。

第六，管理优势：基于服务优势、技术优势、资源优势和组织优势之上的整体优化、协同运作的思想、文化、方法、手段、制度等体系。

2）可选择类型

可选择类型有以下几种。

最小总成本战略。该战略多是物流系统能力稳定，系统可以为广大用户提供可接受的“起点服务水平”的前提下，力图使由存储和运输作业费用所构成的总成本最小，以获得较为丰厚的利润。

最大服务战略。物流系统提供具有更高发送效率的运送服务，以确保用户的需求。该战略虽服务较好，但对降低成本不利，多是在某些特殊产品，如价格极高、体积和重量很小，或是在某些产品的市场开拓阶段加以采用。

利润最大化战略。以追求物流系统利润的最大化为目标，多在产品尚有较大的可拓展空间时采用。

最大竞争优势战略。以追求系统的最大竞争优势为目标，着眼于选择性服务项目，即把主要的注意力集中于如何保证最有利的用户，使之得到最好的服务。做法是将这些客户作为关键的发送点，对预期的标准服务进行评估。这虽然有可能使短期内利润有所受损，但从长远来看，则会大大改善其竞争地位。

合理的高成本战略。进行物流市场的开发，必须考虑物流服务成本的合理性。在某些区域性市场、某些特定的服务领域，利用企业已有的物流设施系统为区城内的用户提供物流服务，会出现成本偏高的情况，从而影响了物流服务商进入该市场的积极性。面对这种情况，可以考虑当地市场的成本特征和需求情况，在与主要竞争对手保持一定距离的较小市场内，设置小型的生产或存储设备，以协调物流设施能力与市场营销需求之间的关系，建立起一个或多或少有所隔离的服务能力，提高成本的合理性。

3. 企业物流系统战略规划的执行

物流系统战略规划的执行是以实施为导向，将物流系统战略规划变成实际行动，并转化为有效结果，完成物流系统战略规划目标的活动。物流系统战略规划的执行是整个物流系统战略规划管理环节中最耗时、要求最严格的部分。企业在物流系统战略规划执行阶段所要采取的措施，包括以下内容。

（1）战略发动。让广大员工了解企业物流系统战略规划的目标，调动他们的积极性和能动性，激发他们的潜能与热情。企业管理人员需要统一全体员工的价值观和战略目标，鼓舞员工士气，从而得到员工的拥护和坚定的支持，不断克服外界挑战，创造企业的长远利益。

（2）战略计划制定。物流系统战略计划可以避免战略规划执行过程中出现的混乱局面。战略计划主要包括以下内容：一是时间分解，将企业物流系统战略规划总目标、总任务按时间长短细分，明确进度和阶段性目标，并分析论证既定时间框架下的可行性；二是空间分解，制定各职能部门相应的细分计划，进一步制定相应的措施和策略；三是明确企业不同时期、不同部门的计划要点，哪些目标需要保证得以实现，哪些目标可以相对灵活变通，当目标之间相互冲突时哪些目标具有优先权，确保整个战略规划执行过程中，有重点、有区别、全面推进，保证战略规划目标的实施效果。

（3）内外部因素的匹配。物流系统战略规划管理的实质是使企业的内部实力与外部环境所提供的机会和威胁相协调，物流系统战略规划匹配是战略管理的关键问题。

（4）资源与执行的匹配。企业战略资源一般可以分为人力资源和资金资源两种。在人力资源分配中，应注意为各个战略岗位配备管理和技术人员，关键岗位选择关键人物；不断为战略规划执行配备高效的人才，创造先进的技能。在执行过程中，应注重整个团队综合力量的均衡。在资金分配中应注意规划预算、比例预算、产品生命周期预算。

（5）组织与执行的匹配。企业的组织结构是指企业组织中为了有效地达到企业物流系统战略规划目标而筹划建立的组织体系架构，是结构和权力的有机结合。企业组织结构的形式随企业内部和外部各种因素的变化而变化，主要有：直线制、职能制、直线职能制、事业部制、矩阵结构等几种形式。直线制、职能制、直线职能制具有集权性质，事业部制具有分权性质，而矩阵结构则是集权和分权的有机结合。组织结构对物流系统战略规划执行的影响主要体现在以下几方面。

有效的组织结构不仅为资源和要素的运行提供最适当的空间，而且可以弥补或缓解资源要素等方面的缺陷。有效的组织结构规定了企业资源分配的权力，确定了管理控制的方向，企业各层管理者都有明确的职责，企业管理有条有序。有效的组织结构规定了企业内各部门、各员工之间的分工合作，确保全体成员能够协同完成企业物流系统战略规划目标。有效的组织结构确定了各部门的联系与沟通，确保了组织间各类信息和资源能够快速传递，提高了企业的应变能力。

（6）文化与执行的匹配。企业文化的表层是物质层，由包括企业外形、产品包装、技术设备特性等反映出来；企业文化的中层是制度层，由包括企业工作制度、职责制度的内涵折射出来；企业文化的核心层是精神层，由包括经营理念、企业风气、远景目标、职业道德等内容组成。加强企业文化建设，保证企业文化同企业宗旨、理念、目标的统一，是企业物流系统战略规划实施成功的一个重要环节。通过企业文化激励员工，并把员工凝聚到企业物流系统战略规划目标上是物流系统战略规划实施的保证。

4. 评价与调整企业物流系统战略规划

（1）评价与调整的内容。评价业绩、监测新的发展情况并改进措施，是评价和调整企业物流系统战略规划的主要内容，包括评价企业经营业绩，审视物流系统战略规划的科学性和有效性，参照企业实际的经营事实、变化的经营环境、新的思维和新的机会，及时对所制定的物流系统战略规划进行调整，以保证物流系统战略规划对企业指导的有效性。战略规划、规划目标、规划实施没有尽头，不断地进行评价，同时为适应周围环境的变化，进行适当的调整，使企业物流系统战略规划不断优化和发展，是物流系统战略规划管理的必要过程。

（2）战略评价与调整的时机。需求情况变化。需求在地域上的分布变化不大，但不同区域内需求数量出现较大的涨落，或是需求在地域上的分布已发生了很大的变化，必须对物流渠道系统进行较大的调整才能适应新的情况。客户服务水平发生变化。由于竞争环境的变化，为了确保一定的市场份额，企业必须对自身的服务战略进行调整，设定新的服务目标；或是随着客户服务要求的提高，对库存的可得率、送货速度、订单履行速度和准确性提出了更高的要求，企业需要对物流系统进行重大的结构性调整。产品特征发生了变化。由于产品设计或其包装设计的改变，其重量、尺寸对于搬运、运输和储存作业带来了较大的影响，必须对系统进行必要的调整。物流成本发生了变化。物流系统运送对象在体积、重量及所具有的价值比上发生了明显的改变，必须对其运送和储存策略进行调整。

5.3 企业物流系统规划与设计的理论

5.3.1 企业物流系统规划的目标和原则

1. 企业物流系统规划的目标

企业物流系统规划主要是根据国家物流系统规划、地区或行业物流系统规划，重点关注如何合理使用企业内外资源，优化企业的业务流程，提高周转速度，降低物流成本。一方面，企业物流系统规划与企业自身的生产活动密切相关，渗透于从产品生产准备工作到生产工作完成的整个过程中，无论是从原材料的采购、产品的加工制造，到产品的销售都离不开物流。如家电生产企业及汽车生产企业中各种自动化生产装配线上坯料、工件、配件、组装件的运输与配送，机械制造业各种中间产品的搬运流转，以及钢铁冶炼企业连铸连轧一体化等。物流系统的流量、流速和作业质量都直接与生产速率及质量相关，物流系统规划已与企业生产活动紧密地结合为一个统一的整体。因此，需要合理利用资源，优化业务流程。另一方面，企业物流系统规划与社会物流系统规划相互依存。现代企业的物流活动不是独立的或自我封闭的系统，许多企业都采取了开放式的或者半开放式的经营模式，即企业物流活动不再全由企业独立承担，而是将其中的部分甚至是全部交给企业以外的专业物流企业来进行规划、实施、控制与管理，通过利用社会物流力量分担企业在物流设备投入、仓储面积及资金等方面的压力。而且社会物流规划的发展程度已经开始影响企业的经营管理，其专业化程度也越来越高。只有与社会物流系统规划相适应，企业物流系统才能够真正促进企业的发展。

企业物流系统规划应当侧重于以物流支持营销的规划思路，着重从“营销支持”和“流程再造”角度进行物流系统的建设规划，有效地提高企业的素质，增强企业的竞争能力。按照这种“流程再造”的思路，企业物流系统的运作对质量、成本、交货和柔性等关键企业绩效指标有着十分重要的影响。虽然，不能设计出满足所有绩效指标的物流系统，但是企业物流系统规划可围绕降低经营成本、减少投资金额、改进客户服务这三个目标展开。

（1）降低经营成本。降低经营成本是指在保持一定客户服务水平的条件下尽量将系统总成本降到最低。通常需要评价各备选的行动方案，例如，在不同的仓库选址、库存决策方案中进行选择或在不同的运输方式中进行选择，以形成最佳策略。

（2）减少投资金额。减少投资金额是指战略的实施目标是使系统的总投资最小化，其根本的出发点是投资回报最大化，例如，为避免进行仓储而直接将产品送达客户，放弃自有仓库而选择公共仓库，选择适时供给而不采用库存储备的办法，或者利用第三方物流管理等。与高额投资的战略相比，这些战略虽然可能导致可变成本的增加，但投资回报率得以提高。

（3）改进客户服务。改进客户服务战略认为，企业收入取决于所提供的客户服务水平。尽管提供客户服务水平将大幅度提高成本，但收入的增加可能会超过成本的上涨。实践中，需要根据企业的不同特点、市场定位和企业战略发展要求灵活地采用不同物流系统战略目标。

2. 企业物流系统规划的原则

企业物流系统规划的基本原则，包括客户服务驱动原则、系统总成本最优原则、多样化细分原则、延迟原则、大规模定制原则和标准化原则。

（1）客户服务驱动原则。在当今消费者占主导的客户经济时代，企业的一切经济活动都必须时刻以客户为中心。客户服务驱动原则要求企业在进行内部供应链物流系统规划设计时，应以客户为中心，站在客户的立场看问题，要考虑向客户提供的时间、地点和交易上的方便，尽可能增大产品或服务的额外附加价值，从而提高客户的满意度和忠诚度。因此，企业物流系统规划应该首先识别客户的服务需求，然后定义客户服务目标，再进行物流系统设计。

（2）系统总成本最优原则。企业物流管理在操作层面上出现的许多问题，都是由于没有把某项具体决策的所有影响考虑进去。在某个领域内所做的决策常常会在其他的领域产生出乎意料的后果。例如，关于产品运输政策的调整，可能会影响产品库存持有成本；产品外包装设计的改变，会对运输成本和产品的运输、仓储质量维护等产生直接的影响。同样地，以提高生产效率为目的的生产进度改变，会导致产成品库存的波动，从而影响到客户服务。由于各种物流活动成本的变化模式常常表现出相互冲突的特征，因此在进行企业物流系统规划时，应尽可能实现系统总成本最优，而不是单项成本最优；不能只考虑某个部门、某项物流活动的效益，而应该追求系统整体的总效益。既要注意显见的成本，又不能忽视隐含的成本。常见的企业物流系统成本如表 5.1 所示。

表 5.1 常见的企业物流成本项

明显费用	隐藏费用
运输费用	库存费用（机会成本、跌价损失、变质损失等）
仓储费用	订单处理成本（谈判费用、票据成本）
装卸搬运费用	信息系统成本（硬件降价、维护成本、软件升级费用）
退货与废物回收费用	缺货成本
人力费用	
保险费用	

（3）多样化细分原则。不要对所有产品、不同类型的客户提供同样水平的客户服务。这是物流和供应链管理规划的另一基本原则。它要求企业针对自身产品的不同产

品特征、不同销售水平等因素，制定不同的客户服务水平标准，即在同一产品系列中采用多种细分战略。例如，根据销量的高低将产品分为高、中、低三组分别确定不同的库存水平；区分那些经仓库运送的产品和从工厂、供应商或其他货源直接运到客户手中的产品，根据运输费率的结构，按运量批量进行服务分类，即订购大量产品的客户可以直接供货，其他的则由仓库供货；对于那些由仓库供货的产品，按存储地点进行进一步分组：销量大的产品放在位于物流渠道最前端的基层仓库中，销量中等的产品存放在数量较少的区域性仓库中，销量慢的产品则放在工厂等中心供应仓库等，从而使每个仓库都包含不同的产品组合。

（4）延迟原则。延迟原则是指分拨过程中的运输和最终产品的加工应推迟到收到客户订单之后才开始。这一思想避免了企业根据预测而在需求没有实际产生的时候就运输或生产产品。推迟也是当今企业大规模定制生产的主要原则之一，它极大地提高了企业资源使用柔性，降低了企业生产风险和供应链管理成本，从而全面提高企业效益。

（5）大规模定制原则。大规模定制原则强调物流作业活动中的规模经济效益，主张将小批量运输合并为大批量运输；将早到达的客户订单与稍后到达的客户订单合在一起进行集中处理，如沿线配送等，这样可以降低单位货物的运输、配送成本。这是为了平衡由于运送时间延长而可能造成的客户服务水平下降与订单合并的成本节约之间的利害关系。

（6）标准化原则。物流渠道中的多样化服务也有代价。产品品种的增加会提高库存，特别是原材料库存。据统计，即使总需求不变，在原有产品系列中增加一个与现有某品种类似的新品种，也会使综合产品的总库存水平增加 40%，甚至更多。如何为市场提供多样化的产品，以满足客户需求而又不使物流成本显著增加呢？标准化和延迟概念的综合运用常常可以有效解决这一问题。生产中的标准化可以通过可替换的零备件、模块化的产品设计和生产以及给同样产品贴加不同品牌的标签等而实现，这样可以有效控制供应渠道中必须处理的零备件、供给品和原材料的种类。通过延迟也可以控制分拨渠道中产品多样化的弊端。例如，在彩电产品的新品设计中，如果尽量做到零备件标准化，则可大大降低材料的采购成本和库存成本。

5.3.2　企业物流系统规划的基本内容

1. 客户服务水平和服务成本分析

确定客户服务目标是企业物流系统规划的首要任务，企业提供的客户服务水平比任何其他因素对系统设计的影响都大。如果客户服务水平较低，则可以在数量较少的仓库集中备货，利用较廉价的运输方式，订单服务提前期比较长。客户服务水平高则恰恰相反。但当客户服务水平接近上限时，企业物流系统成本的上升比服务水平上升更快。

2. 物流系统网络设计

物流系统网络指存储点及供货点的地理分布，它构成了物流系统规划的基本框架，主要包括确定设施的数量、位置、规模，并分配各设施所服务的市场范围。这样就确定了产品到市场之间的线路。好的设施选址，应考虑所有的产品移动策略及其相关成本。

寻求总成本最低的需求分配方案或利润最高的需求分配方案是物流服务网络设计的核心所在。物流系统网络规划包括以下几方面。

（1）物流通道规划。物流通道规划包括铁路、公路、水路和航空等运输网络的配置。其规划重点是充分利用已形成或将改造扩展的相应网络，通过分析验证现有网络是否能够满足企业物流系统需求，并根据物流发展需要，对原有网络进行补充改造，形成满足一定物流服务需求的物流通道方案。

（2）物流节点布局规划。物流节点设施的空间布局规划主要包括：一是物流节点设施的数量和种类，二是物流节点的设置地点，三是物流节点的功能配置，四是物流节点的规模。对于已存在的货运车站、港口码头、物流园区、物流中心、配送中心等物流节点，重点研究对其合理利用和改造升级，拓展其服务功能。

（3）物流节点设施的内部布局规划。物流节点的内部布局规划主要指根据物流节点的功能、作业流程和服务质量要求确定物流节点内各设施的平面布局方案，如工业企业的厂区及车间的平面布局，物流中心中仓储区、分拣区、加工区、内部通道等的布局。

（4）物流设备选型和平面布局规划。根据企业物流系统的作业要求、作业特点，选择先进适用的物流设备和器具，以提高物流作业效率。它包括以下内容：一是仓库货架系统的选型和平面布局设计，二是装卸搬运设备的选型和布局设计，三是包装、流通加工装备及器具的选型和布局设计，四是运输工具的选型设计，五是分拣设备的选型和布局设计等。

（5）物流管理组织结构和管理模式、管理流程的规划。这主要包括企业物流服务组织体系的构建、业务职能和业务流程的分工、设计。企业物流组织和业务流程的规划，应从企业供应链、价值链管理的全局角度出发进行系统、综合的考虑，关键是保障企业物流作业的顺畅、高效率，并保障企业总体物流成本最低，而非局部部门成本或单项物流活动成本最低。管理模式的规划则指企业物流是自营还是外包的抉择。

（6）库存战略和运输规划。一般由企业的客户服务目标和客户服务水平决定。将库存分配到存储点与通过补货自动拉动库存，代表两种不同的战略。其他方面的决策内容还包括产品系列中的不同品种分别选在工厂、地区性仓库和基层仓库存放，以及运用各种方法来管理永久性存货的库存水平。运输战略包括运输方式、运输批量和运输时间以及路线的选择。这些决策受仓库与客户以及仓库与工厂之间距离的影响，反过来又会影响仓库选址决策。

5.4 企业物流系统规划与设计的方法

5.4.1 企业物流系统规划与设计的流程

所有管理任务和活动必须都支持企业的目标。首先，任何企业必须明确设立其目标。要想获取成功和提高效率，企业得以改善的基础是对当前状况的分析。流程是任何企业甚至企业间的物流管理十分关注的对象，因此，有必要从过程管理的角度对每个产品族进行业务流程进行分析，如采用面向组织的流程图、价值图、时间功能图、工艺流程图、服务蓝图等。

然后，确定每个产品族的物流规划与控制的典型形态特征。不同产品族甚至不同的产品在产品特性、物流和生产资源以及生产和采购订单等方面会有不同的典型特征值，如何从整个企业物流系统的角度，选择和确定这些特征值，使整个系统协调运作起来，避免流程运作的不顺畅，是一项十分重要的任务。在此基础上，需要进一步建立企业运作流程方法以及评估企业目标的实现程度，进而最终确定物流系统各项相关决策变量。在此过程中，如果出现企业绩效指标不满意或者分析结果不一致的情况，将根据具体情况重复上述步骤，通过改变系统的现有设计或者修改企业的目标等以得到满意的规划和设计方案。企业物流系统规划与设计的流程，如图 5.2 所示。

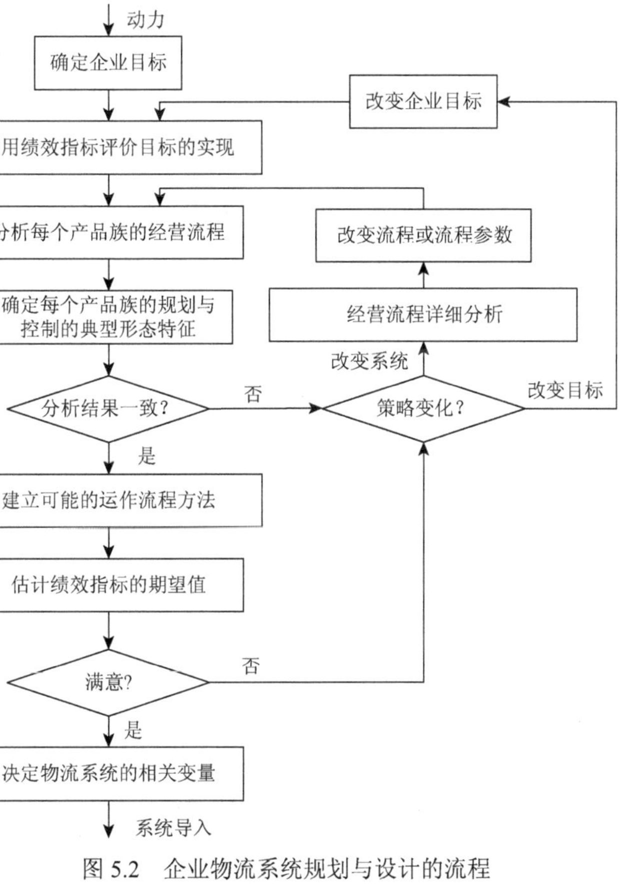

图 5.2　企业物流系统规划与设计的流程

5.4.2　企业物流系统规划与设计中的流程分析

1. 企业经营流程的推拉设计

1）拉式物流

企业生产是将输入转换为输出的增值过程。虽然这个过程复杂程度不同，但都可以分解为一系列子过程。子过程的衔接或接口非常重要，它能保证两个子过程不会在时间上分离开来，使它们紧密相连。如图 5.3 所示，企业的经营过程开始于订单获取，结束于订单实现，顾客的物流也贯穿于整个过程之中。图中双线箭头代表实物流，单线箭头代表数据流。

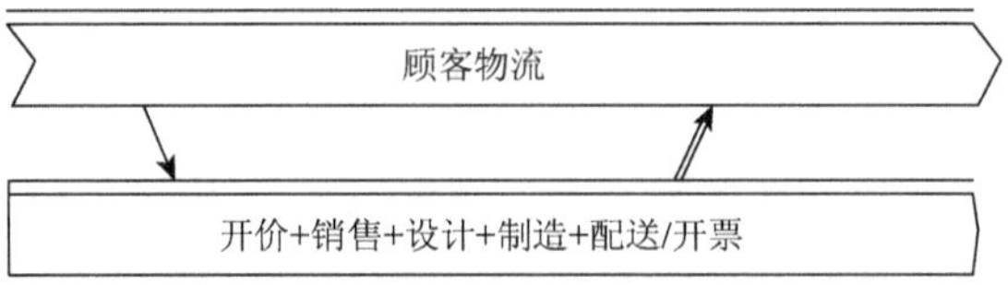

图 5.3 企业经营过程与顾客物流

顾客或多或少地总是会关注跟踪订单履行情况，因为他们订购的商品可以满足其消费需求或设计和制造需求。这里，顾客不仅包括外部顾客，还包括内部顾客。

拉式物流就是为在需要时候给顾客提供需要的产品所提出的一种解决办法。例如，图 5.4 就是一个中型金属加工企业所采用的拉式物流示意图。在这种模式下，过程之间的转换是随着不同的人（如顾客）或人群（如某企业部门的一组人）提出某种订单需求而产生并随之确定的。

由于销售部门已向有关的设计和制造部门发出所谓的内部订单，设计和制造将被视为整个流程中的一部分，即设计和制造流程。但是，销售部门仍然负责整个设计和制造期间的订单履行。通过不断的协调和控制信息的交换，订单才能得以最终完成。图 5.4 中，从设计制造通过销售配送给客户的产品实物流动正说明了这一点。企业内部组织之间的关系类似于顾客和企业之间的关系，即供求关系。无论是内部还是外部顾客，他们都能拉动物流，使企业将产品发送到顾客手中。其中，拉动控制流如图中虚线箭头所示。在整个交付提前期内，顾客能够主动地监控到整个流程。

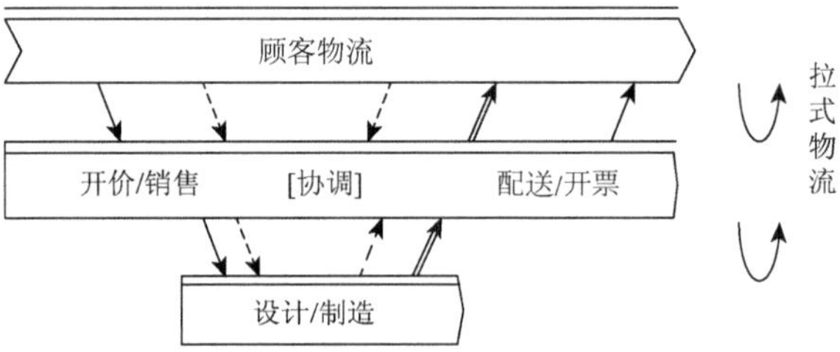

图 5.4 拉式物流及子过程之间的接口

可见，在这个过程中会导致分级，即出现多个过程的层次。拉式物流可以代表这样一种系统：增值只发生在客户产生需求（或替换使用某种物品）。其特点是会出现几个并行订单处理过程。这就意味着订单管理者需要同时关注多个价值增加过程。为保证产品的可靠交付，每个顾客需要同其供应商进行协调，经过不同的过程层次向上拉动订单。

这种物流可以确保不会漏掉任何增值环节。当然，多层的并行订单管理本身并不增值。从狭义的精益生产角度来看，它甚至可能浪费。然而，从敏捷性角度来看，在拉式物流中，这种松弛是必需的。随着订单的形成，也就形成了这种级联模型中的接口。在接口的交互过程中，顾客和供应商必须通过协商达成协议。这种协商本身是一种松弛，会带来不必要的开支，但这样做会带来企业的业务过程整体有效性。

2）推式物流

与拉式物流不同，图 5.5 给出了业务流程设计的另一种方案：推式物流，即子过程顺序相连。

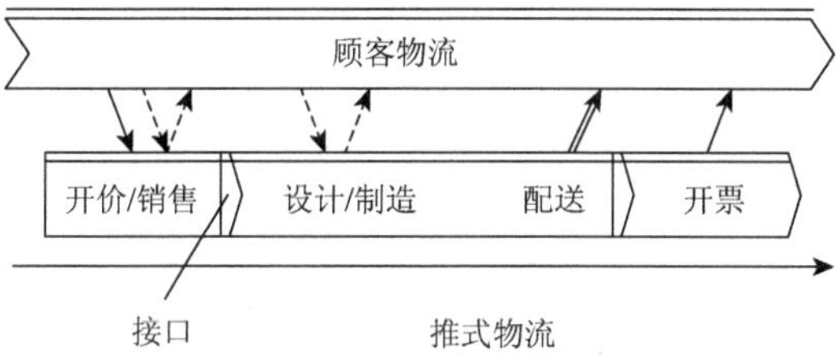

图 5.5　子过程的接口：简单的顺序模型

这种简单的顺序模型是常用的和有效的，只要订单管理不会发生变化，并且一直掌握在专人手中。所有子过程的推进由专人负责，由其集中地管理各执行组织单位，保证流程在不同部门之间的顺利交接。推式物流是沿着价值不断增加的方向推动订单，不需要受客户或某个确定的订单的影响。但是，如果采用各执行组织的分布式控制，就不能使用这种模型。因为，子过程之间的状态如何记录并不明确，也就不能确定下一个子过程何时开始。过程的转换只能由各执行部门来控制。顾客也就不能确切地知道这些子过程何时发生。

采用推式物流，必须精心地设计子过程之间的转换，通过这种过程转换接口，不间断地推动订单的完成过程，如图 5.6 所示。该图是图 5.5 中接口的具体设计，表示了两个衔接子过程的执行部门之间存在一种伙伴关系，负责任务的交接。

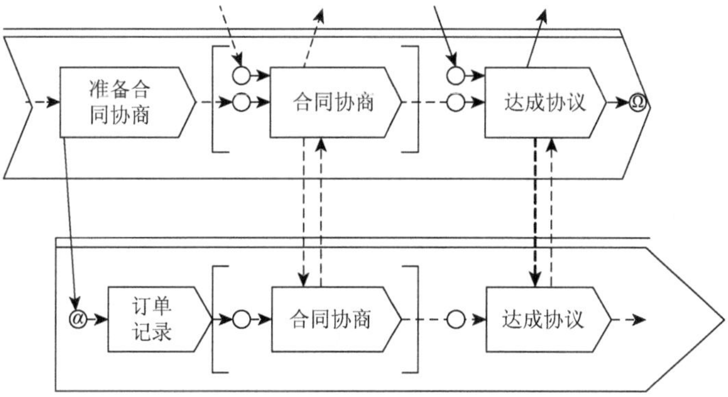

图 5.6　顺序模型中子过程的接口：子过程的交接模型

图 5.6 来自一个咨询公司的实例。过去，该公司同顾客达成了协议，却往往由于执行部门不能按时完成，不但丧失了订单，而且对公司产生了负面影响。当认识到如果什么都生产不出就什么也卖不出去，该公司就采取了这种改善的方法：在部门之间

的过程衔接中，就何时提供何种产品或服务通过协商达成协议，并让专人负责协商过程的执行。

对于推式物流，两个前后相连的过程相重叠是至关重要的，也就是说，后一过程的开始并行于前一过程的结束。这种连接往往是通过处理前一过程的人员在执行最后的工作时与开始执行下一过程的代表相互协调来实现的。这样，执行下一过程的小组成员就开始接管后续的过程管理，并以供应商的角色承担质量、成本、交付和柔性等方面的责任，如此循环，直到订单实现。

在这种模式中，执行各子过程的组织之间不是顾客和供应商之间的关系，而是伙伴关系。子过程的重叠是一种有必要的松弛。虽然，这可能会比实际执行这些任务需要的人更多一些，但这种冗余能确保任务从一个组织单元向另一个组织单元的平稳移交，使企业的各子过程交织在一起，从而使整个流程富有效率。

当然，没有必要把拉式物流和推式物流放在两个对立面。因为，无论是级联分层的拉式物流还是扁平的推式物流都各有其适用场合。但是，为了快速、不间断地拉动复杂的价值增加流程，在流程过渡点必须设置足够的松弛时间或非增值活动。

不难发现，如果有更多的人能够协调好，参与到更长的流程中去，那么，流程执行的时间就越短，所花的成本也越少。其原因是，这样需要有较少的松弛时间和冗余工作来保证子过程的平稳过渡。当然，使员工有能力处理更多的流程并让员工在小组中协调好也会带来一定的成本。由此，可以得出过程组织设计的指导性原则：为保证一定的质量需求，可以把流程划分为短的子流程；如果一些人有能力处理一些相关的子流程，那么，从减少流程过渡的观点，不妨把短的子流程合并较长的流程，并让这些人形成一个小组来执行长的流程。

3）库存控制过程——使用和制造之间的同步

使用和制造之间的时间同步是物流管理中的一个基本问题。无论制造或采购是太慢或太早，仓库都要担起存储货物的功能。图 5.7 用集成物流系统描述方法（method for description of integrated logistic systems，MEDILS）的符号，给出了物流系统中三种库存控制过程的结果。

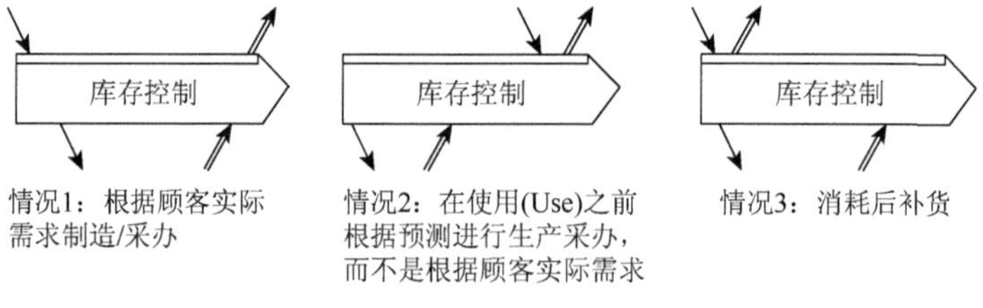

图 5.7 三种不同的库存控制过程

情况 1：制造/采办是在实际客户需求时才发生的，只有当订单接收太早时才有必要存储。

情况 2：制造/采办是基于预测释放的，而不需要一个明确的顾客需求，也无需更换使用其他品项。这些产品生产出来后一直保存在库存中，直到顾客需要时，就可以直接取出，交付给顾客。

情况 3：直接从库存取出用于满足顾客需求。被使用的品项根据一定的库存补充策略进行补货，它们在库存中停留的时间是不确定的。

情况 1 和情况 3 可以视为拉式物流。如果没有明确的顾客，情况 2 主要在推式物流中使用。但是，在每种情况下，库存货物只被保留相当短的一段时间使用才有意义。

图 5.8 给出了按照第三种库存控制过程模式的拉式物流，一种有库存的拉式物流，并根据产成品处理订单。

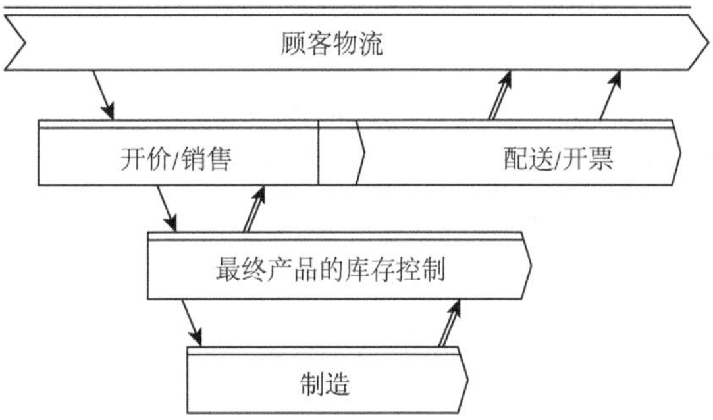

图 5.8　有库存的拉式物流

值得注意的是，在这里，没有将设计环节包括进来。因为，这里库存中的产品必须可以直接用于销售，顾客不参与到产品设计和制造的定制过程。这些产品具有重复的需求，不经设计更改就可直接生产出来。

【例 5.1】　宝马 Spartanburg 制造厂的创新物流作业。和通用、福特、戴姆勒·克莱勒斯三大汽车巨头主打大众型汽车不同，宝马以豪华汽车为主。宝马出产的汽车中绝大多数都是根据顾客个性化要求进行定制的，例如，新车型 X5-SUV（运动型多功能车）给车主提供了 8 种车体结构、12 种颜色、19 个发动机型号和其他 60 多个个性化要求可供选择。因此，宝马在全球各地的经销商只保有很有限的车辆，它把销售工作的重心放在汽车展厅上，在那里顾客可以进行观摩，并综合个性需求进行下单。南卡罗莱那州 Spartanburg 宝马制造厂接受客户定制的订单，10 天内就可装配完毕完成订单，其中，它的拉式物流系统功不可没。

1998 年，宝马建立了一个新的车身制造车间，扩充了组装线，专门用来装配 X5-SUV，厂房面积扩大到 2 100 000ft^2（1ft^2=0.0929m^2）。2001 年宝马又一个新的车身制造车间落成，专门用来制造和装配双排座 Z4 敞篷跑车。Spartanburg 制造厂是宝马唯一的同时生产这两个车型的工厂，生产出的车辆面向全球销售。而且，Spartanburg 制造厂只生产这两个车型。

为了适应定制生产的需要，宝马对南卡罗莱那州 Spartanburg 的制造厂进行了扩充，重新设置了厂内布局，对物料搬运系统进行改进，实施新的软件系统，在整个制造流程中实行时信息掌控，实行接单生产和柔性生产。

对于每一个制造厂来说，达到厂内空间的全部利用是至关重要的。宝马有自己的零部件仓库，但为了方便装配工作，它在组装厂内也储存有部分经常用备件。宝马原有的 7500ft^2 的存储区域只能满足一条生产线的装配工作，当它在 Spartanburg 制造厂添加生产线时，就挤占了原生产线的组装用备件存储区域。

增加生产线以后，组装车间备用件储存量增大，摆在宝马面前的是，要么扩大存储面积，要么找出创造性解决这个货物处理量大和空间有限的两难境地，宝马最终在车间里实行立体仓储方式，安装了五个立体存储单元。

2002 年 7 月，Spartanburg 制造厂采用接受顾客个性化订单、接单后 10 天内交货的拉式供应链模式。宝马把这种新的模式称为“以顾客为导向的销售和生产”。

在如此短的时间内完成订单交付，延迟战略发挥了至关重要的作用。采用延迟策略，推迟个性化订单送上组装线的时间，大大缩短了订单交付的前置期。现在，当车身喷漆完毕、暂存储后风干后，再送上装配线，这意味着车主在最终装配开始前六天提交的定制要求都是有效的。这是对组装完成再喷漆作业模式的改革。

自动仓储系统（automatic storage and retrieval system，AS/RS）在延迟策略中充当了缓冲的角色。当车出喷漆车间后，就进入 AS/RS，在上面暂存，直到组装线开始装配带定制要求的部件。为了使拉式系统的转向更加平稳，满足宝马未来发展的需要，另外一个 AS/RS 也将随着新组装线和车身制造车间的扩充而添加进来。

在延迟策略和 AS/RS 的共同作用下，宝马和买主都有了更大的灵活性。顾客可以在最后一刻（在最终组装前六天）提出或改变自己的个性化需求，宝马也可以在最后截止时间到来之前的空当里，对生产排程做出规划调整，排除可能发生的瓶颈因素。

采用拉式制造系统，信息流管理起着举足轻重的作用。因此，宝马引入了企业资源计划（enterprise resource planning，ERP）和配套的生产软件。顾客的个性化需求每天都通过无线电方式向各个零件供应商通报。宝马和供应商的联系确保了零部件在精确的时刻按顺序送上装配线，全部装配工作在两天内完成。

向新模式转向后，宝马降低了总体库存，消除了装配线上的零部件存储，供应商的库存也得到了压缩，从接订单到发货的周转效率大大增加。宝马把汽车交付的前置期生生压缩一大半！

2. 企业物流系统的流程分析工具

在分析和设计将资源转化为产品和服务的企业流程时，经常面对的问题：流程的设计是为了获得在产品差异、响应或低成本方面竞争优势吗？该流程可以减少哪些不增加价值的环节？该流程能如顾客所感知的那样使顾客价值最大化吗？该流程会赢得订单吗？为此，需要利用一些工具来了解流程设计和再设计的复杂性，并对企业现有流程或新流程进行分析和设计。下面介绍几种常用的流程分析与设计工具。

1）流程图

流程图（flow diagram）是用来表示材料、产品或人员或流动情况的图形。例 5.2 中介绍了宾夕法尼亚州约克市哈雷-戴维森装配厂的生产流程，并给出其生产流程图，如图 5.9 所示。这样的图解有助于流程的理解、分析和交流。

【例 5.2】 哈雷-戴维森公司对摩托车零件和部件模块进行装配生产。大多数重复式制造商的生产是在这种装配线上进行的，即终端产品可以根据模块的组合展示出多种不同的情形。这种情形在哈雷-戴维森就可以看到，该公司的模块是摩托车零件和部件。

哈雷-戴维森发动机是在密尔沃基市生产的，然后按照准时生产制要求运送到公司设在宾夕法尼亚州约克市的分厂。在约克市，哈雷-戴维森将零配件进行分组，每一组零配件都要经过相似的生产流程，如图 5.9 所示。分组的结果形成了工作单元（work cells）。在一处工作场地上，工作单元会完成所有对生产特殊模块来讲都是必要的工作。这些工作单元为装配线提供输入。

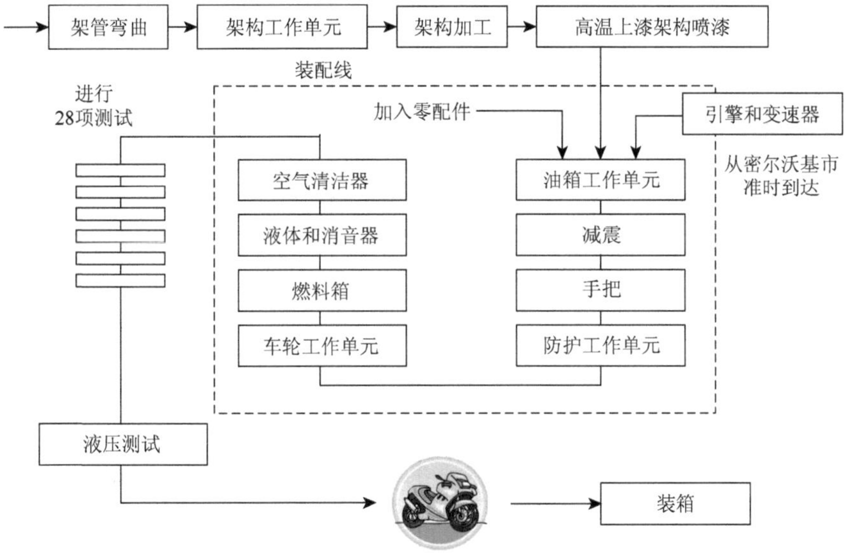

图 5.9　宾夕法尼亚州约克市哈雷-戴维森装配厂的生产流程图

哈雷-戴维森将具有 3 种不同排量、2 个系列的发动机装配成 20 种不同型号的两轮摩托车，这些摩托车又分 13 种颜色和 2 种车轮设计，总共有 95 种组合形式。哈雷-戴维森也生产 4 种警车和 2 种 Shriner 摩托车，并且提供多种定制的油漆服务。这需要将不少于 20 000 种不同的零件装配成各种模块，其后再组装成摩托车。

2）时间功能绘图

时间功能绘图（time-function mapping）也是一种流程图，但是在横轴上附加了时间，有时称这种图形为流程绘图（process mapping）。在时间功能绘图上，节点表示活动，箭头表示流向，横轴表示时间。这类分析可以使用户鉴定并消除多余的步骤、重复和延误等时间上的浪费。图 5.10（a）和（b）分别显示美国国家制罐公司（American National Can Company）流程改进前后的流程绘图。此例中，等待时间的大幅度削减和订单处理的流程改进，共节约了 46 天的时间。

3）价值流图

价值流图（value-stream mapping，VSM）是时间功能绘图的一种变化形式。价值流图还可以反映包括供应链在内的整个生产过程的增值情况，帮助管理者了解生产过程中物流和信息流是怎样增值的。与时间功能绘图一样，价值流图的思想也是本着为用户着想和了解生产过程，但后者将分析向后扩展到了供应商。这种技术不仅考虑了生产过程，还考虑了支撑该生产过程的管理决策和信息系统。

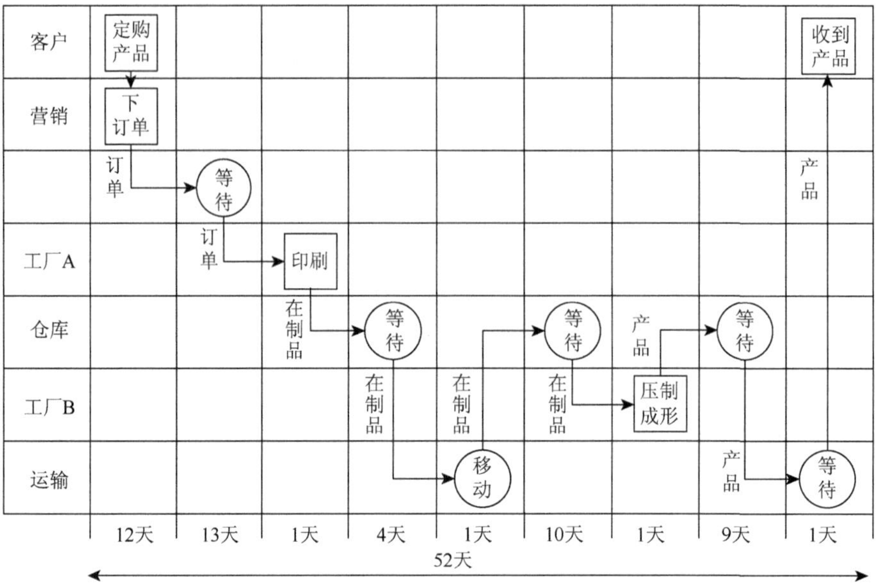

(a)“基线型”时间功能绘图

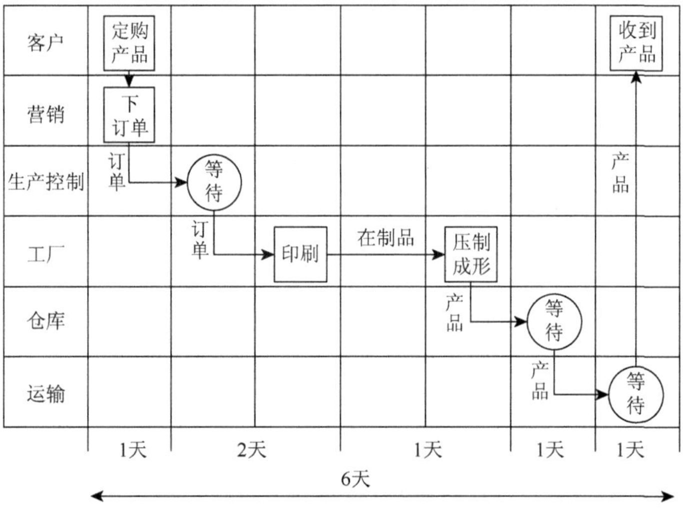

(b)“目标型”时间功能绘图

图 5.10 美国国家制罐公司产品印刷和压制成形运作流程的时间功能绘图

价值流图分析的是两个流程：第一个是信息流程，即从市场部接到客户订单或市场部预测客户的需求开始，到使之变成采购计划和生产计划的过程；第二个是实物流程，即从供应商供应原材料入库开始，随后出库制造、成品入库、产品出库，直至产品送达客户手中的过程。此外，实物流程中还包括产品的检验、停放等环节。

企业在进行价值流程图分析时，首先，要挑选出典型的产品作为调查分析的对象，从而绘制出信息流程和实物流程的现状图，然后，将现状图与信息和实物流程的理想状况图相比较，发现当前组织生产过程中存在的问题点，进而针对问题点提出改进措施。

图 5.11 给出了一个抵押公司的正常优先级贷款流程的价值流图示例。增值活动包括所有相关数据的收集、前后台的分析、贷款的释放以及最终前台所有文档和表格的处理。非增值活动也在处理时间线的上部，给出它们所耗费的时间，并明确用三角符号标示出来。这些非增值活动应该可以避免，它们是一种浪费。

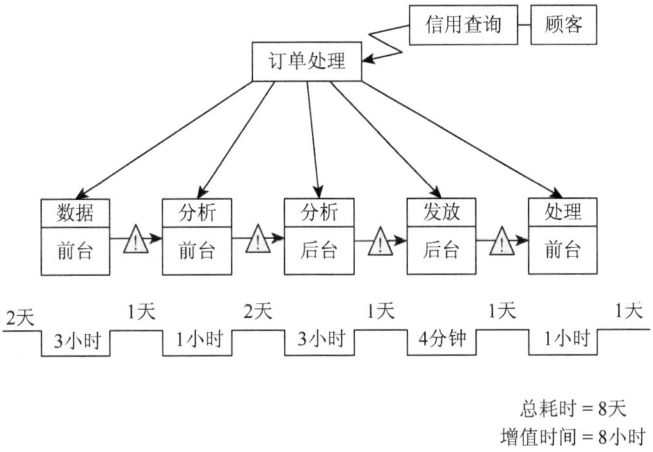

图 5.11　某抵押公司的价值流图示例

4）工艺流程图

工艺流程图（process charts）是使用符号、时间和距离来分析和记录构成流程活动的一种结构化的方法。美国机械工程师学会（American Society of Mechanical Engineers，ASME）对有关物料操作制订了一套标准符号，如表 5.2 所示。

表 5.2　ASME 物料操作标准符号

符号	名称	说明
○	操作	表示工艺过程中主要步骤，操作中要对物料作物理或化学变革
□	检查	表示对物料品质或数量的检查
→	运输	表示物料由一处移向另一处
D	停留	表示在事件顺序中的等待，如工序间的在制品积压
▽	储存	表示受控制的储存，如保持生产连续性的库存

工艺流程图可以使我们将精力集中于价值增值活动。例如，图 5.12 所示的工艺流程图表示目前快餐店的汉堡包制作方法。该图包含的增值线可以帮助我们将增值活动和浪费活动区分开。对所有的增值行动（与不增值的检查、储存、延误和运输的活动）进行鉴别，确定增值活动占活动总数的百分比。根据图 5.12 底部的计算，可以看到，此例中的增值活动时间占 85.7%。非增值活动是一种浪费，对企业和社会来说，它们永远都是资源的损失。只有减少浪费并提高增值活动的比例才能给企

业带来效益。

工艺流程图

目前使用的方法 ☒　　　　建议使用的方法 □

图表名称 汉堡制作过程　　　　日期 2006–08–21

制图人 SHH

图形编号 1

部门　　　　表格号 1/1

距离/英尺	时间/分钟	图形符号	过程描述
		○ ⇨ □ D ▽	储存肉饼
1.5	0.05	○ ⇨ □ D ▽	送到烤炉上
	2.50	○ ⇨ □ D ▽	烤肉
	0.05	○ ⇨ □ D ▽	目视检查
1.0	0.05	○ ⇨ □ D ▽	挂起来
	0.15	○ ⇨ □ D ▽	临时储存
0.5	0.10	○ ⇨ □ D ▽	取面包、莴苣等
	0.20	○ ⇨ □ D ▽	按订单制作
0.5	0.05	○ ⇨ □ D ▽	放置在烤架
		○ ⇨ □ D ▽	
3.5		2 4 1 –2	总计

增值时间占比 = 运作时间/总时间 = (2.50+0.20)/3.15 = 85.7%

图 5.12　快餐店汉堡包制作方法的工艺流程图

工艺流程图也有其他一些形式，以便直观地反映出企业生产的详细情况。例如，图 5.13 中注明了各道工序之间的物流量，可以清楚地表现出生产过程中的物料搬运情况，便于进行物流分析。它比较适用于大量生产、产品品种很少的情况。

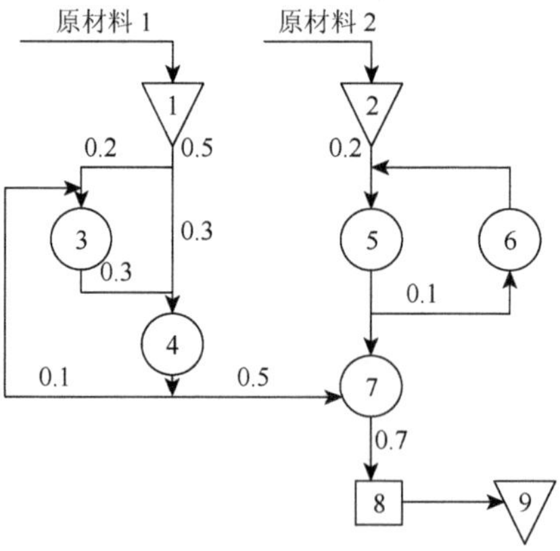

图 5.13　工艺流程图示例

除此以外，还有可以采用多产品工艺过程图的形式。在品种多且批量较大的情况下，将各种产品的生产工艺流程汇总在一张表上，就形成多种产品工艺过程表，在这张表上各产品工艺路线并列绘出，可以反映出各个产品的物流路径，如表 5.3 所示。

表 5.3　多产品工艺流程图示例

工序＼零件	1	2	3	4	5	6	7	8	9	10	11	12	13	14	15	16	17	合计
毛坯	①	①	①	①	①	①	①	①	①	①	①	①	①	①	①	①	①	17
铣床	②			④	⑥		③			②			③					6
车床	③	②	②	③	③③⑧	②		②	②		②		②	②				13
钻床	④	③	③	⑤	④	③				③	③							8
镗床					②													1
磨床					⑦⑨		⑤											3
压床	⑤										④	②			②	②	②	6
热处理		④																1
锯床				②			②④											3
检验	⑥	⑤	④	⑥	⑩	④	⑥	③	③	④	⑤	③	④	③	③	③	③	17

5）服务蓝图

对包含较多服务内容的产品来说，使用服务蓝图（service blueprint）可能是比较适合的。服务蓝图是指关注消费者以及供应商与消费者之间互动的一种流程分析技术。例如，图 5.14 中第一层的活动是在顾客的控制下。第二层是服务提供商与顾客互动的活动。第三层活动则是远离顾客的或顾客不会立即看得到的。服务不在顾客的控制和互动范围内。每一层都提出了不同的管理问题。例如，顶层可能会建议公司培育消费群体或改变顾客预期需求，第二层可能需要将注意力集中于人员选拔和培训方面。第三层可能需要更多特殊的流程革新。图 5.14 所示的服务蓝图也指出了潜在的问题，并且说明怎样使用防错技术来改进质量。如果在流程设计阶段，就能确定这些问题或包含适当的防错系统，那么就能够大大地缓解这些问题所导致的后果。

这五种流程分析工具，每一种都有其优势和变化形式。流程图适合于快速了解整体情况，有助于理解整个系统。时间功能绘图增加了宏观分析的精确性和时间要素。价值流图从当前的组织延伸到了用户和供应商。工艺流程图能更详细地观察流程，它加入了时间、延误、距离、储存等要素。另外，服务蓝图的设计可以帮助我们将注意力集中于流程中与消费者互动的方面。

5.4.3　企业物流系统规划与设计中的典型特征

在竞争激烈的环境下，企业要得以生存，实现其目标，离不开物流系统的支持。不仅如此，还需找出一些共性的原则来支持不同企业的物流系统规划和设计。一般，企业物流系统的特征可以分为三组：顾客和品项、产品或产品族方面的特征；物流和生产资源方面的特征；生产或采办订单方面的特征。

1. 顾客和品项、产品或产品族方面的特征

图 5.15 给出了顾客和品项、产品或产品族方面的六个特征。

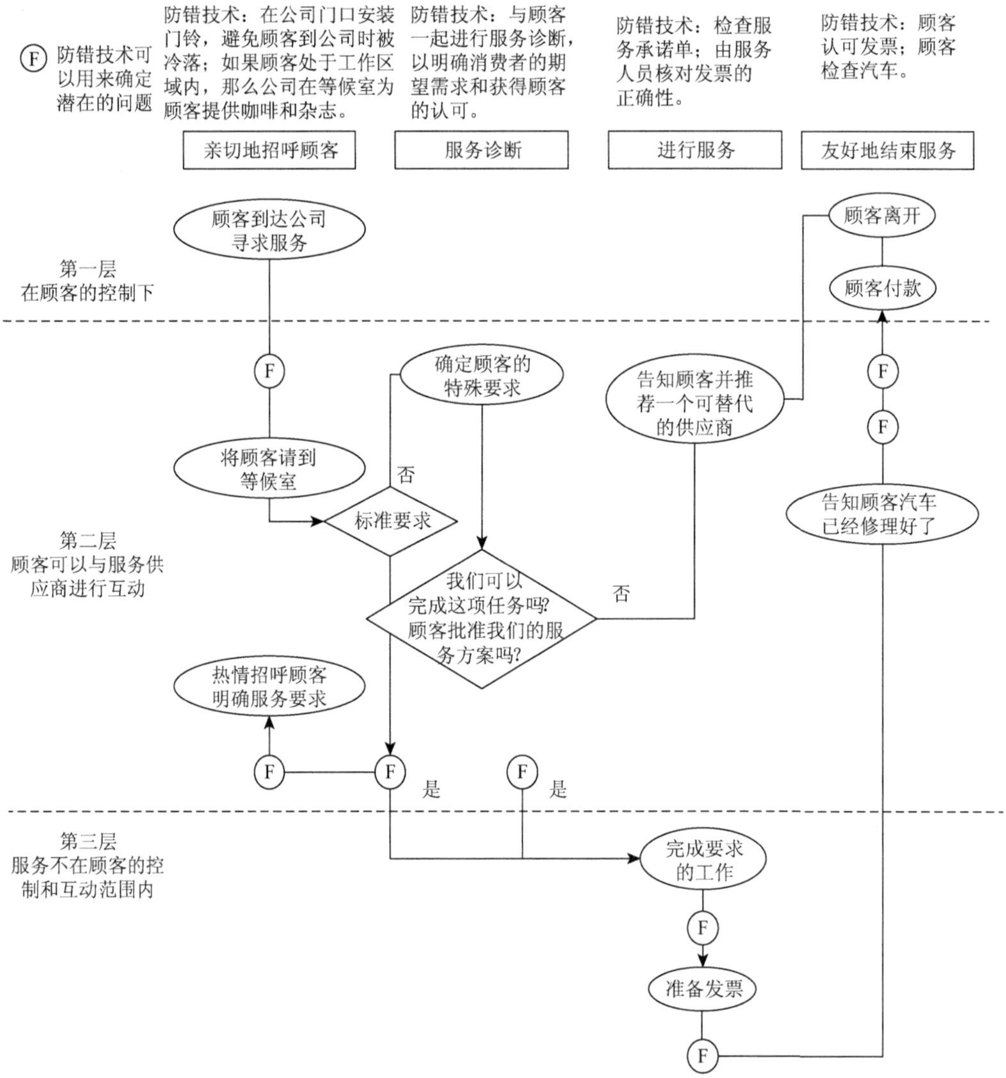

图 5.14 捷达润滑油有限公司的服务蓝图

顾客和品项、产品或产品族方面的特征					
特征	值				
产品结构深度	深	中等	单层		
产品结构导向	▲ 收敛	◆ 混合	▼ 发散		
顾客需求频率	一次	偶尔	有规律的、经常的	连续的、稳定的	
产品种类	多、根据顾客需要	具有很多变型的产品族	产品族	可选的标准产品	唯一或标准产品
品项单位成本	低	高			
可运输性	不可	可以运输	便于运输	可数字传输	

图 5.15 顾客和品项、产品或产品族方面的六个重要特征及其取值

（1）产品结构深度。产品结构深度是指整个产品网络结构的层数。产品结构是为了制造出该产品而给出的该产品各组件的结构化列表，可以理解为一个从整体到部分的层次化结构。每个零件或组件都被分配到该结构中某一个结构层次或某一层，用来表示它们在产品中的相对层次关系。产品结构越深，意味着产品结构越宽：每一层包含更多的组件。因此，产品结构越深，相应的网络也就越复杂。

（2）产品结构导向。产品结构导向（orientation）用来表明在一个单独的生产过程中，是由不同的组件加工成某一产品，还是由某一组件生产出不同的产品。前者是收敛的，可以用正三角▲来表示；后者是发散的，可以用倒三角▼来表示。

收敛的产品结构对应着采用离散制造方式，即生产出一些显著不同的产品，如船、飞机、机器、家电等。它也被称为装配导向，产品结构呈树状结构，物料清单和工艺流程较复杂。发散产品结构对应着连续型生产中的副产品。在过程工业，化工品和石油产品的生产都是由一些基本的原材料经过同一种加工过程生产出多种产品和副产品。其特点是最终产品的种类较原材料种类大得多；对于所有的最终产品，其基本加工过程相同。在食品工业，也有一些副产品通过回收再加工成为原料（如巧克力屑），用于例外的一个生产过程。这种产品结构呈一个倒立的树状结构。具有混合结构的产品在下层具有发散产品结构，而在上层具有收敛结构，用一个正三角置于倒三角之上来表示◆。例如，制药行业生产的药品，它的下层（化学层）结构是发散的，其上层是收敛的。例如，钣金件的加工，先是通过冲压或切割等方法生产出半成品板材，然后再用于生产出各种各样不同的产品。

VAT 分析是确定零件和产品从原材料到产成品的基本流向的一个过程。V 结构对应于发散产品结构，A 结构对应于收敛产品结构。T 结构包含数目相对较多的类似产成品，它们由一些共同的装配、子装配和零件装配而成，如汽车等。也就是说，许多产成品的零部件是相同的，但零部件的加工过程通常是不相同的。这时，如果用正三角和倒三角的符合来表示，则应该是倒三角置于正三角之上，即⧗。

（3）顾客需求频率。顾客需求频率是指在某一确定的观测期内，无论是内部还是外部顾客对一个产品或产品族需要的次数。按照观测期内出现次数的多少，其特征值可分别为一次、偶尔（间断的、块状的、变化多的）、有规律的、连续或稳定的。当然，随着观测期的变化，频率也会发生变化。

（4）产品种类。产品种类的概念可以使生产者根据顾客需求产品的变异程度进行响应。产品品种可划分为以下四种：唯一或标准产品。产品以孤立的形式提供给顾客，在产品范围上不能选择。这些产品可直接从货架上拿下来销售，是现成的，或者，来自“标准菜单”。这些产品具有它们自身完整的产品结构。可以选择具有选项的标准产品。产品的变化有限，多是在一个相同的基本产品上的某个选项或附加功能的变化。在标准产品基础上，每个选项或附加功能有自己的产品结构。机床行业有很多这样的产品的实例。产品族。产品族一般指一组相关产品。例如，在美食学中，餐前开胃品、正餐、餐后甜点就属于不同的产品族。产品族工业产品中设备和工具都属于这一类。具有很多变型的产品族。一个产品族可以包括成千上万甚至百万的不同产品。其生产可以开始于原材料或不同的组件，但都有基本相同的加工过程。加工过程的变化主要来自于 CNC（computer numerical control）机床或工人自己。其产品结构的表达是通用的。这类产品包括汽车、电梯、家用电器、具有可变规格的机床、复杂家具和保险合同等。

（5）品项单位成本。单位成本是采购或生产一个单位的品项（item），如一个、一加仑、一磅等，所耗的所有花费，包括人力成本、物料成本和管理成本。在物流运作规划管理中，单位成本划分为高和低已经足够，但如果要在 ABC 分类中考虑销售和设计批量，则需要更细的划分。

（6）可运输性。物品的可运输性实际上是指其尺寸和重量大小。如果测量的品项是服务，可运输性针对的则是伴随着服务所产生的实物。可运输是指品项的尺寸和重量允许通过采取技术手段，如直升机、重型机械、飞机或一组人员来对其进行运输。物品的不可运输性是指它的尺寸和重量不允许进行运输。一般是指尺寸大于 $50m^3$，或重量 200 吨，如大型工厂的建造或维护。便携或便于运输携或便于运输是指品项的尺寸和重量，允许利用一个正常人的力量长时间进行运输。便于运输的单品通常尺寸小于 $0.01m^3$，或重量小于 15kg，如邮递员递送的信件。可数字传输。可数字传输是指可以采用数字通信协议来进行传输或转移。这些无形的商品的尺寸和重量均为零。

2. 物流和生产资源方面的特征

图 5.16 给出了在物流和生产资源方面的五个特征。

物流和生产资源方面的特征

特征	值				
生产环境	面向订单设计(ETO)	订货型生产(MTO)	面向订单(从零件)装配(ATO)	面向订单(从子装配)装配(ATO)	备货型生产(MTS)
企业产品结构的深度	多层产品结构	少数几层产品结构	单层生产	交易(包括企业外部生产)	
设施布置	固定布置、现场型、项目型或孤岛型生产	工艺布置、单件车间生产	产品布置、面向单品的流水线生产	产品布置、大批量流水线生产	产品布置、连续性生产
定性能力柔性	可应用于许多流程	可应用于特定流程	只能应用于某个流程		
定量能力柔性	在时间上不具柔性	在时间上难有柔性	在时间上有柔性		

图 5.16 物流和生产资源方面的五个重要特征及其取值

1）生产环境

生产环境或制造环境涉及一个公司或工厂、产品或服务是否从顾客订单插入点开始向下游组织起来，从而完成订单。其组织方法包括产品开发、采办、生产和交付过程中涉及的所有计划控制方法与技术。不难发现，这个特征与顾客订单插入点和库存的水平有紧密的关系。

（1）备货型生产（make-to-stock，MTS）。备货型生产是指按已有的标准产品或产品系列进行的生产，生产的直接目的是补充成品库存，通过维持一定量成品库存来满足用户的需要。在物流中，有另外一种形式，就是将实际库存的地方和最终使用的地方的分开，例如，代理店可以为顾客下订单，满足顾客的使用要求，但商品还是存储在仓库中。

（2）面向订单装配（assemble-to-order，ATO）。按订单装配或按订单完成（finisho-order）的库存层次是在零件或装配层。在没有得到客户订单之前，企业可以先把最后装配所需要的各种部件准备好，然后才在接收到顾客订单后，按照客户的要求进行装配。按订单包装（package-to-order，PTO）和面向订单装配类似，在顾客的容忍时间内，可以对商品进行定制化的包装，不同的只是包装，里面的商品没有区别。

（3）面向订单制造（make-to-order 或 fabrication-to-order，MTO）。面向订单制造的存货层次是原材料或在接到订单后从供应商采购。收到订单后，才利用库存的或采购的原材料来根据顾客的特殊需要进行加工制造。其起始点是完成的设计和加工工艺开发。

（4）面向订单设计（engineer-to-order，ETO）。在面向订单设计环境中，没有存货。至少，为满足顾客订单的定制化要求，所需的某些零部件在采购或生产之前，需要一定的设计开发工作。

2）企业产品结构的深度

企业产品结构的深度是指产品结构层次的数量，它描述了企业物流资源为企业内部和企业外部服务的程度。纯贸易型企业，其产品结构深度为零。当然，如果一个企业管理一个网络，但是该企业把其生产过程外包给第三方物流，那么它仍是贸易型企业。事实上，它是有一层由外部运作实现的工艺计划。纯装配型企业或零件生产商一般至少具有一个层次的生产，同时，依赖于供应商提供子装配、零件或个别的操作。

企业生产或决策的结构层次越多，需要从外部供应商购买的组件越少，其产品结构层次越深。相反，企业产品结构层次越浅，越需要跨企业物流网络的支持和协作。根据企业在物流网络中的位置，这种协作可能是采购或配送。具有深层次产品结构的企业可能会采取将部分层次结构转移到第三方，以期降低自身网络的复杂程度。虽然这种做法的确在企业内部降低了复杂性，但整个物流网络的复杂性并没有降低。因此，每个企业应该对降低整体复杂性做出某种贡献。

3）设施布置

设施布置描述了生产基础设施的物理组织、空间安排，人员的划分和订单通过工作中心路径。该特征可以包括以下几种不同的值。

（1）固定布置。固定布置可用于现场生产、项目型生产或孤岛生产。这里，一个工作中心完成生产一个产品的所有操作。所有参与的人员都在这里开展工作，所有需要的生产设备都被提供并布置在这个工作中心。从外部来看，这个工作中心进行的所有操作可以视为一项总体的操作。在工作场地，工人大多进行自主控制。现场生产和项目型生产中，固定布置的典型例子，包括造船、大型飞机建造、非常特殊的汽车生产、汽车维修服务、餐馆中的餐桌服务、医院手术等。孤岛生产中，固定布置的例子包括原型系统的生产、特殊产品族的生产等。

（2）工艺布置。也称单件车间布置或功能布置。功能相同或相似的设备在空间上组织在一起，构成一个工作中心。每个工作中心只执行某一种操作，产品根据自身特定的工艺计划从一个单元被运送到另一个单元。不同产品的工艺不同，其在车间流动的路线也是不同的，没有固定的方向。有专门的人员负责车间的控制。典型的例子有设备、电气设备和电子器件、家具、药品、医院的放射等特殊的分析。

（3）面向单品流水线生产的产品布置。这里，工作中心按照生产产品的工艺流程来安排，产品从一个工作中心流向下一个工作中心，直到完成所有工序。根据产品的不同，某些工作中心或者工序可以略过。一般而言，这种生产线可以小批量地生产一个产品族的几种变型产品，也可以单件地生产很多种变型产品，为其带来更高的附加价值。生产线生产出来的产品数量是由实际需求决定的。生产的品种越少，越容易根据生产率来进行生产调度和控制。如果需要，对于两批产品的生产线调整时间也是非常短的。所有需要的设备都已沿着生产线布置好，理想情况下，工人还能够沿着生产线对邻近的设备进行操作。这种布置的例子有汽车的装配、发动机和个人计算机等。服务业中的例子包括现代自助餐厅流水线或行政管理。

（4）面向大批量流水线生产的产品布置。这种布置方式与上一种方式类似，但是操作更细致。所有的工序前后紧密相连，产品流动的过程是有节奏的，按照严格的时间安排进行推进。各工作中心有时通过传送带或管道连接成链状或网状的结构。生产线通常只大批量地生产几种不同的离散型产品或非离散型产品。生产线长时间地运行，但物料流是不连续的。由于要对设备进行清洁或调整工作，生产线生产不同批次之间的调整时间非常高。这种布置主要是为了降低单位成本。典型的例子有食品生产、通用化学品的生产和运输。

（5）面向连续型生产的产品布置。连续型生产的产品布置是生产线布置的一种极端形式：生产过程中，物料连续流动，形成无批量的生产系统。只有当缺乏运输设备或生产资源时，才停止生产过程。这种生产线通常用于生产糖、汽油和其他液体、面粉等。

4）定性能力柔性

定性能力柔性用来说明能力是否可以用于不同的或特殊的过程。企业能力包括生产设施能力和人员能力。这个特征实际上确定了企业在柔性目标领域方面可能的变化范围。如果员工具有多种技能、生产设施应用范围较广，那么在资源使用方面，柔性就大。这也是为顾客提供宽泛的产品选择并使其受益的必要前提条件。

在实际应用中，该特征可以划分为几个子类，只要这些不同类型的能力能够说明定性能力柔性方面的差异，如图 5.16 中所示的三种分类。其实，主要的差异在于员工的定性柔性和基础设施的柔性。员工的柔性（经常称为工作扩大化）值得特殊注意。因为它可以比基础设施的柔性程度更大。而且，员工不仅代表一种生产因素，他们自身也是企业利益相关者。

5）定量能力柔性

定量能力柔性用于描述在时间方面的柔性，是影响企业在交货和成本目标领域方面性能的重要因素。与定性能力柔性类似，定量柔性的差别也在于员工柔性和基础设施方面。员工的定量柔性比机器的定量柔性程度更大。机器的定量柔性只能通过维持过剩能力来实现，而人则可以在某种程度上根据当前的负荷调整其努力程度，还能负责当前工作中心以外的其他过程。

3. 生产或采办订单方面的特征

图 5.17 给出了在生产或采办订单方面的七个特征。

生产或采办订单方面的特征				
特征	值			
订单释放理由	需求	预测	库存消耗	
订单重复频率	不重复	不经常重复	重复	
订单交货期柔性	不具柔性(固定交货期)	不太有柔性	柔性	
长期订单类型	没有	总订单：能力	总订单：产品	
订单批量大小	单件	单件或小批	大批	连续
批次可追溯性	不需要	按批号/批次/批量	批次中的位置	
订单结构回路	产品结构没有回路且有向生产网络	产品结构存在回路或无向生产网络		

图 5.17　物流和生产资源方面的五个重要特征及其取值

（1）订单释放理由。订单释放理由是需求的起点。不同释放类型的订单可以说明是何种需求最终导致了订单。它一般包括三种类型：需求和顾客生产或采购订单；预测订单；库存消耗和补货订单。

对于第一种情况，可以是传统的单件订单，也可以是一揽子的总订单。对于总订单，顾客生产订单可能出现在不同的时间点，具体什么时候需要，还要根据实际交货协议。按需求和订单进行采购或生产，也称为需求控制的物料管理，它使用拉式物流。

对于第二种情况，未来的需求是估计出来的，实际的订单尚未收到。但为了满足预测需求，也要释放一个生产或采购订单，也称为预测控制物料管理，它使用推式物流。例如，对于机加工具，可以采取这种方式。

在第三种情况下，顾客发出订单，可以将产品直接从库存中取出，例如，零售店的交易就属于这种类型。然后，有关库存的消耗都被记录下来，以便根据需求情况对未来需求进行预测，这也称为消耗控制物料管理，是一种拉式物流。

当然，订单释放的时机可能会根据需要产品的类型（如成品、半成品或原材料等）有所不同。这依赖于订单插入点的具体位置。

（2）订单重复频率。订单重复频率用于描述在相当长的一段时间内，相同产品的生产或采购订单多长时间出现一次。该特征的值可取不重复、偶尔重复（不经常重复）或经常重复。需要强调的是，这里的订单是关于实际产品的订单。也就是说，订单的内容是在产品层次上，是针对实际存在的产品，而不是针对为了便于管理而使用的产品族。

（3）订单交货期柔性。订单交货期柔性是指内外部顾客在确定交货期方面是否具有柔性。对企业的交货目标而言，它是十分重要的。在企业成本目标方面，它又与员工和生产设施的定量柔性以及现有库存和在制品库存十分相关。

（4）长期订单类型。长期订单类型这个特征可以描述对物流网络进行长期规划的方式。例如，总订单（或一揽子订单），就是一种关于进行多次交付的长期协定。对总订单而言，最小总订单数量又是指在特定的一段时间内的长期最小交易量。

长期订单对买卖双方都有好处。顾客可以争取到更合理的价格，并可从供应商方面得到更高的订单实现率。供应商也可以通过最小的总订单数量进行更好的计划。长期订单的类型包括商品总订单、能力总订单和没有长期订单。商品总订单是一种在物流网络中对产品及其组件的长期约束性承诺。它需要通过连续的顾客需求来保证一定的销量。如果最小总订单数量为零，这时需求就仅仅是预测。如果预测相对可靠，物流网络中双方的生产计划总比没有预测强。如果需求是不连续的，只有通过预测来进行长期计划。能力总订单是关于保留能力的长期约束性协定。这主要是针对产品族，至少能通过相同的生产过程，保证某种不定期的（或有规律的）客户需求的实现。产品可能是短期需要，但企业可以通过保留的能力在交付提前期内生产出来并交给顾客。没有长期订单意味着在物流网络中既不存在总订单，也不能进行预测。只有对于顾客实际需求是非重复的，没有长期订单才有其存在的意义。

（5）订单批量大小。生产或采购订单批量大小可以分为单件（single item）、单件小批（single item or small batch）、大批（large batch）和连续（lotless）等。其中，对于连续批量，如果没有明确的停止订单指令，一旦订单开始奏效，生产或采购就一直进行下去。值得注意的是，订单批量大小与订单重复频率没有相关关系。例如，某种单件生产订单可能具有重复的频率，如机器工具的生产。相反，可能也会出现从不重复的小批量生产，因为在整个产品生命周期中只需要这么一批数量。例如，化工业中某种活性物质，由于成本的原因，在生命周期中只生产一次。例如，非常难以购买的某些组件等。

（6）批次可追溯性。批次可追溯性是关于产品的生产和采购信息，特别是产品所使用的组件信息。批次可追溯在法律上是需要的，这样在召回产品时便于区分产品的责任和问题。它通常需要每一生产或采购批号、批次或批量的相关记录。有时，甚至需要追溯到某件产品在一批中的具体位置编号。批次可追溯性的要求无疑会使计划与控制变得更为复杂。但是，它在过程工业中具有十分重要的作用。

（7）订单结构回路。订单结构中存在回路意味着在进行资源计划时，某业务对象必须重复考虑无限次。在这种情形下，产品是其自身的组件，不论是直接地还是经由其他产品。这种结构在过程工业中十分重要，这是因为生产过程往往会生产出来很多数量的副产品，而这些副产品不断地被重复利用，例如，巧克力屑、能源等。另外一种情形是无向生产网络。在这个网络中，存在一系列的操作是重复的。尤其是在精密工业中，个别的操作是重复的，直到达到预期的产品质量。另外，它在过程工业中，也十分重要，例如，某项混合操作就需要重复很多次，以期达到产品的一致性。

4. 典型特征间的重要关系

在某些情况下，上述典型特征间会存在一定的关系，甚至是正相关的。例如，设施布置这一特征就和其他特征存在十分紧密的关系，如图 5.18 所示。

物流和生产资源方面的特征					
特征	值				
设施布置	固定布置、现场型、项目型或孤岛型生产	工艺布置、单件车间生产	产品布置、面向单品的流水线生产	产品布置、大批量流水线生产	产品布置、连续性生产

顾客、产品或产品族方面的特征			
特征	值		
产品结构的导向	▲收敛	▲▼混合	▼发散

生产或采办订单方面的特征				
特征	值			
订单批量大小	单件	单件或小批	大批	连续

图 5.18 设施布置、产品结构导向和订单批量大小之间的关系

图 5.18 表明，大体上处于同一大列中的特征值往往同时出现。

例如，现场型生产、单件车间生产和面向单品的流水线的生产趋于和下列特征一起出现：收敛型产品结构、单件或小批生产或采购订单。例如，大批量流水线生产和连续性生产趋向于和下列特征一起出现：产品上层结构收敛、下层结构发散的混合结构，或者完全发散的结构。

反过来看，这些关系也成立。这就意味着设施布置特征可以用产品结构导向特征或订单批量大小特征来代替。

再进一步看，产品的种类和其他特征也存在一定的关系，如图 5.19 所示。

顾客和品项、产品或产品族方面的特征					
特征	值				
产品的种类	多、根据(变化的)顾客需要	具有很多变型的产品族	产品族	可选的标准产品	唯一或标准产品

物流和生产资源方面的特征					
特征	值				
生产环境	面向订单设计(ETO)	订货型生产(MTO)	面向订单(从零件)装配(ATO)	面向订单(从子装配)装配(ATO)	备货型生产(MTS)

生产或采办订单方面的特征			
特征	值		
订单重复频率	不重复	不经常重复	重复

图 5.19 产品的种类、生产环境和订单重复频率之间的关系

这些关系主要包括以下几方面。

（1）产品的种类和生产环境。如果产品属于根据顾客需要定制的类型，那么顾客订单就需要经过从设计到采购和制造的整个过程，这实际是就是面向订单设计。如果产品族中的变型产品非常有限，那么就可采用面向订单装配的方式。如果是标准产品，就可保持一定的成品库存，采用备货型生产。

（2）产品的种类和订单重复频率。生产或采购订单不重复经常出现在根据顾客需要进行定制和具有很多变型的产品族的情形。订单不经常重复的情况经常出现在产品族的产品类型。对于唯一或标准产品以及只有少量变型的产品，生产或采购订单就会经常重复。

类似地，通过比较顾客需求的频率和订单重复频率，也会发现它们之间存在一定的关系，如图 5.20 所示。

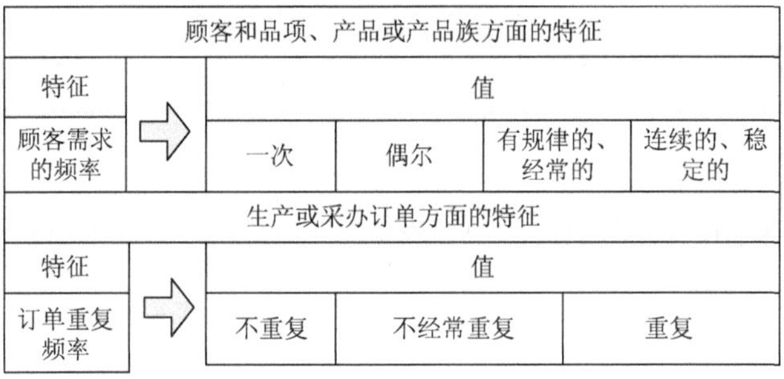

图 5.20　顾客需求的频率和订单重复频率之间的关系

5.4.4　企业物流系统规划与设计的要点

物流计划和控制系统是对物流系统进行规划和设计的关键。从系统能力的角度来看，不同的工业企业类型和不同的生产类型，可能又与其中某些典型特征存在在一定的依赖关系，这是在企业物流系统进行规划与设计时应该重点关注的。

1. 企业类型与设施布置、产品种类两特征之间的关系

企业类型与设施布置、产品种类两特征之间存在一定的依存关系，如图 5.21 所示。

首先，由图 5.21 可见，企业设施布置与产品种类存在较为清楚的关系。其次，一些

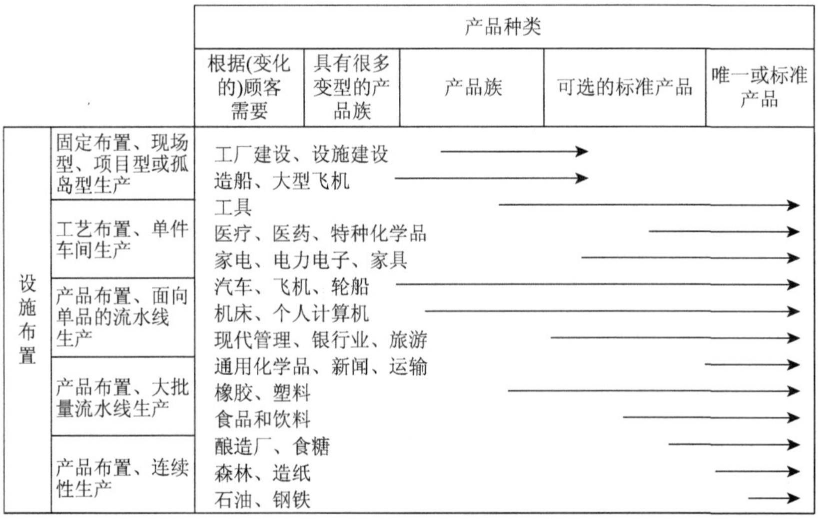

图 5.21　企业类型与设施布置、产品种类两特征之间的依赖关系

企业，尤其是过程工业，与其生产产品的种类存在较为清晰的关系。不过，几乎所有类型的企业，大多可以生产从根据顾客需要的定制产品到唯一或标准产品的所有产品类型。当然，不排除一些例外，这些例外位于图中的右上角和左下角。也就是说，设施建设、软件、造船和大型飞机行业不用于生产品种少的标准化产品；由于技术和工艺的限制，橡胶、塑料、食品、饮料、酿造、食糖、森林、造纸、石油、钢铁等行业不能生产品种较多、具有顾客特殊要求的产品。

2. 生产类型与生产物流系统计划与控制

除了可以用不同的设施布置形态来区分生产类型，还可以从系统能力角度对生产类型进行划分，它们代表了不同的过程技术和方法，例如，大量生产、成批生产、重复式生产、one-of-a-kind 生产、大量定制生产等。其中，重复式生产采用面向产品且使用模块的生产流程，它处于产品专业化和工艺专业化之间的生产方式。重复性生产方法通过使用生产线、装配线或单元来最小化调整时间、库存和加工提前期。one-of-a-kind 生产通常根据顾客的特殊设计要求或一定的配置要求来进行面向订单设计或面向订单制造的生产或采购，并提供品种纷繁的产品。大量定制生产是能满足不断变化的、独特的用户需求（个性化产品或服务）的快速、低成本生产。大量定制以标准化的大批量生产成本为我们带来传统上由小批量生产提供的多种类型的产品。在大量定制生产中，销售、生产和物流之间的联系更加紧密。

当然，不能把这些生产类型跟某个系统典型特征完全对应起来，甚至这些生产类型之间可能会存在部分重叠的地方。但也不难发现，生产类型与设施布置、产品种类两特征之间存在一定的关系，如图 5.22 所示。

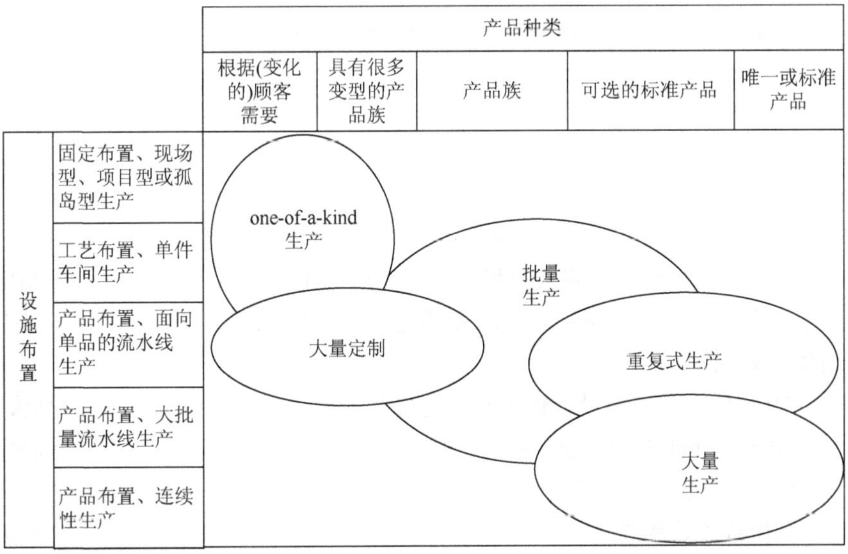

图 5.22　生产类型与设施布置、产品种类两特征之间的依赖关系

生产类型不同，物流网络规划和控制的方法也有所差异。近几十年来，不断出现一些新的规划和控制方法，每种方法又特别适用于某些领域或行业。下面介绍几种典型的

方法。

1）MRPII

MRPII 概念是 20 世纪 60 年代末在北美提出的，主要针对具有明显收敛产品结构的工业，如大型机床、汽车和飞机等行业。MRPII 能在短、中和长期三个层次上进行计划与控制，因此，超越了生产领域，能够将企业采购物流、生产物流、销售物流集成为“一体化系统”进行管理。MRPII 从物料需求计划起步，首先解决根据最终产品计划生产零部件需求计划问题，即为完成产品生产计划需要生产哪些零部件、生产多少、什么时候下达零部件的制造任务（或采购任务）、何时完成等问题。MRP 有两种结构，即开环的 MRP 和闭环的 MRP，后者将能力需求计划考虑进来，实现了对资源的计划和控制。MRP 进一步发展，把生产、销售和财务结合起来，形成了 MRPII。随后，又经不断发展，出现了 ERP 的概念，通过前馈的物流和反馈的信息流、资金流，把客户需求和企业内部的生产经营活动以及供应商的资源整合在一起，以实现按用户需求对整个生产经营活动进行计划与控制。

2）Lean/JIT

JIT 生产是精益生产（lean production，LP）中十分重要的概念。通常被联系在一起，写成 Lean/JIT。它于 20 世纪 50 年代起源于日本丰田公司，是不同于 MRPII 的另一种概念，其目标是改善产品的流动。当交货是企业的首要目标时，Lean/JIT 已成为 ERP 计划和控制中一种基本的方法，而且通常是非常有效的。

准时生产方式是指在需要的时间，按需要的量生产所需的产品。这种生产管理方式的核心是追求零库存或使库存达到最小。JIT 方式的生产物流计划是根据企业生产，预测制定年度计划、季度计划、月度计划，最后根据月度计划制定物流作业计划。主要特点是：真正的生产指令（需求物料）只下达给最后一个工序，其他工序只下达每月大致生产的品种和数量计划。这是一种典型的物流拉动式控制方式。看板技术和重复性生产中的其他技术是 Lean/JIT 的重要实现手段，不过，一般只适用于生产标准产品或变型产品非常少的产品族环境。

3）面向变型的概念

MRP II/ERP 中资源管理的基本理念和方法十分有效，经过不断发展，出现了面向变型、面向流程设备等用于不同领域的扩展概念。这些不同形式的扩展与传统 MRP II/ERP 概念的不同之处主要在于对物流活动对象的建模、订单配置、订单处理以及不同时段计划中订单的协调方面。

20 世纪 70 年代，面向变型的概念主要起源于欧洲。这些概念的提出与产品族等产品品种的概念、one-of-a kind 生产以及无重复订单生产等概念有一定的联系。它们是前面两种规划控制方法的扩展。根据产品种类的不同，计划与控制的不同典型特征会同时呈现不同值。

（1）具有少数可选模块的标准产品。重复式制造，具有频繁订单重复的生产、备货型生产或按订单进行装配、可以进行小批量生产。

（2）产品族。重复式制造或大量定制、具有不频繁订单重复的生产、按订单（从零件或子装配）进行装配、大多按顾客订单进行单件生产。

（3）具有很多变型的产品族。大量定制，倾向于无订单重复的生产，面向订单生产、按顾客订单进行单件生产。

（4）根据变化的顾客需要：one-of-a kind 生产、无订单重复的生产、面向订单设计或面向订单生产、按顾客订单进行单件生产。

4）面向流程设备的概念

20 世纪 80 年代，针对过程工业，北美提出了面向流程设备的相关概念。这些概念扩展了 MRP II，不过，它们还没有完全系统化。其主要的思想来自过程流调度（process flow scheduling）的概念。除了用于连续生产的相关概念和一些专项解决方案，面向流程设备的概念还考虑发散型产品结构。

图 5.23 很好地总结了上述概念，并给出了它们与设施布置和产品种类特征相关的关系。

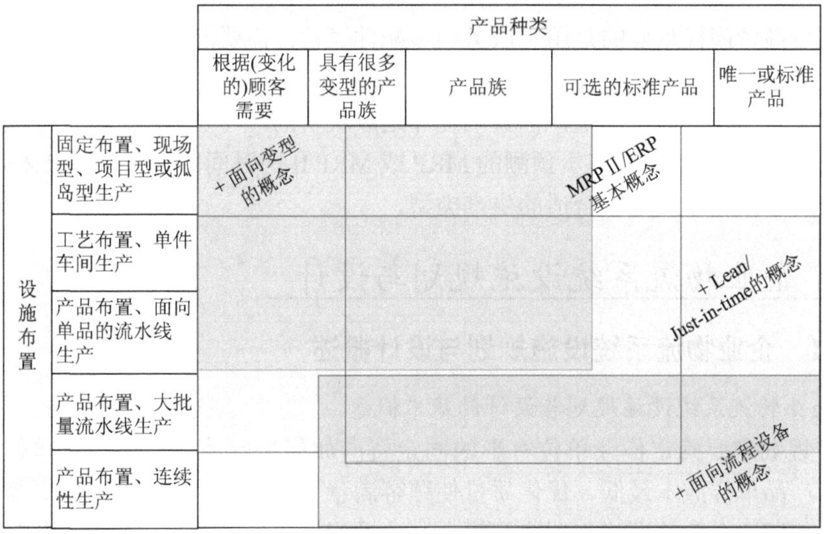

图 5.23　与设施布置和产品种类特征相关的企业物流系统计划与控制若干概念

而且，可以发现，这些企业物流系统计划与控制的若干概念适用于不同的生产类型。

（1）基本 MRP II/ERP 很适合于除了连续生产以外所有设施布置形式的批量生产。

（2）Lean/JIT 概念几乎适合于所有生产类型。它是大量定制和重复式制造的前提。不过，用于 Lean/JIT 的看板技术和其他一些简单技术只适用于标准化生产或具有少数变种的产品族。

（3）面向变型的概念适用于批量生产和为单品种或者小批产品而设计的所有设施布局。它们是 one-of-a-kind 生产和大量定制生产的前提。

（4）面向流程设备的概念适用于连续或非连续的大批量生产线生产，尤其是大规模生产。

由上可见，设施布置和产品品种是在物流系统规划与控制过程中要考虑的最重要特征，而且上述分类和定位模型在规划设计中十分有用。不过，不能简单地据此来确定某行业企业该采用哪种特定的生产类型和计划方式。在实际规划设计中，一个企业往往同时并行地采用多种生产类型和计划控制模式。

【例 5.3】 ABB 公司是生产各种用于匹配输出功率为 500kW 以上的柴油机和燃气发动机用涡轮增压器行业内的主导者。目前，全世界运行使用的 ABB 涡轮增压器超过 180 000 台，广泛应用于船舶、电站、内燃机车以及重型卡车上。其产品、备件中心和研发部门位于瑞士巴登，有超过 90 个服务站的全球网络可为用户提供快速、及时和高质量的服务。

该公司主要经营多种变型的顾客化增压器，其合适的生产类型是 one-of-a-kind 生产。从系统能力的角度考虑，可采用面向单品的流水线生产。因此，面向变型的概念来进行计划与控制是合适的。

其许多组件和半成品是不依赖于某种特别型号的增压器，可用于大多数订单的价值增加网络的生产。换言之，它们是一种具有频繁订单重复的面向存货的生产。其生产类型可以采用成批生产或者单件生产。在计划与控制中，可以采用简单的拉式原则。

和主要经营同样重要的是用于服务的零配件经营。需要能够根据某个增压器的配置跟踪到原始订单使用的零配件，并保证它的可获性。这些零配件在生产结构上，比通用的组件和半成品仅高一个层次，但其消耗却是成块状的，一旦需要，就是一批。因此，拉式方法并不适用，而采用基于预测的 MRP 或 MRP II 的时间段式订货点技术是合适的。单件生产和小批量生产是较合适的生产类型。

5.5 企业物流系统设施规划与设计

5.5.1 企业物流系统设施规划与设计概述

1. 企业物流系统设施规划与设计的基本概念

设施规划是要确定作业单位有形的固定资产如何最好地支持该作业单位要达到的目标，如产品单位成本最低、优化质量使顾客满意、有效利用人力、设备、空间和资源等。例如，制造企业的设施规划涉及确定制造设施如何最佳地支持生产，机场的设施规划涉及机场设施如何最佳地支持旅客和飞机运作，而医院的设施规划就是要确定医院设施如何支持为患者提供最好的医疗服务。

由于各经济领域的企业性质不同，其设施的功能均不一样，但只要是从事商品生产或流通，设施就与物流活动有关联，就存在其设施物流运行系统的优化问题。因此，物流系统规划与设计的理念与内涵就包括在各设施规划与设计之中。

物流系统规划设计与各经济领域设施的相关性如图 5.24 所示。

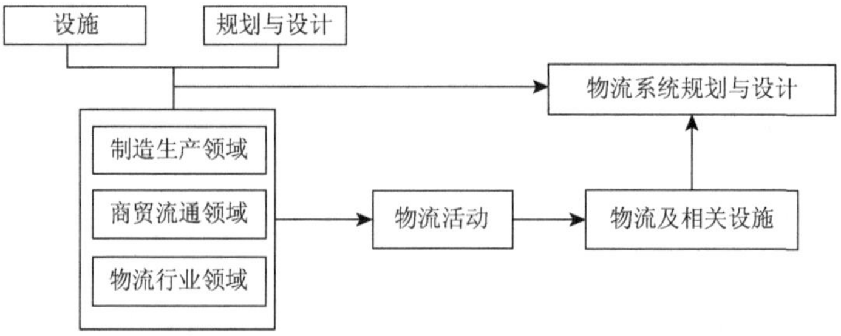

图 5.24 物流系统规划设计与各经济领域设施

设施规划并不等同于设施选址、设施设计、设施布置和工厂布置，图 5.25 对设施规划和它的设施要素设计进行了区分，进而，我们可以理解上述概念之间的相互关系。

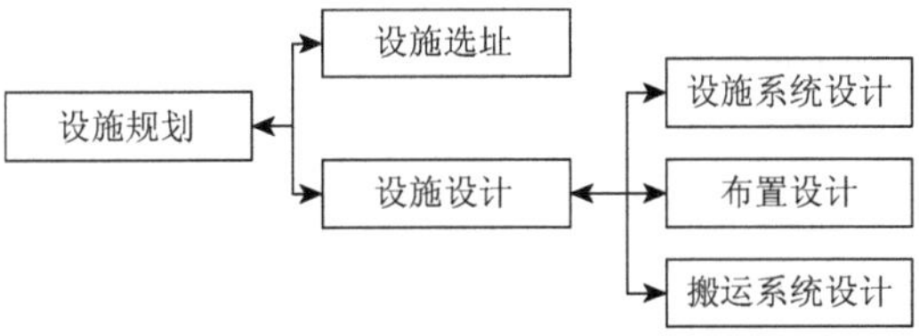

图 5.25　设施规划及其设施要素设计

设施选址是指将设施按顾客、供应商和其他设施的相互作用来确定位置，包括定位和取向。生产或服务系统设施所在的地区和具体的位置对系统的运营非常重要，它不仅关系到企业生产经营问题，还关系到整个企业的物流效率与费用问题。而且，设施选址与物流网络构建也非常密切，所以在物流设施规划与设计中，物流设施选址与设施内部布置规划往往需同时考虑。

设施的设计要素包括设施及设备系统、系统布置和搬运系统。设施及设备系统由结构系统、暖通空调系统、建筑围护系统、电气照明系统、通信系统、安全系统和给排水系统等组成。系统布置包括建筑围砌范围内的所有设备和机器的位置安排。搬运系统由满足设施相互作用所需要的机械设备组成。一个工厂的搬运系统由物料、人员、信息和支持生产所需的搬运设备组成。

设施选址是确定如何为满足设施目标提供支持。设施设计是指确定设计要素如何满足设施的目标。因此，设施规划可以分为设施选址和设施设计两部分。设施选址考虑宏观的问题，而设施设计考虑微观的要素。

2. 企业物流系统设施规划与设计的目标

为了获取或保持企业的竞争优势，设施规划应在供应链的背景下进行。供应链系统是由顾客满意度驱动的，因此，顾客满意度也是包括企业物流系统规划与设计在内的设施规划的主要目标。总结起来，设施规划的目标包括以下几方面。

（1）在兑现对顾客的承诺、响应顾客需求、提高顾客响应速度等方面提高顾客满意度。

（2）通过提高库存周转率、降低存货损失、提高员工参与度和连续改进来实现提高资产收益率。

（3）通过伙伴关系和通信交流来集成供应链，降低成本，提高供应链盈利水平。

（4）通过提高物料搬运效率、物料控制水平和场地整洁来支持企业宗旨。

（5）有效利用人员、设备、空间和能量。

（6）提高资金支出的投资收益。

（7）增强适应性和维护方便性，提高人员安全和工作满意度。

当然，一个设施设计方案不可能在上述每一个方面都超过其他方案，因为，这些目标本身之间还是相互冲突的。因此，重要的是采用合适的判断标准来仔细评价每个方案的优劣。

5.5.2 企业物流系统设施规划与设计的过程

设施设计人员面临的设施规划问题不仅是新建制造或服务系统，还有现有系统的扩建、联合和修改等问题，以使得设施能与其他经常变化的目标保持同步。根据统计资料，即使是建成的制造工厂，每2～3年就需要改变设施布置一次。最近10年内布置变化的频率增加，部分原因是产品变化更快，因为顾客要求经常改变产品的式样和功能。下面是一些需要更改设施布置的例子。

一家制造厂要实施准时制管理，要求建立机床单元以及单元在车间中的位置，此外还要决定机床在单元中的位置。

一家炊具制造厂过去两年中生产翻番，再也没有多余面积可以扩大，一位工业工程师建议将少用的陈旧设备淘汰，购入高效设备重新布置车间。

一家保险公司租得一幢多层办公楼，准备将其总部迁入，要将其内部空间划分为工作区、办公室、会议室等。

根据新的协议，一家外国汽车厂和我国合资建立一条汽车装配线，需要设计、建造和安装。

一家大的零售商废弃一条商品生产线，拟建一条生产新品的生产线，这就需要重新设计下属各百货公司的新品展览陈列区。

尽管设施规划并不是一门精确的科学，但它也可通过组织、系统的方式来寻求解决方法。传统的工程设计过程可以应用到设施规划之中，这一设计过程如下。

1. 定义问题

（1）定义设施目标。不管是规划新的设施还是改进已有的设施，设施生产的产品和/或提供的服务要达到特定的目标。只要有可能就要以产量或作业活动水平来衡量。

（2）划分完成目标的主辅作业单位。要进行的主、辅作业活动和要满足的要求必须以所涉及的运作、设备、人员和物流的标准来明确指定。辅助作业活动服务于主要作业活动，以使主作业活动免受到干扰和延迟。例如，维修就是制造的一项辅助作业活动。

2. 分析问题

确定所有作业单位之间的相互关系。在设施范围内明确作业单位是否有相互作用及如何相互作用，或者是如何支持其他作业单位的，还有这些活动是如何进行的。这里要分析出定性和定量关系。

3. 确定所有作业单位的空间需求

（1）在计算每一作业单位的空间需求时，要考虑所有的设备、物料和人员的需求，并以此产生多种不同的设计方案。

（2）生成多个备选设施规划方案。备选的设施规划方案包括备选的设施选址和设施设计两个方面。设施设计的不同备选方案应该包括备选的布置设计、结构设计和物料搬运系统设计。根据具体情况的不同，设施选址决策和设施设计决策可以分开考虑。

4. 评价备选方案

评价设施规划的备选方案是在同一个标准下，给不同的方案排序打分。对每一种方案，确定所涉及的目标因素并评价这些因素是否影响以及如何影响设施及其运作。

5. 选择设计方案

选取设施规划方案时，要确定哪一个方案在满足企业目标上是最能接受的。大多数情况下，成本并不是唯一的主要考虑因素，评价结果可以用于最终方案的选择。

6. 设计方案的实施

（1）设施规划方案的实施。一旦规划方案选定，就要在设施实际建造或区域布置之前完成相当数量的规划工作。还有实施过程的监控、试车准备、试车、运行和调试。

（2）设施规划的维护和调整。随着设施新要求的提出，总体设施规划方案必须进行相应修改。例如，针对节能新措施的修改、新物料搬运设备的改进、产品品种或产品设计的改变都会带来物流路线的修改。

（3）设施目标的重新确定。必须验证设施生产的产品或提供的服务是否满足指定指标的要求。在以后可能对设施进行的修改、改造等都要再考虑这些指标。

以制造业设施（如个人计算机制造厂）和服务设施（如医院）的规划为例，其规划的过程如表 5.4 所示。

表 5.4　制造与服务设施规划过程列举

设施规划过程阶段	个人计算机制造厂的规划过程	医院的规划过程
定义	（1）对要生产的产品定义或重新定义	（1）对医疗需求定义或重新定义
	（2）决定生产流程	（2）决定满足医疗需求的医疗服务
设计	（3）决定各部门间的相互关系	（3）决定所有服务间的相互关系
	（4）决定所有作业的空间需求	（4）决定所有服务的空间需求
	（5）发展可行的设计方案	（5）发展可行医院设计方案
	（6）评估可行的设计方案	（6）评估可行医院设计方案
	（7）选择一个设计方案	（7）选择一个可行医院设计方案
执行	（8）实施该设计方案	（8）实施该医院设计方案
	（9）继续与修正设计方案	（9）继续与修正设计方案

著名学者 Tompkins 提出了现代设施规划的新方法，即成功的设施规划过程（winning facility planning）。如图 5.26 所示。对此过程更详细的说明见表 5.5。

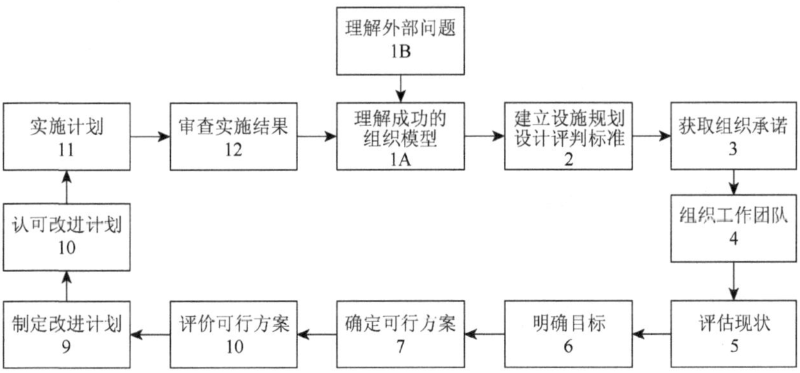

图 5.26　成功的设施规划过程

表 5.5 成功的设施规划过程的说明

步骤	功能	说明
1A	理解成功的组织模型	要对企业所有层次人员进行教育培训。了解企业的成功模型是进行成功设施规划的前提条件
1B	了解外部问题	通过参加专业团体、贸易展览、会议研讨和阅读书刊来接触外部世界。如果要更好地了解外部问题还需要相当的努力
1C	了解内部问题	要了解成功的模型，还要了解企业的经营计划、资源与约束，以及供应链的总体目标。了解公司的未来是成功的前提条件
2	建立设施规划设计评判标准	要实施改进措施，企业必须确立中心工作。这一步要求管理层确定设施规划设计评判标准
3	获取组织承诺	管理层必须明确实施与设计规划、设计评判标准相符的改进。这一承诺不可反悔
4	组建工作团队	团队必须有广泛的代表性并能对每项设计要求做出决策。团队不能妥协
5	评估现状	评估结果将作为衡量改进措施的基础。定性和定量的要素都要进行评估
6	明确目标	对每项设计评判标准确立明确的、可度量的有时间要求的目标
7	确定可行方案	这是一项创造性的过程。要确定系统、过程、设计和方法能够达到指定目标的要求，这需要寻求所有可行的方案
8	评价可行方案	对确定的方案做出经济评价和定性评价。经济评价应当符合公司的指导原则，并估算每个方案的经济效益
9	制定改进计划	在上一步评价的基础上，选择最佳方案，建立详细的实施计划和资金安排计划
10	认可改进计划	向管理层推介改进计划，提供不同方案的评价和论证材料，让管理层认可改进计划
11	实施计划	监督工程施工、安装、试车和调试过程。培训员工以保证正确使用系统。为达目标不懈努力
12	审查实施结果	记录真实系统的运行情况，并与预定的目标和期望的业绩相比较。找出差距并提供相应的反馈信息

该成功模型给出了企业向前发展的清晰方向。经验表明要使设施规划成功，不但要树立愿景（vision），也要明确使命（mission）、成功的要求、指导原则和成功的证据。这五项要素共同形成企业的成功模型。

另外，表 5.6 比较了传统的工程设计过程和成功的设施规划过程。设施规划的第一阶段是对新设施目标或更新已有设施目标的初始定义，这一阶段是由设施规划和设施管理的总负责人来承担的。设施规划过程的第二阶段是评估现状、明确目标、确定可行方案、评价可行方案、制定改进计划和认可改进计划。第三阶段是实施计划和结果审查。在应用过程中，要找到满意的设施规划方案通常需要多次反复。

表 5.6 工程设计过程、设施规划过程和成功的设施规划过程的比较

阶段	工程设计过程	设施规划过程	成功的设施规划过程
第一阶段	定义问题	（1）定义（或重新定义）设施的目标 （2）划分完成目标需要进行的主辅作业单位	（1A）理解成功的组织模型 （1B）了解外部问题 （1C）了解内部问题 （2）建立设施规划设计评判标准 （3）获取组织承诺

续表

阶段	工程设计过程	设施规划过程	成功的设施规划过程
第二阶段	分析问题 产生备选方案 评价备选方案 选择最佳设施方案	（3）确定相互关系 （4）确定空间需求 （5）产生可行设施方案 （6）评价可行设施方案 （7）选择最优设施方案	（4）组建工作团队 （5）评估现状 （6）明确目标 （7）确定可行方案 （8）评价可行方案 （9）制定改进计划 （10）认可改进计划
第三阶段	实施设计方案	（8）实施方案 （9）维护和改进设施方案 （10）重新定义设施目标	（11）实施计划 （12）审查实施结果

5.5.3　企业物流系统设施规划与设计中的作业关系、流动和空间

1. 作业关系

作业单位的作业关系和空间需求可以为设施规划过程中的许多决策提供基础，也是设施规划的关键内容。设施规划达到目标的程度取决于作业单位的作业关系。作业关系主要包括组织关系、流动关系、控制关系和环境关系等几个方面。

（1）组织关系。受控制幅度和从属关系影响。

（2）流动关系。包括物料、人员、设备、信息和资金的流动。

（3）控制关系。包括物流是集中还是分散，库存是即时还是分批，现场管理和自动化集成水平。

（4）环境关系。包括安全因素和温度、噪声、烟雾、湿度和灰尘。

其中有些关系可以定量表达，有些关系只能定性表达。例如，流动关系以每小时流动的次数、每班要移动的货物数量、库存周转率、每月处理文档数量、每月人工和材料支出等指标来衡量。组织关系通常以正式的组织机构图来表示。但是组织内经常存在着非正式组织关系，在确定组织内作业关系时要予以考虑。例如，质量控制看起来与仓库收货职能没有多少组织关系，但因为它们的工作需要紧密配合，所以这两个职能之间通常形成非正式的组织关系。现代企业组织重构趋向于分散化和职能的重新分配，这在设施规划时要给予考虑。

企业物流系统的流动可以看作货物、材料、能量、信息、人员的移动，流动关系十分重要。例如，电冰箱从制造厂通过各级分销到达最终消费者的过程就是一个重要的流动过程。销售订单从销售部门传递到生产控制部门就是一个信息流动过程。医院里患者、员工和探访人员就是涉及人员的流动过程。流动过程可以用流动的对象、产生流动的资源和协调资源的信息交流三个方面来说明。流动的对象就是要加工的物品；产生流动的资源是完成所需流动的加工和运输设施；协调资源的信息交流包括简化流动过程管理的各种措施。

不过，我们还需要注意现代制造技术从多个方面对物流系统产生的影响。例如，有些供应商将设施选址在靠近顾客的位置，以使发货批量更小；采用电子数据交换和看板系统的顾客要求采用准时制供应物料；对运输商采用连续通信技术的顾客和供应商要求消除偶然事故的发生；不同的产品要分别发送到不同的收货站台；产品接收是在各个分

散的使用存储点进行等。很多情况下，不进行验收和文书作业（供应商是认证的）；生产商甚至从超市按需采购物料；产品只在制造单元或部门内短途运输；收货、存储和移动采用简单的物料搬运和存储设备（复杂的由供应商或物流商进行）。这些使得物流系统的提前期更短、成本更低、质量更好、效率更高。

2. 流动及其规划

对物流系统及其分系统宏观流动状况的分析，使设施规划人员能明确物料移动总体的环境。在总体流动环境中，关键考虑的因素是流动模式。流动模式可以从工作站内、部门内和部门间三个层次来考察。

1）工作站内流动

工作站内流动主要依赖于动作研究和人因工程的应用，与部门内的流动应当形式多样，以便操作者既可以用体力也可以用脑力来考虑流动问题。多能的操作者可以在必要时看管多台机器，也可以支持和参与连续改进功能，提高质量、设备维护、物料搬运、记录、绩效度量和团队工作等职能水平。部门间的流动模式与部门的类型有关。

2）部门内流动

对于按产品（或产品簇）原则布置的部门，工作流伴随着产品流。产品流一般有五种模式：前流（end-to-end）、背流（back-to-back）、折返流（front-to-front）、环流（circular）和饨角流（odd-angle），如图 5.27 所示。对于一个操作者一个工作站的情况，可以采用前流、背流和钝角流模式；对于一个操作者看管两个工作站的情况，宜采用折返流模式，而对于一个操作者看管多个工作站的情况宜采用环流模式。

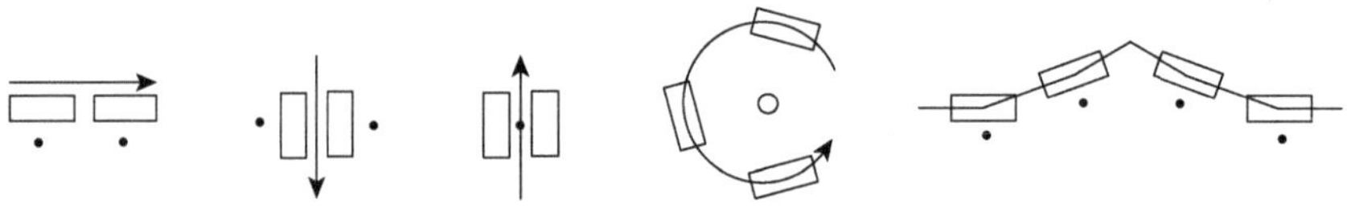

(a) 前流　(b) 背流　(c) 折返流　(d) 环流　(e) 饨角流

图 5.27　按产品（或产品簇）原则布置的部门内的流动模式

对于按工艺原则布置的部门，部门内各工作站之间的流动应当尽量少。流动一般应发生在工作站和通道之间。流动模式取决于工作站相对于通道的方向。图 5.28 显示了三种工作站与通道的取向及相应的流动模式。具体的工作站与通道取向安排和流动模式取决于各工作站的交互作用、可用空间以及要搬运物料的大小。斜角式流动模式一般与单向通道联用。支持斜角式流动模式的通道通常比平行和垂直的工作站与通道取向安排更能节省空间，但是单向通道的灵活性不足。因此，斜角式流动模式用得并不多。

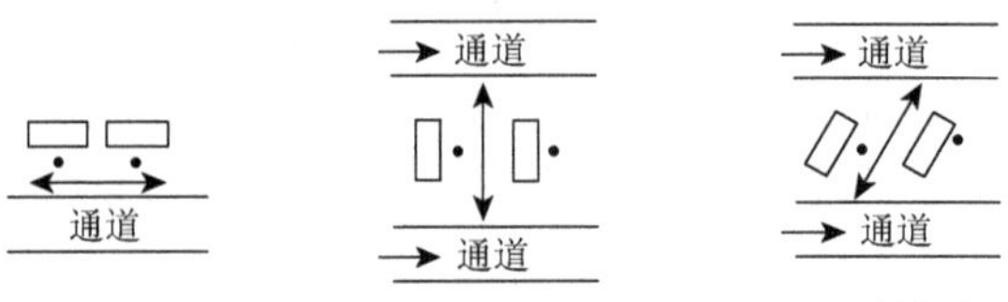

(a) 平行式　(b) 垂直式　(c) 斜角式

图 5.28　工艺型部门内的流动模式

3）部门间流动

部门间的流动常常作为评判设施整体流动情况好坏的依据。部门间的流动一般是图 5.29 所示的四种基本流动模式的组合。基本流动模式组合中最重要的考虑因素是出入口的位置。对于建筑设计来说，入口（收货部门）和出口（发货部门）的位置通常是固定的，流动要受到它们的限制。图 5.30 中给出了几个例子，显示如何规划厂房内的流动状况，以符合出入口的要求。

(a) 直线形　(b) U 形　(c) S型　(d) W型

图 5.29　基本流动模式

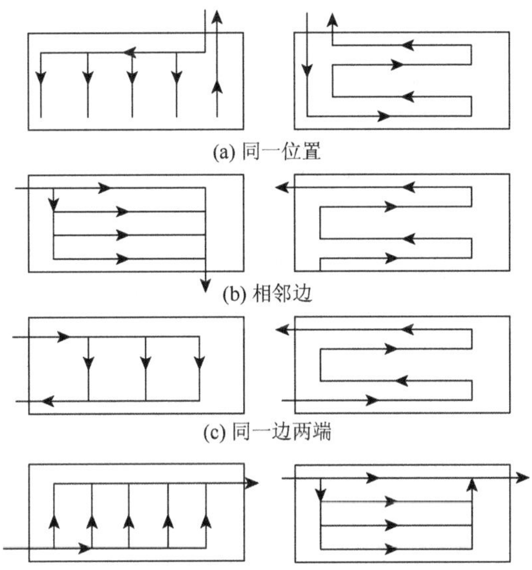

(a) 同一位置

(b) 相邻边

(c) 同一边两端

(d) 相对边

图 5.30　考虑出入口位置的设施内流动情况

要规划有效的流动，可能会涉及上述各种流动模式的组合，并要留有足够的通道以满足从起点到终点的畅通移动。设施内的有效流动包括物料、信息和人员在部门间的移动；部门内的有效流动则包括物料、信息和人员在工作站间的移动；工作站内的有效流动则包括物料、信息和人员贯穿工作站的移动。因此有效流动规划是一个多层次规划问题，设施内有效流动取决于部门间有效流动，部门间的流动依赖于部门内有效流动，部门内流动则依赖于工作站内有效流动。同时，规划一个层次内的有效流动要考虑流动模式和流动原则。物流系统的有效流动要遵守有向流的路径最大化、流量最小化、流动成本最小化等原则。

有向流路径是从起点到终点连续不中断的路径。这里不中断是指不与其他路径交叉。图 5.31（a）和（b）分别显示了无中断的流动路径以及流动路径中断后出现的拥挤和不期望的交叉。

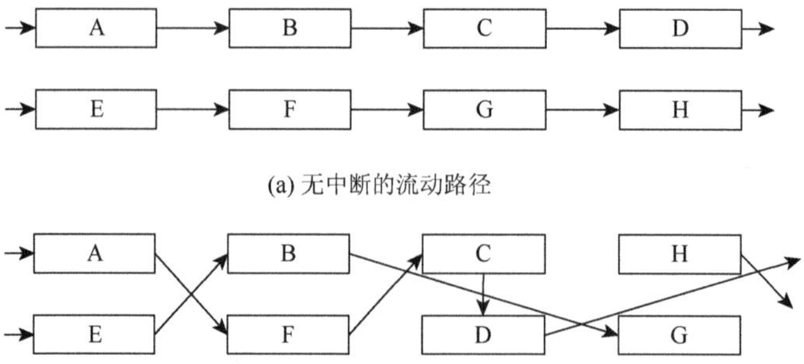

(a) 无中断的流动路径

(b) 有中断的流动路径

图 5.31 中断对流动路径的影响

另外，从起点到终点的有向流路径还应当是没有回退的路径。从图 5.32 中可以看到回退增加了流动路径的长度。从 A-B-C-D 的流动路线长为(50′+50′)+50′+(75′+25′)=250′，而从 A-B-A-C-D 的流动路线长为(50′+50′)+(50′+50′)+(50′+50′)+50′+(75′+25′)=450′，比前者增加了 200′。

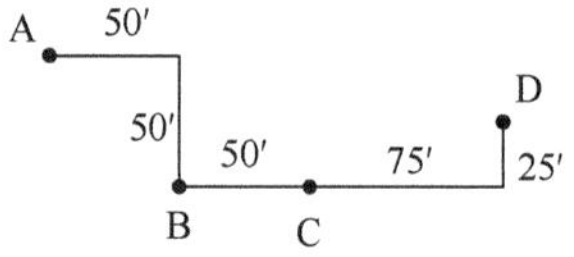

图 5.32 回退对流动路径长度的影响

4）流动规划设计的原则

（1）最小流量原则。最小流量原则是工作简化原则在物料流动中的应用，它包括以下一些内容：通过规划使得物料、信息和人员的交付直接发生在最终使用点，消除中间步骤。通过规划使得两个连贯使用点之间的流动尽可能次数少，最好是一次。通过规划使得物料、信息或人员的移动与下一步骤合并。

（2）流动成本最小化原则。流动成本最小化原则可以从尽量减少和消除手工搬运这两个方面来考查。尽量减少手工搬运，包括尽可能减少行走次数、距离和动作；尽量消除手工搬运，通过流动过程的机械化和自动化，使得工人全部时间投入到分配的任务，而不是浪费在不增值的搬运上。

3. 流动的定量测量

部门间的流动状况是在设施内布置安排部门最重要的因素。为了评价不同布置方案的好坏，就需要对流动进行度量。流动状况可以用定量或定性的方式来度量。定量的方式包括每小时件数、每天移动次数或者每周的重量等。定性的方式包括绝对必需两部门要紧靠在一起到两部门不相邻。如果设施内各部门之间有大量的物料、信息和人员流动，那么就以定量方式作为部门位置安排的依据。相反，如果设施内各部门之间只有很少的物料、信息和人员流动，但有大量的交流和组织相互关系，那么就以定性方式作为部门位置安排的依据。在大多数情况下，对设施内流动状况的衡量既需要定量方式也需要定性方式。

1）从至表法

流动可以按部门间移动的数量来定量测量，用来记录这些流动状况的是从至表(from-to chart)。从至表是一个方阵，但很少是对称的，不对称的原因是两点之间的双向的流动状况不都是一样的。

根据从至表的流动度量，要获得最佳排列顺序，一般应满足如下条件：从至流动最大的两个部门，应该尽可能靠近，从至表中越大的数字越靠近对象线。

从至表根据其表中所含数据元素的意义不同，常分为距离从至表、运输成本从至表、运输次数从至表等。用从至表进行设施布置时，其优化的目标分别是运输距离最小化、运输成本最小化和运输次数最小化。

2）相关图法

流动也可以采用 Muther 提出的密切程度关系值，如表 5.7 来进行定性度量。不论是制造业还是服务业，都可采用“密切程度”代码（closeness code）来反映各部门间的关系密切程度。这些密切程度值还可以与密切程度评级理由一起在相关图中采用，如图 5.33 和表 5.8 所示。

表 5.7　密切程度等级值

密切程度代码	A	E	I	O	U	X
实际含义	绝对必要	特别重要	重要	一般	不重要	不要靠近
所占比例/%	2～5	3～10	5～15	10～25	45～80	不希望接近视情而定

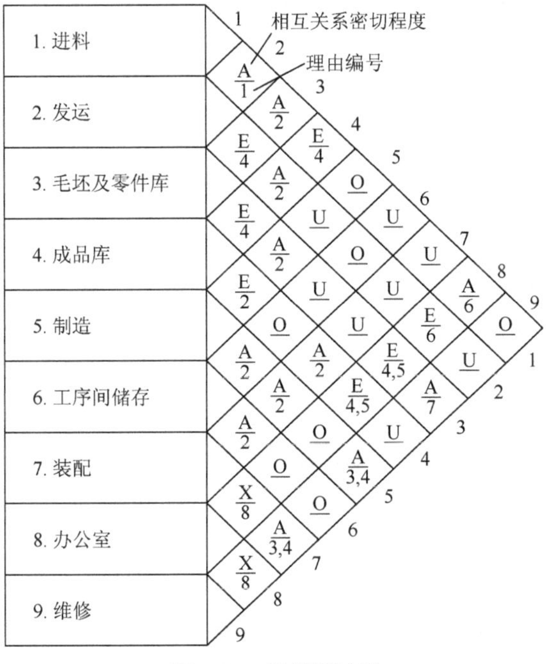

图 5.33　相关图示例

表 5.8　“密切程度”等级评定理由

代码	理由
1	使用频率高
2	使用频率中
3	使用频率低
4	信息流动高
5	信息流动中
6	信息流动低

如果不是由设施规划人员来按上述步骤建立相关图，而是由各个部门的负责人来评判与其他部门的密切程度关系，就可能出现不一致的地方。按定义，相关图要求部门A与B的关系值与部门B与A的关系值相同。如果是由部门负责人来评定这些关系，情况很可能就是部门A的负责人认为部门A与部门B的关系为不重要（U），而部门B的负责人认为部门B与部门A的关系为一般（O），从而出现不一致。因此，如果让设施规划人员根据重要部门的数据来对部门间的关系评级再征询部门的意见，就不会得到矛盾的结果。

这里，需要强调一下关系值U和X的不同。两个部门的关系是U时，它们还可以布置在相邻布置，但关系是X（受到环境、安全和设施的限制）时就不能靠近了。关系为U的两个部门靠近了也不会有什么损益。

在建立相关图时还要注意，对于 n 个部门，要考虑 $n(n-1)/2$ 个两两关系。因此，如有10个部门就有45个两两关系，如有50个部门就有1225个两两关系。为降低复杂性，可以将最可能会放在一起的几个部门组合成一个“大部门”，等大的位置关系确定了，再用相关图来确定小部门的关系。

从实用角度看，如表5.7所示，最好是有不低于一半的两两关系是U型。如果两两关系是U型，在相关图上对应格就空着，这样相关图看起来比较清晰简明。其他比较合理的比例是A型不到两两关系总数的5%，X型也不到5%，A和E加起来不超过12%，A、E和I加起来不超过25%，A、E、I和O加起来不超过40%。尽管相关图可能比较稀疏，但是两两关系数多了也难以处理。

从设施规划的角度来看，作业单位的关系经常被看作临近要求。如果两个作业单位强烈正相关，那么它们即使不相邻，位置也要十分靠近。同理，如果两个作业单位强烈负相关，那么它们的位置要远远分开。

需要强调的是，要满足作业单位相互关系的要求不一定是以物理分隔的方式。例如，信息相互关系可以用通信链接的方式来满足，如闭路电视、计算机网络和气动管道输送系统等。同样，噪声区可以围隔起来，烟气可以用排风管来解决，其他的环境关系也可以用特殊的设施来解决，而不一定要靠距离分开。

因为相互关系涉及多个方面，所以建议从每种主要度量方式来建立独立的相关图。例如，从物料流、人员流、信息流、组织、控制、环境和工艺关系等不同方面得到不同的相关图。最终相关图的比较表明，满足相互关系不一定都是从距离上考虑的。

4. 空间需求

在设施规划中，也许最难确定的是设施内的空间需求数量。设施规划的时间跨度一般是未来的5～10年，但是未来存在多种不确定因素，如技术进步、产品品种类型的改变、需求水平和组织设计的变化等很多。为此，各部门人员从稳妥的角度，给出的空间需求数据往往都偏大。于是设施规划人员面对未来的不确定因素，要预测真正的空间需求就很困难。

更为复杂的是，还存在着 Parkinson 定理，即预留的空间容量会比计划预计的时间更早占用。因此，尽管设施建造时为将来留有足够的空间，但真正到了那个时候根本就没有空间可用。因为问题的本质是确定空间需求，所以建议采用系统的方法，空间需求要从基础工作开始。

在确定仓储作业的空间需求时，要考虑库存水平、存储单位、存储方法和策略、设备需求、建筑物条件和人员需求。在制造设施和办公环境中，空间需求的确定要先从单个工作站开始，然后才是工作站集合而成的部门需求。不过，现代制造技术使得生产、存储和办公的空间需求发生了显著的变化。空间需求减少的主要原因如下。

（1）产品以更小的批量和集装单元配送到使用点。

（2）在使用点设置分散化的存储区。

（3）库存保有量更少（产品是采用看板从前一道工序“拉”下来的，消除了内部的低效）。

（4）采用更高效的布置安排方式（如制造单元）。

（5）公司规模减小（专业化工厂、精益组织结构、职能分散、多技能雇员、高绩效团队环境等）。

（6）共享式办公室和电信技术的采用。

1）工作站的空间需求

工作站是完成某种工艺加工的固定资产，是生产物流系统中重要的构成设施。企业的总体生产率显然与每个工作站的生产率有关。工作站像所有设施一样，空间需求包括设备、物料和人员的空间。工作站的设备空间可由以下部分组成：设备本身所占空间；机器行程空间；日常维护空间；大修服务空间。

（1）设备本身的空间需求，可以从设备说明书中找到，需要的数据包括：机器制造商及机器类型；机器型号及序列号；机器安全停车位置；地面负荷需求；到最大行程点的静止高度；最大竖向行程；到最大行程点的静止宽度；最大左向行程；最大右向行程；到最大行程点的静止深度；接近操作者方向的最大行程；远离操作者方向的最大行程；日常维护需求及面积；大修需求及面积等。

（2）每台机器包括机器行程的面积需求，可由总宽（静止宽度加上最大左和右行程）乘以总深（静止深度加上接近和远离操作者的最大行程）得到。在此基础之上，再加上维护和修理面积就得到一台机器所需的设备面积（machinery area）。工作站内所有机器的设备面积之和就是该工作站所需的设备面积。

（3）工作站的物料区，由以下空间构成：来料的接收和存储；在制品的接收和存储；待发料的存储和发送；废料和切屑的存储与发送；工模夹具和维修保养用物料。

要确定物料接收和存储的面积需求以及在制品和待发料的存储与发放的面积需求，就要知道集装单元的尺寸和物料在机器间的流动状况。对在机器旁存储的进出料集装单元要留有足够的空间。如果收发料部门没有库存区，那么在机器前面只要分别留出2个集装单元的位置就可以了。依据物料搬运系统的不同，最小的空间需求可能是一单元的待加工件、一单元的来件、一单元的待发件和一单元的完工件。此外，待加工料在机器上的取放过程可能需要一定的空间，如长条料会超出机器空间范围很多。而且也需要提供从机器中去除废物（切屑、边角料等）和废品的空间，以及这些废弃物在工作站内暂存的空间。

采用看板管理的企业需要的物料空间更少一些。一般来说，工作站旁只有一两个容器或托盘的物料，其他的物料（由看板数限定）都存储在附近的分散化存储区中。

最后剩下的物料空间需求是工模夹具和维修保养物料所需的空间。但是，工模夹具和保养物料的存储方式是分散存储在各工作站内还是集中存放，对这一面积需求有直接影响。但至少在调整机器时，这些东西要有地方可放。随着机器调整次数的增加，工作站内工模夹具和保养物料所需的面积也在增加。而且，从安全、防护和空间上看，集中存储的可能性更高。因此，企业要按所采取的方法来给工作站分配空间。

（4）工作站内的人员空间需求包括：操作者；物料搬运；操作者进出。操作者和物料搬运的空间需求依赖于具体的工艺方法。对操作者的作业应当进行动作研究和人因研究以确定工艺方法。考虑这些因素应遵循以下通用原则：工作站的设计应当使得操作者取放物料时尽量不行走，尽量不进行长距离或不方便的伸臂动作；工作站的设计应当使得操作者的工作有效果又有效率；工作站的设计应当尽量减少手工的物料搬运；工作站的设计应当尽量使得操作者安全、舒适、生产率高；工作站的设计应当尽量减少身体损伤和疲劳，包括视力疲劳。

除了操作者和物料搬运的空间需求，还要有操作者进出的空间。行走通过静止物体时最小需要 30 英寸（1 英寸=0.0254m）宽的通道；如果是在静止物体和运转的机床间通过，至少需要 36 英寸宽的通道；而在两台运转的机床之间行走，至少需要 42 英寸宽的通道。

设施规划人员应当模拟操作者进行报告作业、实施任务、改换设置、保养机器等工作，以及对情况的反应、进餐与休息、清扫工作站、评价质量、团队工作、反馈行动和下班等活动。这种模拟将保证分配足够的空间，并可以显著提高总体运作水平。

2）部门的空间需求

一旦确定了每个工作站的空间需求，确定部门的空间的需求就容易了。首先我们要明确部门的服务需求。部门的面积需求并不是其内各个工作站面积的简单相加。因为像模具、设备维护大修、保洁用品、存储区、操作者、零配件、看板、信息交流识别板、问题板等的空间很可能是共享的，这样能节省空间和资源，如表 5.9 所示。但这种共享的前提是各项操作不会互相干扰。每个部门内需要有内部物料搬运的空间，不过，因为部门配置、工作站的摆放方式和物料搬运系统还没有完全确定下来，通过空间需求还不能正式确定下来。但是，现在可以估算通道的空间需求，因为要搬运的物料尺寸和数量已经知道，表 5.10 提供了估计通道空间需求的经验值。

【例 5.4】 阿博西公司一个要规划的部门由 13 台车床组成，其中 5 台为转塔车床，6 台为自动螺纹车床，2 台为卡盘车床。原料是 244cm 长的棒料。各机床的底部尺寸分别是转塔车床 122cm×366cm，螺纹车床 122cm×427cm，卡盘车床 152cm×183cm。人员空间面积为 122cm×152cm。物料存储需求为转塔车床 610cm，螺纹车床 1220cm，卡盘车床 1524cm。通道空间比例为 13%，空间计算过程如表 5.9 所示。该部门总共需要 $134m^2$ 的面积。如果此数据要提交给上级审查，就必须包括设备、物料、人员和通道。

表 5.9　阿博西公司部门服务和面积需求表

工作站	数量/台	服务需求			地面负载/Pa	天花板高度/cm	面积/m^2			
		电力（交流）/V	压缩空气/m^3/min 6.89×10^5Pa	其他			设备	物料	人员	合计
转塔车床	5	440	0.283		7.2×10^3	122	22	9	9	40
螺纹车床	6	440	0.283		7.2×10^3	122	26	22	11	59
卡盘车床	2	440	0.283		7.2×10^3	122	6	9	4	19

注：净面积需求为 119m^2；加 13%通道面积为 15m^2；总面积需求为 134m^2。

在本例中，阿博西公司以工艺原则来布置该部门，设计中没有考虑工具、信息板、维修保养、快速转换、质量保证和团队会议的面积需求。而且它假设采用灵活的物料搬运设备，可用于原材料、在制品和产成品的搬运。部门服务需求是其内各工作站服务需求的总和。这些需求和部门面积应当记录在部门服务和面积需求表上，如表 5.10 所示。

表 5.10　通道空间估计值

最大货物尺寸/m^2	小于 0.56	0.56～1.11	1.11～1.67	大于 1.67
通道面积百分比/%	5～10	10～20	20～30	30～40

3）通道安排

通道在设施中的位置应当有利于流动。通道可以分为主通道和部门通道。部门通道在部门布置没有完成之前是难以确定的，不过，可以用上面的方法先初步分配部门通道面积。

如果通道规划过窄，会导致设施拥挤，易造成损伤和安全问题；而通道过宽，又造成空间浪费和清扫工作量增大的问题。应当先考虑通道的流量和类型，再确定它的宽度。流动类型由经过通道的人员和设备类型来确定。

表 5.11 给出了不同流动类型的通道宽度值。如果预计的流量符合某一类型的要求，通道内以单向流动为主，且很少有反向的流动同时发生，那么主通道的宽度也可以按表 5.11 来确定。如果预计的情况是双向流动经常发生，那么通道的总宽度就应当是两个方向流动类型所确定的宽度总和。

表 5.11　不同流动类型的推荐通道宽度

流动类型	通道宽度/m	流动类型	通道宽度/m	流动类型	通道宽度/m
拖车	3.66	1 吨叉车	2.74	单人行	0.91
3 吨叉车	3.35	窄通道叉车	1.83	人行单开门	1.83
2 吨叉车	3.05	手推车	1.52	人行双开门	2.44

在规划通道时，应当尽量避免曲线、急转弯和非直角相交。通道应当是直线的，并通向大门。应尽量避免沿墙布置通道，除非该通道是用于进出设施的。在规划通道空间时还要考虑柱间距，否则柱子可能会堵在通道中间。柱子常常位于通道的边界，而不能

挡在通道中间。

4）目视管理和空间需求

目视管理等制造管理方法可能会给设施布置的方式带来一定的影响，具体表现在以下几个方面。

（1）标识、干净和整洁。整洁的环境有助于团队开展工作、开会和查看工作进度，以及发布和张贴产品和生产方法的各种信息，检查物料和工模夹具是否在正确的位置。为此，设施布置中需标示以下信息：部门标识（如成形单元）；作业单位（如注塑机）、资源和产品的标识；团队板报；地面标记（看板位置、物料搬运设备的位置）；工具、料架和夹具的位置技术专用区域；交流和休息区；信息和指令区；清扫工具摆放处等。

（2）目视文档，包括公差要求、工作指令、机器操作指令、自检指令、检查方法、工厂布置图和平面指示图等。

（3）目视生产。包括生产、维护、库存和质量控制（生产进度墙报、看板、自助维护指示板、机器故障警示灯、仪表指示板、统计过程控制方法图板和问题记录板）。例如，设施布置中设置有计算机终端；生产进度表；机器维修保养表；库存和在制品指示；机器信号监视；统计过程控制；问题记录板等。

（4）工作绩效度量。包括主管、设备管理人员和工人共同查看这些信息并寻求改进方法。例如，设施布置中有目标、结果和差距指示板。

（5）进度状况。包括跟踪和改进的目视显示，如改进活动板、公司计划与宗旨显示等。

目视管理系统使得部门看起来更具条理，有助于生产和服务人员达到生产和维护既定目标，方便库存控制、维修部件数量控制和质量控制，作业符合标准要求，人员能专注于企业的目标，并提供连续改进措施。在这种情况下，为了有效利用空间，设施规划人员需要利用墙壁和通道等空间尽可能显示更多的信息，并合理分配物料、模具、清洁保养工具、团队会议和计算机的专用空间。当然，如果空间和预算受限，不能实现上述理想状态，也要尽可能安排足够多的目视管理栏目。

5.5.4 服务型企业物流系统设施规划与设计

1. 服务型与制造型企业物流设施规划设计异同

由于制造型企业物流规划设计的方法与经验大多也适用于服务型企业。不过，由于制造型和服务型企业提供的“产品”不同，因此，在物流系统设施布置的侧重点也有所不同，如表 5.12 所示。

表 5.12 制造型企业与服务型企业设施布置差异

项目	制造业	服务业
1	着重于各工作站间的搬运效率	着重于顾客、货物、作业动线的最佳化
2	设备如何摆放	服务站如何设计
3	通常有原材料、半成品和成品的存货管理	通常只有辅助或促进服务的物品存货管理
4	由生产线的规划引出工厂布置问题	由服务组合设计引出各种服务场所布置
5	不需要考虑与顾客接触	需要考虑与顾客接触是否方便与互动
6	加工机械设备较大且重，故一旦摆定，难于移动	较无笨重机械，故布置较易重新摆设

2. 服务型企业物流设施布置分析

设施布置对许多服务行业，特别是零售、餐饮和银行业来说，是服务流程的重要组成部分。在零售业中，产品布置不仅为产品提供了陈列环境，而且有助于培育消费者和改善产品。在餐厅里，设施布置不仅有助于吧台、厨房和饭厅的高效运作，而且能够改进就餐的氛围。在银行里，设施布置不仅提供了工作流程和个人舒适，还提供了安全保证。由于设施布置是很多服务行业的重要组成部分，所以它为赢得订单提供了连续不断的机会。

考虑服务性质以及服务企业怎样传递或者传送它们的服务，航空、银行、医院、餐厅、保险、房地产、货运、娱乐、电信及公用事业的服务种类是如此多样化，因而服务设施类型也就种类繁多。

1）服务劳动密集程度和专业化

对大多数服务企业而言，有一个特点足以使它们的运营至少部分地不同于制造业运营：必须考虑顾客与服务之间的关系紧密程度。这种关系可能是紧密的，顾客实际上成为生产进程的一部分，如在医院，服务就在顾客身上进行。这种关系不紧密，如零售业，顾客挑选、付款并带走实物商品。因此这种关系的性质以及紧密程度的存在，使服务流程设计和服务设施的布置大受影响。由于服务本身就意味着存在互动和定制的需要，服务型企业必须根据服务性质对自身的服务运作进行定位。根据劳动密集程度和专业化水平，可以将服务分为批量服务、专业服务、服务工厂（service factory）和单件小批服务（service shop）等四类，分别位于服务流程矩阵的四个象限中，如图 5.34 所示。

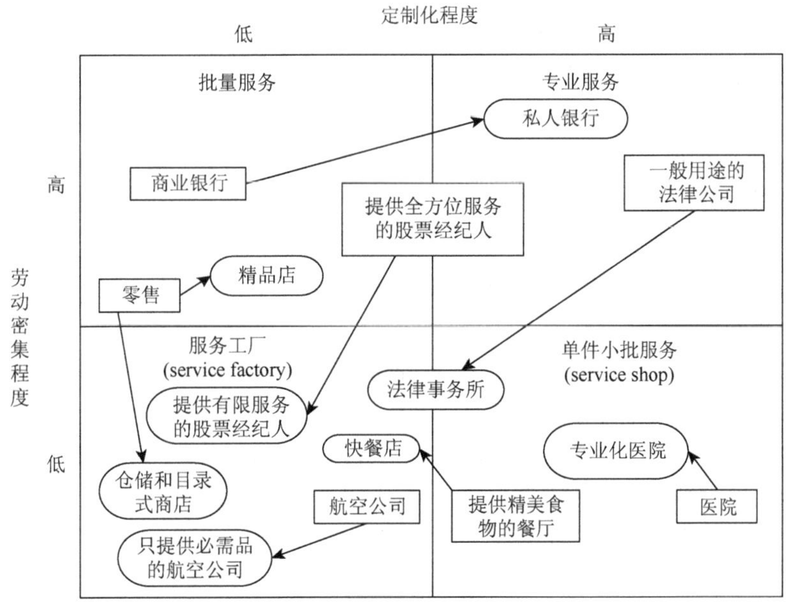

图 5.34　服务流程矩阵

在上面的部分象限，即批量服务和专业服务里，劳动力比例比较高，需要更多地将注意力集中在人力资源上。这些象限要求供应者寻找能够满足消费者需求和赢得订单的方法。这往往可以通过非常个性化的服务来完成。在设施布置方面，特别要能够提供能让工作人员满意的工作环境布置、让顾客感受合宜与适当的场所布置。

定制化程度低的象限往往需要制定标准或限制可供品种，如快餐店，使服务自动化，如航空公司使用自动售票机、自动取消指定座位等。这可能不仅需要资本投资，还要有流程设计的创新，也为设施布置提出相应的要求。不过，定制化能力的降低可能需要在其他方面取得优势。例如，超级市场的自助服务不仅减少了成本支出，而且允许顾客查找他们想要的产品的具体特性，例如，新鲜度或颜色。戴尔计算机公司通过让消费者在网络上自行配置产品的方式，提供了另一种形式的自助服务。这种方式看起来不但消费者喜欢，而对戴尔公司来说，其成本更低，速度也更快。类似的准制造（quasi-manufacturing）服务运作可以借鉴制造型企业的布置类型和方法。

总之，服务型企业提供的服务可以是标准型或者顾客定制型，与顾客接触量以及实物产品和无形服务的组合程度存在不同，其多样性比制造型企业更为复杂。因此，服务设施考虑的因素也更多一些，主要包括：服务需求量；服务多样性；顾客化程度；服务人员专业程度；服务互动性；服务的成本；服务量的弹性；服务的美学因素；服务重复性等。

2）服务设施布局

（1）服务型企业的布置目标。综合考虑这些因素，服务型企业的布置目标包括：尽量减少顾客、人员、物品移动的距离、时间与成本；尽量减少服务场所混杂，避免服务迟延与质量低落；尽量提高服务场所、设施、空间与人员利用率，同时也考虑扩充的可能性；让工作人员对工作环境布置满意；让顾客感受合宜与适当的场所布置等。

（2）服务设施布局。通常应该提供从快车道以及从繁忙的干道进入的通畅入口。同时，还要提供大型的、组织有序的、有足够灯光的停车场或者车库。另外，这类设施通常拥有宽敞的、设计很好的人行道，将人们从停车场引到设施当中。入口和出口要有明显的标记，并位于人们所熟悉的位置，还要设计能容纳高峰期的顾客流量。电动门和自动扶梯的提供，使双手提着商品的顾客能够自由开门和上楼。服务设施还必须提供顾客休息室或者其他停留区域、顾客排队等待区域、服务柜台区域、现金出纳机区域、雇员工作区域、商品展示区域和走廊，还应该有吸引人的舞台装饰和灯光。

服务设施所必须提供的与顾客有关的设施特色，因服务本身所包含的顾客接触数量的差异而各不相同。一个极端的例子是银行的前厅服务，在这里，整个设施布局必须围绕顾客设计，包括停车场、方便的进口和出口、便利舒适的等候厅、标准化顾客服务的等候队列、出纳窗口和出纳员、顾客存储账户自助领域以及顾客贷款服务。另一个极端的例子是银行的后台运营，在那里，设施布局仅为以下行为而设计：处理财务事务、更新账户记录以及在以技术或材料处理为中心和以生产效率为中心的地方编制借贷对照表和相关报告。类似地，还有如快餐店、航空的维护运营、零售商的仓库运营以及发电设施等。

服务设施布局的这两个极端，接近一个连续区域的两个端点。其他服务设施则融合了这两种布局的特征。例如，高级饭店的布局通常可能强调顾客验收和个性化服务多于食品的加工和准备。另外，快餐店布局则强调食品的加工和准备，而不是顾客验收和个性化服务。强调顾客或者技术、材料处理以及生产效率的组合程度，要根据所提供的服务种类和每个特殊企业运营战略的不同而各有偏重。

对于许多服务设施来讲，制造业设施布局的技术可以直接运用。例如，有关物料处理和物料处理设备的原理，这对于所有需要进行实物商品处理的服务业类型来说都是很重要的；以减少人流或物流移动距离和成本、提高场所空间使用效率、提高单元之间的有效衔接、节省流程时间等为目的的布置方法；CAD 软件和计算机模拟软件的使用，为各种服务业提供建筑物平面图，并能找出瓶颈所在，加以改善；在以产品为中心生产的服务运营中使用生产线平衡法等。

值得注意的是，很多服务型企业中一个重要的设施布局因素是为顾客提供等候线，尤其重要的是服务柜台和等候的顾客所要求的空间总数，以及使等候线适合于整个设施布局。这将涉及等候线理论（排队论）。其他可利用的技术和方法还包括：用多目标评估技术建立服务场所布置模式；用网络理论建立服务场址中各服务站间的分析模式，探讨各服务站间容量与流量之关系；用人因工程研究仓库型布置；用群组技术研究服务设施如何配合服务人员与顾客互动之最佳布置等。

3. 服务型企业设施布置——以百货零售业为例

服务行业中的企业类型多样，个性化特征显著，如百货商店的布局、展览馆的布局、医院的布局都有其自身的特点和要求。这里以百货零售业的布置为例，简单介绍服务系统布置的主要原则。

1）百货零售业外部布置重点

大门处是企业的重要表征，顾客由大门处的布置与设计，判断该企业文化是保守、昂贵、或大众的。大门处篷顶通常用来显示店名。为达到凸显目的，进入大楼的走道设计，是一个能留给顾客深刻印象的布置重点。外围展示橱窗设计有两个目的，一是展示主要的贩卖品，二是吸引顾客进入。外部布置还要注意附近商店所给予顾客的感觉、附近居民的生活形态与人口组成等。停车场设施也是顾客非常关心的一项外在布置。

2）百货零售业卖场形式选择

百货零售业应能对卖场做出符合逻辑的安排，改善店堂布置进而为顾客提供良好的购物环境。零售现场布局应当有利于吸引顾客并方便顾客选择购买商。其布置的原则有：最美观设计；最方便设计；最长之动线；最大利用率。

典型的卖场形式包括开放格栅式、封闭格栅式、自由式和循环式等四种，如图 5.35 所示。这四种形式各有优劣，它们在不同属性方面的比较见表 5.13。

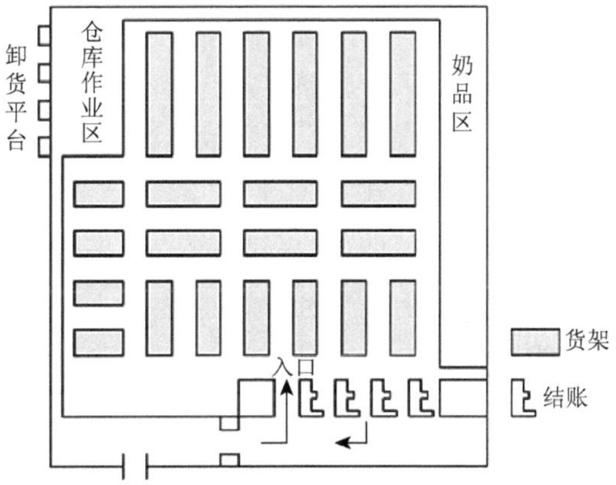

(a) 开放格栅式

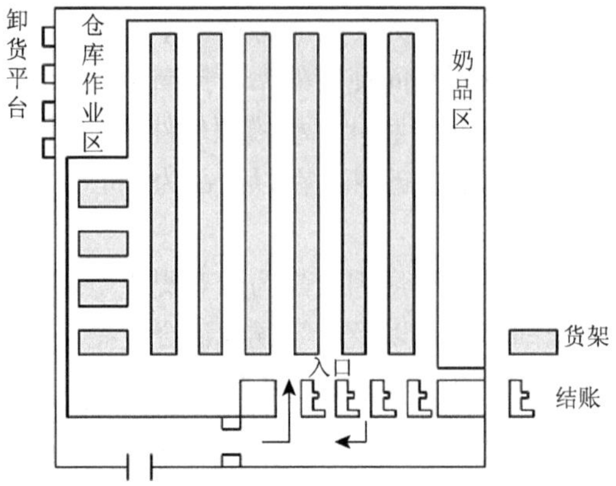

(b) 封闭格栅式

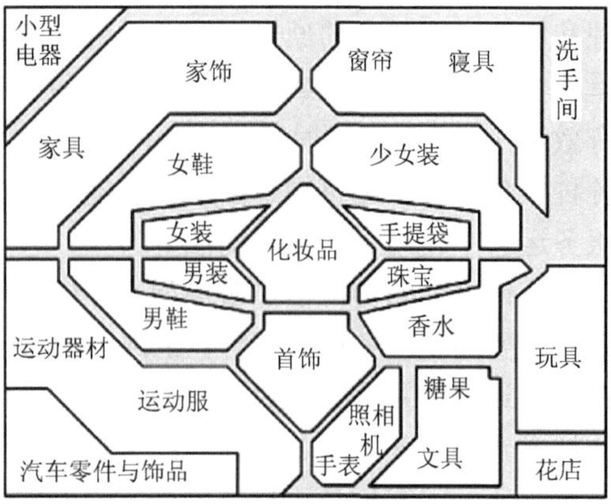

(c) 自由式

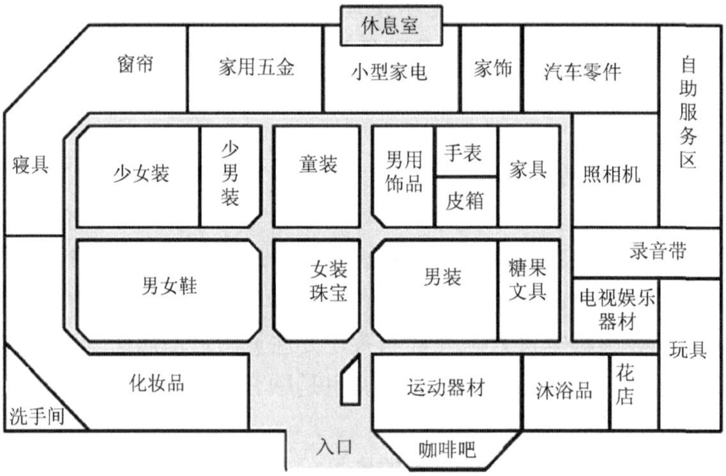

(d) 循环式

图 5.35　典型的卖场形式

表 5.13　四种百货零售业卖场形式的属性比较

比较属性	开放格栅式	封闭格栅式	自由式	循环式
布置成本	小	小	大	中
空间利用率	大	大	小	中
顾客方便性	大	中	小	小
顾客动线连续性	小	中	大	大
布置美观	小	小	大	中
顾客方向感掌握	大	大	小	小
死角多少程度	大	中	小	小
顾客动线长度	中	大	小	小

3）百货零售业内部布置重点

Berman 和 Evans 总结了百货零售业内部布置重点，主要包括：地板的用材；颜色与灯光；香味与声音；店内水管、排气管、梁柱、水塔、通风口、房门等；墙壁的装潢；顾客的购买心情会受到温度的影响；多层楼形式（可采用不同形式的电梯多楼层卖场，楼层间的扶手电梯设计可采连续式）；死角区顾客较不易走到，标示指引；清洁是否使用自动化机器设备等。

4）百货零售业货品布置重点

百货零售业货品摆置的原则与重点，一般包括如下一些内容：将具有高度吸引力的商品摆在四周；用一些突出或显明的地点，摆放具有高利润或高吸引力的消费产品；陈列商品的走廊间，尽量不要留有可横越的走道；将熟知或热门的商品分散放在各走道的两侧；顾客习惯调查显示，已经知道要购买什么商品的顾客，通常进入卖场后会顺时针方向移动；陈列商品的货架，以女性眼睛高度为准；上段陈列希望顾客注意的商品，中段陈列具有差别性且利润也较高的商品，越往下渐次摆便宜且利润低的商品；应分别为购买量较大与购买量少的顾客，设置不同的结账区；相关商品应放置在同一区域，并根据某种逻辑将美的商品摆置在明显处，或由外面可看进来的周边橱窗处；常被顾客点名要买的商品，应尽量摆在较远的位置，以增加这类顾客的动线长度；常用或购买率高的商品，应置于易取得的地方；季节互补性的商品，可放在邻近，以便有效利用空间；需要拆装或检验的重物品，不适合摆在人群较多的地方；当日要卖的特价品或特别品摆置在一楼入口处，做明显展示；把已卖出但顾客尚未取走的存货，放在靠销售员比较近的地方。除此以外，顾客的类型不同，百货业布置的重点也应有所不同，如表 5.14 所示。

表 5.14　各种顾客类型所衍生出之百货业布置重点表

顾客类型	服务系统程序或作业设计
携带购物清单的顾客	卖场内各物品分类标示牌必须悬挂明显
只凭记忆购物的顾客	卖场内应设置多座电话，以利其打电话向家里询问
只买少量物品的顾客	为购买少量物品购物者设置快速通道
购买大量物品的顾客	备有大型推车以利其购物，或备有专人为其捡货与送货
具有购买欲望的顾客	卖场入口备有精美宣传品，或播放商品介绍录影带刺激消费
进来逛逛看看的顾客	卖场入口明显区域放置折扣专卖区，刺激购买

➢复习思考题

1. 企业物流是如何定义的？
2. 企业物流系统的分类如何？
3. 企业物流系统规划的目标和原则是什么？
4. 推式物流与拉式物流有何区别？
5. 企业物流系统运作设计考虑的典型特征包括哪些方面？每方面又包含哪些具体特征和特征值？
6. 工业企业类型与设施布置和产品种类特征之间的关系如何？生产类型与设施布置和产品种类特征之间又存在什么关系？
7. 绘制你所熟悉的一个单位的平面布置，分析布置的特点及主要工作流程。
8. 企业物流设施规划中流动的度量有哪些定性和定量的方法？

9. 合理布置空间场所应遵循哪些原则？

10. 某企业生产三种零件，零件 1 和 2 的尺寸和重量相同，且移动难易程度一样。零件 3 的大小是零件 1 的 2 倍，移动 1 件零件 3 等价于移动 2 件零件 1。该企业有五个部门 A～E，这三个零件大体都要从原料库经由这些部门处理后送往成品库，其总体流动模式为 A-C-B-D-E。要生产的零件数量和加工路线如表 5.15 所示。

表 5.15　企业零件的加工路线

零件	每天生产数量	加工路线
1	30	A-C-B-D-E
2	12	A-B-D-E
3	7	A-C-D-B-E

试给出该企业的流量从至表。

11. 把下列相关图中的 9 个部门布置在一个 3 × 3 的区域内。已知这 9 个部门的作业关系密切程度，如图 5.36 所示，且已知部门 4 必位于该布置的右上角，请根据图做出合理布置。

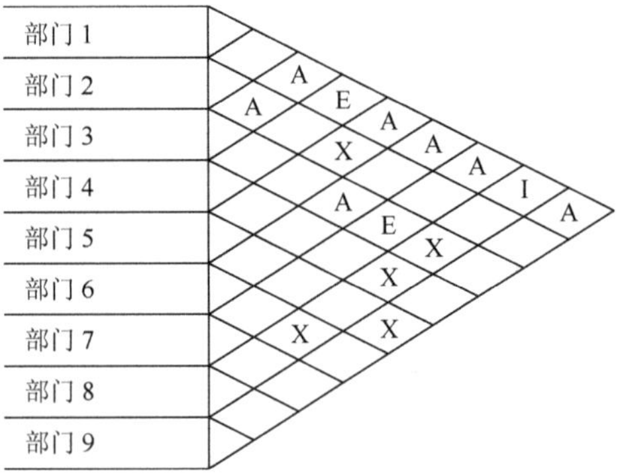

图 5.36　9 个部门的作业关系密切程度

第6章

逆向物流系统规划与设计

6.1 逆向物流与逆向物流系统

6.1.1 逆向物流

随着社会经济的发展，社会上各类消费品逐年增加，随之产生的废旧品也日益增多，虽然各种产品的性能不断改善，使用期也在延长，然而，不论何种产品，最终都将被废弃而面临如何处理的问题，由此形成逆向物流，也使逆向物流的合理化成为亟待研究的问题。

1. 逆向物流的含义

目前，理论界对逆向物流概念的表述有很多，较专业、准确地概括其特点的定义是：与传统供应链反向，为价值恢复或处置合理而对原材料、中间库存、最终产品及相关信息从消费地到起始点的有效实际流动所进行的计划、管理和控制过程。

在我国，由国家质量技术监督局发布，2001 年 8 月 1 日起正式实施的《中华人民共和国国家质量标准物流术语》中没有“逆向物流”这一术语，与之相关的两个定义是“回收物流”和“废弃物物流”，具体表述如下。

（1）回收物流（returned logistics）是指不合格物品的返修、退货以及周转使用的包装容器从需方返回到供方所形成的物品实体流动。

（2）废弃物物流（waste material logistics）是指将经济活动中失去原有使用价值的物品，根据实际需要进行收集、分类、加工、包装、搬运、储存等，并分送到专门处理场所时形成的物品实体流动。在这里，废弃物物流的作用是不考虑对象物的价值或对象物没有再利用价值，仅仅从环境保护的目的出发，将其进行焚化、化学处理或运到特定地点堆放、掩埋。

综上所述，逆向物流有狭义和广义之分。从狭义上，逆向物流是通过分销网络系统将所销售的产品进行回收、处理的过程。从广义上看，逆向物流代表了与物料重新利用、节约资源和保护环境有关的一切活动，因此，也应该包括减少正向物流过程中的物料消耗，如生产过程中的原料节约、边角料的重新利用、包装物的重新利用、次品的改造等，以便有更少的物料回流，使正向物流量和逆向物流量同时缩减。

虽然对逆向物流有不同的表述，但关于逆向物流的内涵是基本相同的。逆向物流的内涵可以从逆向物流的流动对象、流动目的和活动构成等几方面理解。

（1）逆向物流的流动对象。逆向物流是伴随着正常物流供应链管理过程中所发生的一系列反向活动，是产品、包装容器、包装材料及相关信息，从它们的消费地沿供应链渠道向上游或向处理设施点的流动过程。其中产品包括用旧的产品、报废的产品、有缺陷的产品、功能正常的积压物资，还包括客户无条件的退货等。

（2）逆向物流的目的。从逆向物流的目的看，逆向物流是为了重新获得废弃产品或有缺陷产品的使用价值，或者对最终废弃物进行正确的处置，以避免对环境的危害。

（3）逆向物流的活动构成。从逆向物流活动的构成看，为实现逆向物流的目的，逆向物流包括顾客退回产品的管理、可再使用的包装容器的配送、产品的整修、翻新或再制造、物料再生循环、废弃物焚烧掩埋和寻找销售旧产品的渠道等。可见，逆向物流涉及的对象较多，既有废、次产品，废旧物资的回流，还有库存积压物资、滞销商品的逆向回流。无论是社会层面还是企业层面的产品回收再利用，都必须规划设计一个科学合理的逆向物流系统，并通过先进的技术和方法对产品回流的过程进行控制和管理，以实现回流产品价值的最大化。

2. 逆向物流的特征

经济活动的发展促使人们对物流的认识不断深化。物流用一体化的方法来管理产品和服务从采购到消费的不间断活动，这种活动应包括正向物流和逆向物流两个方向的流动。正向物流是指产品或服务从厂商运送到流通中心，再从流通中心运送到零售地点，然后消费者从商家得到该产品或服务这一过程的物流，又被称为顺流或动脉物流，它以生产、供给、销售和消费为主体，由“采购物流”、“生产物流”和“销售物流”组成。逆向物流概括来说，就是与正向物流的方向相反的物流活动，是指产品因过期、损坏或出现故障，需要从消费者手中回收到供应地进行维修或废弃处理这一过程的物流，又被称为反向物流、静脉物流或回收物流，它以回收、废弃物处理、再生利用为主题，是以环境保护为目的的绿色物流。

正向物流和逆向物流是物流活动中不可分割的两个部分。正向物流中的物品由于损坏或消费，流入逆向物流渠道进行处理。逆向物流中的物品经过再制造、整修、维修等加工过程，会再次进入正向物流渠道进行再次配送。逆向物流作为企业价值链中特殊的一环，与正向物流相比，既有共同点，也有各自不同的特点。两者的共同点在于都具有包装、装卸、运输、储存、加工等物流功能。但是，逆向物流与正向物流相比又具有其鲜明的特殊性。

1）不确定性

逆向供应链中产品回收系统相关问题的难点主要是由其本身的不确定性引起的，这主要体现在以下几方面。

（1）逆向物流终端的不确定性。逆向物流的产生地可以是数以万计的最终消费者，可以是零售终端、分销端、制造末端和制造过程中，也就是说废旧物资流可能产生于生产领域、流通领域或生活消费领域，涉及任何领域、任何部门、任何个人，只要有退货、损耗和过期，就有可能产生逆向物流。所以逆向物流产生的地点、时间和数量难以预见。而正向物流则不然，按量、准时和指定发货点是其基本要求。

（2）回收产品数量的不确定性。使用后产品的回收数量是由产品质量、产品寿命、使用时间、使用环境等多种因素决定的，具有很大的不确定性。

（3）回收产品损坏情况的不确定性。回收产品的损坏程度有轻有重，损坏的方式也各不相同，损坏情况只有通过检测才能确定。

（4）回收产品处理方法的不确定性。根据回收产品损坏情况的不同，需要对其进行不同的操作；同时，回收产品情况的不确定性造成产品加工时间的不确定和原材料需求的不确定。

（5）回收产品再利用需求的不确定性。回收产品再利用需求市场远没有普通市场成熟，存在更大的随机性和不可预测性。

2）缓慢性

在逆向物流产生的终端，逆向物流数量少、种类多，只有在不断汇集的情况下才能形成较大的流动规模。废旧物资的产生也往往不能立即满足人们的某些需要，它需要经过加工、改制等环节，甚至只能作为原料回收使用，这一系列过程的时间是较长的。同时，废旧物资的收集和整理也是一个较复杂的过程。这一切都决定了逆向物流缓慢性这一特点。

3）混杂性

产品流的单一性较强，如可分为钢材流、木材流、煤炭流、建筑材料流等。废旧物资流在形成阶段是很难分产品的，因为各种废旧物资常常是混杂在一起的。当然，在某些产品单一的部门，其废旧物资的产生可能是具有一定的单一性，但从整个社会角度来看，废旧物资物流则具有极大的混杂性。回收的产品进入逆向物流系统是随机的，往往难以进行精确地划分，因为不同种类、不同状况的废旧物资、退货和回收的包装材料常常是混杂在一起的，导致管理的复杂。另外，发生逆向物流的地点较为分散、无序、不能集中一次向节点转移。当回收产品经过检查、分类后，逆向物流的混杂性可随着退回商品或回收品的产生而逐渐衰退。而正向物流中的物流由厂家发往配送中心，产品分类明确，不存在混杂性这种情况。

3. 逆向物流的分类

1）按逆向物流形成原因分类

按成因、途径和处置方式的不同，逆向物流可以被区分为商业退货、维修再制造、产品寿命终结、包装物回收、生产报废品和副产品处理等几类。

（1）商业退货逆向物流。供应链的下游成员，如批发商、零售商、最终客户等，由于产品质量问题或产品库存积压等原因，将使用时间不长的商品或未使用的商品退回到供应链上的一个节点，由此产生的逆向物流就属于商业退货逆向物流。

（2）维修再制造逆向物流。产品在销售出去并经过一段时间使用后发生故障，根据售后服务承诺条款的要求，允许退回制造商或其委托服务商，进行产品维修。它通常发生在产品生命周期的中期。典型的例子包括有缺陷的家用电器、零部件和手机。

（3）产品寿命终结逆向物流。产品在出售较长时间后，产品完成使用价值而被消费者丢弃或淘汰，这些被丢弃或淘汰的物品还具有一定的残余价值，可以经过回收、再处理后被重新使用，这就形成了产品寿命终结退回逆向物流，通常发生在产品出售之后较长时间。

（4）包装物回收逆向物流。包装在保护产品、提高物流效率、促进销售等方面起着十分重要的作用，是商品流通不可缺少的部分。不管是商业包装还是物流包装，都要消耗大量的自然资源，且大量的包装物废弃后对环境的污染十分严重。为缓解包装对资源的消耗和对环境的污染，包装物的回收再利用就成为一种重要选择。与包装物回收再利用相关的物流活动就形成了包装物回收逆向物流。

（5）生产报废品和副产品处理逆向物流。生产过程中出现的废品和副产品，出于经济和法规条例的原因，一般应在生产企业内部进行逆向流动。通过再循环、再生产，生产过程中的废品、次品和副产品可以重新进入制造环节，得到再利用。生产过程中的报废品和副产品在药品行业和钢铁业中普遍存在，通过生产组织内部的逆向物流，做到节约原料、降低生产成本，减少对自然环境的污染。

2）按回收物品特征分类

按照逆向物流回流的物品特征和回流流程，可以将逆向物流分成以下三类。

（1）低价值产品的物料。例如，金属边角料或者副品，原材料回收等。这种逆向物流的显著特征是它的回收市场和再使用市场通常是分离的，也就是说，这种物料回收并不一定进入原来的生产环节，而是可以作为另外一种产品的原材料投入到另一个供应链环节中。

（2）高价值产品的零部件，例如，电子电路板、手机等。出于降低成本和获取利润等经济因素的考虑，这些价值增加空间较大的物品回收通常由制造商发起。此类逆向物流与传统的正向物流结合得最为紧密，它可以利用原有的物流网络进行物品回收，并通过再加工过程，进入原来的产品制造环节。如果回收市场的进入壁垒较低，第三方物流组织也可以介入其中。

（3）可以直接再利用的产品。最明显的例子便是包装材料的回收，包括玻璃瓶、塑料包装、托盘等，它们通过检测和清洗处理环节便可以被重新利用。此类逆向物流由于包装材料的专用性属于闭环结构，供应时间是造成供应源质量不确定性的重要因素，因而管理的重点将会放在供应物品的时点控制上。

4. 逆向物流产生的驱动因素

1）法规强制

随着人们对物品消费要求的越来越高，产品的更新换代越来越快，被丢弃、淘汰的物品日益增多。大量消耗、大量生产和大量消费的结果，必然是资源和能源的大量消耗。出于资源紧缺、垃圾填埋场地的限制以及消费者日益高涨的环境保护要求，各国纷纷制定废弃物处理法规及产品回收处理政策，责令生产商对产品的整个生命周期负责，要求他们回收处理所生产的产品或包装物品等。回收处理法规条例，直接促进了产品制造商和分销企业实施产品回收的逆向物流计划。

2）经济效益

随着廉价资源的获取越来越困难，资源供求之间的矛盾越来越突出，对使用过的产品及材料进行再生循环利用，逐渐成为企业满足市场需求、降低生产成本的可行之路。这就促使企业对产品废弃后的回收、再加工、再利用引发的逆向物流活动越来越重视。企业通过废旧物品回收再利用，一方面可以减少生产成本、减少物料的消耗、挖掘废旧物品中残留的价值，直接增加经济效益；另一方面，可以在激烈的竞争环境中，提升企业的“环保”形象、改善企业与消费者的关系，间接地提高企业的经济效益。

3）社会责任感

企业实施产品回收的第三个动力就是社会责任的驱使，或者说是共同的公民职责驱使。具有公民责任感的企业会主动以有利于社会发展的方式进行企业经营活动。例如，在废旧产品回收再利用方面，社会责任感会驱使一个企业积极主动地从事产品减量化设计、清洁生产，从事与废旧产品回收再利用相关的逆向物流活动，将节约资源、减少环境污染看作自己应尽的公民职责。

以上几种驱动因素在实际生产实践中往往是互相交织在一起的。也就是说，企业从事逆向物流活动可能是受多个因素的共同驱动，有时很难明确区分其边界。例如，很多国家规定，消费者有权向销售商退回所购商品，销售商给予了消费者退货的机会，可以说是由于法规的作用而接收退货品；另外，又可以认为是企业为了吸引消费者、改善客户关系，并最终为企业带来利益。

5. 逆向物流的重要作用

物流是创造价值的活动，其价值表现在时间和空间两个方面。只有当客户在希望消费的时间和地点拥有产品和服务时，产品和服务才有价值。无论是对社会还是对大多数企业来讲，物流成本都是很高的，降低物流成本就能增加价值，因此，物流对社会经济、对企业战略均具有重大意义。同样地，逆向物流也具有社会和企业战略方面的重要意义。其中社会意义主要体现在资源环境效益方面。产品在其生命周期的不同阶段，都会对生态环境产生不良影响。这种影响主要是源于物质不恰当的流动。例如，生产过程中的有毒中间物、产品使用过程中和产品报废后的废弃物流入等，均会对生态环境造成严重污染和破坏。从环境保护的角度出发，正确处置废弃物和危险原料是逆向物流的重要内容。另外，废旧产品的回收再利用使资源的利用率得到充分提高，从而减少对原生资源的消耗量，节约地球资源。逆向物流是因环境保护和资源再生利用的原因而产生，那么，逆向物流管理的重要性首先就在于它对保护环境、节约资源、促进循环经济发展方面具有的重要作用。

对企业来讲，企业实施逆向物流管理，不仅仅是出于环境保护法律法规的压力，更重要的还在于实施逆向物流管理是一项能显示企业竞争优势的战略武器。对于最终消费者，逆向物流的成功运作能够确保不符合订单要求的产品及时退货，保证有质量问题的商品能够及时被召回，增加了消费者对企业提供的产品或服务的信任感，从而提高客户的满意度。而对于供应链上的企业客户来说，上游宽松而有效的退货策略，能减少下游企业客户的经营风险，促进企业成员间的合作。因此，无论是对个体消费者还是企业客户，良好的逆向物流系统均有助于维持长久的客户关系，促进企业间的战略合作。另外，随着资源短缺问题的日益严重，对用过的产品进行再生循环，成为企业降低生产成本的重要途径。总的来说，实施逆向物流，不仅具有环境保护方面的效应，而且能为企业带来节约资源、降低成本、提高客户满意度、进而增加利润的直接经济效益。

6.1.2 逆向物流系统

1. 逆向物流系统主体要素

（1）制造企业。制造企业是产品的生产者，它在逆向物流合理化中是一个关键环节，如果能解决好制造企业的问题，就能促使逆向物流的合理化。制造企业在逆向物流系统中具有的重要作用主要体现在以下几个方面。首先，制造企业是逆向物流的最主要的发起人。逆向物流是正向物流的延续和发展，在正向供应链中，制造企业由于其实力雄厚，往往处于核心企业的地位，所以在逆向供应链中，制造企业也最容易成为其控制中心。发达国家对逆向物流实行“制造商负责制”，也充分说明了制造企业的重要地位。其次，制造企业是废旧产品价值恢复处理的重要执行主体。旧产品的翻新或再制造需要了解产品原始设计信息和制造信息，贴牌生产或原始设备制造商（original equipment manufacturer，OEM）一般会出于产品技术保密的原因，或利用自己拥有的技术优势，主动从事废旧产品的翻新、再制造和拆卸的处理活动。第三，制造企业的“资源缩减”行为直接决定了产品逆向物流目标的实现。制造企业的生产原料可采用原物料、再生物料，制造过程中可采用可再用的工具或器械，生产过程剩余的废弃品或物料可以进行适当的资源回收，并在生产时就要注意到产品的回收问题，尽量做到绿色生产。这些不仅有利于减少逆向物流量，而且能使产品的再循环处理更为方便。

（2）消费者。消费者从一定程度上影响着制造企业在原料选择和制造方式中的取向，如果对消费者的购物意向能进行合理引导，推行绿色消费，也是我国逆向物流趋于合理化的有效途径。消费者对逆向物流系统的作用体现在两个方面：一是支持废旧产品回收，为逆向物流提供供应源。消费者是产品的最终使用者，是废旧产品的主要来源。如果没有消费者对企业回收行为的支持，尽管有很严格的法规或经济措施，企业的回收目标仍然是很难达到的。二是购买再循环产品，促进逆向物流市场价值的实现。没有消费市场对再循环制品的需求，企业的逆向物流活动就失去了动力。

（3）回收企业和处理中心。回收企业担负着将废旧品进行处理的任务，它们对废旧品的处理方式，将直接影响到这些废旧品最终处理的合理程度，是逆向物流合理化的一个重要方面。处理中心在处理方式上，可根据被处理物品的状况，用回收或再生的方式恢复其经济价值或效益，对低价值的废弃物，采用无害化的掩埋、造肥或焚化产生能源的方式进行处理等。

（4）资源恢复商。资源恢复商是指那些通过一定的技术，对回收的产品进行拆卸、维修、翻新、再制造、零部件再循环或原料再生循环的企业，它们是恢复产品价值最关键的实施者，一般要求具备某种生产加工能力。具体包括：独立的或由 OEM 授权的专业拆卸厂商；修理、翻新及再制造企业；原料再生加工企业；原始设备制造商 OEM 和零部件生产商。

2. 逆向物流系统的功能

从物流的角度来看，社会关注的是如何高效地把废弃物从不需要它们的地方转移到它们得以重新使用或需要它们的地方。此外，还必须决定如何处理产品，即为每件进入逆向物流的废弃物决定它们的最终目的地。尽管不同的逆向物流系统涉及的具体活动可能不一样，但一般都包括以下功能。

（1）回收。回收是企业通过有偿或无偿的方式，将分散在各地的废旧物品收集起来，或收回顾客退回的产品、包装物，并进行物理移动，将其运往处理的地点，使得旧产品能够被利用，为逆向物流的流动提供根本性保障。如从顾客手中回收用过的复印机或计算机设备。这里的顾客可能是供应链下游的配送商、零售商，也可能是最终消费者。

（2）检测和分类。对回收产品的质量进行检测，以确定合适的处理方案，并据此进行分类。该环节要确定回收产品是否具有再次使用的可能性以及如何使用的作业过程，即根据产品特点以及产品和各零部件的性能确定可行的处理方案，包括捐赠、直接再销售、重新制造、整修和报废处理等。然后，对各方案进行成本效益分析，确定最终处理方案。

（3）再处理。对回收产品或其零部件进行处理，以重新获取价值。该步骤可能包括清洗、零部件替换和重新组装等环节。其中，再处理方式主要有再使用、再制造和再循环。再使用针对只需清洗或少量维修工作即可直接再使用的包装、产品或零部件，如玻璃瓶、塑料瓶、罐、箱、托盘等包装容器，复印机和打印机墨盒、一次性相机、二手家具、服装和书等；再制造是指保留废旧零部件的结构和功能特性，通过必要的拆卸、检修和替换，使其恢复得同新的一样，如飞机和汽车的发动机、计算机、复印机和打印机部件等。再循环是指循环利用废旧物品中的原材料，如废旧金属、纸、玻璃、塑料等。专业的再处理设备需要高昂的投资，因而在很大程度上决定着整个逆向物流系统的经济可行性。一般要求回收品数量较大且集中处理，以形成规模经济效应。

（4）废弃处置。对那些出于经济或技术上的原因无法再利用的废旧产品或零部件进行销毁。该步骤可能包括运输、填埋或焚毁等环节。

（5）再分销。将处理后的再生产品运往市场进行销售。该步骤可能包括销售、运输和仓储等环节。该过程与正向分销物流类似，主要是在快速反应和运营成本之间进行权衡。

6.2　逆向物流系统网络

6.2.1　逆向物流系统网络的特征

在产品的逆向物流过程中，从废旧产品（或缺陷产品）的收集，到回收处理中心、产品拆解中心，经价值恢复处理，直到再分销市场，同样要经过一系列的节点和运输路线。由这些逆向物流的设施点及设施点间的线路构成的拓扑结构就是逆向物流系统网络。

逆向物流系统具体的网络结构类型很多，可以借用 Fleischmann 提出的五个指标，来刻画不同的逆向物流网络结构的主要区别。

（1）网络集中程度。网络集中程度是指逆向物流网络中完成同样处理任务的场所数量，即涉及完成同种操作活动的地点数目。如果相同的逆向物流处理活动只在少数几个场所进行，则说明网络的集中程度高；如果同样的操作可能要在几个不同的地方同时进行，则说明网络是分散的。集中度高的网络，更有利于资源的共享，容易通过规模化操作提高作业效率，降低成本。因此同类型操作活动应尽量安排在同一地点完成，形成规模经济，节约人力物力，它是完成网络横向整合的有效措施。

（2）网络层数。网络层次是指逆向物流的物品顺次需要流经的设施数量，表示网络的纵向深度。在一个单层的逆向物流网络中，所有操作都在某一种设施中处理完成。例如，在某企业的回收处理中心，既要进行退回品接收，还要进行退货检验、分类、清洗、打磨，甚至翻新等活动。而在一个多层的逆向物流网络中，不同的操作会分别在不同的地点完成。

（3）与其他网络的联系。与其他网络的联系主要是指产品回收网络与现有的前向物流网络之间的相关程度。产品回收网络可能单独建立，也可能在原有的前向物流网络的基础上扩建。如果产品回收物流过程与前向物流过程的关联性较强，就更有可能将两种网络进行集成。这种网络的相关程度反映了两种网络潜在的集成性。

（4）开放与闭合网络。开放还是闭合反映网络的进入和流出两个流向之间的关系。对于一个闭合网络，“源”和“汇”是一致的，即回流品的来源地和产品价值恢复后的市场是同样的市场，回收产品回到原制造商处经过加工后再回到市场，这样，前向物流网络与逆向物流网络构成的是闭循环的网络结构。例如，许多再制造产品的回收网络、包装容器的再利用网络等，就属于闭合网络。而在开放网络中，回收品的来源地与价值恢复后的市场流向是不一致的，回收品从一端流进，从另一端流出，两种流向不能形成闭合结构，如金属、塑料、废纸等回收再循环，其再利用的市场一般与原来的市场不一致。

（5）合作程度。合作程度反映各部门对构建的逆向物流网络所负的责任，涉及网络建设中的各方。逆向物流的构建也许发起人是某一公司企业，但不可避免地会通过合同或联合的方式与其他企业合作，逐渐发展成为由不同行业企业联合的合作伙伴关系。企业利用第三方来开展逆向物流业务就是一种合作方式。

6.2.2 逆向物流系统网络的结构类型

逆向物流网络设计是逆向物流管理的重点之一。由于产品类型的不同，其再利用的途径和再处理的方式也有很大差异，这就决定了逆向物流网络结构有多种不同的形式。目前对逆向物流网络类型进行划分的标准并不统一，按照不同分类标准将会得出不同类型的网络结构。

1. 根据回流品的来源和处理后的去向分类

根据回流品的来源和处理后的去向是否一致，逆向物流系统网络结构可以分为开环和闭环两种。

（1）开环型网络结构。开环型网络结构主要指回收的物品不回到初始的生产商而用于其他企业（第三方生产商）的情况。此时，由于逆向物流渠道与传统（前向）物流渠道不同，整合这两种渠道的可能性很小，故一般构建一个独立的回收系统。由于该系统的独立性，若把回收物品当成传统供应链的原材料投入，则只要稍加修改传统的物流系统网络模型就可为逆向物流系统所用。再生系统通常为开环型网络结构。

（2）闭环型网络结构。闭环型网络结构主要指回收的产品或包装材料回到初始生产商的情况。此时，利用传统物流渠道中的现有企业成员，在原有网络上或通过专业物流服务商来构建逆向物流系统。尽管此时逆向物流系统与传统物流系统可能拥有相同的企业成员，但由于逆向物流中废旧物品的收集和运输需要不同的操作处理，从而产生不同的生产运作程序，故将逆向物流系统和“前向”物流系统整合在一起仍比较困难。再制造、修理或直接再利用等系统常常构成闭环型网络。特别地，当产品或其核心部件涉及企业的保密技术时，为防止其他企业仿冒产品、保持企业自身的垄断地位，企业往往构建闭环型的网络系统来回收再利用废旧产品。

2. 根据回收产品处理方式分类

根据回收产品再处理方式的不同，将逆向物流系统网络结构划分成再利用逆向物流网络、再制造逆向物流网络、再循环逆向物流网络和商业退回逆向物流网络等。饮料瓶、托盘等包装物的重复使用构成的是直接再利用网络结构；机电设备回收再利用构成的是再制造物流网络结构；废纸、金属、塑料等原料的循环再生构成的是循环再生物流网络。再制造处理过程最复杂，其逆向物流网络结构的复杂性最高。包装物的直接再利用一般只需要进行简单的筛选和清洗，处理过程最简单，网络结构也很简单；而废纸、塑料、金属等物资的循环再利用需要专业设施和设备，固定投资大，一般是集中处理以求得规模经济效应。

1）再利用逆向物流网络

有些物品如各类包装物或包装容器，包括玻璃、塑料瓶、筐、纸箱和托盘等，回收后可直接重复利用多次。这类物品的逆向物流过程是：包装物利用——用后回收——处理——再包装使用。对于一般包装容器来说（例如，饮料瓶、玻璃瓶），在再使用之前只需进行容器的清洗、消毒或检测破损情况，再处理过程最简单。其逆向物流流程是：从原始客户处回收——清洗、检测——再使用。对于集装箱等工业包装来说，逆向物流流程则要复杂些。先对集装箱的使用过程进行分析，集装箱使用量最大的是从事海运业务的物流企业，而集装箱场站一般是被港口、货运站等地方机构所拥有，物流服务企业必须对物流活动的全过程负责，包括货物储存、货物装箱、配送和空箱返回等。当集装箱闲置待用时，一般是存放在物流服务提供商的集装箱站场，一旦有用箱请求，则被送往发货方；用过的空集装箱从收货方收回后，再进行清洗、检测和维修，闲置备用，等待下一轮循环使用。物流企业通过其信息控制中心实现发货方、收货方及集装箱场站之间的信息交流，通过信息交流，实现集装箱物流全过程的低成本、高效率的循环流动。

直接再利用的逆向物流系统网络结构如图 6.1 所示。

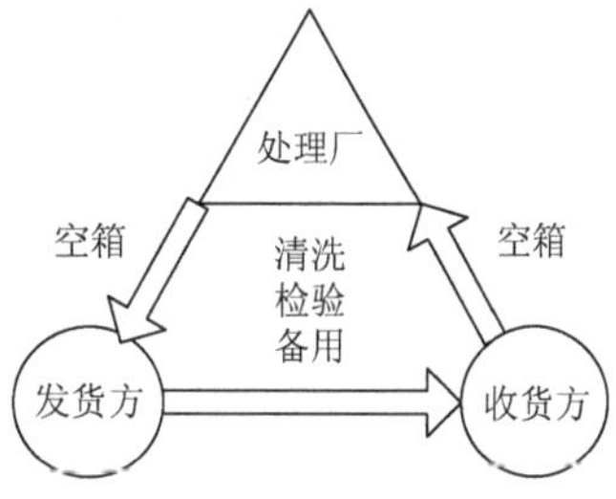

图 6.1 直接再利用逆向物流系统网络结构

直接再利用的逆向物流网络具有的特点：一是产品再使用客户与原始使用客户是一致的，因而可以构成闭循环网络结构；二是再利用的处理功能简单，不需要大规模固定投资，简单的操作使得物流网络更为顺畅，网络集中度低，属于分散的网络形式，可通过对现有网络的延伸而得到；三是逆向物流经历的环节少，网络功能简单，网络层次数少，属于扁平型、单层的、闭环式的网络结构。

对于包装箱逆向物流，网络设计阶段面临的主要问题是，如何按预期的要求设定包装箱供箱点和收箱点，如何确定包装箱需求量及每次用箱的合理使用费。一般来说，应该将包装箱场站的定位和整个网络的线路规划作为一个整体进行考虑。

2）再制造逆向物流网络

有些产品如复印机、电话机、计算机、印刷电路板、家用电器、汽车及其他机电设备等，都具有一个共同的特点，即这些产品是由不同的零部件装配而成的，可统称为装配产品。当这类产品达到寿命周期末端或因其他原因被废弃时，产品又可以拆卸成不同的零部件，通过维修或更换其中功能失效的零部件，可以恢复产品整体性能或拆卸出功能完好的零部件。总的来说，这些产品废弃回收后，可以通过再制造技术，以产品整体形式或零部件形式再利用，具有较高的经济价值。所以，产品再制造的价值增值是再制造逆向物流网络主要的经济动力。这类产品的逆向物流过程比较复杂，其逆向物流网络结构也是几种网络结构中最为复杂的。

从消费市场回收的旧产品首先送到检测中心进行产品质量检测，根据产品检测的状况，将回收产品分为可修复的和不可修复的两类。可修复的产品送到专业的再制造场所进行修复、翻新、替代等再制造处理；不可修复的废旧产品，送到产品拆卸处理中心，分解成不同的零部件，或提取出其中有用的零部件，或对产品进行切割以进行材料级再循环。修复的产品或提取的零部件作为再生制品通过前向物流渠道重新进入消费市场。修复的产品或零部件必须能保证在规定的使用期限内具备可靠的质量，能够在同样的条件下与新的产品一样进行再销售。

再制造逆向物流系统网络结构如图 6.2 所示。

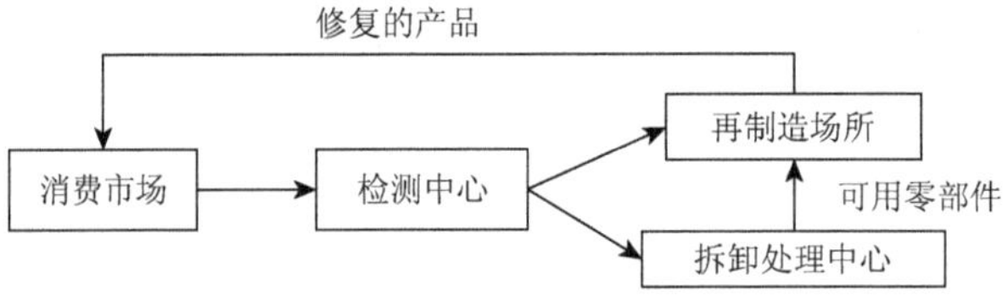

图 6.2　再制造逆向物流系统网络结构

再制造逆向物流系统网络结构具有以下特点。

（1）网络中存在多个行为主体。由于产品的价值恢复活动如维修、翻新等，都需要产品设计制造方面的技术知识和信息，所以这种产品的修复活动、再制造活动通常是由原始设备制造商 OEM 来完成的。当然，如果市场准入门槛低、障碍少，产品回收对专业化的第三方企业也具有吸引力，例如，轮胎翻新、打印墨盒回收等。OEM 也可以将逆向物流中部分业务外包给第三方逆向物流企业来完成，如废旧产品的收集、检测、储存、运输等活动多数情况下会由专业逆向物流企业完成。而修复后的产品再销售又可以与产品销售网络共享渠道。这就决定了再制造逆向物流网络中会有多方面的行为主体和参与者。

（2）集中度高、多层次的复杂网络结构。由于可装配产品的检测及拆解过程需要专用的设备和设施，固定投资大，操作技术要求高，一般是设立少数的、大规模的检测中心和拆解中心，这就说明再制造逆向物流网络具有较高的集中度。由于再制造过程的复杂性，废旧产品经不同渠道收集后，还需要经过暂存、运输到检测中心等环节；经过检测分类后的废旧产品，拆卸、分解成不同的零部件，或整体修复、再制造，通过再销售进入消费市场，经历的层次多、环节复杂。这说明再制造逆向物流网络结构具有多层次的特征。

（3）可以构成闭循环的网络结构。由于新产品和修复后的产品消费市场可能是相同的，两种产品的销售渠道方向也可能是一致的，而对于可装配产品来说，再制造过程的“源”和主要的“汇”是一致的，因此，大多数的再制造逆向物流网络是闭循环的结构形式。当然，必定会有部分零部件或材料经再生后进入其他的产品链或行业，使逆向物流网络形成开环的结构。

（4）与原产品物流网络具有密切的联系。由于新产品加工和旧产品修复之间的密切关系，并且新产品和修复产品的销售市场可能重合，如果逆向物流网络是由 OEM 来主导的，那么可以建立起回收物流网络与原来物流网络之间的联系，两种产品流的运输和搬运装卸处理可以结合起来考虑，因而可以将再制造物流网和传统生产分销物流网进行集成，综合考虑两者的设施共用和运输合并。所以，在逆向物流网络规划时，应该以现有网络为基础进行延伸。目前，再制造逆向物流网络大多是在已有正向物流网络的基础上进行扩展，作为再制造网络设计的起点。

在再制造的逆向物流系统网络中，供应的不确定性是影响网络规划的重要因素。在进行网络设计时，设施点（包括废旧产品收集点、检测中心、再制造工厂、拆卸处理中心等）的数目及位置的确定，都需要考虑废旧产品的回收量即逆向供应量的大小及其分布情况，同时还要考虑再制造产品的市场需求情况。另外，回收品在被检测之前，并不知道产品的新旧程度和零部件性能的完好程度。在拆卸的零部件中，有的性能较好，有的磨损严重或功能基本丧失，因此要求的修复步骤可能各不相同。这也是导致再制造处理步骤复杂、物流网络不确定性程度高的重要原因。

由于不同行业的产品构成及特性差异很大，可装配产品的再制造技术及过程本身有很大不同，但总的来说，再制造流程复杂，因而逆向物流网络结构一般是复杂的多层次结构，通常是闭循环的结构，且依赖外部现有的物流系统。

3）再循环逆向物流网络

物料循环利用由来已久，如废旧金属、纸、玻璃、塑料等。对于这些废旧物资，其再循环的一般流程是：收集——存储——再处理——再销售。一方面，由于这些废旧物资大多接近消费者市场，来源分散，因此网络中的收集点较多。另一方面，由于这些废旧物资的价值一般较低，但其再生处理却需要专业设备和技术投资，投资成本很高，为发挥设备的规模经济效应，一般要求回收处理设施比较集中，能够进行大批量处理，因而，适宜建立少数集中、大规模的处理场所。同时，虽然原料再循环处理需要经过检测、分拣、预处理、再生处理等过程，但这些过程一般是在一个设施点进行的。再循环逆向物流过程涉及的活动不多，网络结构较简单，其逆向物流网络结构如图 6.3 所示。

图 6.3　再循环逆向物流系统网络结构

再循环逆向物流系统网络结构具有以下特点。

（1）开环结构。由于废旧物资收集市场与再生原料的使用市场一般是不同的市场，即循环再生的原料不一定被应用到原来产品的生产过程，因而网络结构一般不是闭环的。

（2）集中型、层次少的网络结构。废旧物资回收的单位价值一般较低，而与此同时再生处理需要先进的技术设备和高额的固定投资。这就决定了需要通过巨大的处理量来降低处理成本，保证投资回报率。这说明原料再循环网络是一种集中程度高的网络。

（3）网络的构建需要各行业的合作。首先，各行业之间的合作是避免重复投资、提高回收处理量的一个保证。其次，由于原料再循环是一个开环的结构形式，再生原料市场与原始产品市场在多数情况下是不一致的，而行业间的合作也为避免两个市场之间的冲突提供了保证。

4）商业退回逆向物流网络

商业退回主要源于商业回收或客户投诉退货，包括错发的商品、运输中的破损品、有缺陷的商品、零售商的积压存货等。一般来说，对于退回的商品有多种处理方法可以选择：质量完好的商品可以送回原商品库，进行再次销售；质量不好或积压存货之类的商品，可以作为处理品进行特殊的再销售；如果退回商品无法直接销售，可以运回原生产厂，通过修复、改制，恢复其性能后，作为修复品或再制品进行销售；如果上述选择都无法进行，则对贵重的或可循环的材料进行回收，再以最低的成本对其进行废弃处置。对于商业退货品而言，“检验”操作有时很简单，只需依靠肉眼进行表面检查；而有些电子产品或其他复杂类产品，可能还需要经过特殊仪器进行性能方面的测试，才能判断其质量。根据退货品质量检验的结果，确定退货品是直接进入再销售渠道、特殊转售渠道，还是运送回产品制造厂作进一步处理。为了减少成本、降低库存和增加灵活性，可以在较大区域范围内设置一个分拨中心，集中处理来自不同地区的退回商品。商业退回逆向物流网络结构如图 6.4 所示。

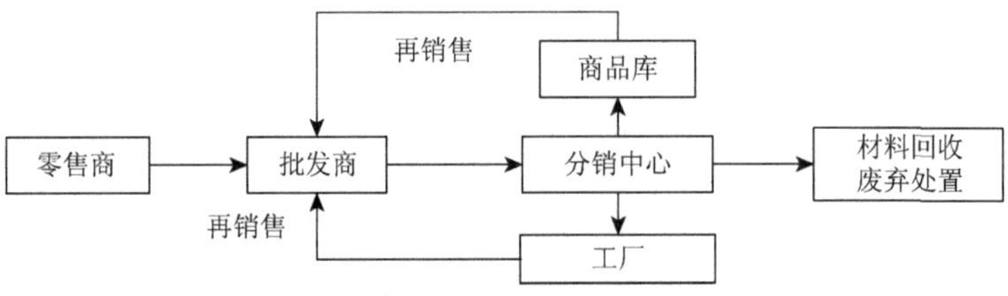

图 6.4　商业退回逆向物流系统网络结构

商业退回逆向物流网络具有以下特点。

（1）与商品前向销售渠道密切相关。商业退回是指商品处于分销阶段的反向回流，零售商的退货流一般是沿着分销渠道逐级向上反向进行，也有部分退货品是直接返回到生产企业的分拨中心。分拨中心也是生产商产品配送的重要物流节点。因此，退货品从零售商回流到分拨中心，与产品经分拨中心配送到零售商之间的物流渠道是基本一致的，两种物流渠道密切相关。

（2）具有较高的集中程度。在物流渠道中整合对退货品的处理作业，是企业物流系统规划应该重视的问题。解决这个问题可考虑两种方法，第一种是将所有的退回商品都集中运输到企业地区分拨中心，在分拨中心进行集中处理；第二种是在商品退回地进行就地处理，即在退货地对商品进行检验，并根据检验结果，做出进一步的处理，以决定退货品的出路。前一种方法属于集中处理网络，其处理过程类似于图 6.4 所示的模式，与产品配送网络结构是一致的。第二种方法属于分散处理模式，在退货地对退货品进行检验，根据品质状况检验结果作出不同处理：质量完好的产品直接进行再销售，完全没有再利用价值的退货产品就地填埋，只有可以经过维修、再制造恢复价值的产品才能运回生产企业所在地。

（3）退货逆向物流一般是闭环的网络结构。从图 6.4 所示的三种退货再处理方式来看，除了极少部分完全没有再利用价值的退货品被填埋处理，一般来说，退货品经过不同途径的处理后，最终都会回到原产品销售市场，即退货品来源市场和最终去向市场是同样的市场，逆向物流网络结构是闭循环的结构形式。

除了上述三方面的特点，退货品逆向物流系统主要是由原始产品生产商构建和主导的，大型零售连锁店也会建立自己的退货逆向物流系统，一般不能由第三方企业主导。

3. 根据逆向物流路径进行分类

根据逆向物流路径与正向物流的关系，逆向物流系统网络结构可以分为原路径回流网络、新路径处理网络和重复路径处理网络。这三种网络中，网络形式和特性都有所不同。

1）原路径回流逆向物流系统网络结构

在原路径回流逆向物流系统网络结构中，完全利用原有的物流系统实现逆向物流功能。逆向物流的设施、运输线路相对正向物流系统没有变化。下游企业把回流物流直接递送给上一级供应商。其回流过程基本是：用户——零售商——分销商——制造商。回流的物品有两类：一类是无任何处理或经过简单处理就可直接再利用，如可循环利用的包装；另一类是大型制造商要回收再利用其废旧产品中的零部件。如图 6.5 所示。

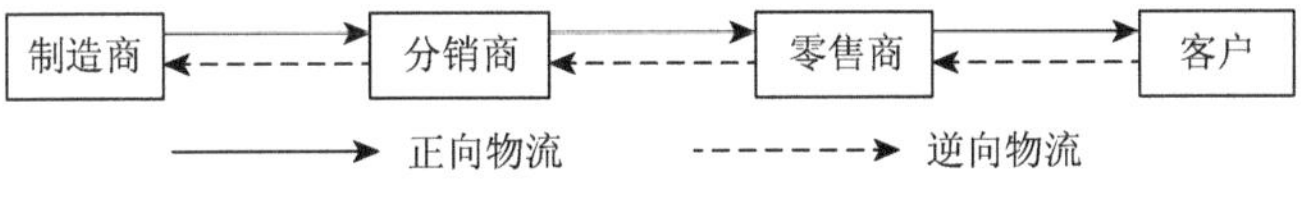

图 6.5　原路径回流逆向物流系统网络结构

原路径回流逆向物流系统网络结构的优点是该系统完全依附于正向物流，完全使用原有的设施和组织，不需要新的投资。其次，下游企业几乎没有任何责任和风险，风险全部由制造商承担。因此，下游企业欢迎这种简单模式。再次，上下游企业之间的业务关系明确，因为所收回的物品是同一个商家售出的，责任关系不需要重新协调。

原路径回流逆向物流系统网络结构的局限性如下。

（1）反应时间长。由于每个节点都要进行返回品的分类操作，所以，物品停留于每个节点时间较长。其次，由于逆向物流流量相对较小，所以经常存储于某个节点甚至达到经济装运单位才进行逆向装运。

（2）运营代价高。尽管原路径回流网络不需要大量固定投资，但是其日常运营成本较大。如果逆向物流系统流量较大，则每层厂商在仓储和分类活动中都需要配备专门人员，人力成本较大。其次，在有些情况下，只有在制造商确认回流物品时，下游企业才可能获得相应的退还资金，而企业也只有退还物品累计到一定单位才装运，因此，资金成本也较高。

根据原路径回流逆向物流系统网络结构的优缺点，要求使用这种逆向物流系统网络结构的行业或厂商具有如下特点之一：回流物品比较小，企业对逆向物流没有专业化和战略考虑；从产品特征来看，较适合再循环物品的回收利用，如包装物品的再利用；垂直一体化企业，其分销渠道属于内部结构，建立逆向系统的成本低廉，而且能够根据业务量较迅速地作出反应。

2）新路径处理逆向物流系统网络结构

从原路径回流逆向物流系统网络结构的优缺点可以看出，其适应范围较小。对于很多企业来说，逆向物流流量越来越大，必须构建较为复杂的物流系统，配备和使用专业化的设施、人员和技术才能适合企业发展的需要，这就是我们所说的新路径处理逆向物流系统网络结构。在新路径处理逆向物流系统网络结构中，不再简单使用原有的物流系统网络来实现逆向物流功能，而是建立专业化的逆向物流系统网络，专门设立逆向物流回收中心以处理回收物品，进行收集、分类和配送等。新路径处理逆向物流系统网络结构的输入物品和原路径回流逆向物流系统网络结构相同，一般物品只有回收中心这唯一的接收端，而不像原路径回流逆向物流系统网络中每个正向物流设施都成为接收点，因此，输入端得到简化。

新路径处理逆向物流系统网络结构起始端为顾客，其废弃物被回收中心收集，并进行鉴定，判定产品是否能进行修理；若是，则进入再加工程序，加工后将零部件送到制造商，或将产品送达分销中心；若无法完成上一步，则判定是否能回收原材料，若是，则进入处置设施进行处理，然后送往供应商处；若以上两步都无法实现，则废弃物要进行填埋、焚烧等处理。如图 6.6 所示。

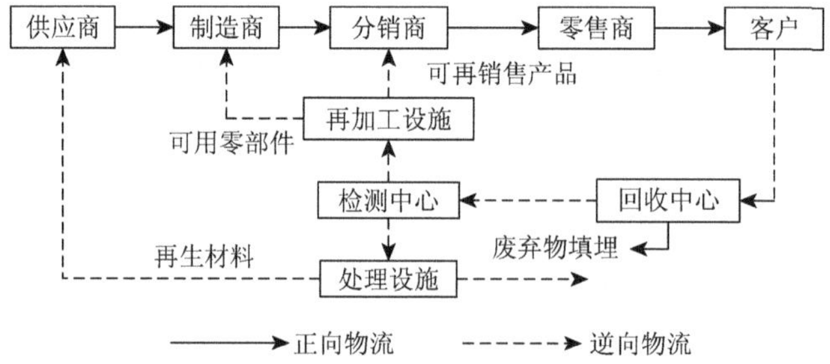

图 6.6　新路径处理逆向物流系统网络结构

新路径处理逆向物流系统网络所处理的材料大都是低值产品，如纸张、塑料、玻璃、钢铁等产品，然而却要求先进的处理技术和设备，故投资费用很高，这就意味着需要大批量的处理，形成规模经济，才会使得回收有意义、有价值。新路径处理逆向物流系统网络多是集中路径结构。此外，路径构建的各责任方之间的紧密合作也是大规模、批量处理的保证。

3）重复路径处理逆向物流系统网络结构

重复路径处理逆向物流系统网络结构和原路径回收逆向物流系统网络的结构是一致的，都是从用户经过零售商、分销商、制造商到供应商。重复路径处理网络结构与原路径回收网络结构的主要区别在于以下几方面。

（1）原路径回流网络只回收不处理，而重复路径处理网络既按原路径回收，又要处理。制造商可直接利用处理后的零部件。

（2）回收路径有所区别。原路径回流逆向物流系统网络只按原路径返回，用户就是终端顾客；重复路径处理逆向物流系统网络以原路径返回为主线，中间有其他分支加入，用户以分销商、零售商、终端顾客等多种形式出现。

重复路径处理逆向物流系统网络在企业中运用非常广。从产品特征看，运用重复路径处理逆向物流系统网络结构所涉及的产品价值较高，典型的例子如复印机、汽车引擎、旧电脑的再制造加工。其结构如图 6.7 所示。其回收路径分为两条，一条是沿袭原路径，增加既回收又处理的功能；另一条是通过回收中心进行回收处理。

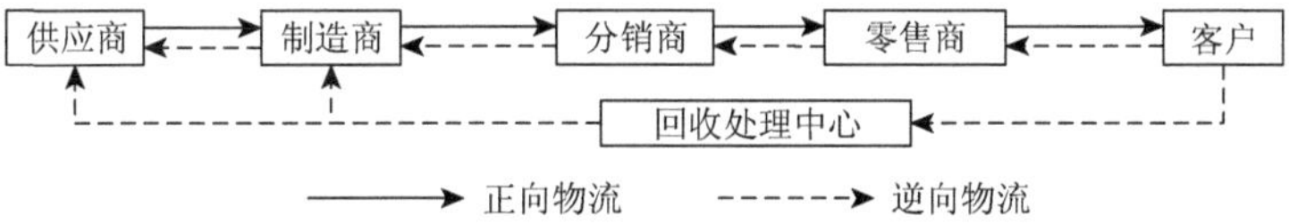

图 6.7　重复路径处理逆向物流系统网络结构

4. 根据产品回收的驱动力进行分类

按照产品回收的驱动力进行分类，可将逆向物流系统网络类型划分为经济驱动型和法律驱动型两种。

（1）经济驱动型逆向物流网络。企业由于受某些产品回收利用所带来的经济利益驱动而开展相应的逆向物流活动，这样所构成的逆向物流系统网络就属于经济驱动型逆向物流网络。对汽车、废金属、纸张等产品的回收再利用具有明显的经济价值，很多企业从事这些产品的回收逆向物流主要是受经济利益驱动。

（2）法律驱动型逆向物流网络。很多企业是在环保法律法规的强制下开展产品的回收再利用，这样的逆向物流系统网络就属于法律驱动型逆向物流网络。例如，欧盟规定电子电器设备生产商/进口商要对处于寿命周期终点的电子电器产品的负责回收处理。在这种情况下，废旧产品回收处理的经济回报可能并不高，企业主要关注回收物流成本的最小化，虽然企业对废旧产品负有法律责任，但逆向物流业务可以外包给第三方逆向物流企业完成。

5. 根据产品再处理过程主导者进行分类

按照产品再处理过程主导者的不同进行划分，可将逆向物流系统网络划分为 OEM 主导和第三方物流企业（third party logistics，3PL）主导两种。

（1）OEM 主导的逆向物流网络。一般来说，由于产品再制造过程涉及原产品的设计信息和制造信息，且需要专业设备，为避免技术外泄，原始设备制造商一般不愿意让第三方企业涉足本企业产品的回收和再制造，这时，就会由原始设备制造商主导产品再制造逆向物流过程。

（2）3PL 主导的逆向物流网络。纸张、金属、塑料的回收再循环通常是由第三方企业主导的。

6. 根据网络层数进行分类

按照逆向物流网络层数的不同，可以将逆向物流系统网络划分为单层次逆向物流网络和多层次逆向物流网络。

（1）单层次逆向物流网络。单层次逆向物流网络是指整个网络中仅设置一级逆向物流设施，所有的逆物流活动和操作都在这层设施中完成并体现。

（2）多层次逆向物流网络。多层次逆向物流网络是指多种逆向物流设施有层次地设置在网络中，逆向物流网络中的相关环节依次可以独立地成为网络的一层次，也可以与其他环节结合共同实现网络的功能。这种网络结构可以使逆向物流效率最大化。

7. 按逆向物流网络的集中程度分类

按照逆向物流网络的集中程度不同，可以将逆向物流系统网络划分为集中式逆向物流网络和分散式逆向物流网络。

（1）集中式逆向物流网络。集中式逆向物流网络是指每一个层次上的网络设施设置采取集中式。所有收集到的产品能够集中运输、集中处理，处理后的产品能够统一配送。统一将相同的逆向物流活动在同一个地方进行处理能够发挥规模经济的作用。

（2）分散式逆向物流网络。分散式逆向物流网络是指每一个层次上的网络设施设置比较分散。如在回收功能的设置上选择分散的回收点，而不是集中的回收中心。

8. 按逆向物流网络中要素划分

按照逆向物流网络中要素是否确定，可以将逆向物流划分为确定型逆向物流网络和不确定型逆向物流网络。

（1）确定型逆向物流网络。确定型逆向物流网络主要表现为废旧产品回收在数量、质量和供给时间等因素，通过调查或者预测等方式可以事先确定。在这种情况下，逆向物流系统网络的分析和设计比较容易，且操作性强。

（2）不确定型逆向物流网络。不确定型逆向物流网络是指废旧产品回收在数量、质量和供给时间等方面是不确定的。这种网络在现实逆向物流中比较常见，由于构建此类逆向物流系统网络的随机性和风险性较大，需要全面地分析各种环境特征和物流流向分布后再来构建网络。

9. 根据逆向物流回收产品分类

按照逆向物流回收产品品类的不同，可以将逆向物流划分为单品类逆向物流网络和多品类逆向物流网络。

（1）单品类逆向物流网络。单品类逆向物流网络是指逆向物流系统仅回收单一品种废旧品。其后续物流产品处理比较简单。

（2）多品类逆向物流网络。多品类逆向物流网络是指逆向物流系统共同回收多种废旧品。此类网络由于产品的异样性，必须经过分类后处理。

以上划分标准并不是完全独立的，企业逆向物流一般会属于上面两种或两种以上的类型。例如，一家 OEM 企业或 3PL 企业受经济利益驱动，从事再制造逆向物流活动而构成的逆向物流网络。

6.3 逆向物流系统网络规划与设计

6.3.1 逆向物流系统网络规划与设计的内容

逆向物流网络规划设计与前向物流网络规划设计具有相同的总目标，也就是以最低的成本或最大的效益实现废旧产品从回收过程到再市场化过程的转变。但逆向物流网络规划与设计的约束条件除了经济上和成本方面的约束，还要考虑客户满意度和环境法律法规方面的限制。逆向物流网络规划设计主要解决以下方面的问题。

1. 逆向物流设施功能设计

进行逆向物流系统网络规划设计，首先要明确整个逆向物流过程到底需要哪些设施？每一设施有何作用？在每一个设施内具体将进行哪些逆向物流作业流程？通过这种分析，可以将不必要的设施从计划中去掉，或者将有些功能相似、流程相似的设施进行合并，以减少固定投资。

2. 逆向物流设施布局

要确定逆向物流设施（包括回收中心、中转站、再处理设施等）的数量及其平面地理位置，即网络设施选址问题。这些固定设施的平面位置布局决定了整个逆向物流系统（甚至整个供应链系统）的模式、结构和形状，对于回流产品的收运方式、储存模式及逆向物流作业过程控制都有影响。

3. 设施规模确定

确定每一设施应配置多大的容量。例如，回收中心的仓储规模、处理速度，拆解中心的最大拆解能力、最大再加工能力等。在一定的区域范围内，如果设施规模定得太高，会导致设施的实际利用效率低于设计容量，造成资源浪费；反之，如果容量配置过低，又会导致对需求的反应能力过低，不能满足实际需要，同样会导致逆向物流成本上升。

4. 市场和供给配置

每个设施应服务于哪些市场？每个设施的供货来源由谁负责？逆向物流设施的供应源和市场与前向物流设施的供应源和市场是相反的。产品消费市场的分散性，决定了废旧产品的来源也是分散的，即逆向物流设施供应源的分散性。市场配置和供应源的配置会影响回流品运输方式及运输成本。

逆向物流网络规划的上述问题，既涉及空间规划问题，也包括时间规划问题。物流设施的数量、规模及其位置布局规划都必须要考虑客户的位置分布、运输成本、回流产品的处置周期等，更短的处置时间不仅会给客户更高的满意度，还有利于及时挽救回流产品的价值。因此，从时间角度考虑也会影响逆向物流网络的规划设计。

6.3.2 逆向物流系统网络规划与设计的原则

1. 经济性原则

利益驱动是企业构建逆向物流网络的重要原因。因此，在对逆向物流系统网络进行设计时应该结合企业实际背景，将逆向物流所耗费的成本作为考虑的目标，从费用最小和利润最大两个方面来定义费用最省。

2. 网络设施集中程度的权衡

在逆向物流中对于回流品的处理，往往需要专用的设备和设施，这些设备和设施固定投资大，操作技术要求高，为获得规模效益，一般是设立少数的、大规模的回收处理中心。网络设施的集中度越高，就越容易获得规模经济效应，使投资成本降低，但增加了运输成本。另外，对回流品的分类检验是逆向物流网络与前向配送网络在功能上的主要区别。这一过程类似于产品生产环节的质量控制，它的规划设计对逆向网络的绩效影响很大。对靠近废旧产品来源地的分散废旧产品进行分类处理，可先将回收品中的无用废物部分就地处置，降低了进一步处理的运输成本；同时，在产品退回的来源地进行产品分类检验，能够更早地发现产品退回的相关信息，揭示出不同退回品的性能差异，以便及早做出不同的再处理选择，从而加速整个回收处理过程。如果说在传统供应链中，延迟产品的分化，可创造产品的选择价值，那么，在逆向供应链中，尽早揭示出产品的差异同样可以创造逆向物流的选择价值。由此可知，集中的网络与分散的网络相比，各有所长，因此，需要从设施投资成本、逆向物流运营成本、产品再处理价值创造等方面进行权衡。

随着信息技术和网络技术的发展，远程获取产品数据成为可能，这将有助于减少对实体检测的需要，降低相应的设施投资成本。应用电子传感器技术及 Internet 技术，可以对产品的整个生命周期实施跟踪和监控，更准确地记录产品信息，用信息流取代部分的实体流。这样，不需要对实体产品进行详细的检测，就可以在回收品的来源地进行分类决策。在这种情况下，网络的分散性与集中性权衡的标准又会发生改变。

3. 与前向物流设施的协调

一般认为，逆向物流网络与前向物流网络集成起来进行设计是理想的状况。但是，集成设计首先必须解决好两个不同物流处理过程之间的协调性和独立性的矛盾。

如果将两个物流网络进行集成，就需要同时考虑“前向的”和“逆向的”处理过程之间的协调关系。例如，产品配送过程与回流品收集过程如何协调、新产品制造过程与旧产品再制造过程的联合选址、仓库系统共享等。很显然，共享的网络设施和线路能使企业获得规模经济效应，降低固定投资成本。但是，在同一物流设施处，“前向”与“逆向”的两个流很容易引起混乱和冲突，要求管理人员有明确的分工，设定优先权级别。一般是前向产品流优先于逆向产品流。而且，企业现有的信息管理系统如 ERP 系统是否能识别回收品或再制造品，也会影响整个系统的运营效果。另外，如果独立设计两个物流过程，两种物流都能得到针对性更强的网络结构，各自具有更强的处理能力和灵活的反应能力，也可以部分地进行业务外包。可见，逆向物流网络与前向物流网络是集成设计，还是独立设计，两种方法各有优势，需要进行权衡。

6.3.3 逆向物流系统网络规划与设计的影响因素及方法

1. 逆向物流系统网络规划与设计的影响因素

影响逆向物流网络结构设计的因素可以从以下三个方面来考虑：产品、市场、资源。

1）产品

影响逆向物流网络布局的产品特征，主要包括回收品的物理特性和经济特性。回收产品的物理特性指的是产品重量、体积、脆性、毒性、腐蚀性、损坏程度等；经济特性包括产品的经济价值、贬值速度等。每一方面都会对相应的物流网络布局产生影响。首先，产品的上述特性会影响废旧产品价值恢复方式的选择：是直接再使用、再制造、零部件提取，还是原料再生。不同的选择决定了相应的逆向物流系统网络结构。例如，如果产品某些部件损坏严重，而产品整体经济价值高且贬值速度慢，则适合再制造，相应地，应该采用再制造逆向物流网络结构形式。其次，废旧产品价值恢复的方式将决定所需的设施、设备条件和相应的投资成本，进而会决定逆向物流系统网络的集中程度。有些产品的再制造或原料再生循环需要较高的设备投资，那么，增大再处理量就有助于实现规模经济效益，降低单位处理成本，因此，应该采取集中度高的网络形式。最后，不同特征的产品，采取不同的价值恢复方式，其再利用的市场也必然不同。这就决定了逆向物流网络是否能形成闭环结构。此外，产品的其他一些特性也会影响产品价值恢复选择的可行性。例如，是否违背法律法规的约束，是否可以得到产品的状态信息等。如果能实现对产品状态的连续监控，实时获取产品状态信息，就有可能在最佳的时刻进行零部件替换操作，缩短再制造处置时间。

2）市场

市场特征主要是指产品回收过程中涉及的各种市场角色（即行动者）及其相互关系。一般来说，原始设备生产商、供应商、服务提供商、专业回收机构、消费者甚至政府组织都有可能会对回收处理过程的决策产生作用和影响。不同组织之间的相互关系也会对供应链结构及其物流解决方案设计产生重要的影响。首先，每个市场成员都将依据其相关权力及经济动机来选择其在产品逆向物流过程中的责任。例如，专业回收机构一般会建立从处理品市场到再利用市场的物流网络。然而，也应该看到，市场状况是千变万化的。一方面，企业选择某种价值恢复活动要求有充足的处置品市场供应作保障；另一方面，企业也必须接受法规规定的产品，即使这种产品的回收并不具备明显的经济回报。这一点可以通过逆向物流的各种产生原因和驱动力分析并加以解释。其次，废旧品恢复处理企业在产品再利用市场中的地位有强弱之别。处于强势地位的恢复商更有能力使再制造产品进入原产品市场，从而使再利用市场与原产品市场保持一致，使逆向物流网络结构形成闭环结构。按照废旧产品“原料-零部件-产品”的再利用层次，处于产品层次的恢复商在再利用市场中具有更强的影响能力，更有可能形成闭环的逆向物流网络结构；而处于原料再利用层次的恢复商影响力较弱，一般构成开环的网络结构。最后，产品回收及其价值恢复过程是由 OEM 主导还是由其他企业主导的，对逆向物流网络结构的设计也有重要影响。如果产品回收及恢复处理过程是由 OEM 主导的，就更有可能将产品逆向物流活动与前向物流活动集成，那么，在逆向物流网络设计时，就要考虑与前向物流系统之间的联系。另外，即使回收过程是由 OEM 操纵的，也要看是否有业务活动外包给第三方企业。如果某企业的逆向物流活动和前向物流活动都是外包给同一家物流企业完成，两种物流网络也需要进行整合。

3）资源

影响产品逆向物流网络设计的相关资源因素，主要包括回收处理设施的条件和运输资源、人力资源和高素质的管理人员。

回收处理设施的条件主要是指对产品进行收集、检测、拆卸、再加工等一系列活动的场所的位置、容量、回收处理水平的状况。例如，对产品进行分类的检测仪器和设备，对机电产品进行拆卸需要的拆解线和切割设备，对产品进行维修、再制造或再循环所需要的各种技术设备、车间等。这些设施的位置、容量等条件决定着逆向物流网络的布局和集中程度，处理水平决定着整个网络的运作效率。如果产品的回收再处理需要有较高的设施设备投资，则应该通过规模经济效应降低运营成本，可通过集中度高的回收物流网络来实现。在逆向物流网络结构设计时，宜选择数量少的分类处理设施点或再制造设施点，还有设施处理容量的限制和设施的多功能特性。尤其是设施的多功能性，对不同物流过程集成的可能性和集成的方式具有重要影响。如果某设施的功能单一，很难保证对不同物流活动的集成。人力资源和运输资源的充足与否制约着整个网络流量的配置，如果整个网络的人力资源和运输资源不足，很可能就会成为网络运行效率提高的瓶颈，此时可以考虑将逆向物流的部分业务活动外包。

2. 逆向物流系统网络规划与设计的方法

在传统正向物流管理中，物流系统网络规划与设计具有战略重要性。同样，废旧物品的回收处理也需要适当的基础设施，也就是要有一个逆向物流系统网络。逆向物流系统网络规划与设计是否合理根本上决定于逆向物流运作的效率和效益。逆向物流系统网络规划与设计是指确定废旧物品从消费地到起始地的整个流通渠道的结构，包括各种逆向物流设施的类型、数量和位置，以及废旧物品在设施间的运输方式等。对于少数逆向物流流量较小的企业，可以利用已有的正向物流网络，使逆向物流沿着正向物流网络反向流动，但对于多数逆向物流流量较大的企业而言，有必要设计专门的逆向物流网络，采用专业化的设施、人员和技术，以提高逆向物流运作的效率和效益。

目前，许多学者采用对传统的设施选址模型进行修改或拓展的方法，来研究逆向物流系统网络设计问题，采用混合整数线性规划方法对该问题进行建模和求解，以总成本包括运输成本、加工处理成本、设施投资成本和废弃处置成本等最低为目标函数，约束条件包括物流量平衡约束、生产能力约束、参数非负约束等，从而求出最佳的废品收集点、检测点及回收工厂的数量和位置。

尽管逆向物流系统网络设计模型可以利用传统的设施选址模型，但是在设计模型时，必须考虑两个重要因素：即逆向物流网络的不确定性以及“正向”与“逆向”物流网络的关系。

（1）逆向物流网络的不确定性。正向物流系统一般只涉及市场需求的不确定性，而逆向物流系统中的不确定性要高得多，不仅要考虑市场对再生产品需求的不确定性，而且还要考虑废品回收供给的不确定性，主要包括回收物品的数量、质量和到达时间等，这些都是逆向物流网络设计必须考虑的因素。然而，现有逆向物流网络设计模型大多采用确定性规划方法，忽略了上述的不确定性因素，只有少数模型采用灵敏度分析方法考虑了不确定性因素的影响。为了从根本上解决不确定环境下逆向物流网络优化设计问题，应该采用随机规划或稳健优化方法。

（2）“正向”与“逆向”物流网络的关系。逆向物流可以有三种流通渠道：沿着传统的正向物流网络逆向流动；建立独立的逆向物流网络；建立正向和逆向相结合的集成网络。目前的工业实践中，普遍采用第一种较简单的方法，网络规划完全按照正向物流的要求来进行。现有理论研究大多考虑逆向物流系统网络的独立设计，很少考虑“正向”与“逆向”物流网络设计的集成问题。少数模型虽然考虑了“正向”与“逆向”物流中共用设施的选址，却没有考虑“正向”与“逆向”物流中运输路径的整合。逆向物流是一个新兴的研究领域，定量分析还很缺乏。目前关注的焦点是解决逆向物流系统网络设计问题，包括建立反映逆向物流系统网络特征的数学模型以及开发快速有效的算法，这些还有待进一步的研究。

➢复习思考题

1. 逆向物流系统的网络特性有哪些？
2. 根据产品回收再处理方式的不同，逆向物流系统网络可分为哪几种类型？
3. 逆向物流系统网络规划与设计的主要内容是什么？
4. 逆向物流系统网络规划与设计的影响因素有哪些？
5. 产品特性是如何影响逆向物流系统网络结构的？
6. 逆向物流系统网络规划与设计应遵循哪些基本原则？

第7章 条形码、二维码与 RFID 在物流系统规划与设计中的应用

7.1 条形码、二维码与 RFID 概述

7.1.1 条形码、二维码与 RFID 及其结构

1. 条形码及其结构

（1）条形码。条形码是由一组按一定编码规则排列的条、空符号，是一种包含信息的代码。这些条和空组成的数据条形码利用光电扫描阅读设备来实现数据输入计算机。

（2）条形码结构。条形码结构由静区、条形码区、字符数字区三大块组成。静区：条形码区两侧的空白区，它对阅读器起指示作用。从空白区开始，读取后面的条形码，至少要留有 6.35mm，用光笔或其他阅读条形码的设备时，一定要从静区开始，否则，阅读效果很差。条形码区：由黑白相间的条形码符号组成，是条形码符号表示的真正信息（一般是黑白相间的条形符号，也有特殊用途条形码用其他颜色构成），其中黑色部分称为条，白色部分称为空，条与空的宽度有宽有窄，必须严格按标准印制，它的宽窄序列代表着相应的标准字符或数码。字符数字区：反映条形码代表的符号代码，是给人眼以直观识读的，不是给机器识读的。常用条形码码制包括：EAN-13、39 码、交叉 25 码和 128 码等，图 7.1 为 EAN-13 码的结构。

图 7.1 EAN-13 码的结构

（3）条形码的识别。条形码识别是指如何将条形码表示的数据转变为计算机可以自动采集的数据，通过条形码识读装置实现其功能。识读装置由扫描器和译码器组成，扫描器只是把条形码符号转换成数字脉冲信号，而译码器是把数字脉冲信号转换成条形码符号所表示的信息。

2. 二维码及其结构

（1）二维码。二维码/二维条码（two-dimensional bar code）是用某种特定的几何图形，按照一定的规律在平面（二维）上分布的黑白相间的图形，用以记录数据符号信息。二维码在编制上巧妙地利用了构成计算机内部逻辑基础的“0”“1”比特流的概念，使用若干个与二进制相对应的几何形体来表示文字、数值信息，通过图像输入设备或光电扫描设备自动识读以实现信息自动处理，具有储存容量大、可靠性高、保密防伪性强、成本低等优点，可以用来存储数据文件、图像等信息。

（2）二维码结构及类型。二维码可以分为行排式二维码和矩阵式二维码。行排式二维码形态上是由多行短截的一维条码堆叠而成的，编码原理是建立在一维条码的基础之上，按需要堆积成二行或多行。行排式二维码在编码设计、校验原理、识读方式等方面继承了一维条码的特点，识读设备与条码印刷与一维条码技术兼容，但由于行数的增加，需要对行进行判定，常用的码制有：PDF417 二维条码，如图 7.2 所示。矩阵式二维码是在一个矩形空间通过黑、白像素在矩阵中的不同分布进行编码。在矩阵相应元素位置上，用点（方点、圆点或其他形状）的出现表示二进制“1”，点的不出现表示二进制的“0”，点的排列组合确定了矩阵式二维码所代表的意义。矩阵式二维码是建立在计算机图像处理技术和组合编码原理等基础上的一种新型图形符号自动识读处理码制。常用的矩阵式二维码有 QR Code、Code 49 等，图 7.3 为 QR 码。

图 7.2　PDF-417 码

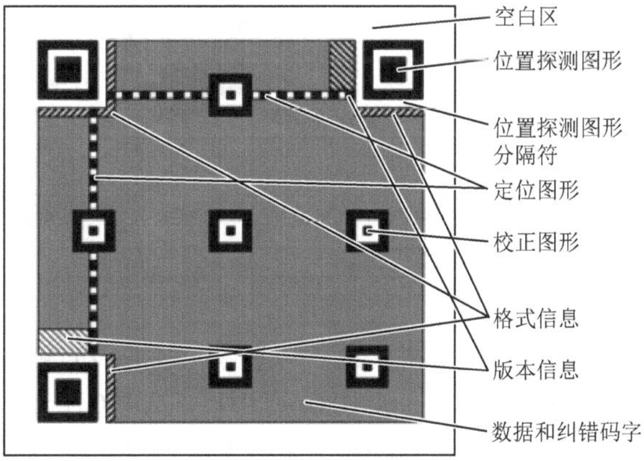

图 7.3　QR 码

（3）二维码识别。二维码识别采用识读设备来完成。识读设备是一个光学装置，将二维码的条空信息转换成电子信息，再由专用译码器翻译成相应的数据信息。识读设备一般不需要驱动程序，接上后可直接使用，从形式上有手持式和固定式两种。

3. RFID 及其结构

（1）RFID。无线射频识别（radio frequency identification，RFID），俗称电子标签。

RFID 技术是一种非接触式的自动识别技术，其原理是利用无线频率（如电磁感应、微波）等方式进行无线资料的传输、辨识和交换。它通过射频信号自动识别目标对象并获取相关数据，识别工作无需人工干预，可工作于各种恶劣环境。RFID 具有一定的穿透性读取能力，可识别高速运动物体并可同时识别多个标签，操作快捷方便，可重复使用，非常适用于物料跟踪、运载工具和货架识别等场合。

（2）RFID 的组成。一套完整的 RFID 系统主要由标签、阅读器、天线和应用软件系统等若干部分组成。标签由耦合元件及芯片组成，储存着目标对象的唯一电子编码以及相关信息，有无源标签和有源标签等分类。阅读器由耦合模块、收发模块、控制模块、接口单元组成。根据结构和技术不同，阅读器有只读和读写两种类型，天线内置于标签和阅读器中，在标签和读取器间传递射频信号。应用软件系统用于处理标签信息。当标签进入阅读器的有效范围时，标签内置的耦合元件就会把阅读器发射的射频信号转化为感应电流，驱动芯片和发射电路，把储存在芯片的对象信息通过天线发射出去，这种标签为无源标签或被动标签，或者标签主动发送某一频率的信号，送出存储在芯片中的对象信息，这种标签则为有源标签或主动标签。阅读器接收到标签信息后，解读信息，然后送至应用软件系统进行处理。图 7.4 为 RFID 的工作结构。

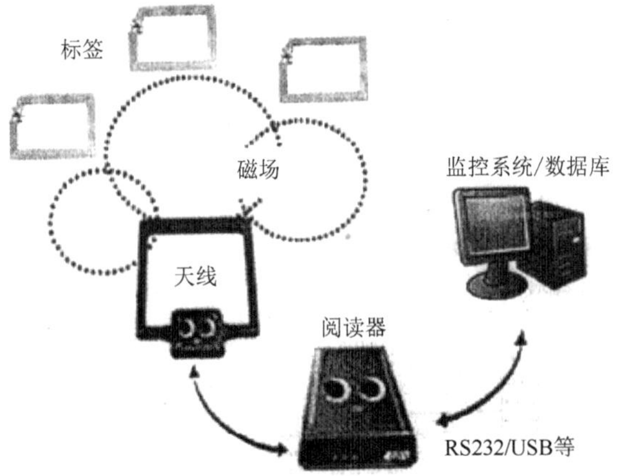

图 7.4 RFID 组成及工作示意图

RFID 标签与阅读器之间进行无线通信的频段有多种，常见工作频率有 135kHz 以下、13.56MHz、860～960MHz（UHF）、2.45GHz 及 5.8GHz 等。应用不同频段的射频识别系统一般都有相应的国际标准予以支持，也分别具有不同的特性和应用场合，具体情况见表 7.1。一般而言，较低频率的系统成本较低、标签内保存的数据量较少、阅读距离较短（无源情况，典型阅读距离为 10cm）、电子标签外形多种多样（卡状、环状、纽扣状、笔状）、阅读天线方向性不强等。这类系统使用最广，但通信速度过慢，传输距离也不够长。较高频率的系统中，电子标签及阅读器成本均较高、标签内保存的数据量较大、阅读距离较远，适应物体高速运动性能好，外形一般为卡状，阅读天线及电子标签天线均有较强的方向性，但耗电量也大。

表 7.1　RFID 常用频率与特性

频率	通称	标准	距离	应用情况
<135kHz	低频（LF）	ISO　11784 ISO　11785 ISO　18000-2	<10cm （被动式）	动物监管、门禁管制、汽车钥匙
13.56MHz	高频（HF）	EPC global ISO 18000-3	<1m （被动式）	门禁管制、智慧卡、悠游卡
860～960MHz	超高频（UHF）	EPC global ISO 18000-6	<100m （主动式） <10m （被动式）	物流、供应链管理 中国台湾：922～928MHz USA：902～928MHz Europe：865～868MHz Japan：950～956MHz China：840～845MHz，920～925MHz
2.45GHz 或 5.8GHz	微波（Microwave）	ISO 18000-4	>100m （主动式）	资产与人员定位追踪，道路收费

7.1.2　条形码、二维码及 RFID 的特点

1. 条形码的特点

条形码技术经历了几十年的发展，不同国家，不同组织，提出了不同标准码制，这些不同标准码制，严格规定了条形码中条与空的各种宽窄及所代表的相应符号，以及条形码的校验规则。国际上有许多流行的条形码码制在使用。所以，在使用某种条形码时，一定要搞清它是哪一种码制。

在信息化时代，信息管理都离不开计算机。在商品生产出来后，库存、运输、销售、结算等的规划和设计中，都要对所有的商品属性，如产地、规格、型号、价格等进行登记、统计、计算等处理，如果用手工方法进行信息管理，根本无法适应现代信息社会的要求。这样就迫切要求有一种国际标准的代码。通过这种代码，可以自动地用某些特殊输入设备（如光笔、扫描器等）将其在管理过程中自动录入到计算机中去，方便进行管理。具体来说，条形码自动识别技术具有以下优势。

（1）简单。条形码符号容易制作，扫描操作简单易行。

（2）信息采集速度快。利用条形码扫描录入信息的速度是键盘录入的 20 倍左右。

（3）包含信息量大。通常一条小小的条形码可以包含几十位字符、图形、字母等信息。利用条形码扫描，一次采集几十位字符的信息，可以满足大部分商品在区别度上的要求。

（4）可靠性高。键盘输入数据出错率为三百分之一左右，利用光学字符识别技术出错率为万分之一左右，而采用条形码技术误码率低于百万分之一。

（5）灵活实用。条形码标识既可以作为一种识别手段单独使用，也可以和有关识别设备组成一个系统实现自动化识别，还可以和其他控制设备连接起来实现自动化管理。

（6）设备结构简单，成本低。条形码标签只占很小的空间且只需印刷在物体表面，从成本上来讲很占优势。

2. 二维码的特点

（1）信息容量大。例如，PDF417 二维码除可以表示字母、数字、ASCII 字符，还能

够表达二进制数。为了使得编码更加紧凑，提高信息密度，可以容纳多达 1850 个大写字母或 2710 个数字或 1108 个字节，或 500 多个汉字，比普通条码信息容量高几十倍。

（2）编码范围广。二维码可以把图片、声音、文字、签字、指纹等数字化的信息进行编码，用条码表示出来。

（3）容错能力强，具有纠错功能。一维条形码通常具有校验功能以防止错读，一旦条形码发生污损将被拒读。而二维条形码不仅能防止错误，而且能纠正错误，即使条形码部分损坏，也能将正确的信息还原出来。

（4）译码可靠性高。二维码比普通条形码译码错误率百万分之二要低得多，误码率不超过千万分之一。

（5）成本低、易制作、持久耐用。普通打印设备均可制作、打印，传真件也能阅读。例如，PDF417 码可用带光栅的激光阅读器，线性及面扫描的图像式阅读器阅读。码制公开已形成国际标准。

（6）灵活实用、保密性和防伪性好、可配置性强。在实际项目中，二维码识别技术可以和多个其他外设组成一个统一的功能系统，完成复杂的功能。

3. RFID 的特点

（1）快速扫描。RFID 辨识器可同时辨识读取数个 RFID 标签。

（2）体积小型、形状多样。RFID 在读取上不受尺寸大小与形状限制，不需为了读取精确度而配合纸张的固定尺寸和印刷品质。

（3）抗污染和可耐久应用。条形码载体是纸张，容易受到污染。而 RFID 对水、油和化学药品等物质具有很强抵抗性，可以免受污损。RFID 标签则可以重复地新增、修改、删除 RFID 卷标内储存的数据，方便信息的更新，可重复使用。

（4）穿透性和无屏障阅读。在被覆盖的情况下，RFID 能够穿透纸张、木材和塑料等非金属或非透明的材质，能够进行穿透性通信。

（5）数据记忆容量大。条形码的容量是 50Bytes，二维码最大容量可储存 2～3000 字符，RFID 最大的容量则有数兆比特。随着记忆载体的发展，数据容量还可以不断扩大。

（6）安全性。RFID 承载的电子信息，可经由密码保护，内容不易被伪造。

4. 条形码、二维码和 RFID 的特点比较

条形码、二维码和 RFID 在技术成熟度、信息容量、安全性、识别能力、箱码/单品码应用等方面的比较，如表 7.2 所示。

表 7.2　条形码、二维码和 RFID 比较

指标	条形码	二维码	RFID
技术成熟度	技术成熟、使用广泛	技术成熟、正在使用	技术成熟、高端市场使用广泛
信息容量	信息量少 只支持英文和数字 只识别物品基本信息	信息量大、具备纠错功能 支持中、英文数字 可识别物品详细信息	信息量大、具备纠错功能 唯一识别 可识别物品详细信息
标签成本	成本低廉	成本低廉	成本较高

续表

指标	条形码	二维码	RFID
制作方式	打印机直接打印	打印机直接打印	专门制作
识别设备	设备种类多、成本低 支持手机识别	设备种类多、成本低 支持手机识别	专用设备、成本高 不支持手机识别
安全性	高、可视 生成后不可更改 只读	高、可视 生成后不可更改 只读	高、可视 生成后采用专用设备可以更改 可读写
识别能力	单个扫描识别	单个扫描识别	同时扫描识别
抗污染能力	一般	一般	很强
环保性	高，可使用环保材料 一次性使用	高，可使用环保材料 一次性使用	一般，使用电子芯片 可重复使用
箱码应用	需逐箱扫描 无法直接识别箱内货品信息	需逐箱扫描 可直接识别箱内货品信息	同时识别多箱 可直接识别箱内货品信息
单品码应用	不适合 信息容量少	适合 需逐件扫描	适合 同时识别多件物品

7.2　条形码、二维码与 RFID 在物流系统规划与设计中的应用分析

7.2.1　条形码、二维码的应用

条形码、二维码技术的应用解决了数据录入和数据采集的“瓶颈”问题，为物流系统规划、控制提供了有力的技术支持。从企业的角度来讲，利用条形码、二维码技术，可以对企业的物流系统信息进行采集跟踪，满足企业针对物料准备、生产制造、仓储运输、市场销售、售后服务、质量控制等方面的信息管理需求。

1. 物料系统

现代化企业物料配套的不协调极大地影响了产品生产效率，杂乱无序的物料仓库、复杂的生产备料及采购计划的执行几乎是每个企业所遇到的难题。条形码、二维码技术的解决思路如下。

（1）通过将物料编码，打印条形码或二维码标签，不仅便于物料跟踪管理，而且也有助于做到合理的物料库存准备，对采购的生产物料按照行业及企业规则建立统一的物料编码，也会杜绝因物料无序而导致的损失和混乱。

（2）对需要进行标识的物料打印条形码、二维码标签，便于在生产管理中对物料的单件跟踪，建立完整的产品档案。

（3）利用条形码、二维码技术，对仓库进行基本的进、销、存管理，有效地降低库存成本。

（4）通过产品编码，建立物料质量检验档案，产生质量检验报告，与采购订单挂钩，建立对供应商的评价。

2. 生产系统

建立产品识别码。在生产中，应用产品识别码监控生产，采集生产测试数据，采集

生产质量检查数据，进行产品完工检查，建立产品识别码和产品档案，有序地安排生产计划，监控生产及流向，提高产品下线合格率。条形码、二维码技术的解决思路如下。

（1）制定产品识别码格式。根据企业规则和行业规则，确定产品识别码的编码规则，保证产品规则化、唯一标识。

（2）建立产品档案。通过产品标识条形码、二维码在生产线上对产品生产进行跟踪，并采集生产工序、检验等数据作为产品信息，建立产品档案。

（3）通过生产线上的信息采集点来控制生产的过程。

（4）通过产品标识条形码、二维码在生产线上采集质量检测数据，以产品质量标准为准绳判定产品是否合格，控制产品在生产线上的流向及是否建立产品档案。

（5）生产过程的每一个环节都可以在生产线终端对任务单上的条形码、二维码进行扫描，在扫描过程中随时更改电子数据库中的产品状态。在产品下线包装的同时，对客户的信息条形码、二维码进行打印和粘贴，显示产品标签并由制造商打印粘贴在商品包装上。

3. 仓储系统

（1）对货号管理。根据货品品牌、规格、型号、产地等因素，对货品品种进行针对性划分并分配特定标码，即“货号”。

（2）对存货空间管理。每个仓库里有一定数量的库房，而库房又有一定数量的库位。每个库房在空间上相对独立，库房、库位的划分有助于仓储的精确化管理。仓库针对库位信息进行出、入库货物登记，按库位记录仓库货物库存。在入库时，将库位条形码、二维码与产品条形码、二维码对应起来，保障了库位条形码、二维码与货物条形码、二维码的一致性。在出库时，按照库位货物库存时间，可以实现先进先出。

（3）对货物单件的管理。采用产品标识条形码、二维码记录单件产品所经过的状态，可以实现对单件产品的跟踪管理，更加准确地完成货物单件管理。

（4）采集货物单件信息，处理采集数据，建立入库、出库、移库、盘库数据。这样，仓库操作完成更加准确，能够根据货物单件库存为货物出库提供库位信息，使货物库存更加准确。具体在各环节的应用如下。

①订货。无论是总部向供应商订货，还是连锁店向总部或配送中心订货，订货方式可以根据订货簿或货架牌进行订货。不管采用哪种订货方式，都可以采用条形码、二维码等扫描设备，将订货簿或货架上的条形码、二维码输入。这种条形码、二维码包含了商品品名、品牌、产地、规格等信息，通过主机并利用网络通知供货商或配送中心自己订哪种货、订多少。这种订货方式比传统的手工订货效率高出数倍。

②入库。商品到货后，通过条形码、二维码输入设备，将商品基本信息输入计算机，告诉计算机哪种商品要入库，入多少。计算机系统根据预先确定的入库原则、商品库存数量，确定该种商品的存放位置。然后，根据商品数量发出条形码、二维码标签，这种条形码、二维码标签包含该种商品的存放位置信息。最后，在货箱上贴上标签，并将货箱放到输送机上。输送机识别箱体上的条形码、二维码后，将货箱放在指定的库位区。

③摆货。人工摆货时，搬运工要把收到的货品摆放到仓库的货架上，在搬运商品之前，首先扫描包装箱上的条形码、二维码，计算机就会显示将商品放到事先分配的货位，

搬运工将商品运到指定的货位后，再扫描货位条形码、二维码，以确认找到的货位是否正确。这样，商品从入库到搬运和货位存放整个过程中，条形码、二维码起到了相当重要的作用。商品以托盘为单位入库时，把货品清单输入计算机，就会得到按照托盘数发出的条形码、二维码标签。将条形码、二维码贴于托盘面向叉车的一侧，叉车前面安装有激光扫描器，叉车将托盘提起，并将起放置于计算机所指引的位置。在托盘货位上装有传感器和发射显示装置、红外线发光装置和表明货区的发光图形牌。叉车驾驶员将托盘放置好后，通过叉车上装有的终端装置，将作业完成的信息传送到主计算机。这样，商品货位地址就存入到计算机。

④补货。查找商品库存，确定是否需要进货或者货品是否占用太多库存，也可以通过检查货架达到补货的目的。利用条形码、二维码可以对商品运营、库存数据采集，及时了解货架上商品的存量，做到及时补货，减少由于缺货造成的补货不及时，发生销售损失，合理控制库存，将商品的库存量降到最低点。

⑤出库。在产品出库时，产品出库管理的依据是提货订单，根据提货订单选择相应的产品进行出库。可根据产品的特征进行组合查询，打印查询结果，也可以生成用于移动终端的数据文件。产品出库时，要扫描商品上的条形码、二维码，对出库商品的信息进行确认，同时更新数据库中产品的库存状态。

4. 配送系统

在分拣、配送中应用条形码、二维码，能够提高拣货速度、准确性和生产率。总部或配送中心在接受客户订单后，将订单汇总，并分批发出印有条形码、二维码的拣货标签。这种条形码、二维码包含有商品要发送到哪一家连锁店的信息。分拣人员根据计算机打印出的拣货单，在仓库中进行拣货，并在商品上贴上拣货标签（在商品上已有包含商品基本信息的条形码、二维码标签），将拣出的商品运到自动分类机，放置于感应输送机上。激光扫描器对商品上的两个条形码、二维码自动识别，检验拣货有无差错。如无差错，商品即分流到按分店分类的滑槽中，并将不同分店的商品装入不同货箱中，在货箱上贴上印有条形码、二维码的送货地址卡，根据送货地址卡货箱被送至自动分类机，在自动分类机的感应下，激光扫描器对货箱上贴有的条形码、二维码进行扫描，将货箱输送到不同的发货区。当发现拣货有错时，商品流入特定的滑槽内。

5. 售后维护

条形码、二维码技术也可以用在售后维护。根据产品标识码，建立产品销售档案，记录产品信息、重要零部件信息。通过产品上的条形码、二维码进行售后维修产品的检查，确定商品型号、状态等资料，检查产品是否符合维修条件和维修范围，帮助维护人员迅速找出问题所在，同时分析零部件的情况。在维修结束后，将维修情况的信息录入数据库，通过产品标识号反馈产品售后维修的记录，监督产品维修点信息，记录统计维修原因，建立产品售后维修档案。

7.2.2　RFID 的应用

1. RFID 系统设计

RFID 系统设计一般需要经过以下步骤：①用户业务分析；②流程设计与重组；③现

场环境测试与应用模式确定；④天线与标签选型与设计；⑤应用软件的设计与开发；⑥硬件及系统的设计与开发。第①、②步骤属于系统的咨询与规划部分，是RFID系统能否成功实施的基石。第③、④步骤属于无线电系统设计，对系统的最终性能有着直接的影响。首先需要根据规划确定的业务流程，选择确定RFID的使用模式，然后，对实施现场环境开展测试，掌握实施现场电磁场环境的实际情况，分析其可能对系统产生的影响以及影响强度。在此基础上，进一步开展标签和天线选型，以及天线布置方案的设计工作。无线电系统设计需要考虑的因素非常复杂，既要考虑使用环境条件对标签封装形式、尺寸的限制，又要考虑外界电磁场因素的影响，还要考虑标签附着物的材质对标签性能的影响，以及标签与读写设备之间的配合关系等。不仅要选择适当数量、技术指标和类型的天线，还要将这些天线恰当地搭配布置以保证标签的识读效果。必要时，还有可能针对应用的特殊需求专门设计开发特制的设备。第⑤、⑥步骤涉及软硬件系统设计与开发。RFID系统与条形码、二维码系统在这方面的最大区别在于RFID中间软件的选择或开发。条形码、二维码系统中的数据是逐个处理的，一般情况下不需要中间软件，而RFID需要同时处理大量数据，即便是只有一个标签，在某一瞬间，这个标签也能被读许多次，因此，RFID一定需要中间软件。RFID中间软件的作用主要包括两个方面，其一，操纵控制RFID读写设备按照预定的方式工作，保证不同读写设备之间很好地配合协调；其二，按照一定的规则筛选过滤数据，筛除绝大部分冗余数据，将真正有效的数据传送给后台的信息系统。

2. RFID在物流系统的介入

RFID可以提高系统的精度和运行速度，显著提高服务质量，降低运营成本，通过读取代码节省库存空间和劳动力成本。它也可以减少由于错放、错误发货、盗窃、破损以及运送错误所带来的损失。由于RFID技术可以提供准确的库存信息，管理人员可以快速识别和纠正无效操作，实现快速供应，并尽可能减少存储成本。

在RFID物流系统中，所有的商品在生产过程中应该已经开始实现RFID标签。在一般的物流系统中，大部分的RFID标签都以不干胶标签的形式使用，只需要在物品包装上贴RFID标签就可以。

RFID标签信息录入，分为四个步骤完成。

（1）描述相对应的商品信息，包括生产部门、生产各工序以及责任人、使用期限、使用目标部项目编号、安全级别等，RFID标签全面的信息录入成为过程追踪的有力支持。

（2）在数据库中将商品的相关信息录入到相应的RFID标签项中。

（3）将商品与相对应的信息编辑整理，得到商品的原始信息和数据库。

（4）信完成息录入后，使用阅读器进行信息确认，检查RFID标签相对应的信息是否和商品信息一致，同时显示每一件商品RFID标签信息录入的完成时间和经手人。为保证RFID标签的唯一性，可将相同产品的信息进行排序编码，以便相同物品的清查。

3. RFID物流系统规划与设计中的应用

RFID在物流系统规划与设计中的主要应用包括供应链系统和物流作业系统两个方面。RFID在物流系统规划与设计中的典型应用是跟踪，使货物在运输和配送的各个环节都处在一个广阔的物联网中，所处的状态和位置都可以准确而实时获得，从而实现可视化管理。对可能发生意外的环节进行跟踪，实现动态管理，不仅提高了运输和配送效率，而且降低了出差错的几率。

通过在托盘、包装盒或设备上贴上标签，可以自动地保存和发送对象（如产品、集装箱、车辆等）序列号等方面的信息。特别是在集装箱管理、跟踪水果等生鲜食品以及仓储管理等方面，RFID 的应用可以通过良好的过程控制和跟踪显著地提高工作效率，降低供应链中的成本。在 RFID 技术应用的同时，相关信息也可通过 RFID 对公司 MIS 和 ERP 系统进行实时的传输和获取，进一步使供应链的各环节紧密地集成起来。

物流作业系统包括运输与配送系统、仓储与物料系统和流通加工系统。RFID 能够利用迅速而准确地跟踪能力，掌握物流作业系统中各个作业环节的实时状况，从而进行最优化的作业管理。

4. RFID 在供应链系统中的应用

（1）采购环节的信息透明化。RFID 可以把供应商提供的货品和服务的管理流程结合起来，包括提货、核实货单、转送货物和付款等。通过将采购的所有数据自动录入，避免了人为操作可能造成的干预。所有货款都是可以实时核查的，定价、配送和付款流程的各种信息和数据都可以准确获得，提高了采购的真实性和透明度。

（2）制造环节的精益化。RFID 技术的应用，可以对整个生产线上的原材料、零部件、半成品和产成品进行识别和跟踪，有效地提高生产效率和降低库存。对于人、时间、空间、财力、物资等不能在生产中增值的都可以去掉，实现精简一切不增值环节、简化一切过程的目的。

（3）配送环节的实时监控。通过给需要配送的货物粘贴 RFID 电子标签，在配送线上的相关检查点安装 RFID 装置，实现货物从送出到接收的整个过程，包括装卸、包装、保管、运输的各个环节的实时监控。货物在配送过程中所处的状态和位置，供应商和经销商都可以实时地掌握。

（4）退货环节的敏捷化服务。基于 RFID 技术的智能识别系统，除了可以快速地对客户要退的货物进行鉴定，还可以轻而易举地读取客户个人信息，并通过银行卡实现迅速退款。这样敏捷的服务，不仅节约了大量的人工成本，而且有效地提高了客户满意度。

对于原材料从供应商到最终用户的所有流动过程，如供应商选择、材料采购、产品设计、材料加工、订单管理、库存管理、包装、配送、门店管理、客户服务以及产品信息管理等，RFID 技术提升了企业与供应商、客户之间沟通和交流的效率。

5. RFID 在仓储系统规划与设计中的应用

空间优化利用和物料合理配置，是仓储与物料管理的中心。应用 RFID 技术，仓储中心可以实时地获得原材料、零部件、半成品和产成品等各种物料的信息记录，省去了烦琐的检验、记录、清点等大量重复性人力工作，提高了工作效率，也节约了订货提前期，可以减少 10%～30%的安全库存量，实现仓储空间的优化利用和物料的合理配置。

仓储系统一般分为入库、库存、出库 3 个环节，引入 RFID 标签后，仓储系统的 3 个环节就能够以 RFID 标签为依托紧密衔接。在每个环节中，RFID 系统都会发挥强大的作用，促使这些物品的物流环节更为高效、准确、安全。

（1）入库环节。在入库中，应用 RFID 信息交换系统，可使经手人员、物品、记录等各环节能够得到高效、准确控制。通过在入库口通道处的阅读器，识别商品的 RFID 标签，并在数据库中找到相应商品的信息，并自动输入到 RFID 库存管理系统中，并进行核实，若合格则录入库存信息，如有错误则提示错误信息。

（2）储存环节。商品入库后，还需要利用 RFID 系统进行库存检查和管理，这个环节包括通过阅读器对分类的商品进行定期盘查，分析商品库存变化；商品出现移位时，通过阅读器自动采集货物的 RFID 标签，并在数据库中找到相对应的信息，将信息自动传录入库存管理系统中，记录商品的品名、数量、位置等信息，核查是否出现异常情况。另外，在 RFID 库存信息系统中，可直接指引叉车上的射频终端，选择空货位并找出最佳途径，抵达空位。阅读器确认商品就位后，随即更新库存信息。商品入库完毕后，可以通过 RFID 系统打印机打印入库清单，责任人进行确认。

（3）出库环节。RFID 出库管理系统按商品出库订单要求，自动识别和确定最优提货路径、确定提货区。RFID 系统通过车载终端提醒工作人员载货，经扫描货物和货位的 RFID 标签，确认出库的物品，同时更新库存。当物品到达出库口通道时，阅读器将自动读取物品的 RFID 标签，并在数据库中调出相对应的信息，与订单信息进行对比，若正确即可出库，货物的库存量相应减除；若出现异常，仓储管理系统出现提示信息，方便工作人员进行处理。

➢复习思考题

1. 什么是条形码、二维码和 RFID？
2. 条形码、二维码和 RFID 的结构和特点差异？
3. 条形码、二维码和 RFID 在物流系统规划与设计的应用？

第8章 典型物流系统规划与设计

8.1 油气仓储与运输系统规划与设计

8.1.1 油气仓储与运输系统规划与设计概述

1. 油气仓储与运输

石油和天然气的储存和运输，简称油气储运，是对合格的原油、天然气及其他产品，从油气田的油库、转运码头或外输首站，通过长距离油气输送管线、油罐列车或油轮等输送到炼油厂、石油化工厂等用户的过程，是连接产、运、销各环节的纽带，包括矿场油气集输及处理、油气的长距离运输、各转运枢纽的储存和装卸、终点分配油库或配气站的营销、炼油厂和石化厂的油气储运等。

矿场油气集输就是在各油（气）田上收集各井产出的原油或天然气及其伴生物，经分离、计量后汇集输送到处理站。对于油井，要分离其伴生的天然气及水；对于气井，则要分离其伴生的凝析油及水。各井经过分离后的油气分别计量后又汇集在一起，用一条管路混输至处理站，或用两条管路（单井产量大时）分别输往处理站。油气集输的工作内容包括：油井计量、集油、集气、油气水分离、原油脱水、原油稳定、原油储存、天然气脱水、天然气凝液回收、凝液储存和含油污水处理。

处理站需要对油气水做进一步的分离和净化，包括轻烃回收、原油稳定、含油污水处理、气体脱水、脱 CO_2 和脱硫等。经过净化处理后，达到国家规定质量标准的原油和天然气，是油气的商品，集中到外输计量站向外运送。原油的运输可以通过火车、油槽车、油轮或长距离管道运输，应视运量、运距及地理条件的不同而选择经济的运输方式。

炼油厂或石化厂的油品储存系统包括：接收从管道或水陆方式运送来的原油的原油库；接收各装置输送来的成品油，并将其向场外发送的成品油库；在各装置之间转输半成品的半成品油库等。各装置与油库之间均有管线及相应的泵站连接。成品油库除了转输的功能，还有承担油品调和的任务。

2. 油品的仓储与运输

1）油品储存方式

油品的储存方式按其容器和运输方式，可以分为散装和整装油品储存。由铁路油罐车、汽车油罐车、油船及管道等设备运送油品到库，储存在大型容器——油罐中的油品称为散装油品。散装油品储存按照油罐布置形式，可以分为地上储油、半地下储油和地下储油、水封石洞储油以及水下储油等。

（1）油库。油库是用来储存和收发原油或汽、煤、柴油、喷气燃料、溶剂油、润滑油、重油等石油产品的独立或附属的企业和单位，是协调原油生产、原油加工、成品油供应及运输的纽带，是国家石油储备和供应的基地。

按管理体制和业务性质，油库类型包括独立油库、企业附属油库。根据油库的储油方式，油库可以分为地面油库、隐蔽油库、山洞油库、水封油库和海上油库等。不同类型的油库业务性质也不同，其业务主要有：油田原油库用于集积和中转油料、油品销售部门的油库用于平衡消费流通。企业油库用于保证生产，储备部门油库用于战略储备，以保证非常时期需要。

油库主要储存可燃的原油和原油产品，一般为汽、柴油的混合库，有些油库还储存润滑油、燃料油等重质油料。油库的油容量越大、油料种类越多、其危险性就越大；一旦发生火灾或爆炸等事故，影响范围也大，对企业和人民的生命财产造成的损失也越大。因此，必须从安全防火的观点出发，根据油库总储油容量大小，分成若干等级并制定出与之相应的安全防火标准。

国家标准《石油库设计规范》（GBJ 24）根据油库储存油料总容量多少，将油库分为四个等级，如表 8.1 所示。总库容为 5 万立方米以上的油库是大型建设项目。我国各部门较大的油库，如长距离输油管道的首、末站油库，大、中型炼油厂的附属油库，石油销售部门的一级站油库，大型储备油库和大型转运油库等，其总容量大都在 5 万立方米以上。这类油库储存容量大，出事故后造成损失大，后果严重。故对它的各方面要求都很严。

表 8.1 石油库的等级划分

等级	总容量/m^3
一级	≥50 000
二级	[10 000，50 000]
三级	[2 500，10 000]
四级	[500，2 500]

（2）储油罐。储油罐的形式具有多样化、配套化、系列化的特点。其中立式、卧式金属球顶油罐和立式浮顶油罐使用最为广泛，球形底罐、球形罐、滴状罐等得到了完善与发展。

油罐种类繁多，形态不一，结构也比较复杂。按照油罐的安装位置，可以分为地上油罐、地下油罐、半地下油罐和山洞油罐。按照形状进行分类，可以分为立式圆筒形金属油罐、卧式圆筒形金属油罐、球形金属油罐和滴状金属油罐。按照护体结构进行分类，可以分为掩埋油罐、掩体油罐和洞式油罐。按照油罐的建筑材料，可以分为金属罐和非金属罐。

2）油品运输方式

随着现代科技和制造技术的发展，为了寻求经济、合理的输送，规划系统的最优配置及管理，物料输送已有单纯的搬运、装卸发展成具有复合技能的综合物流系统。在油品运输过程中，采用的方式主要由铁路、公路、水路和管道运输。

（1）铁路运输。成品油的运输以铁路运输为主，一些沿海沿江石化企业和油库的运输，部分依靠水运。公路运输机动灵活，但运量小，运距长，一般仅作为辅助运输方式。

油料的铁路运输，按照产品包装方式，可以分为散装运输和整装运输。散装运输利用铁路油罐车输送，这种运输方式运量大，运载工具可反复使用，但运输过程是非密闭的，自然损耗大，产品易受污染，主要用于大宗油料的运输。整装运输则将油料装在桶、听等密闭容器中运输，这些容器直接参与贸易。这种运输方式主要用于小批量产品和质量要求高的产品。铁路散装运输的装卸作业是在炼油厂、石油化工厂或油库的铁路专用线上进行，用于装卸作业的主要设施有：装（卸）油鹤管、泵及其管路系统、零位油罐和装卸油栈台等。

铁路油罐车。铁路油罐车是散装油料铁路运输的专用车辆，大部分由铁路部门设计、制造、运营、检定、维修与统一管理。另一部分为企业自备车辆，用于盛装特种物料，如液体沥青、醋酸等，由企业自行购买使用。铁路油罐车按运载油料类别可以分为轻油罐车、粘油罐车和液化气罐车。轻油罐车，主要用于装运汽油、柴油、煤油和其他不需加热的轻质油料及化工产品。罐车的设计压力正压为 0.15MPa，负压为–0.01MPa。该种罐车只能进行上部装卸，无下装卸口。粘油罐车，用于装运原油、重质润滑油、燃料油等需要加热卸车的油料，其设计压力与轻油罐车相同。该罐车设有加热装置和下部卸料装置。液化气罐车，用于装运常温下加压液化的石油烃类，如丙烯、丙烷、正丁烷、丁烯、异丁烯及其混合物。罐车的设计压力随其装运的介质不同而略有差异，一般为 1.8～2.2MPa，允许工作温度为–50～–40℃。液化气罐车均采用上装、上卸作业方式。除了上述三种常用罐车，还有一种装运液态热沥青专用的沥青罐车，保温效果良好，当装车时沥青温度不低于 160℃时，罐车在运行 7 天后仍能保持在 120℃左右，能免除卸车时的加热作业，缩短了卸油时间并节省了加热所需燃料。沥青罐车罐体内径为 2.6m，有效容积为 50m^3。装卸鹤管。装卸鹤管是铁路油罐车进行装、卸油料作业的专用设备，它一端与汇油管（集油管）固定连接，另一端与铁路罐车上的装、卸油管连接或直接由灌顶入孔插入罐车内。鹤管的结构尺寸和安装位置必须符合《标准规矩铁路接近限界》的有关规定，同时，要求鹤管在空间三个方向均有足够的调节范围，以及气密性良好、操作轻便灵活等。装卸栈台。装卸栈台是为了操作工人登上罐车、启闭罐车入孔盖、检尺计量、取样化验和操纵鹤管而设置的。

（2）公路运输。油料的公路运输也可分为散装运输和整装运输。汽油、柴油、液化石油气等大宗油料主要采用散装运输，各种润滑油、润滑脂等一般采用听装、桶装的整装运输。

汽车罐车是散装油料公路运输的专用工具。汽车罐车种类繁多，可用于盛装各种轻质油料、重质油料、液化石油气、液体沥青、各种化工产品和食品等。根据所装油料压力不同，罐的形状有圆柱形和椭圆柱形。罐上装有油口、入孔、呼吸阀、安全阀、排油阀等附件。装载重质油料的罐车设有保温层，有的还设有加热器。装卸鹤管与铁路罐车的装卸鹤管类似，有气动操作和手动操作之分。装油台。装油台是为了操作工人登上罐车、启闭罐车入孔盖、检尺计量、取样化验和操纵鹤管而设置的。装油台一般设有遮阳防雨棚。

（3）水路运输。油料的水上运输按其航行区域，可以划分为远洋运输、沿海运输和内河运输三种类型。水上运输与其他运输方式相比，其运载量大、能耗少、成本低。

港口与码头。港口由水域和陆域两部分组成。水域是供船舶进出、运输、锚泊和装卸作业使用的。路域包括码头、泊位、道路、仓储区、装卸设施和辅助生产设施。港口中供船舶停靠的水工建筑物称为码头。码头按平面布置形状，可以分为顺岸码头、近岸式浮码头、突堤码头、栈桥岛式码头、岛式码头等。在外海系泊大型超级油轮，除修建孤立的岛式码头，多数采用浮筒系泊。油船。油船是油料水上运输的主体。油船上除了有货油舱，还设有机舱、锅炉舱、油泵舱、专用压载水舱、隔离空舱等。为满足操作安全和生活需要，还配有各种管系，如输油管系、蒸汽加热管系、灭火管系、通风管系等。

（4）油品的管道运输。管道运输是原油与成品油最主要的运输方式之一。管道运输不同于车、船等其他运输方式：作为流体货物载体的管道本身静止不动，货物在压力驱动下沿管道向前运行。油气管道按输送介质可以分为油气混输管道、原油管道、天然气管道和成品油管道等。按铺设方式可以分为架空管道、地面管道和地下管道，其中以地下管道应用最为普遍。按照油料输送距离，可以分为企业内部管道，如油田的油气集输管道、炼油厂内部的输油管道等，长距离原油输送管道由输油站与输油线路两大部分组成。

输油站。输油站的基本任务就是供给油流一定的能量（包括压力、热能），以使油品安全经济的输送到目的地。不同类型的输油站，承担着不同的输油任务。输油站按其所处的位置分为首站、中间站和末站。首站是输油管道的起点。其任务是接收原油（计量、储存），经加压或升温后输送向下一站。首站除了必要的输油泵和加热加压装置，还必须设置较大容积的储油罐，以满足计量以及调节来油与输油不平衡的需要。原油沿管道不断向前流动，压力不断下降，需在沿途设置中间输油站（其中包括泵站、加热站和热泵站），继续向管中提供所需的能量，直至将原油送至终点。中间站的设施比首站要少得多，特别是储油罐少。在管线沿途，有时为了供给其他单位用油或接受沿途油田的来油，还需要加设分输站以及中间站或中间阀室，考虑接受来油的措施。末站是输油管道的终点。末站的任务是接收来油和把油品输送给用油单位，或再以其他方式，如公路、铁路、水运等转运给用户。由于来油与转运的不平衡，末站也需要设有较大容量的储油罐和相应的计量、化验及转运设施。

输油线路长距离输油管道的线路部分，包括管道本身、沿线阀室、通过河流公路、山谷的穿（跨）越构筑物、阴极保护措施、通信与自控线路等。输油管道由钢管焊接、埋地敷设或架空而成。为防止土壤及雨水腐蚀，管外包有防腐绝缘层，并采用电法保护措施，有些管道外还包有保温层。管道中每隔一段距离会设有截断阀室，其作用是一旦发生事故，可以及时截断管内油品，防止事故扩大并及时抢修。

管道输油的特点是：运输量大、能耗小、运费低，便于管理，易实现全面自动化，劳动生产率高；管线大部埋于地下，受地形地物限制小，能缩短运输距离；安全密闭，基本上不受恶劣气候的影响，能长期、稳定、安全运行；但输送方式不灵活，钢材等消耗量大，辅助设备多。适用于定点、量大的单向输送。

3. 天然气的仓储与运输

天然气的勘探开发、储运和销售利用，构成了上、中、下游一体化的天然气产业链条，其中任何一个环节出现问题，都将影响天然气供气系统甚至天然气产业的正常运行和发展。因此，必须将上游的气源建设、下游的用气市场开发及中游的长距离干线输气管道建设统筹起来考虑。

一个完整的天然气供气系统通常由油气田矿场集输管网、天然气净化处理厂、长距离干线输气管道或管网、城市输配气管网、储气库（地下储气库或地面储罐）等几个子系统构成，这些子系统既各有分工又相互连接成一个统一的一体化系统。整个供气系统的目标是保证按质、按量、按时地向用户供气，同时做到安全、可靠、高效、经济地运行，以获得最佳的经济与社会效益。

根据油气田的构造规模和形状，天然气集输管网可以布置成直线型、环型与放射型，它所输送的介质是未经净化处理的原料气，甚至有可能是直接从油井中产出的油、气、水的多相混合物。天然气集输管线，具有输送距离短、管径小、在运行寿命期内压力变化大等特点。

长距离干线输气管道的任务是把经脱硫处理的天然气输送到城市门站或大型工业用户。这类管线是天然气远距离运输的主要工具，其主要特点是距离长、管径大、输送压力高、输量大、单根管线的投资大。干线输气管道一般设有一个或多个压气站。天然气城市输配管网的任务是将来自干线输气管道或其他气源的天然气输送、分配到每个用户。由于用户多，规模大，系统复杂，因此天然气城市输配管网的投资也会较高。

1）天然气储存

（1）储罐储存。将天然气储存在储罐中的方式叫储罐储存。这种储存方式具有结构简单、施工方便、储罐种类多、便于选择等优点，是目前应用最为广泛的一种储存方式。储罐储存根据储存温度和储存压力可以分为：常温压力储存、低温压力储存和常压低温储存。

常温压力储存。常温压力储存的储罐压力随天然气组分和气温条件而变化，一般接近或略低于气温下的饱和蒸气压力。这种储存方式通常在储存量较小，或储存蒸气压较低的液化天然气时采用。常温压力储罐按安装位置可以分为地上储罐和地下储罐。地上储罐造价较低，施工、运行、维修方便，又不受土壤的腐蚀。但是地上储罐受气温影响较大，在气温较高的地区需要采用淋水等降温措施。地下储罐，由于土壤中温度变化幅度较小，罐内的压力受气温影响小，比较稳定，容易管理。同时在夏季罐内液化天然气的温度较地上储罐的低，因此压力也比较低，使用比较安全。此外，从罐车往储罐内卸注液化石油气时，也比较容易。但是，地下储罐施工较地上储罐困难，造价较高，在运行中也不易检查和维修，同时储罐还容易受到土壤的腐蚀。由于常温压力储存方式具有结构简单、施工方便、便于管理并且运行费用低的优点，目前在国内天然气储配站中普遍采用这种储存方式。从施工安装、运行管理和维修等方面考虑，多采用地上储罐。

低温压力储存。低温压力储存根据当地气温情况将天然气降低到某一适当温度下储存，其储存压力低，优点是可减少储罐壁厚，使投资、耗钢量减少，且可不选用耐低温钢材。同时，这种方式储存温度又比低温常压储存高，使得所必需的制冷设备功率小，工艺流程比低温常压储存简单，运行可靠，运行费用较常温压力储存增加较少。

常压低温储存。常压低温储存天然气是指在低温的情况下储存。由于储存压力低，可用耐低温钢材制成薄壁储罐，与常温压力储存比较可以减少投资。一般地说可以储存3000～4000吨以上，储存能力越大，越能显出优势性。但需要制冷设备和耐低温钢材，罐体也要保温，并且管理费用较高。通常在单罐储量超过 2000 吨才考虑采用。常压低温储罐可以分为地上罐和地下罐两类。采用地上罐时，必须考虑地面会因土壤冻结膨胀而鼓起，有使储罐损坏的危险，所以必须采取措施，防止地面土壤冻结。常压低温储罐一般做成拱顶盖双层壁的圆筒形储罐，内壁采用具有良好低温性能的薄钢板，是一个不透液、具有可挠性的容器。两壁之间填充的绝缘材料，起着减少气化量，缩小罐体内外温差，减轻由此而产生的热应力作用。储罐外侧罐体是承受各种载荷的外壳，必须具有足够的强度，并作为强度材料与内壁完全分离，可以单独做完善的设计。

（2）地层储存。当储存量很大时，常温压力、常压低温和低温压力等储存方法的基建和管理费用大，耗用金属材料多，需要占用较大的面积。因此不如采取地层储存方法更为经济合理。根据日本的经验，当储存量在6000吨以上时，应该考虑采用地层储存。

地层储存可以利用天然的地下储库，如枯竭的油气田、抽空的地下盐穴、废弃的矿井坑道以及其他天然的多孔地层或岩穴等，也可以建造人工的地下储库，如在花岗岩、石页岩或砂岩等密实的岩层中建造储库，其中以利用枯竭的油气田储存最为经济，利用人造岩穴储存造价较高。

地层储存适合于较大规模的储存，但应具备两个条件：一是适宜的地质构造，以控制泄漏；二是能够输入和输出。

（3）固态储存。固态天然气通常由 5%的聚合物和 95%的液化石油气组成，是一种呈蜂窝状的多孔高浓缩结构，蜂窝里充满液化石油气。聚合物常用聚乙烯醇、尿素甲醛树脂等水溶性聚合与浓缩的树脂。在制造时，将聚合物和液化石油气放入特殊的乳化器内，经激烈搅拌形成黏稠状，液化石油气被包在 0.5～5mm 的微料中，经固化成型、干燥而成固态液化石油气。为防止液化石油气固化后受到损失和减少蒸发，在它的表面涂上一层聚乙烯醇溶液的坚固薄膜。固态液化石油气可储存在仓库中，而无需建造储罐。固态液化石油气储存与使用均很方便，但目前这种方法尚未研究完善，因而还没有得到广泛的应用。

2）天然气运输

与输油不同，天然气的管道输送必然是上中下游一体化的，开采、收集、处理、运输和分配是在统一的连续密闭的系统中进行。天然气的输送方式有两种：一是用管路加压输送，二是将天然气液化后用油轮运输。一条长距离输气管道一般由干线输气管段、首站、压气站、中间气体接收站、中间气体分输站、末站、清管站、干线截断阀室、线路上各种障碍的穿跨越段组成。

输气管线首站的主要功能是对进入管线的天然气进行分离、调压和计量，同时还具有气质检测控制和发送清管球的功能。中间进气站的主要功能是收集管道沿线的支线或气源的来气，而中间分输站的主要功能是向管道沿线的支线或用户供气。一般在中间接收站或分输站均设有天然气调压和计量装置，某些接收站或分输站同时也是压气站。

压气站的主要功能是给气体增压，从而维持所要求的输气流量。清管站的主要功能是发送、接收清管器。清管的目的是定期清除管道中的杂物，如水、液态烃、机械杂质和铁锈等，以维持管道安全、高效运行。另外还设有分离器及排污装置。

为了使干线输气管道能够适应城市配气系统用气量随时间的波动，输气干线有时与地下储气库或地面储配站相连，以调节来气与输气之间的平衡。干线截断阀室是为了及时进行事故抢修，防止事故扩大而设置的。

8.1.2 油气仓储与储运系统的规划与设计

1. 油气储配站的设计

油气储配站的主要任务是接收、储存和灌装油气、倒罐并处理残液，对储存设备进行检修，并通过各种形式将其转售给各类用户。其具体任务为：接收和储存油气、灌装钢瓶和汽车、火车槽（罐）车、接收空瓶、发送饱瓶、回收残液、残液处理、检修钢瓶、站内设备的定期检查和日常维修。少数储配站还将油气气化，并与其他燃气掺混，再送入城市燃气输配管网系统。

1）油气储配站的功能与分类

（1）按功能划分为：储配站，主要接收和储存油气并灌瓶和装卸罐车；灌装站，以灌瓶和装车为主，兼做接收和储存部分液化石油气；储存站，以储存为主，接收和储存大部分油气，并将其转输给灌瓶站（混气站、气化站）等。

（2）按规模划分为：大型储配站，供应规模为 20 000 吨/年以上，供应户数在 10 000 户以上，日灌瓶量在 3 000 瓶以上；中型储配站，供应规模为 5 000～20 000 吨/年，供应户数为 2 500～10 000 户，日灌瓶量为 1 000～3 000 瓶。小型储配站，供应规模在 5 000 吨/年以下，供应户数在 2 500 户以下，日灌瓶量在 1 000 瓶以下。

（3）按机械化、自动化程度划分为：机械化、自动化灌装站，机械化、自动化灌瓶和运输设备，半机械化、半自动化灌装站，半机械化、半自动化灌瓶和运输设备，手工灌装站。

2）油气储配站的工作流程

储配站虽然有大、中、小型之分和机械化、自动化程度的不同，但其基本工作流程是相同的。储配站的基本工艺流程，如图 8.1 所示。

3）油气储配站的选址

储配站的选址，应符合城市规划、防火要求和环境保护，并应选在交通便利的地方。一般宜设置在工厂和居民区全年最小频率风向的上风侧，并选择在通风良好的地点。储配站的储罐与周围建筑物、构筑物、道路等的安全距离应符合有关的国家规范和标准。此外，在城市储配站网络中，需要考虑整个网络的关系，还要考虑有一个总体均衡分布。具体来说，第一，选址应避开重要公共建筑和人员密集的繁华区，以减少事故危害；第二，应选择在城市交通干线和车辆出入方便的次要干道上，以方便分配油气；第三，进、出储配站的槽车行驶路线，应符合城市易燃、易爆危险物品交通运输的有关规定。

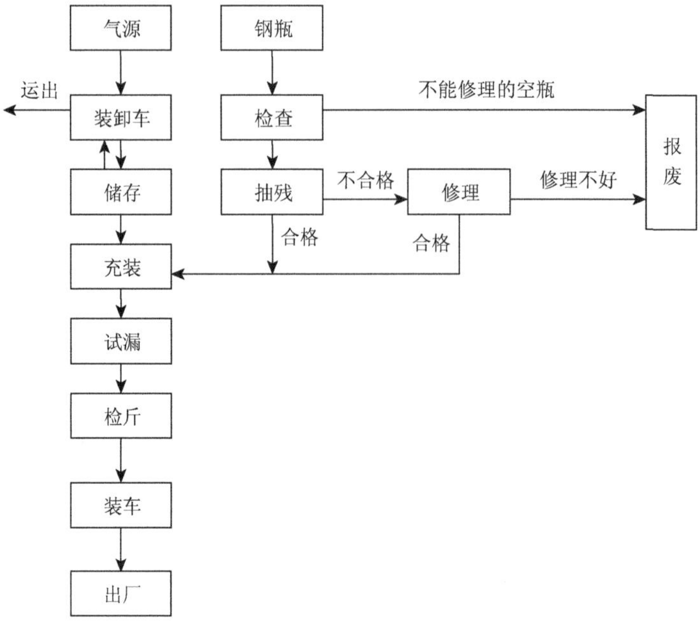

图 8.1　储配站的工作流程

4）油气储配站的设备布置

油气储罐区与建筑物、堆物场的防火间距应符合相关规定。防火间距从储罐外壁算起，容积超过 1 000m^3 的单罐或总储量超过 5 000m^3 的罐区，与明火或散发火花地点和民用建筑防火间距不应小于 120m，与其他建筑的防火间距应按规定增加 25%，防火间距应按总容积或单罐容积较大者来确定。储罐之间防火间距不宜小于相邻较大罐的直径。数个储罐的总容积超过 3 000m^3 时，应分组布置。组内储罐采用单排布置，组与组之间的防火间距不宜小于 20m（总容积不超过 3 000m^3，且单罐容积不超过 1 000m^3 的油气储罐组，可采用双排布置）。储罐与所属泵房的距离不应小于 15m。

2. 油气运输方式的选择

油气的运输方式主要有管道输送、海洋运输、铁路和公路运输。对原油管道，在每一种管径下，都有一个输送成本单价最低的经济输量，输量越大，采用的管径越大，其每吨公里的输送成本也越低。管径越小，经济输量越小，但其输送成本单价却高。对具体的管道而言，其管径 D 和输送距离 L 是一定的。因此，在某一输量下，每吨油的总运输费用是：输送成本单价×运距。在同样的管径和输量下，输送距离越远，每吨油的运输费用也越高，运费占原油成本的比例也越大。因此，为使管道运输有较强的竞争力，当管道运输距离较远时，必须要有足够大的输量，才能使每吨油的运输费用不超过油价的某一比例。输气管道与输油管道类似，其管输成本也随管径、输量和运距的不同而不同。运距越远，要求的经济输量和管径就越大。

海运首先决定于地理条件，即发油点和收油点要有装卸能力足够大的港口。其次，油轮的运输成本是随着油轮吨位的增大而降低的，如表 8.2 所示。例如，20 万吨级油轮的运价要比用 10 万吨级油轮的运价在总成本的比例减少 13%，可见运输费的差额是很大的。因此，必须要有足够大的运量和运距，才可能发挥其优势。但是，远洋运输的弱点是受难以控制的外界事件影响大。

表 8.2　油轮运输成本与载重量的关系

载重量/万吨	1.6	1.9	3.0	4.5	7.0	8.5	10.0	20.0
运输成本/%	11	90	63	51	43	40	38	25

成品油料的运输一般采用铁路运输为主。我国成品油料运输的 60%～70%是由铁路运输完成的。铁路运输具有机动灵活、流向范围广、较安全可靠、受自然因素影响小等优点。但铁路运输与管道输送相比，存在着装卸环节多、油料损耗大、污染环境、双向占用铁路运力、运输效率低、成本高等缺点。公路运输机动灵活，但运量小、运距长，一般仅作为辅助运输方式。

3. 油气输送管道规划与设计

长距离输油管道由输油站与线路两大部分组成。输油站的主要功能是给油品加压、加热。管道起点的输油站称首站，其任务是接收来自油田、炼油厂或港口的油品并经计量后输向下一站。长距离输油管道的线路部分包括管道本身、沿线阀室、阴极保护设施、通信与自控线路等。长距离输油管道由钢管焊接而成，一般采用埋地敷设。为防止土壤对钢管的腐蚀，管外都包有防腐绝缘层，并采用电法保护措施。长距离输油管道上每隔一定距离设有截断阀室，其作用是一旦发生事故可以及时截断管内油品，防止事故扩大并便于抢修。通信系统是长距离输油管道的重要设施，用于全线生产调度及系统监控信息的传输。

管道线路的走向和管道的设计方案对其投资和运行效率有很大的影响。因此，管道设计需要优选。例如，在一定任务输量下，提高管道运行压力将可以减少中间泵站、节省泵站建设的投资，但这要求管子有更高的强度，以及需要更高扬程的泵，还涉及设备技术指标的约束，因而存在最优工作压力。例如，对于加热输送管道，在一定任务输量下，提高加热温度可使油品黏度下降，从而减小输油泵的电能消耗，其代价是燃料油消耗上升；反之，降低输送温度可节省燃料油消耗，但导致耗电量增加。类似地，油温上限还受管道热应力、防腐层耐热性能等因素的约束，油温下限则受油品物性的约束。因而存在最优的运行温度和压力。

一般地，在等温输油管道的设计中，若把线路走向、管径、管材、管壁厚度、泵机组型号、运行参数等都作变量考虑，可能的设计方案数目非常多。对于加热输送管道，还涉及进出站温度、加热方式与设备、管道埋深的确定以及管道保温的选择等。为了确定输油管道的最优设计参数，必须采用最优化的数学方法、借助计算机求取数值解。这是一个涉及非线性规划、动态规划、整数规划等的多目标综合性规划问题，有关的变量有连续变量、离散变量、整型变量。约束条件有等式及不等式以及线性及非线性方程。衡量方案好坏的标准除了要求投资及经营费用低，还要求施工期短、运行可靠性好、对环境的污染及危险小等。目前国内外已有一些输油管道优化设计的软件。设计中，一般用优化方法计算出每一方案中的最优参数，再进一步用比选法确定最终采用的优化设计方案。

8.2 汽车制造物流系统规划与设计

8.2.1 汽车制造物流环节

1. 供应环节

零部件采购管理是企业经营管理的重要环节之一。一般而言，汽车产业附加值的70%都是通过零部件创造的。一辆整车由成千上万个零部件组成，在这些零部件中，只有很少的一部分是主机厂自制生产的，而大多数是外协件。这些外协件来自于世界各地，范围广泛、统筹难度大、影响可变成本的因素非常多，这就是零部件采购管理难度最大的原因。随着汽车行业分工精细化的发展，零部件的生产功能和物流配送功能都将从汽车制造企业中剥离出来，把生产供应物流管理的部分功能委托给第三方物流系统管理，实行零部件供应链采购。

供应链采购是一种供应链机制下的采购模式，即汽车零部件的采购不再由汽车制造商操作，而是由零部件供应商操作的。实施供应链采购，汽车制造商只需把自己的需求信息向供应商连续及时地传递，由供应商根据汽车制造企业的需求信息，预测未来的需求量，并根据这个预测需求量制定自己的生产计划和送货计划，主动小批量多频次地向汽车制造商补充零部件库存。供应链采购模式改变了汽车零部件设计、生产、储存、配送、销售、服务的方式，有效地缩短了企业内生产线的长度，提高了生产效率。目前中国汽车制造企业零部件采购大多都是采用进口零部件，即CKD的形式。CKD是completely knocked down的缩写，是外国汽车制造商将进口零部件在海外的一个整合中心集中进行包装，通过海运、铁路运的方式，将零部件运往中国总车厂的一种原材料采购方式。国产零部件采购，即供应商在中国本土范围内进行的汽车零部件和配件采购。随着汽车整车竞争的加剧，价格大战将势不可挡。为了降低成本，汽车企业一定会降低零部件及相关材料的采购成本，零部件及相关材料的本土化生产成为汽车工业发展的必然规律。

2. 生产环节

汽车生产过程是一个复杂的系统工程，由于是单件、小批量生产，产品工艺过程经常变更，因此，需要进行良好的生产计划。其物料清单是树状层次型结构，产品物料较多，物料层次复杂。单就汽车装配而言，通常在一条装配线上混流装配两个或两个以上平台、十几种配置的轿车，生产节拍是每小时20～40辆车，每种车型的装配零部件是3000多种，涉及上万个复杂的生产工序。生产线旁的物流位置有限，极易发生零部件的堆积和断档，上万种零部件必须准确地送到消耗点，这是汽车生产管理的难点。为了提高劳动效率，彻底消除无效劳动和浪费，必须推行精益生产方式，连续不断地向生产线准时供货。保证精益生产方式实现的汽车生产物流系统的核心是准时化生产，改进劳动组织和现场管理，彻底消除生产制造过程中的无效劳动和浪费。

3. 销售环节

汽车销售是汽车制造企业实现价值的过程。选择正确的汽车销售战略，是汽车制造企业能否生存和发展的重要条件。汽车生产向多品种、小批量方向发展的趋势越来越明确，汽车生产商难以对市场作出准确的预测，很容易造成生产计划频繁变动，需要汽车销售系统以顾客需求为源头逐步拉动上游工序的运作模式。

柔性化汽车销售系统是用“以顾客为中心”的理念来指导销售活动，建设与之配套的柔性化的物流系统，根据消费者需求的变化，灵活调节物流服务。在这方面，一些汽车企业已经有所涉足，如通过配送加工对部分部件加装以吸引顾客，展示汽车性能的包装、装饰；通过第三方物流企业的运输服务，直接把轿车运送到各地区经销网点进行销售，对顾客实现了零公里的交货承诺；通过储存过程中检修、保养服务，实现了汽车的“保鲜储存”等。

4. 回收环节

汽车制造企业在零部件生产、整车装配、销售等活动中总会产生各种边角余料和废料，如果这些回收物品和废弃物处理不当，往往会占用生产空间，影响整个生产环境和产品质量，甚至会污染环境，造成不可忽视的社会影响。在这个物流活动中，零部件生产商、整车装配商和物流供应商都不能只考虑自身的物流效率，而必须从整个产供销供应链的视野来组织物流，通过对回收物和废弃物的循环利用，在物流过程中抑制物流对环境造成危害，同时实现对物流环境的净化，使物流资源得到最充分利用，这就是汽车物流实现绿色管理的目标。

8.2.2　汽车制造物流系统

1. 汽车制造物流系统的构成

汽车制造物流系统是对汽车制造企业进行集现代运输、仓储、保管、搬运、包装、产品流通及物流信息于一体的综合性物流管理，是沟通其原材料供应商、零部件供应商、整车生产商、汽车销售商、物流集货中心及最终用户的桥梁，是实现汽车从生产到消费各个流通环节的有机结合。一辆汽车由上万个零部件组成，组织生产需要上百家直接供应商和几千种外协零件，其物流系统十分复杂。汽车制造物流系统主要包括四个大的方面：原材料、零部件供给的供应物流（入厂物流）；生产过程中的储存搬运输送物流（生产物流）；整车与备件的储存及运输物流（整车销售物流和备件物流）；废弃物回收处理和汽车召回（逆向物流）等。

企业系统活动的基本结构是投入-转换-产出，物流活动伴随着该结构模式运行，渗透到各项经营活动之中。对于汽车制造物流系统而言，相对于投入的就是采购供应物流，相对于转换的就是企业内生产物流，相对于产出的是销售物流。汽车制造物流系统，如图 8.2 所示。

1）供应物流

汽车制造的供应物流是供应链管理中非常重要的一个环节，是连接供应商与整车生产之间物料供应的重要活动，可以进一步划分为原材料供应物流和零部件供应物流。其中，原材料供应物流以钢材为主。由于制造汽车使用的钢材技术含量较高，只有少数钢铁企业能够生产，相对于数目庞大的零部件供应商来说，这部分供应商的数目要少得多，而且都是规模巨大的国有企业，他们对整车制造企业的依附程度低。由于受地域、企业

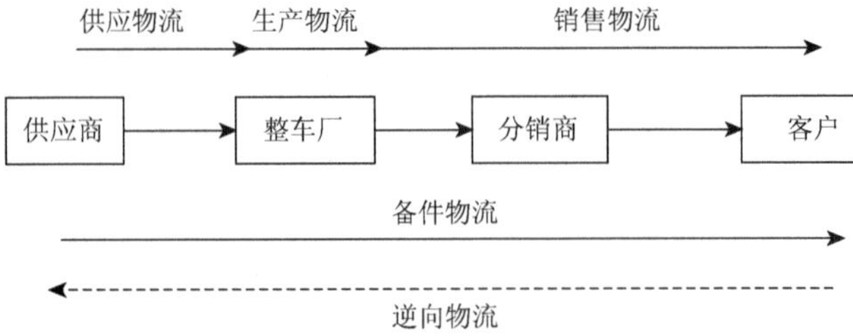

图 8.2 汽车制造物流系统

规模等方面因素的限制，我国的汽车制造企业在钢材的采购上基本上还是采取自行采购、直接入库的管理方式。零部件供应物流是一项追求物流增值的经济活动，是确保零部件在供应商、物流提供方以及生产企业之间流动的经济活动。同时，其严密性和复杂性使其在运行过程中成为一项庞大的系统工程。由此可见，对汽车制造供应物流而言，主要功能是采集供应商的零部件，并按照整车制造企业的要求，以最小的成本准时将其送到整车厂，满足其生产要求。

目前，我国约有 100 多家整车制造厂、数千家零部件制造厂，只有少数汽车制造厂的年产量超过 10 万辆。零部件企业的生产规模则更小、更分散。我国每个大型整车企业周围都有由数目庞大的零配件生产、供应企业群所构成的垂直分布的单一配套体系。例如，一汽和东风集团的零配件配套体系均由上千家零配件企业构成。汽车制造企业相对集中，零部件的需求地也就相对集中，物流特征为量大、呈现有规律的流动，便于物流企业准确地把握物流流速、流量与流向，科学、合理地安排物流资源。整车制造企业的零部件物流需求量与各整车制造企业的年生产能力成正比，需求模式稳定并可根据企业的生产计划得知各类零部件需求的准确数据，需求频率与整车制造企业的生产节奏同步，需求水平随国家汽车消费的高速发展而呈现出高水平的零部件需求。汽车制造供应物流系统如图 8.3 所示。

图 8.3 汽车制造供应物流系统

在汽车制造供应物流系统中，零部件制造厂是供应链的重要组成部分，而整车生产厂则是供应链的主导企业，它是信息的控制中心、是供应链的驱动机构，为零部件制造厂提供信息服务，与供应商信息共享、相互支持，使链上各方共生共赢。整车生产厂根据对市场的预测，制定自己的产品生产计划；根据既定的生产计划进行采购和供应，因而具有较好的可控制性。这个环节组织得好，可以大幅度缩短产品生产周期、提高对市场的反应速度和柔性、降低物流成本、提高供应链的敏捷度，所以它是汽车制造企业增强供应链竞争能力的重要环节。

从物流的角度看，零部件供应商主要分为国内零部件供应商和海外零部件供应商，而无论是国内还是海外供应商，均有向其提供零部件服务的层级供应商作为支持，对于整车生产厂来说会有多级供应商向其提供间接的服务。

汽车制造供应物流运作模式有：供应商送货，即由每个零部件供应商自行组织送货到整车生产厂或供应商在整车生产厂周边租赁仓库，运输费用、成本、保险等均包括在产品价格中。整车生产厂自行从供应商处集货，然后送到配送中心，用拖车送到整车生产厂。由第三方物流供应商把从供应商处集的货送到中转仓库，然后按照整车生产厂的要求进行配送上线。供应商园区，即在整车生产厂附近建立供应商仓库。组件运输，即供应商不是提供单件产品，而是在工厂组合生产后，运输到整车生产厂。

国内各大汽车制造企业，特别是“三大”汽车集团，建立了各自独立的供应商体系，多级零部件供应商环绕整车生产厂，形成了零部件供应商群。这些企业由于规模小、产品单一，对汽车制造企业的依赖性强，为了提供 JIT 配送服务的供应方式，多采取在汽车制造企业周围设立仓库。如此庞大的零部件供应群体和相应的运输、配送环节，构成了层次繁多、结构复杂的“金字塔形”供应物流体系，零部件供应商构成了供应物流的起点；从零部件供应商到汽车制造企业的干线运输构成了运输层；围绕汽车制造企业的仓库群构成了仓储层；零部件供应商的配送部门或汽车制造企业的供应部门构成了配送层。

2）生产物流

生产物流也称为厂内物流，是指汽车制造企业在原材料和零部件进入车间后，由生产流程和工艺所决定的物料物流活动（即物料不断地离开上一工序，进入下一工序的活动）。汽车制造的生产物流包括原材料物流、零部件物流、半成品物流和产成品物流。

对汽车制造企业来说，其生产工序一般可以按照机械加工工序和装配工序来划分。相应地，生产物流可以分为加工型生产物流和装配型生产物流。加工型生产物流是指从原材料库存开始，经过预加工、加工最后成为零件的过程。装配型生产物流是指从零部件库存开始，经过装配成为产成品的过程。汽车制造企业中两种生产物流并行存在，因此需要对两种生产物流加以整合。

机械加工是将原材料加工成零件的过程，在汽车制造业中，加工过程主要是将一种原材料以物理方式加工成所需要的零部件。一般来说，一种原材料可以加工成若干不同的零件。例如，汽车车身生产是把钢板材卷料裁剪成不同大小的板材，然后通过冲压装置，将裁减好的板材加工成汽车车身的各种部件。原材料机械加工分为两个步骤，第一步是将原材料分解成毛坯料的过程，是一对多的过程。原材料的体积和质量较大，必需分解成相应尺寸规格的毛坯料才能用于生产加工。这种分解过程可以由原材料供应商来完成，也可以是企业自己完成。在实际生产中，生产企业往往选择后者，以便根据生产的需要，灵活地对原材料予以分解，同时可以降低原材料的物流成本，降低原材料库存的复杂性。第二步是将毛坯料加工成所需零部件的过程，是一对一的过程。将毛坯加工成零件要经过一个或者多个工序，不同的工序组合成不同的加工方式，最后生产出不同的零件。

装配过程是将零部件装配成组件或最终产品的生产过程，汽车制造业的装配过程非常复杂。整个汽车供应链有三级供应商，第一级是零部件供应商，供应单个零件；第二级是组件供应商，将第一级供应商供应的零件装配成组件；第三级供应商是总成件供应商，将一级和二级供应商提供的零配件和组件装配成为总成件，最后由整车厂将供应商供应的零部件、组件和总成件装配成最终产品。汽车制造企业内部也有三个级别的供应商，以汽车车身的生产为例，车身的冲压车间为焊接车间提供零件，焊接车间将冲压车间的零件焊接成车身组件，车身组件经过涂装后到内饰车间进行装配，成为车身总成。在总装车间，车身总成和底盘装配成整车。

3）销售物流

汽车销售物流是整车从汽车制造企业到用户或分销商之间的物流，是指成品汽车从生产流水线下线以后，通过火车、轮船、大型汽车等运输工具，将整车运往销售总库、各地分销库，最终到达消费者手中的一系列物流储运过程。

中国是一个巨大的汽车消费市场，中国幅员广大，地理环境复杂，为了降低汽车销售成本，汽车制造企业对整车销售物流服务的需求越来越大。整车销售物流外包趋势已不可逆转。整车销售物流与零部件物流有着很大的不同，主要体现在以下四个方面。

（1）地域覆盖面广。整车销售物流以整车制造企业为中心，辐射到全国各个角落，运输线路漫长，以公路运输为主。而我国地形错综复杂，许多地区路况较差，容易造成整车受损，维护保养困难，在途监控难度高。

（2）物流风险较大。整车属于单件高价值商品。物流作业过程中不可控性大，易出现货损和事故，因而物流承运商的风险较大。

（3）物流作业单一化。整车在物流过程中几乎没有包装作业，仓储过程也很少，整个过程产品都处于运动状态且与外部环境直接接触，物流作业以驾驶员为主，作业过程单一。

（4）个性化服务要求高。由于人们消费观念的转变，汽车消费市场的需求也日趋多样化，订单变更频繁，为了满足经销商源于消费者的需求变更，例如，整车物流过程中的改装（换轮胎、钢板，装空调）等。物流服务商必须配合经销商提供各种个性化增值服务。

我国整车销售物流系统主要由汽车制造厂、区域一级（总）分销商、区域二级分销商、三级分销商（零售商）以及最终客户组成，其关系如图 8.4 所示。

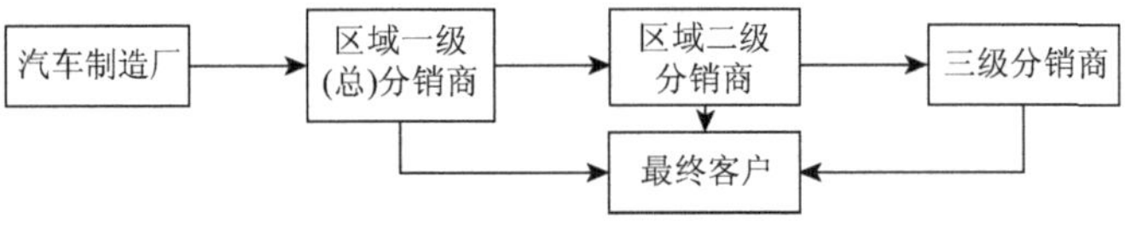

图 8.4 汽车整车销售物流系统

4）备件物流

5）逆向物流

汽车逆向物流是指通过一定的手段回收、加工，重新投入使用所要经过的一系列流动过程。根据汽车产品回收的目的和原因的不同，汽车产品的逆向物流主要分为两种类型。一类是由于汽车报废而产生的回收再利用逆向物流；另一类是由于汽车产品存在某种质量缺陷，需要从消费市场或消费者手中召回而产生的逆向物流。两种逆向物流面对的产品对象性能不同，在经济价值及处理手段和目的方面均相差悬殊，尤其是逆向物流渠道的不同。

（1）废旧汽车回收产生的逆向物流。由于汽车报废而产生的回收再利用逆向物流中的废旧物资主要有报废的成品、半成品、零部件等。废旧汽车的回收再利用具有明显的经济价值，因而得到广泛关注。我国政府高度重视废旧汽车的回收再利用。废旧汽车回收分成几个阶段，每个阶段都有相应的实施者。当汽车产品经过前向供应链环节到达末端消费者手中，并最终报废时，首先经授权的专业回收商收集，运往汽车拆解厂进入拆解环节。经拆解后的汽车被分成车身和零部件两大类。拆解厂把各种有价值的零部件都拆卸下来，包括仪表盘、铅酸电池、车轮和轮胎、散热器、交流发电机等。拆解下来的零部件则经过进一步检测、分类，根据其残余性能和再利用价值的不同，主要进入三种不同的渠道：一是经简单修整后可直接重用的零部件进入配件交易市场或汽车维修服务市场；二是经过再制造，恢复零部件的功能和价值，作为“新的”零部件进入生产线或配件市场；三是不能整体再利用的零部件进行材料再循环，形成再生材料，重新进入工业领域。拆卸下来的车身被出售给切割厂。切割厂先将车身切割成规则的小碎块，然后，通过一系列的操作将这些碎块分成黑色金属、有色金属和切割残留物三种类型；最后，将黑色金属送入钢铁厂，有色金属送到有色金属厂，在那里不同的有色金属被分拣和出售，剩下的没有价值的汽车切割残留物被运往垃圾填埋场。废旧汽车的逆向物流系统如图 8.5 所示。

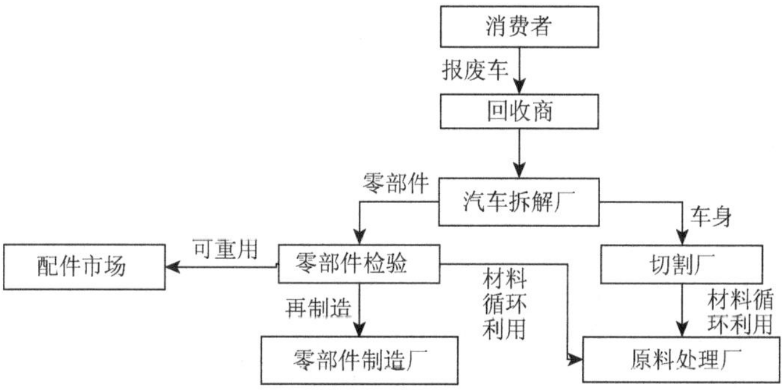

图 8.5　废旧汽车的逆向物流系统

在废旧汽车回收系统中，最复杂、也是最关键的环节是汽车拆解。从旧车中拆卸下来的零部件和材料对很多行业都有利用价值。例如，铅酸电池可以在二手零部件市场直接出售，也可出售给铅再生加工厂，将再生的铅供应给电池生产企业。对于尾气催化净化装置和电子元件，可出售给专门的再生加工企业，回收其中的贵金属或有价值的芯片、元件，回收的材料再销售给加工企业或销售企业。

归纳起来，废旧汽车回收后的再利用主要是在零部件层次、材料层次和能量层次上。第一，性能尚好的零部件，例如，车轮、车窗和座位等，经简单修理后，经配件交易商直接再利用；交流发电机、空调甚至整个发动机，经再制造后再使用。第二，其他零部件，包括电子元器件、尾气催化净化装置、电池、轮胎等，进行材料级再循环，例如，座椅可用作新的汽车隔音材料。第三，能量再利用，汽车中的机油、齿轮油、冷却液可用于锅炉焚烧炉的助燃剂，轮胎可用于生产水泥用的燃料等。

值得注意的是，虽然汽车回收拆解是为了资源再利用，有利于生态环境，但在汽车拆解、再循环过程中，如果不重视防污处理，也会造成新的环境污染，尤其是粗放的回收拆解模式将导致严重的土壤污染和水体污染。因此，除了对处理设施点的选择进行充分考虑，还要充分考虑污染防治措施。

由于汽车构成和技术的复杂性，产品废弃后的回收再利用是一个庞大的系统工程，仅仅从回收再利用的各种渠道看，就涉及许多不同类型的企业，另外还与政府政策及消费市场密切相关。在汽车的回收再利用方面，即需要先进的再制造技术和再循环技术，又需要建立高效的回收体系和创新的逆向物流管理技术。

（2）汽车召回产生的逆向物流。所谓汽车召回是指当汽车产品经证实存在缺陷时，由汽车产品制造商以有效的方式，通知销售商、修理商、车主等有关方面，关于缺陷的具体情况及消除缺陷的方法等事项，并由制造商组织销售商、修理商等通过修理、更换、收回等具体措施，有效消除其汽车产品缺陷的过程。这里的产品缺陷是指由于设计、制造等方面原因而在某一批次、型号或类别的汽车产品中普遍存在的具有同一性的问题。

在汽车召回过程中，召回的主体必须是而且只能是汽车制造商，汽车销售商、修理商、进口商以及车主应当将与汽车产品缺陷相关的信息向有关部门进行报告，配合主管部门进行相关的调查，提供调查所需要的相关资料，并协助制造商履行召回义务。产品召回的目的实质上是为了消除隐患，主要是对故障部件或可能引起故障的部件进行处理，因而只要是能合理消除隐患的方式都是可取的方式，一般采取修理、更换和回收等形式。汽车召回与废旧汽车回收再利用的逆向物流相比具有以下不同特点。

（1）从逆向物流行为主体看，汽车召回必定是由汽车制造商负责的，而废旧汽车回收，既可以是由汽车制造商主导，也可以由其他第三方企业主导。

（2）从逆向物流渠道看，产品召回的物流渠道一般与正向物流渠道密切相关，最常见的召回物流渠道就是零售商-分销商-制造商的反向流动模式。由于汽车产品市场的全球性，这种物流渠道会影响召回的速度和成本。

（3）从逆向物流处理过程看，报废的汽车只能在拆卸后，进行零部件、原料和能量的再利用；而召回的汽车一般是通过修理、更换等方式，消除故障，恢复汽车正常性能。

（4）汽车产品召回是一项高成本的活动。对于实力较弱的汽车制造企业，一次大规模的召回就可能导致破产。如何快速、低成本地从各个消费市场收回缺陷产品，即如何建立最有效的召回逆向物流渠道，是实施产品召回的关键，这需要企业事先认真规划其产品召回逆向物流系统，以应付可能发生的召回行动。

2. 汽车制造物流系统的特点

由于汽车制造业涉及的上下游环节非常多，汽车制造物流系统一直都被国际物流同行公认为最复杂、最专业的领地。与其他物流系统种类有所不同，汽车制造物流活动是一种复杂程度极高的物流活动。随着我国汽车工业的飞速发展，在成本控制变得越来越重要的今天，汽车物流成本控制也日益成为人们关注的焦点，通过资源整合来降低物流成本已经成为汽车制造企业所必须面对和亟待解决的问题。

（1）产品结构与技术的复杂性。汽车制造的最终产品是唯一的，但其产品结构复杂，技术含量高，一般来讲，系列化程度也较高。因为产品的种类变化多，非标产品较多，要求设备和操作人员必须有足够灵活的适应能力。产品的生产过程通过加工或装配来实现产品增值，整个过程的不同阶段产生若干独立完整的部件、组件和产品。保证汽车生产所需零部件按时、按量到达指定工位是一项十分复杂的系统工程，汽车的高度集中生产带来成品的远距离运输以及大量的售后配件物流，这些都使汽车物流系统的技术复杂性高居各行业物流之首。

（2）服务专业性。汽车生产的技术复杂性决定了为其提供保障的物流服务必须具有高度专业性：供应物流系统需要专用的运输工具，生产物流系统需要专业的零部件分类方法，销售物流系统和售后物流系统也需要服务人员具备相应的汽车保管、维修的专业知识。

（3）资本、技术和知识密集性。汽车制造物流系统需要大量专用的运输和装卸设备，需要实现“准时生产”和“零库存”，需要实现整车的“零公里销售”，这些特殊性需求决定了汽车制造物流系统是一种高度资本密集、技术密集和知识密集型行业。

8.2.3　汽车制造物流系统规划与设计的过程

1. 汽车制造对物流系统规划与设计的要求

汽车制造企业有着自身的生产经营特点和对物流系统功能的特殊要求，正确分析其特点，了解其对物流系统的需求，对科学合理地设计物流系统，成功实施并发挥其作用将起到十分重要的作用。汽车制造的最终产品是唯一的，但其产品结构复杂，其物料清单（bill of material，BOM）是树状层次型结构，产品物料较多，物料层次复杂。另外，由于汽车制造企业主要从事单件、小批量生产，产品的工艺过程经常变更，因此，需要进行良好的计划。汽车制造对物流系统规划与设计的要求表现为以下几方面。

（1）采购、库存、生产、财务四个业务环节应紧密衔接，数据信息及时共享，才能最大限度地避免盲目采购和生产而引起的库存规模过大造成的库存成本和物流设施建设费用的增加。

（2）物流系统规划与设计应以市场需求预测为导向，以物流成本为衡量指标，以生产、物流系统的能力分析为基础进行，使物流系统更好地服务于生产等其他业务环节。

（3）企业的库存管理要能随时获取某种物料或产品的收、发、存状况，及时获取需要盘点的物料及盘点结果，随时能对现存的物料进行生产配比的模拟预算，在保证生产的前提下，最大限度地降低库存。

（4）物流系统规划与设计要与企业的物料清单、各项生产所用的基础数据以及主生产计划、物料需求计划相衔接并数据共享。

2. 汽车制造物流系统规划与设计的程序

汽车制造物流系统规划与设计的首要目标是物流费用最小化。遵循现代规划的理念，汽车制造物流系统规划与设计由调查分析、需求预测、系统规划、评价与实施四个阶段构成。

（1）调查分析。对汽车制造物流系统规划与设计所需要的各项资料进行调查，是物流系统规划与设计的基础性工作。调查分析的主要内容包括：社会经济发展状况、物流设施现状和物流流动情况。对社会经济发展情况的调查分析，主要是确定汽车制造物流系统规划与设计的目标和发展阶段，对物流设施现状的调查分析，主要是规划与设计汽车制造物流系统的服务水平和服务能力，对物流流动情况的调查分析，可以确定物流活动的现状和发展趋势。

（2）需求预测。对汽车制造的物流系统需求预测是物流系统规划与设计的重要部分。物流系统需求预测的目的是通过调查，分析物流需求的分布、需求的标准和服务水平，以便进行需求的区域划分，为物流节点的合理布局提供依据。

（3）系统规划。汽车制造物流系统规划与设计的主要内容有发展规划、布局规划和初步设计、详细设计及方案调整。汽车制造物流系统规划与设计，首先要进行物流发展战略规划，即根据调查分析和物流需求的预测结果，确定物流未来发展的目标方向、速度和规模。其次，根据物流系统的整体发展规划，确定物流系统用地和物流系统设施的布局，以及系统的初步设计，包括物流设施的初步设计和运输系统的初步设计。物流系统设施，包括供应商物流系统设施、工厂、销售物流系统设施以及相应的仓储设施。它们的数量、位置、规模的确定，是物流系统优化设计的前提。运输系统是物流系统各个节点之间进行货物运输的通道和方式，是整个物流系统有效运作的重要组成部分。运输系统的初步设计包括：运输路线、运输方式、运输工具选择。再次，在初步设计的基础上，对物流系统设施数量、位置、规模以及分派进行科学决策，在满足客户需求的前提下，使物流系统总成本最小。进一步将配送距离、配送时间等物流服务指标作为约束函数，对物流系统规划与设计方案进行优化调整。

（4）评价与实施。物流系统规划与设计的评价是确定每一个规划设计方案的价值以及某个方案相对于其他方案优越性的过程。在评价阶段完成后，物流系统规划进入实施阶段，不仅包括机制、体制的建设，还包括人才、资金筹措、招商引资、规划建设与运营管理等方面的内容。

8.3 连锁超市物流系统规划与设计

8.3.1 连锁超市及其物流系统概述

1. 连锁超市

连锁超市指的是一个商业集团以同样的方式、同样的价格，在多处同样命名（超级市场的装修甚至商品的陈列也都差不多）的超级市场里，出售品种都相同的商品，这种同时经营的超级市场就被称为连锁超市。它是 20 世纪 50 年代兴起的一种零售业态，以“销售价格低廉，顾客自我服务”赢得了消费者的欢迎。连锁超市由多个门店组成，实行规范化管理，做到统一订货，集中配送，统一结算，实行采购与销售职能的分离。连锁超市以连锁制为轴心，广布的门店为市场依托，中央采购制为经营形式，降低成本，挖掘销售利润，以多功能、集约化的配送中心，降低商品库存，开发物流利润，是商流、物流、信息流高度集成、相互制约、相辅相成的最佳方式。按照国家《零售业态分类》（GB/T 18106-2004）分类标准的界定，超级市场是指以主、副食品及家庭日用商品为主要经营范围，是开架售货，集中收款，满足社区消费者日常生活需要的零售业态。

超市商品经营范围的主要特征是：以包装食品、生鲜食品、日用品等常用品、必需品为主。商品范围从最初的主要经营食品，现在扩展到兼营一般清洁用品、大众化妆品、家庭用具、文具、玩具、五金小工具、杂货、服装、鞋袜等，品种多达 7 000～10 000 种。超级市场薄利多销，商品周转速度快，实行自我服务，在出口处一次集中结算，大大方便了消费者。连锁超市的经营运作具有区别于传统零售方式的自身特点：采用自我服务、一次购齐的销售方式，以经营食品和日常用品等中低档商品为主，实行低利润率、高周转、廉价销售的经营方针。

2. 连锁超市物流系统

连锁超市的物流系统是指由采购部门和配送中心作为主体所承担的商品的购进、储存、加工和配送活动以及伴随这些活动所产生的信息收集、整理、传递和利用过程。在超市经营中，物流系统主要起到商品集散及带动商流、信息流、现金流三流运转的作用。它通过商品的集中采购、集中储备和统一配送，成为超市经营市场供应的保障系统，也是超市企业运作的基础。超市物流不仅具有一般物流活动的价值功能，在超市经营中更具有其特殊性，主要体现在以下几方面。

（1）保障超市经营规模效益的实现。超市经营，特别是大型连锁超市经营的盈利源泉主要来自于规模效益，它将来自于单个店铺的多品种、少批量的零星要货集中为大批量要货，通过集中统一进货，获取来自供应商的价格优惠。但由于连锁超市企业所属的店铺点多、分布面广，在进货的品种、数量和时间上也不完全相同，因此大型连锁超市经营的机制需要高效率、低成本的物流系统支撑。这也说明连锁超市的规模优势是建立在规范的物流活动基础之上的，通过配送中心把厂商或批发商供应的商品存储分装、送货上门，把分散的实体储运运活动转变为系统的物流活动，协调产、供、销联系，缩短中间环节，使适销对路的商品在规定时间内以适当批量送达分店，实现连锁超市经营的规模经济效益。

（2）分离和强化了门店的销售功能。对单个门店而言，所必需的商品采购（包括采购品种、采购时间、供应商选择等）、商品储存及库存管理等职能，都被超市物流系统所承担，通过统一配送，将必要的商品以必要的数量在必要的时间送到门店。一方面降低了连锁超市系统中门店在后勤辅助职能上的成本支出；另一方面通过对后勤辅助职能的剥离，强化了连锁超市经营的专业化分工，突出了门店的销售职能，简化了门店的运作管理，使门店能够充分把握销售时机，最大限度地实现销售目标，满足顾客消费需求。

（3）减少了分店库存，加快了资金周转流动。由于多数超市的商品储存及运输职能均由配送中心承担，分店只需要根据销售情况，提出要货计划，所需商品大多能即时送达，分店储存的是少量即销商品，因此可以大大减少各分店的商品库存量与流动资金占用，加快资金周转，提高企业经济效益。

3. 连锁超市物流系统的构成

超市经营中的各种物流活动不是相互独立而是紧密相关的，它们之间既有相互联系和促进，又有相互影响和干扰，共同决定了超市物流系统的整体运作效率。

超市物流系统是对超市经营体系中各种物流活动的整合，是指从商品购进到销售的物流全过程。超市物流系统按物流输入输出过程，可以分成“采购物流系统”、“内部物流系统”、“销售物流系统”以及“逆向物流系统”，如图 8.6 所示。从市场化的角度来看，超市物流系统分为市场物流系统与内部物流系统两大部分。市场物流系统包括采购物流系统、销售物流系统、逆向物流系统，内部物流系统主要指总部配送中心供货到门店的内部商品配送物流系统。

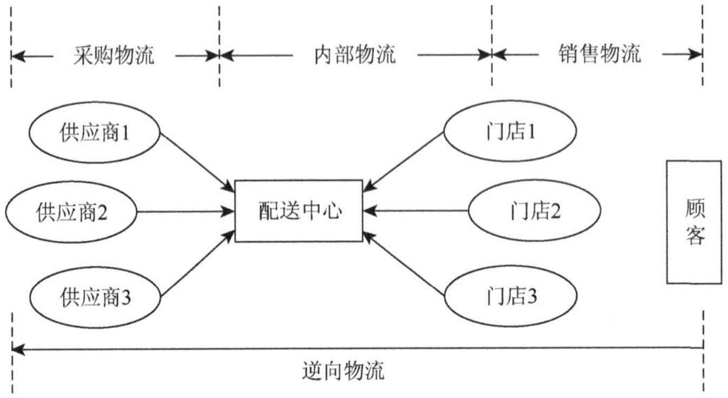

图 8.6　超市物流系统的构成

4. 连锁超市物流系统的运作

超市物流系统的运作一般可以分为两个层面：一是信息处理和管理控制层面，二是实体物流作业层面。

1）信息处理和管理控制

超市物流系统的信息处理和管理控制的核心内容，包括销售信息采集和处理、库存控制与采购管理、财务管理等，主要涉及各连锁门店、总部的信息中心、采购部等环节。

（1）门店环节。首先，通过销售时点数据（point of sale，POS）系统来收集销售信息，即何种商品在何时向什么样的顾客销售掉了多少，货架上还剩下多少等。其次，预测订货数量，即根据商品销售的情况，动态地对订货品种和数量做出预测，再次，通过电子订货系统（electronic ordering system，EOS）向连锁总部订货。

（2）总部环节。连锁总部一般设有计算机中心或信息中心，和店铺一起进行 POS 终端的管理；同时起指挥、协调的作用，从整体上把握连锁门店的经营和管理。总部在收到各连锁分店发来的电子订货后，通过计算机联网来指示物流中心出货。同时，通过电子数据交换（electronic data interchange，EDI）系统与厂商的信息中心随时保持密切联系，有时可将信息发给厂商直接进行订货。

（3）厂商环节。在规定的时间内，各厂商接受不同客户、不同种类商品的订货指示单，将各处的订货指示单汇总，开始制造订货商品或是调度库存，并做好出货准备，然后往配送中心送货。

2）实体物流作业

大部分的物流活动都在实体物流作业这一环节完成，一般由超市物流中的配送中心承担，是超市物流体系的主要运作环节。物流配送中心将各地厂商运来的整货验收入库，并根据各连锁分店的订货要求，通过人工或自动化机械进行分货、拆零、拣货、加工、包装等操作，再将各家店铺的货物都集中起来，安排车辆配送。同时，配送中心的仓库管理还负责退货处理，即残次商品、过期商品的退、调货运作等回收物流活动。此外，物流中心还会调查各连锁店的到货情况以及运输车辆的有效利用情况，如调查商店是否准确、及时地接到商品，在运输中是否有效地装卸货物，运输路线是否合理等。

8.3.2　连锁超市的采购与配送

连锁超市物流系统由采购、储存、流通加工、配送、信息处理等环节构成，作为一类特殊的连锁零售业态，其主要物流活动是围绕着采购部门和配送中心的运作展开的。

1. 采购

采购是连锁超市经营的核心环节之一，连锁超市通过提高采购管理水平、增加采购环节的收益可以比商品销售更快、更轻松地获取利润。连锁超市的采购系统规划与设计是一个系统的过程，包括采购组织的设计、供应商管理与评估、商品结构和品类的规划管理、采购人员的规划管理等诸多方面内容。

1）采购组织的形式

连锁超市采购机构的设置一般分为两种，一是非正式的采购组织，即由各门店中的销售人员兼任商品的采购工作，这种采购模式在零售业内称为“营采合一”。其优点在于采购人员可以根据门店的销售情况，迅速引进商品以满足顾客需求，但其缺点也很明显：采购量太小无法取得较低的进货价，同竞争对手相比无价格优势；难以对采购人员加以控制，容易滋生腐败。二是正式的采购组织，设立专职采购部门，采购人员专业化，其职权分明，目标清晰。这样的组织设置采购人员工作效率高而且易于管理。考虑连锁超市的规模和自身状况不同，可以采用不同的采购组织形式，主要包括以下四种。

（1）分权式采购。分权式采购又称连销式经营，此种经营形态虽属连锁店方式，但采购业务仍授权给各分店自行负责。这种超市采购类型常见于连锁店刚形成时，将采购权委托给各店自行负责，可精简人力；采购具有相当弹性，较具市场攻击力；价格由分店自定，机动性佳，有较大的经营主导权；较能符合消费者的需求。其缺点是较难发挥大量采购，以量制价的功能；利益很难控制；无法塑造连锁店统一的企业形象等。

（2）本部采购。此种采购组织，是把采购权集中在本部，并设立专责采购部门来负责，采购权不下放，品项的导入、淘汰、价格制定、促销活动的规划，完全由本部控制；卖场只负责陈列、库存管理及销售工作，对商品采购无决定权，但有建议权。其优点是单店不负责采购，可专心致力于商品销售工作；可发挥集中议价功能；价格形象一致；利益控制较佳；活动易于规划；易掌握货源等。但其缺点是弹性低、消费者需求较难满足；营业与商品采购人员易对立。

（3）采购委员会。组织较大的连锁超市，通常都成立采购委员会，裁决商品采购事宜。采购委员会的成员，则从各超市中选出，目的在于综合各超市意见来决策采购问题。这种采购类型的优点是连锁庞大，属计划性采购，可减低库存；采购能较公正，非优良品也不会被导入；可以求得较优惠的进价；采购商品有各分店参与意见，较能同心协力。其缺点是意见易分歧，担任委员应避免私人请托；无机动性；采购耗时等。

（4）联合采购。联合采购（集团式采购或委托采购）是将相同业务形态集合起来进行采购，这样容易取得较好的效果，尤其适合于畅销品的采购。这种采购声势浩大，采购量大，进货条件优越；人手充足，市场资料搜集充分；集团内小公司可享受较大的折扣利益。但是，它组织复杂、运作协调较不易；采购线较长，效率较差；卖场的意见较不被重视。

2）采购的业务流程

连锁超市的商品采购业务流程一般包括采购前的准备、商品和供货商审核、采购业务谈判、合同签订以及合同履行与调整等几部分，如图 8.7 所示。

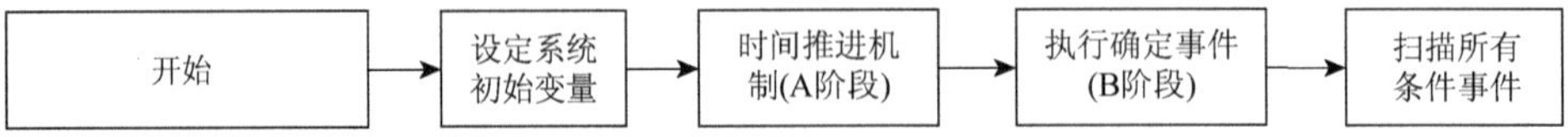

图 8.7 连锁超市商品采购业务流程

（1）采购前准备。主要是一些信息收集和分析工作，包括采购商品在国内市场行情和当地市场的行情分析；商品的类别、型号、质量、数量及价格水平等信息的收集与分析；对公司的销售网络及销售能力的分析和评价等。

（2）商品、供应商审核。需要按照目标顾客的需求，确认商品采购目录（商品组织表），遵循商品组织表挑选和整合符合自身发展的供货商渠道。在确定采购商品范围时需要考虑的因素有：商店的经营规模及特点；商店的目标市场；产品的生命周期及新产品的开发；竞争对手情况；商品本身的特点等。在确定采购商品范围的基础上，结合顾客的需求和门店的实际陈列位置等因素进一步制定商品组织表。商品组织表是超市所经营全部商品的目录，是超市采购商品的指导性文件，是按照部门、大分类、中分类、小分类、商品的层次，对消费者需求的具体体现。在这个过程中，特别要注意新商品的开发和滞销商品的淘汰。采购目录中的商品，需要通过合适的渠道来购进，如自有品牌供应商、企业原有供应商、新供应商等。自有品牌供应商是与连锁超市签订自有品牌商品合作协议的大型生产商，他们按照连锁超市对商品的花色、款式、价格、质量等要求生产商品。连锁超市掌握销售渠道终端，对市场的变化和顾客的需求有更准确的把握，因此，连锁超市的自有品牌商品一般都更受消费者欢迎，周转较快。企业原有供应商是与超市具有固定合作关系的外部供应商，连锁超市在与其交往中，对公司的实力、信誉以及其所供商品的质量、价格、款式都比较熟悉，选择原有供应商不但可以降低市场风险，而且可以降低因选择供应商和选择商品所产生的商品采购成本。另外，在市场竞争激烈，新产品、高科技产品不断出现的形势下，新的供应商也是连锁超市的一个重要采购渠道。

（3）采购业务谈判、合同签订以及合同履行流程。其中，采购谈判的主要内容包括商品的质量、数量、品种、花色、规格、包装、价格、结算期、结算方式、交货期、交货方式、运输费用等。

3）供应商管理与评估

供应商管理两个最重要的领域是对供应商的评价与选择、供应商关系管理。它不但包括对供应商的级别进行区分，对商品的引进渠道进行选择以及从商品的质量、花色、款式、价格、售后服务、交货期、结算期等方面对供应商进行综合的、动态的评估，还包括如何管理同供应商的关系。

（1）供应商的评价与选择。首先连锁超市企业必须通过收集供应商的各种信息来寻找潜在供应商，然后，建立适合本企业实际情况的供应商考核标准对潜在供应商进行评估和选择。连锁超市企业需要建立有关供应商信息的数据库，所包含的信息主要有供应商名称、联系方式、所经营商品类别、价格、销售情况、最低订货量、交货期限等各项关于供应商的资料，以便于连锁企业采购总部和全国各区域采购部门在寻找潜在供应商的时候能得到有力的数据支持。好的供应商能够提供质量优良，价格有竞争优势的商品，能够在更短的交货期内交货，有比其他供应商更好的原材料采购渠道和新商品开发能力等，表 8.3 是供应商评价表的一个示例。

表 8.3　供应商评价表

项目	评价				
	A	B	C	D	得分
商品畅销程度	非常畅销（10）	畅销（8）	普通（6）	滞销（2）	
欠品率	2%以下（15）	2%～5%（10）	5%～10%（6）	10%（2）	
配送能力	准时（15）	偶误（10）	常误（5）	极常误（2）	
供应价格	比竞争店优惠（20）	与竞争店同（10）	略差于竞争店（8）	与竞争店差距大（2）	
促销配合	极佳（10）	佳（8）	差（5）	极差（2）	
商品品质	佳（10）	可（8）	差（6）	时常出现坏品（2）	
退货服务	准时（10）	偶误（8）	常误（6）	极常误（2）	
供应商经营潜力	极佳（10）	佳（8）	普通（6）	小（2）	

注：①评鉴半年一次，一年二次，取平均得分。
②得分 70 分以上为 A，60～70 分为 B，50～60 分为 C，50 分以下为 D。

（2）供应商关系管理。连锁超市在选择确定了供应商之后，着手与供应商建立关系就变得非常重要。连锁超市可以通过对供应商的分类管理向不同类型的供应商提供有针对性的服务；可以通过对供应商的绩效管理和供应商激励提高供应商的贡献率；可以通过加强供应商的信息管理［供应商在线、EDI 数据交换、VMI（vendor managed inventory）供应商管理库存］，提升双方合作的效率。

从采购模式管理发展的趋势看，现代采购活动必须注重与供应商的关系。传统的供商关系主要有三种：交易关系、伙伴关系和同盟关系。交易关系是指企业之间在交易上存在密切关系，在长期的市场交易中逐步形成了稳定的关系，这种关系的建立和持续主要依靠较低的交易费用，两者均关心自身的利益，具有相互对立的情绪。随着交易关系的持续发展，双方之间的信赖感增强，逐渐形成了伙伴关系。在伙伴关系下，双方重视协调、信赖，注意维持利益的平衡，因此有助于提高产品的质量、技术创新和降低流通费用。同盟关系是企业间关系的高级形式，是指采购方与供应方基于战略的眼光发展持续的、合作的企业关系，他们以共同的使命为中心在业务上相互支持，综合利用各个企业的资源和组织能力。

对于战略伙伴关系的供应商，连锁超市应在如下一些方面与其达成一致。

库存问题：共享数据，避免需求信息的不对称，以降低彼此双方的库存量。

风险问题：通过合作，降低风险，例如，产品质量风险（收货时质量免检）、运输风险（不再出现迟送货物而被罚款的现象）、信用风险等。

降低产品的采购成本：双方就一段时间内的产品成本和营销策略达成一致，以便在每次谈判和交易中化繁就简，降低整体交易成本。当然，在这种合作中，供应商不可能在每次交易中都赚钱，所以只能阶段性地评价交易成果。

消除组织障碍：交易中，必然存在大量问题或潜在的问题（例如，卖场突发问题），要求迅速做出反馈，所以双方组织对问题的解决和沟通是跨组织和跨部门的。

2. 配送

1）配送特点

配送是超市连锁企业经营的生命线，挖掘第三利润源泉的突破口。连锁企业的配送是指根据企业经营的需要，从供应者处采购商品，在物流据点（仓库或配送中心）中经过必要的储存、保管，并按各门店的订货要求进行分拣、配货后，将配好的商品在规定的时间内送达门店的一项物流活动。

连锁超市的配送活动是根据连锁超市门店的需要进行的，在送货前要进行必要的配货，配送的范围一般限于某一城市或区域。因此，连锁超市的配送活动处于社会大物流系统的支线或末端，是靠近消费者的物流活动，是连锁超市管理控制的关键环节，而不是简单的储存与运输。它具有以下一些特点。

（1）统一采购、输送，形成规模效益。连锁超市各门店的商品统一由总部采购，然后按照统一的营销策略和各分店对商品品种、规格、包装等的要求，进行统一输送。这两个统一使得连锁超市实现了大批量进货和整合输送，形成规模效益。

（2）订货的批量小、频率高。为了增加连锁超市所在供应链的柔性，保证降低连锁超市的最小库存量，连锁超市订货的批量一般较小，依靠高频率的配送来满足各门店的需求。小批量、高频率的订货能够使得超市迅速适应市场变化的需要，同时也降低了库存成本。

（3）商品种类繁多，运输和储存要求多样化。连锁超市为了充分满足消费者的需要，门店内销售的商品种类繁多，涉及食品、日用消费品和具有超市特色的生鲜食品等，因此对配送和储存的要求呈现多样化的趋势。如对于生鲜冷冻食品在运输和储存过程中要有严格的卫生和保温措施，需要用特殊的运输和仓储设备；而对于玻璃制品等易碎物品在仓储和运输过程中也要有专业的操作和运输要求。

（4）流通加工功能增强。连锁超市配送过程中对一些商品的流通加工增强，一方面是因为超市实行集中采购和批量进货，每次进货量大，因此一般供货商都以大包装供货，而连锁门店销售时要拆零；另一方面，要对特殊货物（如农产品、即食食品等）进行简单加工，因此连锁零售企业的配送系统要具备拆零、分拣、包装和流通加工等功能。

（5）逆向物流普遍。连锁超市的销售特点和售后服务承诺，使得连锁超市的商品更新换代频率较高（如时尚商品或季节性强的商品），货损率比较高，造成退货频率和数量也比较大。连锁超市普遍的逆向物流要求配送系统具备高效地处理退/换货能力。

2）配送的形式

（1）供应商直接配送。在发展初期，许多连锁店都依靠供应商直接送货。但是物流配送是一个典型的规模效益型产业，供应商直接配送违背了规模效益原则。并且，随着连锁店规模的扩大，供应商的运输系统适应不了连锁店“多店铺、广区域”的发展要求.经常出现配送不到位、缺货断档和时间衔接不上等问题，制约了连锁店的发展。因此，供应商直接配送主要适用于每次采购量大、门店集中的大型超市（供应商不用配送太多的点），或某些目前只能由供应商自己承运的特殊商品。

（2）自有型配送中心。自有型配送中心是指连锁超市根据经营模式和门店布局网点等要素，自主建立一个或几个配送中心来完成对各个门店的集货、配货、加工和送货的任务。自有型配送中心可以分为集中型与分散型两种。采用自有型配送中心的零售企业有沃尔玛和上海华联物流有限公司等。

（3）共有型配送中心。连锁超市与其他企业共同建立配送中心来完成对本企业各门店的集、配、送和加工的任务。其合作企业有两类：一是提供运输和仓储等物流服务的企业，物流企业和连锁超市共同利用先进的设施和设备，实现优势互补和效益提升；二是其他连锁超市，主要是一些规模不大或资金有限的中小型超市，它们不具备自建配送中心的能力，但又想对企业的配送业务有所管理或出于其他考虑，便选择与其他同行共同建设和经营配送中心。共有型配送中心体现了一种既竞争又合作的关系，典型例子如台湾捷盟。

（4）第三方物流配送中心。连锁超市各门店的集、配、送和加工业务完全由第三方公司承担。第三方公司又可以分为两种：一是自己有配送中心并具有强大配送功能的连锁超市，为实现规模效益而承接其他超市的配送业务；二是专门的第三方物流公司。这种配送模式符合社会化大生产分工的要求，对企业和社会都有诸多好处，不仅能为企业节约投资、降低物流成本和减少浪费。还有利于实现整个社会的物流现代化，推动物流行业的整体发展。采用第三方物流配送的典型例子有日本的 7-11 连锁店等。

不同的配送方式在顾客需求管理、供应商和合作伙伴管理、物流配送系统以及信息系统管理等方面有不同的要求，选择何种配送方案取决于连锁超市的内、外部条件。在实际运作中，不同的配送方式可以在同一连锁超市内并存，而且自有配送中心的超市有时也采取其他配送方式。例如，LOTUS 在上海的两个配送中心就采用多样化的配送方式：有些货物由供应商直接配送，有些货物由供应商委托第三物流公司配送，有些货物就由配送中心直接上门提取。

不过，不管采取哪种物流形式，配送中心仍是实现连锁超市配送功能的物流设施，其规划、建立与运营在连锁企业的物流系统中起着举足轻重的作用。考虑连锁超市配送中心的规划设计是一项庞大而复杂的工程。

一般而言，连锁超市配送中心就是专门从事配送业务的物流基地，是通过转运、分类、保管、流通加工和信息处理等作业，然后根据用户的订货要求备齐商品，并能迅速、准确和廉价地进行配送的基本设施。连锁超市配送中心为了做好送货的准备，需要采取零星集货、批量进货等资源汇集方法，具有集货中心、分货中心的职能。此外，连锁超市配送中心还有比较强的流通加工能力。配送中心是提高连锁企业组织化程度、实现集约化经营、实现流通现代化的有利形势，它在连锁企业的物流系统中起着举足轻重的作用，主要体现在以下几方面：有力地支持了市场营销体系；起到了连锁超市的信息中枢的作用；实现了物流的系统化和规模经济的有机结合；因拥有大型专业设备而体现了专营供货的经济性；对各分店实现零库存起到关键的作用；完善了连锁经营体系。

3）配送中心

如前所述，连锁的效益主要来自于“统一采购、统一配货”，而这两个统一需要通过配送中心的作业流程来体现出来。

（1）配送中心的作业流程。配送中心作业流程要便于实现两个主要目标：降低连锁企业的物流总成本；缩短补货时间、提供更好的服务。因此实现连锁后企业应对配送中心作业流程进行重新设计。典型的配送中心作业流程如图 8.8 所示。

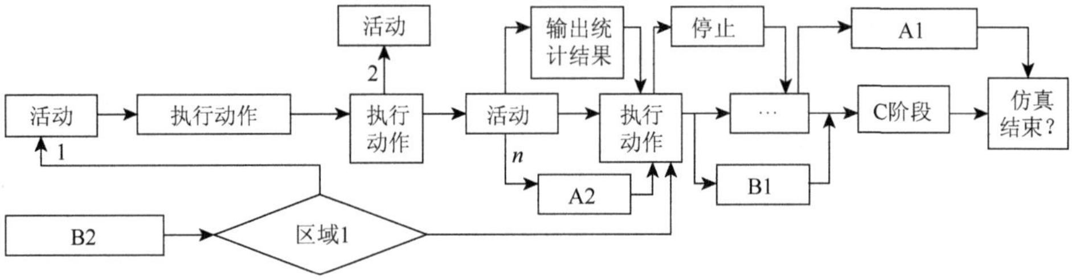

图 8.8　典型连锁超市配送中心作业流程

以上只是整个配送中心作业的物流流程，与之相伴随的还有信息流程（票据、单证及其他许多相关信息）和资金流程（如贷款、运费、杂费等的结算流程等），企业可结合自己的情况进行规划与设计。关于配送中心的信息流程和资金流程，各企业应尽量遵循国际上 EDIFACT 所提供的标准格式。我国各地方许多企业都在研究制定自己的 EDI 标准，我国流通领域的 EDI 标准也在研究中。

（2）配送中心的配送模式。预配送模式：即对没有纳入统一配送范围，可以由各分店自行采购进货或虽由配送中心集中统一进货，但需由供应商直送的商品配送。这类商品不经过配送中心仓库，有的甚至不经过配送中心。采用这种模式的商品应严格控制，缩小比例，其作业流程可对前述典型流程加以简化形成。正规配送模式：遵循上述典型作业流程，是配送中心的主要配送模式。采用这种模式时，供应商的供货到达配送中心仓库的流通分拣区，配送中心人员分门别类地将其放在适当的货位。某个连锁店铺要货时，根据要货单到相应货位上拣取商品并存放在同一理货区，后进行组配、装车、送货等作业。后配送模式：即配送中心批量进货后，暂不配送给店铺，而在配送中心仓库储存保管一段时间，等以后店铺要货时再配送。这种模式的作业流程基本采用典型流程，只是分拣与选拣要间隔一段时间，这就是商品储存保管的时间。采用后配送模式可以保证服务水平，但库存水平同时加大。调剂配送模式：即根据各店铺商品销售情况，在店铺间调剂商品余缺的模式。有些商品在一个店铺滞销或平销，调入另一店铺时就平销或畅销，配送中心及时在店铺间进行调配，可以避免商品在一店脱销而同时在另一店积压的现象。如不采用连锁方式，店铺间商品余缺不能调剂，采用连锁方式，就可以调剂，这也是连锁效益的表现之一。这种模式的作业可以不在配送中心仓库内进行，其作业流程如图 8.9 所示。

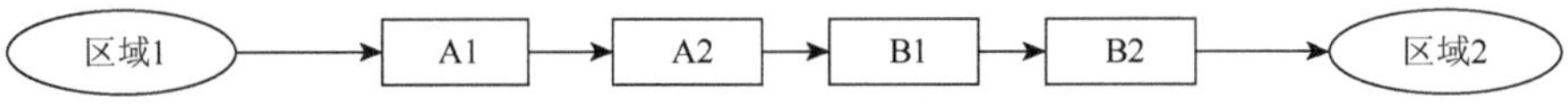

图 8.9　连锁超市调剂配送模式作业流程

4）配送中心作业管理

随着现代制造装备和计算机等技术的不断进步，采用先进的作业管理方式也是未来配送中心规划建设应该努力的方向。连锁超市配送中心的现代作业管理主要包括以下几方面。

（1）信息管理电脑化。物流信息管理是根据企业物流活动的需要而产生的，传统的人工管理物流信息的办法，已不适应连锁超市配送中心现代化管理的要求。由于信息的绝对数量增加，信息流量在不同时段的差别很大，信息发生地点、处理地点、传达对象分散在广大地区，物流与信息的流动要同时进行，物流与商流的关系越来越密切，因此，只有全面采用计算机来管理物流信息，才能保证高效率的商品配送。根据在物流活动中所起的作用，物流信息可分为五类：接受订货的信息。这是一切物流活动的基本信息。库存信息。根据与订货信息的比较，作出采购决策。采购指示信息。商品库存量不足时，应根据采购指示信息安排采购。发货信息。为了做好发货准备工作，应根据发货信息将商品转移到搬运地点，以便发货。物流管理信息。物流管理部门为了能有效地管理物流活动，必须收集各种表单，以及与物流成本、仓库和车辆等物流设施、设备运转率等有关的资料。

连锁超市配送中心信息管理的电脑化不仅需要连锁超市配送中心自身完善信息设施，而且还需要以门店的销售时点数据系统、电子订货系统以及社会的公用网络系统建设为基础。

（2）商品分拣自动化。大型的连锁超市配送中心，商品种类多达上万种，客户数量多、分布面广，而且要求拆零配送、限时送达。在这种情况下，商品分拣作业就成了连锁超市配送中心内部工作量很大的一项工作。为了提高商品分拣效率，国外的连锁超市配送中心，参照邮局分拣信件自动化的经验，配置了自动化分拣系统。自动分拣系统一般包括：输入系统；分拣信号设定装置；分拣传输装置等。

（3）商品储存立体化。商品储存立体化是指用高层货架储存货物，以巷道堆垛起重机存取货物，并通过周围的装卸运输设备，自动进行出入库作业。在欧美等发达国家，商品储存立体化已得到广泛应用，许多配送中心已实现计算机出入库全程控制。商品储存立体化，能最大限度地节省仓储空间，减少人工操作，实现存取作业机械化、自动化。

（4）商品配送共同化与社会化。商品配送共同化是指生产商、批发商或零售商、连锁企业共同参与，由一家连锁超市配送中心承担它们的配送作业。其目的在于相互调剂使用各自的仓储运输设备，最大限度地提高配送设施的使用效率。同时，减少运货交通流量，提高送货车辆满载率，减少送货费用，降低连锁物流总成本；缩短补货时间，提供更高效优质的补货保证，进一步满足销售需要，提高企业竞争能力和经济效益。

5）配送共同化模式

从国际情况来看，商品配送共同化是连锁超市配送中心的发展方向。其原因主要是：各行各业各自设立自己的连锁超市配送中心，其规模难以确定；自设的连锁超市配送中心都会面临配送设施严重浪费的问题；大量的配送车辆集中在城市商业区，导致严重的交通问题；自设连锁超市配送中心对众多的中小企业来说，其经营成本难以消化。配送共同化的基本模式包括以下几方面。

（1）厂商联合的连锁超市配送中心。即厂家与批发商、供应商与连锁总店之间进行共同配送。将不同厂家和不同批发商按区域进行共同配送，每个批发商只负责特定区域的商品配送。在特定区域内，除了配送自己经营的批发商品，还负责在这一区域配送其他批发商的商品；在其他区域，别的批发商同时也为它提供同样服务。众多厂商通过连锁超市配送中心的共同配送，向众多的连锁总店配送商品。每个厂商都将要配送给各连锁店的商品先集中到连锁超市配送中心，再由连锁超市配送中心为各连锁店进行共同配送。

（2）商业企业的连锁超市配送中心。即由批发商、零售商、连锁公司共同组建的连锁超市配送中心向同一地区众多的零售店铺进行共同配送。对于已经建立了连锁超市配送中心的连锁公司来说，目前可供选择的配送策略有如下四种：完善自有的连锁超市配送中心，承担本企业全部的配送业务。采用这种策略还有两种具体的选择策略：一是组建综合性的大型连锁超市配送中心；二是建立配送分中心，由各个分中心分别承担不同商品的配送业务。完善自有连锁超市配送中心，既承担本企业全部的配送业务，而且也为其他企业提供配送业务。具体的选择策略是：一是授权自有连锁超市配送中心接受公司的直营店、特许店及系统外零售店的订单，并负责商品采购职能；二是将自有连锁超市配送中心从公司中分离出去，成为物流分公司或物流子公司，并实行独立核算。不扩大自有连锁超市配送中心的规模，当连锁业务扩大时，就委托专业化的连锁物流公司来承担商品配送业务。当连锁公司的连锁业务从一个地区发展到另一个地区时，先在当地建立物流配送公司，然后发展该地区的连锁业务。实施共同配送需要对各参与企业原有的流通渠道，尤其是物流渠道重新设计，要将本企业的渠道与参与企业的渠道合并或集中，这需要企业彼此之间的相互信任和协调。

6）配送社会化模式

配送社会化是指向社会的其他企业提供专业性的配送服务。充分发挥企业配送设施的使用效率、合理配置社会配送资源，形成专业化配送服务体系。实行连锁经营的配送社会化可以采取三种典型的模式。

（1）连锁企业将 100%的配送业务，委托给其他专业性社会化的物流公司或配送中心来承担，连锁企业本身无建库养车之虑，可以发挥其专长，潜心进行连锁店的卖场管理与营销。

（2）连锁企业自办配送中心，承担本企业的全部配送业务，配送设施自用有余，剩余的配送能力向社会开放，为社会提供配送服务。

（3）连锁企业承担本企业 50%以下的配送业务，50%以上由专业配送中心或物流公司承担。

以上三种模式究竟应采取哪一种，应根据企业自身的情况来定。

由上可见，连锁企业的共同配送与配送社会化是两个有联系的问题，共同配送强调的是企业联合，共同建立或选择一个配送中心，为参与企业提供配送服务，那么，这个配送中心肯定是一种面向参与企业的社会化配送中心。另外，配送社会化的三种模式又都要通过连锁企业与配送中心的合作来实现。

8.3.3　连锁超市物流系统规划与设计——以配送中心为例

1. 连锁物流系统规划与设计的过程

正如没有一个理想的物流系统能适合所有连锁企业一样，进行物流系统规划与设计的方法也是很不相同的。然而，多数连锁物流系统规划与设计的一般过程包括系统规划、系统设计、系统分析和系统实施四个阶段，如图 8.10 所示。

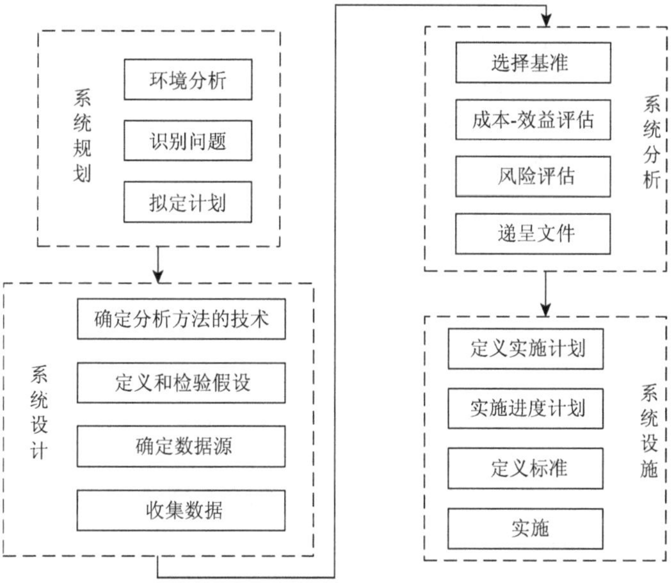

图 8.10　连锁物流系统规划与设计的一般过程

1）系统规划

在此阶段中，主要任务是对目前的物流系统进行全面的环境分析，识别问题，确定系统的目标，同时提出初步的系统计划，其中要包括系统的目的及约束条件。

（1）内部环境分析。环境分析阶段为整个物流系统的计划提供了基础。环境调查主要是描述现有的物流环境，从而发现问题，提出解决问题的方案。环境调查需要收集表示物流状况的历史数据，主要从内部、外部、技术等几个方面来进行评价。即使是对新的物流系统进行规划，也需要尽可能全面地调查和分析目标系统的经营战略与环境、服务对象、可利用资源等。

内部调查需要考虑与物流相关的活动流程、连锁企业对相应活动的政策，内部调查的主要物流活动包括以下几方面。

顾客服务。信息流程；订货流程；配送流程；衡量顾客服务的关键指标；现在顾客服务水平。

配送。配送方式；订货量与运输量概况；订货量与运输量之间的配合情况；与外部运输公司的信息交流流程；运输文件的信息流；选择运输公司和配送方式的依据；评估运输公司服务的绩效指标；衡量配送绩效的关键指标；现在的配送水平等。

配送中心。储存和搬运设备；商品在配送中心的流程；货位布置；拣选和搬运情况；

储存量和通过量；配送中心绩效的关键指标及评估；配送中心的绩效水平等。

库存管理。库存管理决策的方式与流程；库存决策的信息依据；库存成本情况；库存绩效的关键指标及评估；库存绩效水平等。

（2）外部环境分析。外部环境分析，主要是从顾客的角度来了解企业的工作状况，同时也要了解连锁企业与商品供应商和服务供应商的合作情况。外部环境分析主要集中在顾客、供应商、竞争对手和技术评价上。在顾客方面，调查的问题主要包括：服务关键顾客的主要约束条件是什么？与之相关的成本是什么？顾客要求的服务标准是什么？什么样的活动可以提高物流绩效，使顾客满意？顾客是如何根据他们的指标，来评价企业物流绩效业的？顾客的购买形式是如何随购买地点、时间和选择标准的变化而变化的？对于上门送货、定制商品等物流活动的发展趋势如何？在供应商方面，调查的内容，包括供应商提供的增值服务、现在供应商的主要瓶颈、如何改变程序以减少“瓶颈”、从外界选择供应商（主要是服务供应商）的机会等。在竞争方面，竞争对手采用什么样的方式与供应商交流？与供应商合作时，什么是竞争的基准点？是数量、成本还是供应商的绩效表现？竞争对手向顾客提供什么样的服务？竞争对手是如何完成顾客所确认的绩效指标的？竞争对手是如何随顾客（消费者）的服务要求的变化而变化的？

技术评价集中于对关键的物流技术应用能力的评价，包括配送、储存、信息处理、配送运作等。评价既要考虑现在技术的应用，又要考虑企业运用市场上新技术的能力，例如，是否通过与供应商联网来改进物流绩效；卫星定位和扫描等技术能对企业的物流绩效做出什么贡献？其目的在于确认技术与其他物流资源，如运输、库存等相比较，是否能提供“效益互换”的利益。

（3）识别问题。根据内部审视、外部评价和技术研究等提供的资料，需要识别目前物流系统的优势与弱势，并对需要改进的弱势方面进行可行性分析，找出解决问题的约束条件。对当前物流系统中需要改进的方面和运作满意的方面进行确认，为下一步调整战略提供基础。

（4）拟定计划。由于物流系统的复杂性，要求任何一种系统战略方案都要有一个完整的计划，从而为系统的改进提供可靠的依据。系统计划主要包括四个特定的项目：目标、约束条件、衡量标准、工作进度计划。

2）系统设计

（1）确定分析方法和技术。常用的分析方法，如解析方法、模拟方法、最优化方法和启发式方法等，对连锁超市物流系统规划与设计均适用。

（2）定义和检验假设。假设的定义和检验是根据环境分析、项目目标、约束条件和衡量标准而做出的。为了计划的目的，假设定义了关键的运作特征、变量以及可选择系统的经济性。虽然假设的形式会随着项目不同而不同，但通常假设分为三类：商业假设、管理假设和分析假设。商业假设定义的是一般商业环境特征，包括相关市场、客户和商品趋势及竞争行为。商业假设通常是公司不能控制的一些变量。管理假设定义的是现在的或可选择的物流环境的物理和经济特征，管理假设通常是公司能改变的变量，典型的管理假设，包括选择的配送中心、运输方式、物流程序和固定成本及可变成本。分析假设定义了使问题适合该分析技术的约束条件和极限。这些假设常常涉及问题的大小、分析的详细程度和解决的方法论。

（3）确认数据源。在这个阶段中，必须收集和组织详细的数据，来支持所选择的分析技术和方法，主要包括：销售数据；采购成本数据；运输数据；未来计划期的预计销售量；有关竞争对手的数据等。

（4）收集数据。一旦确认了方案的数据源，数据收集程序就可开始，程序包括集中所要求的数据并将数据换到合适的形式以供分析之用。

3）系统分析

这个阶段主要是将确定好的替代方案，进行比较选择，确定出最终的可行方案。

（1）选择的基准。可以使用决策树法，来确认最佳的实施方案。多个方案往往具有相似的或可比的结果，经过对每个方案的绩效特征和条件进行比较之后，确认出两个或三个最好的选择。选择的标准一般是以最小的总成本取得所期望的服务目标。接下来要做进一步分析，从几个方案中选出最合适的。

（2）成本-效益评估。在物流服务与成本，物流各功要素之间存在“效益互换”现象。理想的成本效益分析首先对方案在一个基准期上进行比较，然后再进行跨时期的比较。

（3）风险评价。由于对方案进行仿真模拟时，输入了关于环境的假设条件，所以风险评估的任务之一，就是考察真实环境与假设的一致性概率。同时，风险评估还要考虑系统改变的潜在风险。外在风险包括需求绩效周期和竞争行为的不确定性。内在风险包括劳工和生产率、公司战略的改变，以及可用资源的变化。对这些变化必须同时进行定性和定量的评估，以便为管理层提供指导和论证。

（4）递呈文件。递呈的文件应该是能够确认的、合理化的和经过论证的文件，可以使用图、表和流程图来说明物流运作实践、流程和网络分销的情况。

4）系统实施

适当的实施程序是十分重要的，因为将计划和设计转化为行动是计划获得回报的方法。系统实施通常需要完成四方面的任务：定义实施计划、实施进度计划、定义接受标准以及实施。它应遵循一般物流系统实施的过程。

2. 连锁超市配送中心的规划与设计

1）连锁超市配送中心规划与设计的步骤

配送中心化代表了现代化的物流方式，是连锁超市获取物流利润的源泉，因而，配送中心的规划与设计在连锁超市企业整个物流体系的建设中起着重要的作用。

连锁超市配送中心的建设是一项庞大而复杂的工程，配送中心的规划设计可分为策划构想、总体设计、方案评估、筹备实施等步骤。

（1）策划构想。策划构想阶段，要对建设配送中心的必要性、意义、目的、可行性等问题进行构思、探讨、考证和调查研究。要成立一个工作小组进行咨询论证，初步确定配送中心的地理位置，明确配送中心的规模、作用，决定配送中心的定位、类型和目标。

（2）总体设计。总体设计阶段，要对可行性报告进行反复推敲、分析和研究。在此基础上对配送中心的基本功能、作业流程、设备配置、运营方式、管理结构、设备布局、成本核算、综合效益等进行全面、细致、周到的设计，并对设计方案反复进行论证和正反面分析。

（3）方案评估。方案评估阶段，主要是通过权威机构、专家、学者对方案进行评价和审查，考证规划和设计中存在的问题、欠缺，对方案进行比较鉴别、系统评审，最终根据分析比较结果和评审结论，选出最佳的设计方案，报告有关部门批准。

（4）筹备实施。筹备实施阶段，要对配送中心的选址、系统结构、功能与目标、可靠性、可操作性、安全性、经济性、可持续性等重大事项进行严格细致的检查确认，外围条件，如交通网络、客户分布、客源和货源、货物流向、政策优势、土地征用、人力资源、环境要求等做进一步详细地研究。投资资金的落实，更不能疏漏。

2）连锁超市配送中心规划与设计的内容

在规划设计过程中，需要考虑诸多方面的因素，根据一定的约束条件，制定初步和详细的规划设计方案，并对其进行评估和实施。在不同的规划设计阶段，具体的任务不尽相同，但涉及的内容大体包括以下几方面。

（1）配送中心的定位。对配送中心进行定位，需要了解配送中心服务对象。尤其是对于大型连锁超市，经营范围跨多个行业、多个地区、多个品种；究竟是综合连锁超市，还是专业连锁超市，属于食品类、医药类还是家电类、建材类、家具类等；是地区性的，还是全国性的、国际性的；是一种类型的，还是多种类型的；是为一家大型连锁超市服务的，还是为几家大型连锁超市提供服务的；是纯粹型的，还是仓储制造加工，采购销售兼备型的等。规划设计越清楚、越周全，在建成后，矛盾就越少。同时，规划设计配送中心还要有前瞻性，毕竟，建设配送中心是一项巨大的投资，一旦建成就很难改进。

配送中心的定位十分重要，它影响着后续的一系列决策，包括配送中心投资多少，投资什么，配送中心的服务功能、服务范围、服务标准等。例如，配送车辆，配送中心规划设计都会碰到的选择，自己备有车辆，配送质量比较有保障，可是费用成本较高；外包车辆，如何管控必须解决；采用同时自备车辆与外包车辆，在配送低谷时，就比较难以协调。那么，究竟作何抉择呢？就要由配送中心的定位来决定。

（2）配送中心提供的服务。要制定配送中心提供的服务，需要对连锁超市的整体运行情况、物流配送现状及新的配送物流要求进行详细的调查，并对以下一些方面的情况以及相互之间的关联情况考察清楚。

连锁超市的物流配送需求是什么？有哪些基本需求？有哪些特殊需求？还有哪些是潜在的需求？

连锁超市运作的现状如何？它目前有多少门店？每一家门店的销售额多少？销售有什么规律？信息系统状况怎么样？当前，在运作过程中存在哪些问题？有哪些成功经验？

连锁超市目前商品供应情况怎么样？有多少品种和规格？商品的结构及比例情况如何？尤其是供应量比较大的前几家供应商和供应量比较少的后几家供应商情况，包括他们的生产能力、生产计划、设计能力、新产品创新以及商品品种规格、包装、送货时间、送货方式等，都要进行深入的调查，甚至还要了解他们对大型连锁超市的忠诚度。

连锁超市目前配送运输情况怎么样？需要了解各门店订货的方式方法，订货的时间、频率、数量，商品的偏好，了解门店所处的地理位置，门店仓库作业区装卸条件，收货交接的方式方法，对拒收、少收商品的处置办法。还要了解配送中心到达门店的途中情况及环境，以及目前进行物流配送的关键业绩指标（key performance indicators，KPI）等。

连锁超市目前配送过程中退货的情况怎么样？包括各门店退货的方式方法，退货的交接方式方法，退货进配送中心后的处置方法等。

连锁超市物流部门在连锁超市中的地位、作用，以及它与采购、财务、法务等部门的关系。尤其是它们对门店的控制力，对门店控制强势，配送中心与门店的协调就比较顺畅，反之就比较困难。

自有资源和可扩充的情况、资源的质量等。配送中心提供的服务要根据资源情况量力而行。

（3）配送中心的流程。流程是配送中心运作的整个过程，它的规划既要从整体上设计，又要注重各个环节的协调、衔接，以保证流程的顺畅和高效。为此，除了配送中心具体的运作流程，需要对以下环节进行重点规划设计。

建立必要的制度。它有助于发现和解决流程的问题。

明确岗位与岗位职责。这是保证配送中心流程运作顺利进行的基础。

建立绩效考核。

制度、岗位职责，绩效考核，是一个有机的结合体，他们源自配送中心的流程，又保障着流程正常运行。

（4）配送中心的设施设备。配送中心的流程一旦确立，就需要研究如何布局设施、配备设备，怎样选择设施设备。毫无疑问，配送中心拥有充沛的、先进的设施设备，对完成大型连锁超市的物流配送是重要的保证，常被看作连锁超市配送中心先进性的标志。然而，配送中心的投资有限，不可能全都用于设施设备上，也不可能投资设施设备一步到位，这就需要在规划设计时，统筹兼备，平衡协调，选择合适的设施设备，实现预定的配送活动与功能。合适的设施设备就是设施设备的数量恰当，质量符合标准。要达这个要求，需要对下面这些问题要进行分析和研究。

分析研究大型连锁超市经营的商品结构、包装情况，对商品的重量、体积、层高、物体堆放要求作实物调查。

分析研究配送中心流程全过程的作业情况，对作业中人工操作、机械操作、自动化操作状况，做仔细分析，估测完成作业所需设备的种类和数量。

分析研究先进配送中心运作过程中设备使用情况，有哪些值得学习？有哪些需要改进？有哪些有待探索？对照先进，结合自身实际，规划设计设施设备的选择与安排。

分析研究市场上设施设备供应情况，尤其是那些新发明和改进的设施设备。要了解同种设施设备的各个主要生产厂家的技术参数、质量标准、市场采用情况、各自差异、价格、售后服务以及零配件价格和供应，以便规划设计时选用最适合配送中心流程的设施设备。

另外，对于信息系统的配置，虽然市场上现成的仓库管理系统（warehouse management system，WMS）软件、MIS、EDI 等已经相当成熟，但是，成功的配送中心，其规划设计不可能完全一样。在选择信息系统时，就要与开发商研究配送中心的运作需求，把个性化的需求设计到到信息系统中去。同时，还要重视开发商持续开发能力的选择，毕竟，任何信息系统都不可能满足配送中心所有需求，也不可能预知配送中心未来的新需求。

（5）配送中心的团队选择与组建。人的因素十分重要。配送中心的好坏，根本也在于每一个人、在于团队，选择、组建一支合理的团队是规划设计配送中心的一项重要内容。配送中心团队的选择与组建，要结合连锁超市的性质、档次，对物流配送的要求。从根本上讲，连锁超市对物流配送的要求是一致的，高效、快捷、安全，但经营商品价值不同，经营思想理念不同，经营投资不同，对配送中心的要求，实际上也是不一样的。不同的物流配送服务标准，必然形成团队的不同。拥有多种进口商品的物流配送，其要求团队的文化程度较高。

配送中心团队的选择与组建，要结合配送中心自身的经济实力，定位来考虑。一般讲，投入大，培育期长，精细管理要求高，团队的技术能力、经营能力、管理能力、服务标准就要求高，反之亦然。同时，也要结合配送中心所处的环境来考虑，这与当地人才的综合素质息息相关。

（6）配送中心的物流绿色化。发展绿色物流是绿色环保与可持续化的需要与要求，也是企业降低成本、增强竞争力的需要。配送中心物流运作中，交通工具的污染、由于储存和运输等环节处理不当造成的有毒有害物质泄漏污染、逆向物流管理不当带来的资源浪费等问题，在配送中心的规划和设计中，都需要从全局和长远的角度，进行全方位地关注。就连锁超市而言，可以采取物流的合理化、设置专门的逆向物流管理中心、与制造商共同管理逆向物流、建立逆向物流联盟等手段力行绿色物流。

8.3.4 一个实例——华联超市的配送系统

华联超市自 1992 年 9 月成立以来，以连锁经营为特征，以开拓全国市场为目标，不断提高集约化水平和自我滚动发展的扩张能力。截至 2001 年年底，公司拥有连锁门店近 900 家，网点遍布上海市各区县，并辐射江苏、浙江、安徽、江西、河南、山东、辽宁等十个省市。2000 年，实现销售额 80 亿元、净利润 7000 万元，净资产收益率高达 30%，在中国超市行业遥遥领先。2000 年 10 月，上海华联超市公司借壳上市，更名为华联超市股份有限公司，成为中国第一家上市的连锁超市公司。

作为中国连锁超市行业的领头羊，近年来华联超市取得了巨大的发展，而华联的连锁物流配送体系是支撑其超常规发展的重要因素。

连锁超市的成功，关键在于连锁超市通过“统一采购，将商品集中保管、流通加工，按各门店的需求统一配货、配送，实现最少环节、最短运距、最低费用、最高效率、最大利润”。同时具有实现这一职能的商品配送中心，从根本上实现了“决策权向连锁超市的总部集中、物流活动向商品配送中心集中”。达到一套资金、一套库存，集中优势，将单个门店不可能投入的人力、物力、财力，用于采购、供配货活动。

就连锁经营的精髓来看必须实行商品供货的配送中心化。配送中心是“汇集连锁门店的订货信息，进行采购、从供货商手中接受多种、大量商品，并储存保管、配货、分拣、流通加工、信息处理；按众多商场的要求，配齐商品，以令人满意的服务，迅速、及时、准确、安全、低成本进行配送的物流设施”。它具有“集货、储存、流通加工、配货、配送、信息处理和补货”等功能。有了配送中心，才可能实现一头进货、集中库存、统一配送、各店分销的连锁经营方式，直接衔接产销；增强商业对市场信息需求的反馈能力，实现在配送中心内统一结算和商品信息的自动化处理；实现物流、财务乃至整个连锁企业的管理科学化，从而促进生产、满足消费、降低市场资源配置成本和代价，以便于企业享有较高的价格折扣，降低流通成本、销售价格。由于将商品集中保管、流通加工，按照各门店的需求配货，统一配送，实现了“最少环节、最短运距（避免迂回运输）、最低费用、最高效率”，从而大大提高了经济效益。同时，通过统一进货，严把质量关，杜绝“假冒伪劣”商品，提高了连锁企业的信誉。

1. 华联超市的配送服务

（1）配送服务的发展。华联超市在发展过程中，非常注重配送中心的建设和配送体系的构筑。配送中心的规模必须与连锁超市经营规模相一致，而且必须伴随经营规模的不断扩大，逐渐增强配送中心的供货能力和服务水准。在华联超市创业初期，配货仓库仅仅只有 2500m^2，主要靠人力装卸搬运，配货仓库的功能很简单，主要是收货、储存、配货和送货。随着华联超市的不断壮大，配送中心向当地租用了 3 万～4 万平方米仓库，并自建了占地 2.8 万平方米的现代化配送中心。

（2）配送服务目标、范围和项目。华联物流系统构筑的目的就是要向目标客户提供满意的物流服务。而影响顾客满意度的主要物流服务范围和项目大致可归结为以下十个方面：商品结构与库存问题；配送过程如何确保商品品质；门店紧急追加、减货的弹性；根据实际情况确定配送时间安排；缺货率控制；退货问题；流通加工中的拆零工作；配送中心的服务半径；废弃物的处理与回收；建立客户服务窗口。

（3）配送服务的运作。本着让顾客与门店满意的宗旨，华联做了大量工作，如采用机械化作业与合理规划，减少搬运次数，防止商品保管与配送过程中破损和差错；通过计算机信息管理系统等手段控制商品的保质期；通过调查，制定门店加、减货条件，增加配送系统“紧急加、减货功能”；根据商场的销售实绩、门店的要货截止时间、门店周围的交通状况、门店的规模大小以及节假日等来确定配送时间等；并将采用现代化的“电子标签拆零商品拣选设备”，进一步扩大拆零商品的品种数（增加到 4000 个品种），提高拆零商品的拣选速度和准确率，以满足加盟店和客户的需要；以 250 公里配送中心最佳服务半径为基础，研究如何构筑适应华联超市向全国范围拓展的物流配送网络体系等。

合理规划物流配送的流程，是构筑配送体系的重要前提。华联配送根据经营商品进销的不同情况和商品的 ABC 分析，按照三种类型的物流来运作。

（1）储存型物流。这类商品进销频繁，整批采购、保管，经过拣选、配货、分拣、配送到门店。

（2）中转型物流（即越库配送）。这类商品通过计算机网络系统，汇总各商场门店的订货信息，然后整批采购，不经储存，直接在配送中心进行拣选、组配和分拣，再配送到门店。

（3）直送型物流。这类商品由供货商不经过配送中心，直接组织货源送往超市门店，而配货、配送信息由配送中心集中处理。

2. 华联超市现代化配送中心建设

华联超市非常注重配送中心的建设，健全物流配送网络。华联超市在配送中心选址、规模、功能上都具有独到的眼光。近年来，华联超市已从江、浙两省延伸发展到向全国，配送中心建设更是放在首位。2000 年 8 月华联超市新建的现代化配送中心正式启动。该配送中心位于上海市普陀区桃浦镇一棵树 7 号地块。基地紧贴外环线，直连沪嘉、沪宁、沪杭高速公路，南邻沪宁铁路南翔编组站，通向市区和向外辐射的能力很强。

新建的桃浦配送中心，其主体建筑物是高站台、大跨度的单层物流建筑；为了充分利用理货场上方的空间，配送中心的局部为两层钢筋混凝土框架结构的建筑物。新建配送中心的占地面积 28 041m^2，总建筑面积 20 000m^2。商品库存能力 60 万箱；日均吞吐能力 14 万箱。

配送中心基地内部的环状主干道路宽 20m，实行“单向行驶、分门进出”。配送中心的南北两侧，建有 4m 宽的装卸平台；站台高出室外道路 1m，当厢式卡车尾部停靠站台时，车厢拖垫板与站台面基本上处于同一平面，将商品的装卸作业变成水平移动，大大减少了装卸作业环节和劳动强度。站台作业线总长 270m，可停靠 80 多辆卡车同时作业。站台上方装有悬挑 8m 宽的雨篷，保证可一天 24 小时全天候作业。配送中心的中央空间，采用金属网架结构、上盖镶嵌统长型采光带的彩色夹芯保温钢板屋面，白天（包括阴雨天）库内作业时不需要人工照明。绿色非金属耐磨地面，装卸搬运作业时不起灰，确保了食品的卫生安全。

提升配送中心的技术含量是实现物流配送现代化的重要途径，而新建配送中心具有较高的科技含量，主要体现在以下几方面。

（1）仓储立体化。配送中心采用高层立体货架和拆零商品拣选货架相结合的仓储系统，大大提高了仓库空间的利用率。在整托盘（或整箱）水平储存区，底层为配货区，能存放 7000 种整箱出货、周转快的商品；上面三层为储存区，用于供向配货区补货；在拆零商品配货区，拆零货架上放置 2500 种已打开物流包装箱的商品，供拆零商品拣选用。

（2）装卸搬运机械化。配送中心采用前移式蓄电池叉车、电动搬运车、电动拣选车和托盘，实现装卸搬运作业机械化。此外，原先每辆送货卡车跟装卸工 3 人。现在，采用了笼车，卡车开到门店，由门店人员自己把笼车卸下来、推到店内，既减轻劳动强度，又提高了卡车的运输效率、降低了物流成本，也使物流配送过程中的货损、货差大幅度下降。

（3）拆零商品配货电子化。近年来，连锁超市对商品的“拆零”作业需求越来越强烈，国外同行业配送中心拣货、拆零的劳动力已占整个配送中心的劳动力的 70%；华联超市的配送中心拆零商品的配送作业使用了电子标签拣选系统。只要把门店的订单输入计算机，作业人员便可按照货位指示灯和品种显示器的指示，从货格里取出商品，放入拣货周转箱，然后按动按钮，货位指示灯和品种显示器熄灭，订单商品配齐后进入理货环节。电子标签拣货系统大大提高商品处理速度，减轻了作业强度，大幅度降低差错率。

（4）物流管理条形码化与配送过程无纸化。采用无线通信的计算机终端，开发了条形码技术，从收货验货、入库到拆零、配货，全面实现条形码、无纸化。

（5）组织好“越库中转型物流”、“直送型物流”和“配送中心内的储存型物流”，完善“虚拟配送中心”技术在连锁超市商品配送体系中的应用。

（6）建立自动补货系统。2000 年，华联超市与上海捷强集团公司以及宝洁公司建立了自动补货系统，将“连锁超市补货”转变为“供应商补货”。这样做可以把流通业者与制造业者紧密结合，双方不只是追求自身企业的效率化，而是把注意力放在“整体”供货系统的共同效率化，通过供应商和零售商的共同努力，双方共同成为市场的赢家。自动补货系统确实是力求将消费者、供应商和零售商拴在一根线上，结成利益的共同体。因此得以削减整体成本、库存与有形的资产投资，并使消费者能够买到高品质、高新鲜度、价格便宜的食品。目前，华联超市已与 200 多家供应商实现了自动补货。这对公司降低缺货率、合理库存水平、压缩库存金额，起到十分积极的作用。

在新一轮发展规划中，华联超市 2003 年门店数已经增加到 3000 家，总销售额 180 亿～200 亿。而且配送中心的日均配送量达到了 25 万箱，库存量 300 万箱。已开始的物流二期工程工作将征地 200 亩（1 亩=667m^2），新建 8 万平方米的现代化大型配送中心。随着华联的进一步发展，“华联物流”将加强管理的科学化、规范化和合理化，扩大和健全其物流配送网络，建立独立核算的机制，充分利用物流产业化的优势，走社会化配送的道路。

➢复习思考题

1. 如何进行油气储配站的选址？
2. 油气储配站设备布置应如何进行？
3. 油气运输方式选择应主要考虑哪些因素？
4. 油气输送管道规划与设计的主要内容是什么？
5. 简述汽车制造物流系统的特点。
6. 汽车制造对物流系统规划与设计有什么具体要求？
7. 简述汽车制造物流系统规划与设计的程序。
8. 连锁超市物流系统在超市经营中的特殊性主要体现在哪些方面？
9. 连锁超市物流系统的构成如何？
10. 连锁超市采购系统规划与设计包括哪些方面的内容，试简要说明。
11. 连锁超市配送的特点如何？可采取哪些形式？
12. 连锁超市配送中心规划与设计的步骤如何？应考虑哪些方面的内容？
13. 华联超市是如何强化配送服务管理的？
14. 为建设现代化的配送中心，华联超市是从哪些方面着手的？

参考文献

蔡临宁. 2009. 物流系统规划——建模及实例分析[M]. 北京：机械工业出版社.

陈保东，马贵阳. 2009. 油品储运技术[M]. 北京：中国石化出版社.

陈大强，胡军. 2008. 物流系统建模与仿真[M]. 杭州：浙江大学出版社.

陈焕江，高利. 2007. 物流工程[M]. 北京：人民交通出版社.

陈宇. 2006. 条形码技术在物流中的应用研究[J]. 石家庄铁道学院学报，19（5）：180-182.

陈子侠，龚剑虹. 2007. 物流仿真软件的应用现状与发展[J]. 浙江工商大学学报，85（4）：29-34.

达庆利，黄祖庆，张钦. 2004. 逆向物流系统结构研究的现状及展望[J]. 中国管理科学，12（1）：131-138.

董绍华，周晓光，赵宁，等. 2008. 物流系统仿真[M]. 北京：北京邮电大学出版社.

董维忠. 2006. 物流系统规划与设计[M]. 北京：电子工业出版社.

杜栋，庞庆华，吴炎. 2008. 现代综合评价方法与案例精选[M]. 北京：清华大学出版社.

方庆琯，王转. 2009. 现代物流设施与规划[M]. 北京：机械工业出版社.

傅培华，彭扬，蒋长兵. 2006. 物流系统模拟与仿真[M]. 北京：高等教育出版社.

高强. 2005. 连锁超市物流运作模式选择研究[J]. 内蒙古科技与经济，（14）：24-26.

供应链的案例：贝纳通集团和服饰工业[OL/E]. http：//www.kongandallan.com.

龚英. 2008. 供应链逆向物流[M]. 北京：中国物资出版社.

顾志远，薄荣薇. 2007. 服务业系统设计与作业管理[M]. 2 版. 北京：华泰出版社.

郭庆新，张卉，李彦霏. 2015. RFID 技术与应用[M]. 北京：中国传媒大学出版社.

郝勇，张丽，黄建伟. 2009. 物流系统规划与设计[M]. 北京：清华大学出版社.

黄明田，储雪俭. 2015. 基于 RFID 和二维码技术应用的服装电商物流运作模式研究[J]. 工业工程，18（6）：49-54.

计三有. 2005. 条形码技术在物流配送作业中的应用[J]. 中国科技信息，（19）：72.

江静岚. 2015. 条形码自动识别技术对物流过程的控制[J]. 中国市场，（20）：21-22.

杰伊 • 海泽，巴里 • 伦德尔. 2006. 运作管理[M]. 陈荣秋，张祥，译. 北京：中国人民大学出版社.

李波. 2005. 现代物流系统规划[M]. 北京：中国水利水电出版社.

李浩，刘桂云. 2009. 物流系统规划与设计[M]. 杭州：浙江大学出版社.

李苏剑，游战清，胡波. 2007. 企业物流管理理论与案例[M]. 北京：机械工业出版社.

李彤，王众托. 2008. 模拟植物生长算法在设施选址问题中的应用[J]. 系统工程理论与实践，（12）：107-115.

李永麒. 2009. 汽车行业入厂物流基本模式研究[J]. 企业导报，（9）：87-88.

梁平，王天祥. 2008. 天然气集输技术[M]. 北京：石化工业出版社.

林立千. 2001. 设施规划与物流中心设计[M]. 台北：智胜文化事业有限公司.

刘寅斌. 2008. 物流战略规划与实施[M]. 北京：电子工业出版社.

龙江，朱海燕. 2004. 城市物流系统规划与建设[M]. 北京：中国物资出版社.

罗虎成. 2006. 汽车制造企业厂内物流跟踪系统研究[D]. 南京：南京航空航天大学.

毛海军，张永. 2009. 物流系统规划与设计[M]. 南京：东南大学出版社.

彭力. 2016. 无线射频识别（RFID）技术基础[M]. 北京：北京航空航天大学出版社.

冉雪峰. 2009. 计算机仿真技术在物流服务中的应用[J]. 物流工程与管理，31（12）：137-141.

上海市石油学会. 2001. 车用燃气与加气站建设[M]. 北京：石化工业出版社.

施国洪. 2009. 物流系统规划与设计[M]. 重庆：重庆大学出版社.

施鸿翔. 2007. 超市经营模式与供应链管理研究[D]. 上海：同济大学.

石代伦，杨桂红，楼旭荣，等. 2006. 商业物流的现状调研和对策思考[J]. 物流科技，29（7）：1-4.

苏春. 2008. 制造系统建模与仿真[M]. 北京：机械工业出版社.
孙明责. 2004. 企业采购模式的发展与优化[J]. 中国物流与采购，（13）：48-50.
汤普金斯. 2008. 设施规划[M]. 3 版. 伊俊敏，袁海波，等译. 北京：机械工业出版社.
田青，徐青青，齐二石，等. 2006. 基于离散制造企业的物流系统设计[J]. 工业工程，9（6）：52-54.
汪传雷. 2009. 物流案例教程[M]. 合肥：安徽大学出版社.
王长琼. 2007. 逆向物流[M]. 北京：中国物资出版社.
王非，徐渝，李毅学. 2006. 离散设施选址问题研究综述[J]. 运筹与管理，15（5）：64-69.
王红卫，谢勇，王小平，等. 2009. 物流系统优化与仿真[M]. 北京：清华大学出版社.
王娟. 2008. 连锁超市物流配送研究[D]. 成都：西南财经大学硕士学位论文.
王正. 2009. 物流系统规划与设计[M]. 成都：四川人民出版社.
隗明明. 2009. 逆向物流网络规划问题研究[D]. 厦门：厦门大学.
吴清一. 2004. 物流系统工程[M]. 北京：中国物资出版社.
谢国栋. 2008. 制造工厂内物料自动化搬送作业之仿真研究[D]. 台南：台湾成功大学.
谢如鹤，张得志，罗荣武. 2007. 物流系统规划[M]. 北京：中国物资出版社.
徐文静. 2002. 物流战略规划与模式[M]. 北京：机械工业出版社.
许恒勤，成晓昀. 2010. 物流系统规划[M]. 北京：科学出版社.
严大凡，张劲军. 2003. 油气储运工程[M]. 北京：中国石化出版社.
颜佑启. 2004. 物流系统规划[M]. 长沙：湖南大学出版社.
叶怀珍，邱小平，冯春. 2008. 物流工程学[M]. 北京：机械工业出版社.
尤建新，朱岩梅，张艳霞. 2009. 物流系统规划与设计[M]. 北京：清华大学出版社.
余雷. 2004. 基于条形码技术的物流管理系统[J]. 内蒙古科技与经济，（15）：136.
曾多礼. 2002. 成品油管道输送技术[M]. 北京：石油工业出版社.
张锦. 2009. 物流规划原理与方法[M]. 成都：西南交通大学出版社.
张其敏，孟江. 2008. 油气管道输送技术[M]. 北京：中国石化出版社.
张晓萍，石伟，刘玉坤. 2008. 物流系统仿真[M]. 北京：清华大学出版社.
张应立. 2007. 液化石油气储运与管理[M]. 北京：中国石化出版社.
张悦米. 2008. 浅谈大型连锁超市配送中心规划设计[J]. 物流工程与管理，30（12）：74-76.
赵道致，贾金英. 2007. 连锁超市采购策略与采购成本研究[J]. 内蒙古农业大学学报（社会科学版），9（5）：136-138.
郑海鳌，陈智民. 2009. 基于仿真技术的连锁零售企业配送中心布局决策模型[J]. 系统工程理论与实践，29（5）：17-26.
周勇. 2008. 中国连锁超市采购管理研究[D]. 武汉：华中科技大学.
Banks J. 2007. 离散事件系统仿真[M]. 4 版. 肖田元，范文慧，译. 北京：机械工业出版社.
Berman B，Evans J R. 2006. Retail Management A Strategic Approach[M]. Englewood Cliffs：Pearson Prentice Hall.
Borshchev A，Filippov A. 2004. From system dynamics and discrete event to practical agent based modeling：Reasons，techniques，tools[C]. Proceedings of the 22nd International Conference，Oxford，England，UK.
Chabanne H，Urien P，Susini J F. 2016. RFID 与物联网[M]. 宋廷强，译. 北京：清华大学出版社.
Nahmias S. 2008. 生产与运作分析[M]. 5 版. 高杰，贺竹磬，孙林岩，译. 北京：清华大学出版社.
Ören T I. 1984. Model-Based Activities：A Paradigm Shift. In：Simulation and Model-Based Methodologies：An Integrative View. Heidelberg：Springer-Verlag，3-40.
Schönsleben P. 2007. Integral Logistics Management，Operations and Supply Chain Management in Comprehensive Value-Added Networks[M]. 3rd ed. New York：Auerbach Publications.